MATEMÁTICA FINANCEIRA DESCOMPLICADA

"Uma decisão pode não ser baseada apenas na questão financeira, mas, para evitar surpresas nessa área e buscar uma melhor decisão, é bom ter a questão financeira bem compreendida."

Rodrigo Vargas

MATEMÁTICA FINANCEIRA DESCOMPLICADA

AVISO LEGAL

1 - É proibida a reprodução deste livro, parcial ou integral, por qualquer meio, eletrônico ou físico, sem a autorização prévia e expressa do autor, conforme a lei brasileira n° 9.610/98, e demais leis de direitos autorais dos países onde este livro for adquirido. O não cumprimento destas condições pode levar a ações cíveis de reparação de danos, além das penas criminais cabíveis.

2 - Esforços razoáveis foram feitos para que as informações contidas neste livro estejam corretas e atualizadas (na data de sua produção), todavia, não há como garantir que não haja erros, equívocos, imprecisões, falhas ou omissões; inclusive, em decorrência do passar do tempo.

3. - Este livro tem o objetivo de divulgar informações de caráter genérico, de acordo com a experiência e conhecimento do autor, e não deve ser interpretado como consultoria ou determinação específica a você, ou ao seu caso, nem como garantia ou promessa de qualquer resultado.

Nota 1: Caso encontre algum tipo de erro, sua gentileza em informar através do formulário "Comunicar Erro", do portal GuiadeFinancas.com, será muito apreciada.

Nota 2: Devido às condições inerentes à internet, e/ou outras condições gerais, o portal GuiadeFinancas.com pode sofrer perda de dados, falhas eventuais, e interrupções temporárias ou não.

FICHA CATALOGRÁFICA FEITA PELO AUTOR

V297   Vargas, Rodrigo
          Matemática Financeira Descomplicada / Rodrigo Vargas - Autopublicado pelo Autor através
          do sistema de impressão por demanda, a partir de 2013. Impresso por Amazon.
          290 p.; il.; 15,24 x 22,86 cm (6" x 9")

          ISBN-10: 1503148459
          ISBN-13: 978-1503148451

          1. Finanças. 2.Administração Financeira. 3. Matemática Financeira. I. Título.

                                                                    CDD: 650
                                                                    CDU: 658.1

DEDICATÓRIA

Às duas mulheres mais importantes da minha vida,

pela presença e estímulo: Alice, minha mãe, e

Angela, minha companheira por muitos anos.

Ao meu pai, pelo exemplo de caráter, e

aos meus filhos, pela felicidade de tê-los e pela motivação.

SOBRE O AUTOR

Rodrigo Vargas é Engenheiro Mecânico formado pela Universidade Federal do Paraná, especialista em Gestão Empresarial pela Fundação Getúlio Vargas, e pós-graduado em Engenharia de Manutenção Mecânica pela Universidade Federal do Paraná. Tem mais de 30 anos de experiência profissional, sendo mais de 20 dedicados a atividades de gestão e liderança, tendo trabalhado em renomadas empresas multinacionais, com vivência profissional internacional na Europa, Ásia e América Latina.

É o criador e editor do portal GestaoIndustrial.com, onde disponibiliza gratuitamente, há mais de 15 anos, informações sobre os temas principais da Gestão Industrial. É também o criador e editor do blog internacional de gestão e liderança WithinManagement.com.

Rodrigo obteve certificação *Black Belt* na metodologia Seis Sigma, certificação *Practitioner* em Programação Neurolinguística, certificação de Auditor Líder do Sistema de Gestão da Qualidade ISO 9001, e formação complementar em Docência pela Fundação Getúlio Vargas.

Rodrigo Vargas tem vários livros publicados nas áreas de gestão, finanças, e cognição (ao final do livro há uma lista completa dos títulos). Rodrigo Vargas é também o criador e produtor do canal Universo da

Gestão, no YouTube, com os temas mais relevantes da gestão, em formato de videoaula.

SUMÁRIO

DEDICATÓRIA 7

SOBRE O AUTOR.. 9

SUMÁRIO 11

1. INTRODUÇÃO 21

2. CONCEITOS BÁSICOS.................................. 23

2.1 Período de Capitalização 23

2.2 Valor Presente "P" 23

2.3 Valor Futuro "F" 23

2.4 Juros "J" 23

2.5 Taxa de Juros "i" 24

2.6 Fluxo de Caixa 24

2.7 Recebimento 25

2.8 Pagamento 25

2.9 Diagrama de Fluxo de Caixa 25

2.10 Mapa Didático dos Temas............................. 28

3. JUROS SIMPLES 30

3.1 Capitalização Simples 30

3.2 Tipos de Contabilização de Juros..................... 32

3.2.1 Juros Exatos 32

3.2.2 Juros Comerciais (ou Ordinários) Aproximados 32

3.2.3 Juros Comerciais (ou Ordinários) Exatos (Regra dos Banqueiros) 32

3.3 Fórmulas **33**

3.4 Exercícios Resolvidos **35**

3.4.1 Exercício resolvido de juros simples 35

3.4.2 Exercício resolvido de juros simples 36

4. JUROS COMPOSTOS **38**

4.1 Capitalização Composta **38**

4.2 Tipos de Contabilização de Juros **40**

4.2.1 Juros Exatos 40

4.2.2 Juros Comerciais (ou Ordinários) Aproximados 40

4.2.3 Juros Comerciais (ou Ordinários) Exatos (Regra dos Banqueiros) 41

4.3 Fórmulas **41**

4.4 Exercícios Resolvidos **43**

4.4.1 Exercício resolvido de juros compostos 43

4.4.2 Exercício resolvido de juros compostos 44

4.4.3 Exercício resolvido de juros compostos 46

4.5 Resumo das Fórmulas de Juros **47**

5. TAXA MÍNIMA DE ATRATIVIDADE (TMA) 48

6. TAXA INTERNA DE RETORNO (TIR) 49

7. TAXA NOMINAL E TAXA EFETIVA 51

8. TAXA PROPORCIONAL E TAXA EQUIVALENTE 53

8.1 Taxas Proporcionais 53

8.2 Taxas Equivalentes.. 54

8.3 Cálculo 54

8.3.1 Para taxas proporcionais: 55

8.3.2 Para taxas equivalentes: 55

8.4 Exercícios Resolvidos.................................... 56

8.4.1 Exercício resolvido de taxas proporcionais, equivalentes, nominais e efetivas....................... 56

8.4.2 Exercício resolvido de taxas nominais e efetivas.. 57

9. CORREÇÃO MONETÁRIA........................... 60

9.1 Correção Monetária....................................... 60

9.2 Taxa Real e Taxa Aparente 61

9.3 Inflação Acumulada.. 61

9.4 Exercícios Resolvidos.................................... 62

9.4.1 Exercício resolvido de taxa real, inflação e taxa aparente 62

9.4.2 Exercício resolvido de inflação acumulada.. 62

9.4.3 Exercício resolvido de taxa real, inflação e taxa aparente 63

10. EQUIVALÊNCIA DE CAPITAIS 66

11. SÉRIES FINANCEIRAS (Anuidades)........... 68

11.1 Classificação 68

11.2 Fórmulas 70

11.2.1 Fórmulas para séries certas, periódicas, temporárias, uniformes, imediatas e postecipadas 70

11.2.2 Fórmulas para séries inteiras, certas, periódicas, temporárias, uniformes, imediatas e antecipadas 73

11.2.3 Fórmulas para séries inteiras, uniformes e perpétuas 74

11.3 Exercícios Resolvidos.................................. 75

11.3.1 Exercício resolvido de séries financeiras...... 75

11.3.2 Exercício resolvido de séries financeiras 76

12. EMPRÉSTIMOS (Planos de Amortização) 79

12.1 Planos de Amortização 79

12.2 Sistema Francês de Amortização (SFA)........... 79

12.3 Sistema de Amortização Constante (SAC) 82

12.4 Sistema de Amortização Misto (SAM) 84

12.5 Comparativo entre SFA, SAC e SAM 86

12.6 Sistema Americano de Amortização (SA$_M$A).. 90

12.7 Sistema Alemão de Amortização (SA$_L$A) 91

13. OPERAÇÃO DE DESCONTO SIMPLES 94

13.1 Descontos Simples "Por Fora" (bancário ou comercial)... 94

13.2 Descontos Simples "Por Dentro" (racional) ...95

13.3 Exercícios Resolvidos 97

13.3.1 Exercício Resolvido de Desconto Simples Por Fora... 97

13.3.2 Exercício Resolvido de Desconto Simples Por Dentro... 97

14. OPERAÇÃO DE DESCONTO COMPOSTO. 99

14.1 Descontos Compostos "Por Fora" (bancário ou comercial) 99

14.2 Descontos Compostos "Por Dentro" (racional) 100

14.3 Exercícios Resolvidos 101
14.3.1 Exercício Resolvido de Desconto Composto Por Fora 101
14.3.2 Exercício Resolvido de Desconto Composto Por Dentro 101

15. ANÁLISE DE ALTERNATIVAS ECONÔMICAS103

15.1 Método do Valor Presente 104
15.1.1 Exercício Resolvido do Método do Valor Presente 104

15.2 Método do Valor Futuro 109
15.2.1 Exercício Resolvido do Método do Valor Futuro 109

15.3 Método do Valor Anual 113
15.3.1 Exercício Resolvido do Método do Valor Anual 113

15.4 Método do Custo/Benefício 117
15.4.1 Exercício Resolvido do Método do Custo/Benefício 117

15.5 Método da Taxa de Retorno 121
15.5.1 Exercício Resolvido do Método da Taxa de Retorno 121

15.6 Método do Prazo de Retorno 124
15.6.1 Exercício Resolvido do Método do Prazo de Retorno 124

16. QUADROS-RESUMO 129

17. A CALCULADORA HP 12C 133

17.1 Conhecendo a HP 12C 133

17.2 Resoluções dos Exercícios do Livro com a HP 12C 136

17.2.1 Exercício 3.4.1 Resolvido com o Uso da HP 12C 136

17.2.2 Exercício 3.4.2 Resolvido com o Uso da HP 12C 137

17.2.3 Exercício 4.4.1 Resolvido com o Uso da HP 12C.. 138

17.2.4 Exercício 4.4.2 Resolvido com o Uso da HP 12C.. 139

17.2.5 Exercício 4.4.3 Resolvido com o Uso da HP 12C.. 140

17.2.6 Exercício 8.3.1 Resolvido com o Uso da HP 12C..141

17.2.7 Exercício 8.3.2 Resolvido com o Uso da HP 12C.. 142

17.2.8 Exercício 9.4.1 Resolvido com o Uso da HP 12C.. 143

17.2.9 Exercício 9.4.2 Resolvido com o Uso da HP 12C.. 144

17.2.10 Exercício 9.4.3 Resolvido com o Uso da HP 12C.. 145

17.2.11 Exercício 11.4.1 Resolvido com o Uso da HP 12C..146

17.2.12 Exercício 11.4.2 Resolvido com o Uso da HP 12C.. 147

17.2.13 Exercício 13.3.1 Resolvido com o Uso da HP 12C 148

17.2.14 Exercício 13.3.2 Resolvido com o Uso da HP 12C 149

17.2.15 Exercício 14.3.1 Resolvido com o Uso da HP 12C 150

17.2.16 Exercício 14.3.2 Resolvido com o Uso da HP 12C 151

17.2.17 Exercício 15.1.1 Resolvido com o Uso da HP 12C 152

17.2.18 Exercício 15.2.1 Resolvido com o Uso da HP 12C 153

17.2.19 Exercício 15.3.1 Resolvido com o Uso da HP 12C 155

17.2.20 Exercício 15.4.1 Resolvido com o Uso da HP 12C 156

17.2.21 Exercício 15.5.1 Resolvido com o Uso da HP 12C 157

17.2.22 Exercício 15.6.1 Resolvido com o Uso da HP 12C 158

17.2.23 Exemplo Dado no Item 12.2 do Sistema Francês de Amortização Resolvido com o Uso da HP 12C 160

18. EXERCÍCIOS PROPOSTOS......................163

18.1 Exercícios Propostos de Juros Simples. 163

18.1.1...163

18.1.2 163

18.1.3 164

18.1.4 164

18.1.5 164

18.2 Exercícios Propostos de Juros Compostos. .. 165

18.2.1 165

18.2.2 165

18.2.3 166

18.2.4 166

18.2.5 166

18.2.6 167

18.2.7 167

18.3 Exercícios Propostos de Taxas Proporcionais, Equivalentes, Nominais e Efetivas. 168

18.3.1 168

18.3.2 168

18.3.3 168

18.3.4 169

18.4 Exercícios Propostos de Taxa Real, Inflação e Taxa Aparente. 169

18.4.1 169

18.4.2 170

18.4.3 170

18.5 Exercícios propostos de Séries Financeiras. .. 171

18.5.1 171

18.5.2 171

18.6 Exercícios Proposto de Planos de Amortização. 172

18.6.1 172

18.6.2 172

18.7 Exercícios Propostos de Descontos Simples por Fora. 173

18.7.1 173

18.7.2..173

18.8 Exercícios Propostos de Descontos Compostos. 174

18.8.1...174
18.8.2 174

18.9 Exercícios Propostos de Análise de Alternativas Econômicas. 175

18.9.1...175
18.9.2 176

18.10 Gabarito 177

18.11 Resoluções dos Exercícios Propostos 179

Resolução 18.1.1...179
Resolução 18.1.2 179
Resolução 18.1.3 181
Resolução 18.1.4 181
Resolução 18.1.5...182
Resolução 18.2.1 182
Resolução 18.2.2...183
Resolução 18.2.3.. 184
Resolução 18.2.4... 184
Resolução 18.2.5...185
Resolução 18.2.6 185
Resolução 18.2.7... 186
Resolução 18.3.1 188
Resolução 18.3.2... 189
Resolução 18.3.3... 190
Resolução 18.3.4 190
Resolução 18.4.1 191
Resolução 18.4.2..192

Resolução 18.4.3... 193
Resolução 18.5.1.. 195
Resolução 18.5.2... 195
Resolução 18.6.1 197
Resolução 18.6.2 197
Resolução 18.7.1.. 199
Resolução 18.7.2 199
Resolução 18.8.1 200
Resolução 18.8.2...200
Resolução 18.9.1 201
Resolução 18.9.2...204

19. TABELAS 207

19.1 Tabelas do Fator de Capitalização Composta (FCC) 207

19.2 Tabelas de Juros Efetivos Compostos Comerciais Equivalentes 225

19.3 Tabelas do Fator de Acumulação de Capital (FAC) em Anuidades (Parcelamento com Juros Compostos) 237

19.4 Tabelas do *Fator de Valor Atual (FVA)* em Anuidades (Parcelamento com Juros Compostos) 255

FINAL... 273

AGRADECIMENTO... 275

OUTRAS PUBLICAÇÕES DE RODRIGO VARGAS277

1. INTRODUÇÃO

A matemática financeira é a ciência que estuda as transações monetárias e as questões ligadas ao valor do dinheiro no tempo, podendo estar presente, portanto, tanto na vida profissional, quanto na vida social dos indivíduos. Desde analisar a melhor alternativa de investimento, até definir a melhor opção de compra, são muitas e variadas as oportunidades para a utilização dos conceitos da matemática financeira no dia a dia.

Tivemos o objetivo, na produção deste livro, de descomplicar ao máximo o tema proposto, evitando demonstrações desnecessárias da origem de determinadas fórmulas, abordando os temas mais utilizados no dia a dia e em concursos públicos, criando um projeto coerente e didático de sequenciamento e iniciação dos assuntos, evitando a prolixidade confusa, procurando exemplificar tudo o quanto possível, e criando figuras específicas para a edição. Ainda assim, o assunto é, por si só, razoavelmente complexo e, portanto, demanda considerável estudo para obter a sua compreensão e o seu melhor entendimento.

Dessa forma, o livro MATEMÁTICA FINANCEIRA DESCOMPLICADA traz para você os fundamentos e os principais conceitos da matemática financeira, de modo simples e direto, com exercícios resolvidos e exemplos de aplicação, numa linguagem de fácil compreensão e entendimento.

Parabéns pela sua decisão de estudar a Matemática Financeira, pois ela é uma útil e importante área do conhecimento, bastante presente no cotidiano atual.

Boa leitura e bons estudos!

2. CONCEITOS BÁSICOS

2.1 Período de Capitalização

É o período em que determinada quantia rende um valor "J" (chamado de juros do capital), aplicada a uma taxa de juros "i". O número de períodos de capitalização é representado por "n".

2.2 Valor Presente "P"

É a quantia (valor financeiro, dinheiro) existente ou equivalente no instante atual ou inicial. Pode ser chamado também por outros nomes, como: capital, valor atual ou valor de aplicação.

2.3 Valor Futuro "F"

É a quantia (valor financeiro, dinheiro) existente ou equivalente no momento futuro. Pode ser chamado também por outros nomes, como: montante, valor de resgate ou valor capitalizado.

2.4 Juros "J"

É o valor devido como remuneração do capital emprestado ou aplicado, ou seja, é o valor que será adicionado ao capital, como pagamento pela sua utilização. Imagine o seguinte: quando você aluga uma casa, o valor do aluguel é a remuneração pelo seu uso; o valor dos juros é o equivalente para o dinheiro, como se fosse o valor pago (ou recebido) pelo aluguel do dinheiro. Por isso dizemos que os juros representam o custo do dinheiro.

Os juros podem ser calculados a partir da capitalização por juros simples ou por juros compostos, conceitos que veremos logo adiante em detalhes.

Os juros podem ser antecipados, cuja capitalização (pagamento de juros) ocorre no início de cada período; ou postecipados, quando ocorre ao final de cada período, e que é o mais comum. Mas não se preocupe com isso agora!

2.5 Taxa de Juros "i"

É o percentual que remunera um capital, em um determinado período de capitalização. É exatamente esse percentual que determina o valor que será pago (ou recebido) como o valor dos juros. Enquanto que a taxa de juros é um valor percentual(1%, 2%,...), o valor dos juros "J" é expresso em moeda(R$100,00, R$200,00).

Ainda que a taxa de juros seja expressa em percentual, sua utilização nas fórmulas será sempre expressa como número, ou seja, uma taxa de juros de 1% entrará nas fórmulas como o número 0,01. Ao contrário, na calculadora financeira HP 12C, 1% entrará como valor 1.

2.6 Fluxo de Caixa

É uma sucessão de recebimentos (entradas) ou desembolsos (pagamentos), ao longo de um determinado período, ou podemos dizer também, ao longo de um determinado número de períodos de capitalização.

2.7 Recebimento

É todo valor financeiro recebido, é representado por uma flecha para cima no diagrama de fluxo de caixa (veremos a seguir), e é um valor considerado positivo. Pode ser também chamado de "ganho" ou "entrada de dinheiro".

2.8 Pagamento

É representado por uma flecha para baixo no diagrama de fluxo de caixa e é um valor considerado negativo. Pode ser também chamado de desembolso, despesa ou saída.

A representação das flechas para cima (recebimento), ou para baixo (pagamento) é uma convenção que muitos autores adotam, mas você poderá encontrar o oposto. No caso da convenção de sinais, a sinalização positiva para recebimentos, e negativa para desembolsos é o caso geral, mesmo porque é o mais lógico. Nos cálculos é fundamental que você mantenha a atenção com as convenções e sinais, para chegar ao resultado certo.

2.9 Diagrama de Fluxo de Caixa

É a representação gráfica, esquemática, do fluxo de caixa. É de muita utilidade na compreensão das questões da matemática financeira, simplificando e facilitando o entendimento. Fica muito mais fácil resolver qualquer questão de matemática financeira quando colocamos todos os dados dispostos em um diagrama de fluxo de caixa. Há uma convenção de sinais que utilizamos, em que os recebimentos (entradas) são positivos e com a flecha apontada para cima na linha do tempo. Os pagamentos (desembolsos) são negativos e com a flecha apontada para baixo na linha do tempo. Os sinais serão utilizados quando você utilizar a HP 12C (veremos adiante) ou ainda o Excel. **Importante: quando você utilizar as fórmulas, deverá entrar com todos os valores positivos, sejam recebimentos ou pagamentos, valerão apenas os sinais já presentes na própria fórmula!**

Veja adiante, um exemplo de um diagrama de fluxo de caixa.

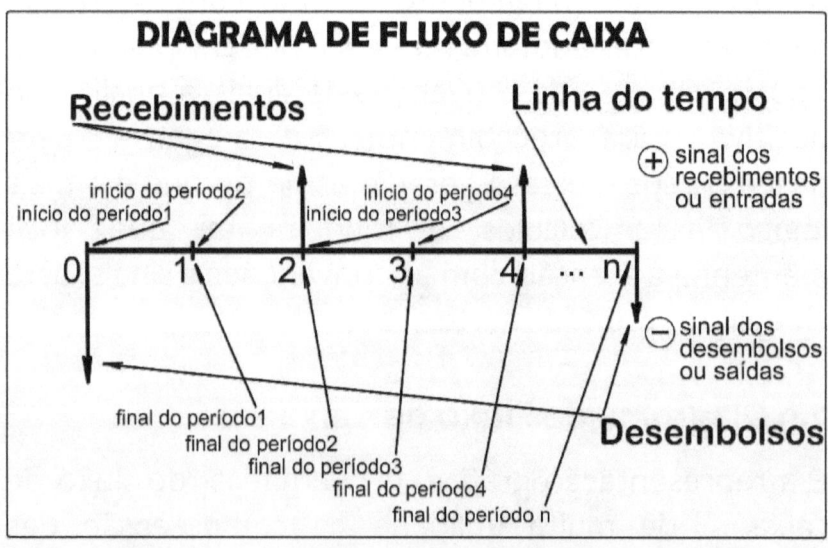

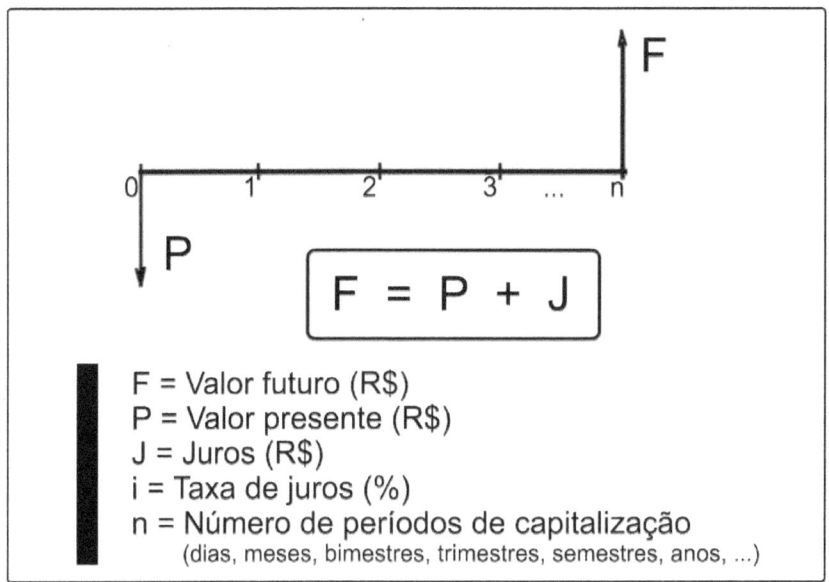

F = Valor futuro (R$)
P = Valor presente (R$)
J = Juros (R$)
i = Taxa de juros (%)
n = Número de períodos de capitalização
(dias, meses, bimestres, trimestres, semestres, anos, ...)

Procure memorizar todas as letras que representam os respectivos conceitos agora vistos, pois isso é fundamental para o melhor entendimento das fórmulas e conceitos que serão vistos adiante.

Conceito	Representação na Fórmula
Valor Futuro	F
Valor Presente	P
Taxa de Juros	i
Valor de Juros	J
Número de Períodos	n

As letras representativas são intuitivas, pois:
a) O "F" lembra Futuro (valor futuro)
b) O "P" lembra Presente (valor presente)
c) A taxa de juros (%) é representada por "i", que vem do inglês *interest* (que quer dizer interesse,

vantagem, juros). Você pode também associar o "i" a índice de rendimento (taxa de juros)

d) O valor dos Juros (valor monetário) é representado por "J"

e) O número de períodos é representado por "n"

2.10 Mapa Didático dos Temas

A seguir, quero apresentar um mapa dos temas que veremos ao longo do livro, sejam aqueles vinculados a juros simples, ou aqueles vinculados a juros compostos. Embora possam ser ainda novidade, quero apresentá-los aqui por dois motivos principais: primeiro, para que você possa ter uma visão do todo em relação aos temas que aprenderemos no livro e a sequência em que serão apresentados; e segundo, porque, caso apareçam dúvidas em relação à onde se aplica determinado conceito, você sabe que poderá voltar ao item Conceitos Básicos e consultar esse mapa.

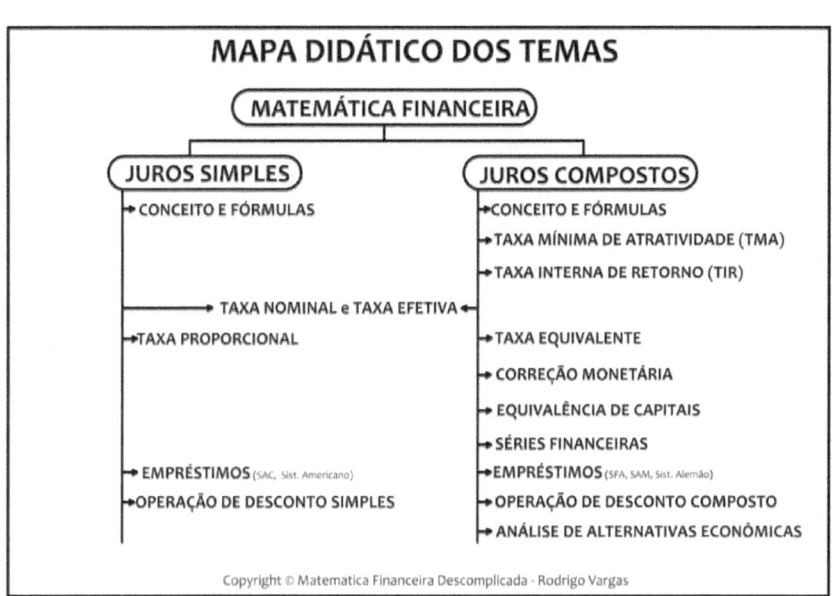

MAPA DIDÁTICO DOS TEMAS

MATEMÁTICA FINANCEIRA

JUROS SIMPLES
- CONCEITO E FÓRMULAS

TAXA NOMINAL e TAXA EFETIVA

- TAXA PROPORCIONAL

- EMPRÉSTIMOS (SAC, Sist. Americano)
- OPERAÇÃO DE DESCONTO SIMPLES

JUROS COMPOSTOS
- CONCEITO E FÓRMULAS
- TAXA MÍNIMA DE ATRATIVIDADE (TMA)
- TAXA INTERNA DE RETORNO (TIR)
- TAXA EQUIVALENTE
- CORREÇÃO MONETÁRIA
- EQUIVALÊNCIA DE CAPITAIS
- SÉRIES FINANCEIRAS
- EMPRÉSTIMOS (SFA, SAM, Sist. Alemão)
- OPERAÇÃO DE DESCONTO COMPOSTO
- ANÁLISE DE ALTERNATIVAS ECONÔMICAS

Copyright © Matematica Financeira Descomplicada · Rodrigo Vargas

3. JUROS SIMPLES

Juros Simples, ou Capitalização Simples, é caracterizada pelos juros incidindo, a cada período, somente sobre o capital, ou seja, os juros já calculados em períodos anteriores não afetam os cálculos de juros futuros. Veremos, a seguir, em detalhes, exemplos e exercícios, tipos de juros simples e as fórmulas para efetuar os cálculos.

3.1 Capitalização Simples

É aquela em que a taxa de juros incide somente sobre o capital inicial, não incidindo sobre os juros já acumulados.

Podemos citar alguns exemplos de aplicação de juros simples, como na cobrança de multa por falta de pagamento, através de boletos bancários; ou na operação de desconto de títulos, como duplicatas, notas promissórias ou letras de câmbio. Alguns métodos de pagamento de empréstimos também são baseados em capitalização simples, como é o caso do sistema de amortização constante, que veremos adiante em capítulo específico.

Veja, a seguir, uma tabela com um exemplo de uma série com 18 meses de capitalização de juros simples de 10% ao mês, com capitalização mensal, ou seja, o crédito dos juros acontece mês a mês.

Observe que, a cada mês, o valor monetário dos juros é calculado apenas com base no capital inicial (valor presente), não levando em conta o valor de juros acumulado. Ou seja, não importa o quanto de juros já foram calculados e acumulados, os juros do próximo período serão sempre calculados com base no valor presente.

Período	Valor Presente (no início do período)	Juros Simples (10%) Postecipados (no final de cada período)	Valor Futuro (ao final de cada período)
0	100,00	0	-
1	-	10,00	110,00
2	-	10,00	120,00
3	-	10,00	130,00
4	-	10,00	140,00
5	-	10,00	150,00
6	-	10,00	160,00
7	-	10,00	170,00
8	-	10,00	180,00
9	-	10,00	190,00
10	-	10,00	200,00
11	-	10,00	210,00
12	-	10,00	220,00
13	-	10,00	230,00
14	-	10,00	240,00
15	-	10,00	250,00
16	-	10,00	260,00
17	-	10,00	270,00
18	-	10,00	280,00

Atente que, conforme mostrado no diagrama de fluxo de caixa do capítulo anterior, o período zero representa apenas o início do período 1.

3.2 Tipos de Contabilização de Juros

3.2.1 Juros Exatos

Considera-se o tempo exato decorrido, ou seja, ano com 365 dias (ou 366 quando bissexto) e os dias decorridos de acordo com o calendário. Para a conversão de taxas, considera-se também o tempo exato, ou seja, um mês com 28, 29, 30 ou 31 dias. É menos usado, na prática.

3.2.2 Juros Comerciais (ou Ordinários) Aproximados

Considera-se o tempo aproximado decorrido, ou seja, ano com 360 dias e qualquer mês com 30. Para a conversão das taxas de juros, considera-se também um ano com 360 dias, ou um mês com 30.

3.2.3 Juros Comerciais (ou Ordinários) Exatos (Regra dos Banqueiros)

Considera-se a contagem do tempo de acordo com os dias decorridos no calendário Para a conversão da taxa de juros, considera-se um ano com 360 dias, ou um mês com 30. É utilizado, por exemplo, no cálculo de juros de boletos bancários.

Veremos o uso desses conceitos nos exercícios, fique tranquilo. Numa prova de faculdade, ou concurso público, normalmente, deve ser indicado o tipo de contabilização de juros a usar.

3.3 Fórmulas

A fórmula de juros simples em função do valor presente, da taxa de juros e do número de períodos, é dada por:

$$J = P . i . n$$

E sabemos que:

$$F = P + J$$

Substituindo J=P.i.n na segunda fórmula, temos:
F=P+P.i.n

Donde, colocando o **P** em evidência, vem:

$$F = P . (1+i.n)$$

Lembre-se de que a multiplicação entre o "i" e o "n" ocorrerá antes da soma com o "1". E o "i" entra em decimal, não em percentual.

Continuando, sabendo que F=P.(1+i.n)

E isolando o **P**, chegamos em:

$$P = \frac{F}{(1+i.n)}$$

Sabendo também que J=P.i.n, e que P=F/(1+i.n), substituímos o **P** da segunda equação na primeira e chegamos à seguinte fórmula de **J** em função de **F**:

$$J = \frac{F.i.n}{(1+i.n)}$$

3.4 Exercícios Resolvidos

3.4.1 Exercício resolvido de juros simples

Calcule o total de uma multa devida por um condômino que está quitando a taxa de condomínio com 2 meses de atraso. O valor da taxa de condomínio é de R$200,00. O valor da multa é de 2% ao mês, capitalizados por juros simples. Calcule também, o valor total a ser pago da taxa de condomínio a fim de liquidar a dívida.

Pelos dados da questão, sabemos que:
P = 200,00
i = 2% a.m. (juros simples)
n = 2
J=?
F = ?

Vamos primeiro calcular o valor total da multa, representado pelo J.

A fórmula de juros simples é: J=P.i.n

Portanto, substituindo na fórmula, temos:

J = 200,00 x 0,02 x 2 = 8,00

Que é o valor total da multa.

Agora vamos calcular o valor total da taxa de condomínio, representado pelo F.

Sabemos que:

F=P+J

E substituindo os valores, temos

F = 200,00 + 8,00 = 208,00

Que é o valor a ser pago para liquidar a dívida da taxa de condomínio inadimplente.

3.4.2 Exercício resolvido de juros simples

A quantia de R$400,00 foi emprestada a juros simples de 6% ao ano, do dia 25 de maio ao dia 25 de julho do mesmo ano. Pela regra dos banqueiros, calcule o valor dos juros a serem pagos.

Sabemos que:

Tipo de Juros	Período	Taxa de Juros
Juros Ordinários Comerciais Exatos Regra dos Banqueiros	tempo exato de calendário	Ano com 360 Mês com 30
Juros Ordinários Comerciais Aproximados	Ano com 360 Mês com 30	Ano com 360 Mês com 30
Juros Exatos	tempo exato de calendário	Ano com 365 ou 366 (bissexto) Mês com 31, 30, 29 ou 28 (bissexto)

Portanto, pela regra dos banqueiros, os dias decorridos são consideramos de acordo com o calendário. Assim, teremos à partir do dia 25 de maio,

6 dias em maio, 30 dias em junho, e 25 dias em julho; totalizando 61 dias de rendimento.

Precisamos transformar a taxa de juros anual em taxa de juros diária. Como é uma capitalização por juros simples, basta usarmos o raciocínio da proporcionalidade, dividindo a taxa de 6% por 360. (*Por que 360 e não 365? Porque estamos utilizando a regra dos banqueiros, onde o ano tem 360 dias – Veja a coluna taxa de juros da tabela anterior*)

Mas atenção, pois esse tipo de raciocínio não vale para os juros compostos. Para a capitalização composta, aprenderemos a utilizar o conceito de taxas equivalentes.

Prosseguindo, sabemos que a fórmula de juros simples é:

$J = P.i.n$

Então, substituindo pelos dados da questão, temos:

$J = 400,00 \times (0,06/360) \times 61$

$J = R\$4,07$

Que é o valor dos juros a serem pagos.

4. JUROS COMPOSTOS

Juros Compostos, ou Capitalização Composta, é caracterizada pelos juros incidindo, a cada período, sobre o capital e, também, sobre os juros já calculados em períodos anteriores. Veremos, a seguir, em detalhes, exemplos e exercícios, incluindo um gráfico comparativo entre a capitalização simples e a composta, além dos tipos de juros compostos, e as fórmulas para efetuar seus cálculos.

4.1 Capitalização Composta

É aquela em que a taxa de juros incide, não somente sobre o capital inicial, mas também sobre os juros já calculados e acumulados até então.

Esse é o tipo mais usual de capitalização de juros encontrado no mercado financeiro. É assim que funciona a capitalização da caderneta de poupança, dos fundos de investimento, cartões de crédito, cheque especial, crédito direto ao consumidor e crédito pessoal, por exemplo.

Veja a seguir uma tabela com um exemplo de uma série de 18 períodos de capitalização de juros compostos, taxa de 10% ao mês, com capitalização mensal, ou seja, o crédito dos juros acontece mês a mês.

Período	Valor Presente (no início do período)	Juros Compostos (10%) Postecipados (no final de cada período)	Valor Futuro (ao final do período)
0	100,00	0,00	-
1	-	10,00	110,00
2	-	11,00	121,00
3	-	12,10	133,10
4	-	13,31	146,41
5	-	14,64	161,05
6	-	16,11	177,16
7	-	17,72	194,87
8	-	19,49	214,36
9	-	21,44	235,79
10	-	23,58	259,37
11		25,94	285,31
12	-	28,53	313,84
13	-	31,38	345,23
14	-	34,52	379,75
15	-	37,97	417,72
16	-	41,77	459,50
17	-	45,95	505,45
18	-	50,54	555,99

Observe que, no final do primeiro período, o valor creditado de juros é igual ao do exemplo dado em juros simples. Isto porque o capital inicial é o mesmo, e não houve nenhuma incidência de juros. A partir do segundo período, a diferença aparece, pois o valor creditado de juros é de R$11,00, já que foi baseado em R$110,00, e não mais em R$100,00, como em juros simples.

Agora, veja um comparativo gráfico entre a série dada como exemplo em juros simples e a série dada como exemplo em juros compostos.

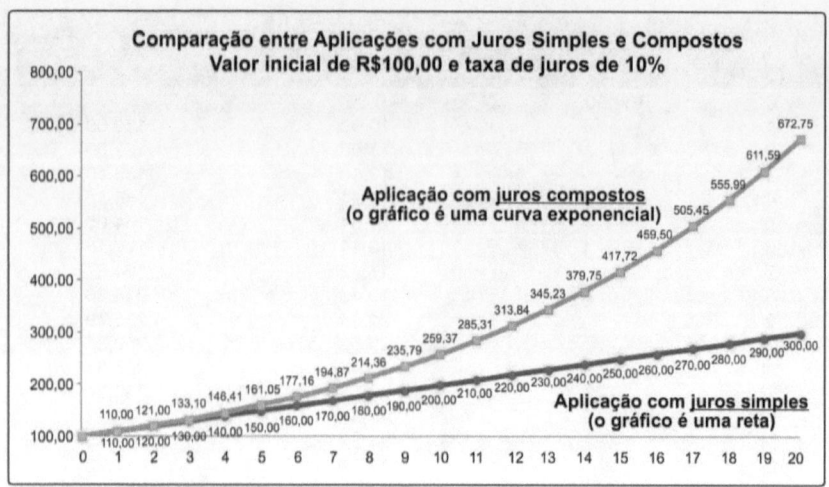

Enquanto que os valores com juros simples crescem de forma linear, como uma reta, os valores com juros compostos crescem de forma exponencial.

4.2 Tipos de Contabilização de Juros

4.2.1 Juros Exatos

Considera-se o tempo exato decorrido, ou seja, ano com 365 dias (ou 366 quando bissexto) e os dias decorridos de acordo com o calendário. Para a conversão de taxas, considera-se também o tempo exato, ou seja, um mês com 28, 29, 30 ou 31 dias. É menos usado, na prática.

4.2.2 Juros Comerciais (ou Ordinários) Aproximados

Considera-se o tempo aproximado decorrido, ou seja, ano com 360 dias e qualquer mês com 30. Para a conversão das taxas de juros, considera-se também um ano com 360 dias, ou um mês com 30.

4.2.3 Juros Comerciais (ou Ordinários) Exatos (Regra dos Banqueiros)

Considera-se a contagem do tempo de acordo com os dias decorridos no calendário Para a conversão da taxa de juros, considera-se um ano com 360 dias, ou um mês com 30. É utilizado, por exemplo, no cálculo de juros de boletos bancários.

Veremos o uso desses conceitos nos exercícios, para você entender melhor e firmar os conceitos. Numa prova de faculdade, ou concurso público, como já dissemos, normalmente, deve ser indicado o tipo de contabilização de juros a usar.

4.3 Fórmulas

$$F = P + J$$

A fórmula acima vem da própria definição de juros (o valor futuro é igual ao valor presente acrescido dos juros do período), portanto, é igual em juros simples ou compostos.

A fórmula abaixo é a que caracteriza a operação com juros compostos, já que ela representa o acúmulo de juros sobre juros, sendo uma curva exponencial.

$$F = P \cdot (1+i)^n$$

Chamaremos o fator $(1+i)^n$ de **Fator de Capitalização Composta (FCC)** e, no capítulo 19, podem ser encontradas tabelas com valores para o FCC, de acordo com o período e a taxa de juros envolvida.

Considerando ainda a fórmula F=J+P, temos:
J=F-P
Mas também sabemos que: $F=P.(1+i)^n$
E substituindo o **F** na fórmula J=F-P, vem:
$J = P.(1+i)^n - P$
Colocando o P em evidência, temos:

$$J = P \cdot [(1+i)^n - 1]$$

Que é a fórmula de **J** em função de **P**.
De outra forma, temos que:

J=F-P,   mas $P=F/(1+i)^n$ então:

$$J = F \cdot \left[\frac{F}{(1+i)^n} \right]$$

Que é a fórmula de **J** em função de **F**.

4.4 Exercícios Resolvidos

4.4.1 Exercício resolvido de juros compostos

Calcule os juros compostos produzidos por uma aplicação de R$2.000,00, à taxa de 10% a.m., após 2 meses.

P=2.000,00
i=10% a.m.
n=2
J=?

Utilizaremos a fórmula $J=P.[(1+i)^n-1]$

Lembre-se de que o valor da taxa de juros entra na fórmula como número, e não como percentual.
Portanto, no caso da taxa de 10%, o valor a colocar na fórmula será 0,1.

$J=2.000,00 \times [(1+0,1)^2-1]$
$J=2.000,00 \times [1,21-1] = 2.000,00 \times 0,21$
$J=420,00$
Podemos resolver o exercício utilizando os fatores tabelados, que se encontram no final do livro, no capítulo 19.

Sabemos que o fator $(1+i)^n$ é o Fator de Capitalização Composta (FCC). Na tabela, para $FCC_{(n=2, i=10\%)}$ encontramos o valor de 1,21.

Veja que, na tabela, procuramos o fator com a taxa de juros em percentual.

J=2.000,00 x (1,21 - 1) = 420,00

4.4.2 Exercício resolvido de juros compostos

A que taxa mensal de juros compostos devo aplicar um capital de R$3.000,00 para receber R$5.000,00 ao final de 6 meses?

P=3.000,00
F=5.000,00
N=6
i=?

Substituindo os valores na fórmula de juros compostos $F=P.(1+i)^n$ temos:

$5.000,00=3.000,00 . (1+i)^6$

$(1+i)^6 = 5.000,00 / 3.000,00 = 1,66667$

Calculando a raiz sexta de 1,66667, finalmente, temos: i=1,08887 – 1 = 0,08887

Ou seja, a taxa deverá ser de 8,89%

Mas poderíamos resolver este exercício utilizando também a ajuda da tabela de fatores. Veja como:

Partimos da fórmula $F=P.(1+i)^n$ e substituímos os valores:

$5.000,00 = 3.000,00 . (1+i)^6$

Calculamos o valor do fator:

$(1+i)^6 = 5.000,00 / 3.000,00 = 1,66667$

Na tabela, procuramos o FCC que vale 1,66667 e esteja na linha de 6 períodos, para, então, encontrarmos o valor da taxa de juros correspondente.

Como não existe na tabela exatamente o valor de FCC que procuramos, anotamos os dois valores mais próximos que são FCC=1,66789 para uma taxa de juros de 8,90%, e FCC=1,65872 para uma taxa de 8,80%.

Veja que, eventualmente, o valor aproximado possa até ser aceitável, já que a diferença está na terceira casa decimal (comparando 1,66667 com 1,66789), e desapareceria com o arredondamento. No entanto, faremos aqui uma simples interpolação linear, baseada na regra de três, com o objetivo de encontrar um valor mais exato e expor o método. O procedimento é simples, veja a seguir:

1,65872	1,66667	1,66789
8,80%	? $\xleftarrow{\ x\ }$	8,90%

$$\frac{(1,66789 - 1,66667)}{(1,66789 - 1,65872)} = \frac{x}{(8,90 - 8,80)}$$

$$x = 0,01330$$

Portanto, basta deduzirmos o valor de x, do valor 8,90, para encontrarmos um valor mais exato da taxa procurada, que é igual a 8,8867%. E com duas casas decimais, chegamos em:

i = 8,89%

4.4.3 Exercício resolvido de juros compostos

Determine o valor de emissão de um título que, ao final de 8 meses, e à taxa de juros compostos de 1% a.m., tem um valor de resgate de R$4.000,00.

F=4.000,00
n=8
i=1% a.m.
P=?

Substituindo os valores na fórmula de juros compostos $F=P.(1+i)^n$ temos:

$P=4.000,00 / (1+0,01)^8$

Consultando a tabela: $FCC_{(n=8, i=1\%)} = 1,08286$

P=4.000,00 / 1,08286 = **3.693,92**   que é o valor de emissão do título.

4.5 Resumo das Fórmulas de Juros

Conceito	Representação na Fórmula
Valor Futuro	F
Valor Presente	P
Taxa de Juros	i
Valor de Juros	J
Número de Períodos	n

Conceito	Fórmulas de Juros Simples	Fórmulas de Juros Compostos
Valor Futuro	$F = P + J$	$F = P + J$
Valor Futuro	$F = P.(1+i.n)$	$F = P.(1+i)^n$
Juros	$J = P.i.n$	$J = P. [(1+i)^n - 1]$
Juros	$J = F.i.n / (1+i.n)$	$J = F - [F / (1+i)^n]$

5. TAXA MÍNIMA DE ATRATIVIDADE (TMA)

Ao desejar investir uma quantia, em geral, comparamos o provável rendimento que será proporcionado por este investimento, aplicado a uma determinada taxa de juros, com os rendimentos de outros investimentos disponíveis, remunerados por outras taxas de juros.

> ## TAXA MÍNIMA DE ATRATIVIDADE (TMA)
> A TMA é aquela taxa de baixo risco da qual você dispõe, e por isso varia de pessoa para pessoa. Consideraremos neste livro, em vários exercícios, a TMA igual à taxa de juros da Poupança, em geral, variando de 0,55% a 0,75% a.m.

A taxa de juros que seu investimento proporcionará deverá ser, em princípio, superior a uma taxa de juros disponível e de baixo risco, com a qual se pode comparar. Tal taxa de juros comparativa e disponível, utilizada como referência, é chamada de **taxa mínima de atratividade**. Essa taxa pode ser, por exemplo, aquela taxa que seu banco lhe oferece para uma aplicação. Isso quer dizer que você irá investir seu dinheiro em outra aplicação ou projeto, financeiramente falando, apenas se a taxa de juros oferecida for maior do que a taxa mínima de atratividade de que você dispõe.

6. TAXA INTERNA DE RETORNO (TIR)

A taxa interna de retorno (TIR), também chamada de taxa verdadeira de retorno, é aquela taxa capaz de tornar equivalentes os valores futuros e o capital na data zero. Ou, dizendo de outra forma: é a taxa de juros que equaliza o valor presente de um ou mais recebimentos com o valor presente de um ou mais pagamentos.

Ou seja, a taxa interna de retorno é aquela que um projeto proporcionará, considerando todas as suas despesas e todas as suas receitas. Imagine, por exemplo, a reforma de um restaurante com o objetivo de ampliar a capacidade de atendimento ao público. Nesse projeto, estão previsto alguns gastos com a reforma e, obviamente, aumento de receita no futuro, com o aumento da clientela, por exemplo. Esse, então, é um projeto que tem pagamentos e recebimentos, e um prazo (número de períodos) determinado. Ao calcularmos a taxa de juros compostos envolvida, estaremos identificando a taxa interna de retorno desse projeto. Ao compararmos a TIR desse projeto com a taxa mínima de atratividade que o dono do restaurante pode obter do mercado, como numa aplicação em fundos no seu banco, poderemos definir se é vantajoso, financeiramente falando, realizar a reforma ou não.

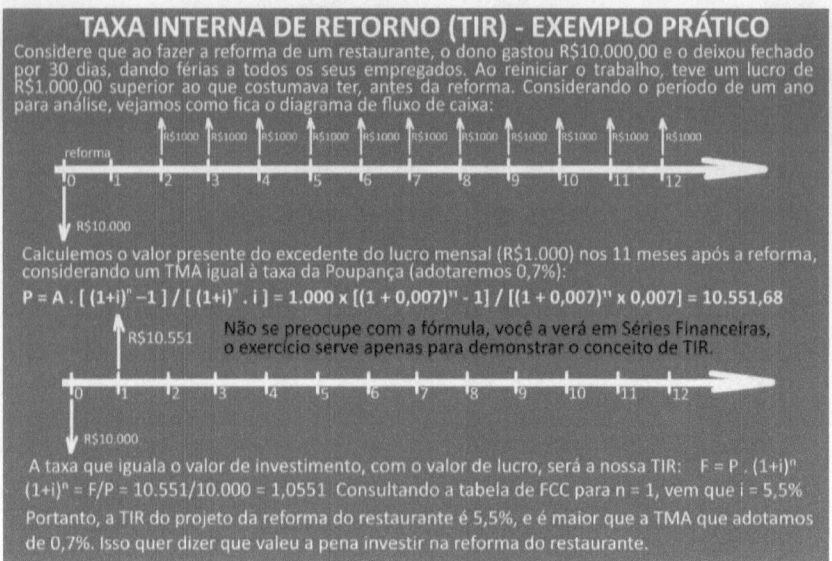

TAXA INTERNA DE RETORNO (TIR) - EXEMPLO PRÁTICO

Considere que ao fazer a reforma de um restaurante, o dono gastou R$10.000,00 e o deixou fechado por 30 dias, dando férias a todos os seus empregados. Ao reiniciar o trabalho, teve um lucro de R$1.000,00 superior ao que costumava ter, antes da reforma. Considerando o período de um ano para análise, vejamos como fica o diagrama de fluxo de caixa:

Calculemos o valor presente do excedente do lucro mensal (R$1.000) nos 11 meses após a reforma, considerando um TMA igual à taxa da Poupança (adotaremos 0,7%):

$P = A . [(1+i)^n -1] / [(1+i)^n . i] = 1.000 \times [(1 + 0,007)^n - 1] / [(1 + 0,007)^n \times 0,007] = 10.551,68$

Não se preocupe com a fórmula, você a verá em Séries Financeiras, o exercício serve apenas para demonstrar o conceito de TIR.

A taxa que iguala o valor de investimento, com o valor de lucro, será a nossa TIR: $F = P . (1+i)^n$
$(1+i)^n = F/P = 10.551/10.000 = 1,0551$ Consultando a tabela de FCC para n = 1, vem que i = 5,5%
Portanto, a TIR do projeto da reforma do restaurante é 5,5%, e é maior que a TMA que adotamos de 0,7%. Isso quer dizer que valeu a pena investir na reforma do restaurante.

Com base na taxa interna de retorno (TIR) de cada alternativa de investimento, seja para aplicações financeiras, compras ou investimentos em geral, podemos comparar diversos projetos entre si e, também, com a taxa mínima de atratividade (TMA), com o objetivo de escolher e definir a melhor alternativa.

7. TAXA NOMINAL E TAXA EFETIVA

Imaginemos uma taxa de 12% ao ano, com capitalização mensal, que é proporcional a uma taxa de 1% ao mês, com capitalização mensal. Nesse caso, podemos dizer que a taxa de 12% ao ano é uma taxa nominal, pois o seu período de rendimento, que é anual, não coincide com seu período de capitalização, que é mensal. Enquanto que a taxa de 1% ao mês será chamada de taxa efetiva ou taxa de juros efetivos, pois o seu período de rendimento, que é mensal, coincide com o seu período de capitalização, que também é mensal.

> 12% ao <u>ano</u> com capitalização <u>mensal</u> ➜ Taxa nominal
> 1% ao <u>mês</u> com capitalização <u>mensal</u> ➜ Taxa efetiva

Habitue-se a trabalhar, em cálculos, apenas com as taxas efetivas. **Embora possamos utilizar as taxas nominais em cálculos de juros simples, não podemos fazê-lo em cálculos de juros compostos**. Portanto, recomendamos que, ao se deparar com taxas nominais, transforme-as, por proporcionalidade, em taxas efetivas.

Vejamos mais um exemplo: a taxa nominal de 6% ao ano, com capitalização mensal, será proporcional à taxa efetiva de 0,5% ao mês, com capitalização mensal. Ou seja, o que fizemos foi reduzir o valor da taxa (6%) relativa a um período de rendimento anual, proporcionalmente (dividindo por 12), a uma taxa (0,5%) relativa a um período de rendimento mensal, que é coincidente ao período de capitalização mensal.

Normalmente, **quando não especificado, poderá ser subentendido que a taxa de juros tem o período de rendimento coincidente com seu período de capitalização**, ou seja, será interpretada como efetiva. Como exemplo, uma taxa de juros de 3% ao mês, se nada mais for dito, será interpretada como 3% ao mês, com capitalização mensal. Fique sempre atento a isso em qualquer questão relacionada a taxa de juros.

8. TAXA PROPORCIONAL E TAXA EQUIVALENTE

A seguir, mais dois conceitos importantes da matemática financeira, o de proporcionalidade das taxas de juros, e o de equivalência.

8.1 Taxas Proporcionais

O conceito de taxas proporcionais é utilizado no sentido de que o valor dos juros é linearmente proporcional ao tempo. Ou seja, taxas proporcionais são múltiplas umas das outras. Assim, a taxa de 3% ao mês é proporcional a 18% ao semestre ou 36% ao ano. A taxa de 12% ao ano é proporcional a 1% ao mês. Dessa forma, tanto os valores das taxas, quanto os seus respectivos períodos de rendimento, guardam entre si as mesmas proporções.

Em juros simples, as taxas proporcionais resultarão também equivalentes, pois proporcionarão valores equivalentes, se aplicadas a mesmos capitais, pelo mesmo período. Em juros compostos, utilizamos o conceito de proporcionalidade para converter taxas nominais em taxas efetivas.

8.2 Taxas Equivalentes

Taxas equivalentes são aquelas que produzem o mesmo montante ao final de um determinado período, pela aplicação de um mesmo capital inicial.

Como já dissemos, em juros simples, as taxas proporcionais são também equivalentes. Em juros compostos, no entanto, a única forma de encontrar a equivalência entre as taxas é através do método de cálculo que veremos aqui, e que é baseado nas fórmulas de juros compostos. Assim, em juros compostos, a taxa de juros de 3% ao mês é equivalente a 19,41% ao semestre ou 42,58% ao ano. A taxa de 12% ao ano é equivalente a 0,95% ao mês. Veja as tabelas de equivalência de taxas de juros compostos, no capítulo 19, para outros valores.

⤷ 12% ao ano (com capitalização anual) é **proporcional** a 1% ao mês (com capitalização mensal) conceito que utilizaremos nos cálculos de juros simples

⤷ 12% ao ano (com capitalização anual) é **equivalente** a 0,95% ao mês (com capitalização mensal) conceito que utilizaremos nos cálculos de juros compostos

8.3 Cálculo

Vejamos, então, como são os métodos de cálculo e fórmulas, tanto para taxas proporcionais, quanto para taxas equivalentes, onde o i_1 se refere a um período de capitalização (conhecido na questão), e o i_2 se refere ao outro período (que se quer calcular).

8.3.1 Para taxas proporcionais:

$F_1 = P_1.(1 + i_1.n_1)$ e $F_2 = P_2.(1 + i_2.n_2)$

mas $P_1 = P_2$ e $F_1 = F_2$ então... $1 + i_1.n_1 = 1 + i_2.n_2$

donde $\boxed{i_1.n_1 = i_2.n_2}$

ou $\boxed{i_2 = (i_1.n_1)/n_2}$

Que é a fórmula para cálculo das taxas proporcionais.

8.3.2 Para taxas equivalentes:

$F_1 = P_1.(1 + i_1.n_1)$ e $F_2 = P_2.(1 + i_2.n_2)$

mas $P_1 = P_2$ e $F_1 = F_2$ então, temos:

$$\boxed{(1+i_1)^{n_1} = (1+i_2)^{n_2}}$$

ou

$$\boxed{i_2 = (1+i_1)^{n_1/n_2} - 1}$$

Que é a fórmula para cálculo das taxas equivalentes em juros compostos.

8.4 Exercícios Resolvidos

8.4.1 Exercício resolvido de taxas proporcionais, equivalentes, nominais e efetivas

A taxa proporcional de 30% ao trimestre, com capitalização mensal, corresponde a qual taxa efetiva equivalente bimestral em juros compostos?

30% ao trimestre, com capitalização mensal, é uma taxa nominal e, corresponderá, por proporcionalidade, à uma taxa efetiva de 10% ao mês, também com capitalização mensal. Ainda que seja intuitivo, utilizaremos a fórmula de taxas proporcionais para explicar:

$i_1. n_1 = i_2. n_2$

Substituindo pelos dados, vem: $i_2 = (30 . 1) / 3$
e chegamos em $i_2 = 10$

Atente para o fato que na fórmula, o n_1 entrou como 1, pois está se referindo a um trimestre. Já o n_2 entrou como 3, pois se refere aos 3 meses que cabem no período trimestral.

Mas por que transformamos a taxa trimestral em mensal, e não em bimestral, que é o que o problema pede?

Devido ao fato de que precisamos chegar em uma taxa efetiva, ou seja, aquela em que coincida com o seu período de capitalização, que é quando se creditam os juros. Veja que chegamos na taxa efetiva de 10% a.m., com capitalização mensal.

Agora sim, pelo conceito de taxas equivalentes, calcularemos a taxa bimestral pedida, com capitalização bimestral, em juros compostos.

Sabemos que:
$$(1+i_1)^{n_1}=(1+i_2)^{n_2} \quad \text{ou} \quad i_2 = (1+i_1)^{n_1/n_2} - 1$$

Onde:
n_1 = 2 meses (pois um bimestre contém 2 meses)
i_1 = 10%
n_2 = 1 bimestre
i_2 = ?

Donde vem: $i_2 = (1+ 0,1)^{2/1} - 1$

E temos que: $i_2 = 1,21 - 1 = 0,21 = 21\%$

Ou seja, i_2 = 21% a.b. (ao bimestre) com capitalização bimestral é a taxa efetiva bimestral

8.4.2 Exercício resolvido de taxas nominais e efetivas

Um cliente obtém de seu banco um financiamento no valor de R$10.000,00, a ser liquidado num único pagamento de R$13.000,00, decorrido um ano. No entanto, o banco informa ao cliente que será deduzido 5% do valor financiado a título de taxas diversas relativas ao financiamento. Sendo assim, quais foram as taxas nominal e efetiva dessa transação?

Esse exercício traz um conceito de taxa nominal e efetiva também comum no mercado, mas que não deve ser confundido com os conceitos já explicados nesse capítulo.

Aqui consideraremos como taxa efetiva (I_{ef}) aquela que representa a transação financeira, considerando-se o custo real total envolvido.

Vejamos adiante a resolução do exercício e ficarão claros os dois conceitos.

A taxa nominal (i_{no}) no período considerado, que é de um ano, é calculada pela relação direta entre os juros totais e o valor inicial financiado.

Portanto:

$i_{no} = (13.000,00 - 10.000,00) / 10.000,00 = 0,3$

Ou seja, $i_{no} = 30\%$ a.a. (ao ano)

Para o cálculo da taxa efetiva, devemos lembrar que 5% do valor financiado, será deduzido e, portanto, não estará efetivamente disponível. Então, deduziremos dos R$10.000,00 o equivalente a 5%.

$I_{ef} = (13.000,00 - 10.000,00) / (10.000,00 - 500,00) =$
3.000,00/9.500,00
$I_{ef} = 0,316$

Ou seja, $I_{ef} = 31,6\%$ a.a.

Portanto, a taxa nominal da operação é de 30% a.a., e a taxa efetiva é de 31,6% a.a.

9. CORREÇÃO MONETÁRIA

Estudaremos, a seguir, os conceitos de correção monetária, taxa real e taxa aparente. Estudaremos a fórmula para cálculo da inflação acumulada e, em seguida, resolveremos alguns exercícios para reforçar o entendimento.

9.1 Correção Monetária

É o reajuste de valores de acordo com determinados índices que medem a inflação e que traduzem uma variação de preços no período, de modo a anular ou, pelo menos, minimizar os efeitos da perda do poder aquisitivo. A inflação é medida por meio de diversos índices, divulgados por várias instituições, tais como o Instituto Brasileiro de Geografia e Estatística (IBGE), a Fundação Getúlio Vargas (FGV), a Fundação Instituto de Pesquisas Econômicas (FIPE).

São inúmeros os índices, e variadas as suas utilizações. Por exemplo, o indicador IPCA (índice nacional de preços ao consumidor amplo), divulgado pelo IBGE, é utilizado como a inflação oficial pelo Governo Brasileiro, que estabelece sobre ele as suas metas de inflação. O IGPM (índice geral de preços do mercado), divulgado pela Fundação Getúlio Vargas, é, usualmente, utilizado para correção monetária em contratos de locação. Além desses indicadores, vários outros são utilizados, sendo alguns bastante específicos em relação a determinada classe de negócios, mas o objetivo é sempre o mesmo, medir a taxa de inflação em determinado período, e proporcionar a sua aplicação para reajuste em contratos, preços, tarifas, etc., realizando, assim, o que chamamos de correção monetária.

9.2 Taxa Real e Taxa Aparente

Consideremos:

r = taxa de juros real (é aquela que remunera o dinheiro, descontado o efeito da inflação)

f = taxa de inflação ou correção monetária

i_a= taxa de juros nominal aparente (é aquela que engloba o valor da inflação)

A seguinte fórmula representará a relação entre as taxas:

$$i_a = r + f + (r.f)$$

9.3 Inflação Acumulada

Para o cálculo da inflação acumulada de determinado período, utilizamos a seguinte fórmula:

$$f_{ac}=[(1+f_1).(1+f_2).(1+f_3). \dots .(1+f_n)] - 1$$

Onde:

f_{ac}= inflação acumulada num determinado período

f_1, f_2, f_3, ... , f_n = taxas de inflação de cada mês do período em questão.

9.4 Exercícios Resolvidos

9.4.1 Exercício resolvido de taxa real, inflação e taxa aparente

Um investimento rendeu 3% num mês em que a inflação foi de 1%. Qual foi o ganho real da aplicação?

$i_a = 3\%$a.m.
$f = 1\%$a.m.
$r = ?$

Substituímos diretamente na fórmula:
$i_a = r + f + (r.f)$
$0,03 = r + 0,01 + (r \times 0,01)$
$0,03 = r + 0,01 + r.0,01$

Isolando o r, teremos então:
$r + 0,01.r = 0,03 - 0,01$
$1,01.r = 0,02$
$r = 0,0198$

Ou seja, a taxa real r foi de 1,98% a.m. Isso quer dizer que, embora tenha sido remunerado a uma taxa de 3%, a inflação de 1% corroeu parte do ganho, portanto, o ganho real foi de apenas 1,98%.

9.4.2 Exercício resolvido de inflação acumulada

Considerando as seguintes taxas de inflação:
Janeiro = 0,5%
Fevereiro = 0,8%
Março = 0,6%

Abril = 0,3%

Maio = 0,5%

Junho = 0,4%

Qual foi a inflação acumulada no semestre?

Para resolver, utilizaremos a fórmula seguinte

$$f_{ac}=[(1+f_1).(1+f_2).(1+f_3). \dots .(1+f_n)] - 1$$

E substituímos os valores, vem:

$$f_{ac}=[(1+0,005).(1+0,008).(1+0,006).(1+0,003).$$
$$.(1+0,005).(1+0,004)] - 1$$

$f_{ac}= 1,0314 - 1 = 0,0314$

 Ou seja, a inflação acumulada no semestre foi de 3,14%

9.4.3 Exercício resolvido de taxa real, inflação e taxa aparente

Imagine que, no mês de abril, foi investido, no início do mês, um valor de R$1.000,00 em uma aplicação de renda fixa em que o banco pagou uma remuneração de 0,84%a.m. Porém, nesse mesmo mês, a inflação medida pelo índice INPC do IBGE foi de 0,78%. Pergunta-se: qual foi o ganho real da aplicação?

Ora, para sabermos o ganho real, precisamos conhecer a taxa real.

Quando temos inflação, esta corrói o dinheiro, ou seja, ele perde valor por conta da inflação. Portanto, para calcularmos o ganho real, precisamos descontar a inflação da taxa que o banco pagou, através da fórmula: $i_a = r + f + (r.f)$

Pelo exercício proposto acima, temos:
$i_a = 0,84\%$ a.m.
$f = 0,78\%$ a.m.
$r = ?$
Lembre-se de que os valores na fórmula não entram como percentuais, mas sim, como números, portanto, 0,84% entram na fórmula como 0,0084
$ia = r + f + (r.f)$
$0,0084 = r + 0,0078 + (r.0,0078)$
$0,0084 - 0,0078 = 1,0078.r$
$0,0006 = 1,0078.r$
donde vem: $r = 0,000595$, e aqui vamos arredondar para 0,0006, que representa o valor percentual de 0,06%
Ou seja, o valor da taxa real é $r = 0,06\%$ a.m.

Para calcularmos o ganho real, basta-nos calcular o valor dos juros do capital aplicado naquele mês:
$J = P . [(1+i)^n - 1]$
$P = 1.000,00$
$n = 1$
$i = r = 0,06\%$ a.m. (atenção que a taxa utilizada será apenas a taxa real, pois queremos saber apenas o ganho real.

Substituindo na fórmula, vem:
$J = 1.000,00 . [(1+0,0006)^1 - 1] = 1.000,00 . (1,0006 - 1) =$
$1.000,00 . 0,0006 = 0,6$

E o ganho real foi de apenas R$0,60

O que significa dizer que seu dinheiro cresceu 0,84% pela taxa paga pelo banco, mas foi corroído pela taxa da inflação de 0,78%, tendo, no final das contas, um crescimento real de 0,06%. Mas atente ao fato de que, o que foi creditado na sua conta foi, obviamente, o valor de 0,84% pago pelo banco.

Fique atento ao fato de que, em provas de faculdade ou de concurso público, poderá aparecer o valor de uma taxa de juros no período anual, enquanto que o de outra, no período mensal. Portanto, **antes de iniciar os cálculos, tenha certeza de que todas as taxas envolvidas estão referenciadas a um mesmo período de capitalização** e, quando necessário, calcule a devida taxa equivalente. Trabalhar com taxas de juros em períodos de capitalização diferentes, ou erros no desenvolvimento dos cálculos, são motivos frequentes de insucesso na resolução de questões. Aliás, esses cuidados valem em qualquer resolução de exercícios de Matemática Financeira, fique sempre atento a isso para chegar no resultado correto!

10. EQUIVALÊNCIA DE CAPITAIS

Sejam P_1, P_2, ... , P_n os valores nominais de n capitais resgatáveis nos prazos t_1, t_2, ... , t_n, respectivamente. Dizemos que os capitais acima considerados são equivalentes em determinada época E, se apresentarem valores iguais quando avaliados nesta mesma época, segundo uma mesma taxa de juros i.

$$\frac{P_1 \qquad P_2 \qquad\qquad E \qquad P_n}{t_1 \qquad\quad t_2 \qquad\qquad t \qquad\quad t_n}$$

$$P_1.(1+i)^{t-t1} = P_2.(1+i)^{t-t2} = ... = E = ... = P_n/(1+i)^{tn-t}$$

Então...

$$\boxed{P_1.(1+i)^{t-t1} = P_2.(1+i)^{t-t2} = ... = E = ... = P_n/(1+i)^{tn-t}}$$

Que é a condição para os capitais serem equivalentes.

Para exemplificar, vamos substituir por alguns valores. Imagine a seguinte situação (considere a taxa de juros de 1% ao mês):
$P_1 = R\$100$ no $t_1 = $ mês 1
$P_2 = R\$150$ no $t_2 = $ mês 4

A pergunta é: esses capitais são equivalentes?
Para responder, sabemos que precisamos comparar os capitais numa mesma data. Temos, então, duas formas de resolver. Ou trazemos o P_2 para a data do

P_1, ou levamos o P_1 para a data do P_2. Façamos da segunda maneira:

Considerando que o n=3 (são 3 meses que separam o P1 do P2), e i = 0,1 (é um dado da questão), vem:

$F_1 = P_1 . (1 + i)^n = 100 . (1 + 0,1)^3 = 100 \times 1,1^3 = 100 \times 1,331$

$F_1 = R\$133,10$

Podemos dizer, então, que o $\underline{P_1\ na\ data\ t_2}$ representa o valor de R\$133,10, que é menor (e, portanto, diferente) do que o valor de P2, que é R\$150,00.

Podemos ainda dizer que ter R\$100 no mês 1 não é o mesmo que ter R\$150 no mês 4.

Concluímos, então, que os capitais $\underline{P_1\ na\ data\ t_1}$ e $\underline{P_2\ na\ data\ t_2}$ não são capitais equivalentes.

11. SÉRIES FINANCEIRAS (Anuidades)

Anuidades, parcelamentos, ou séries financeiras, são uma sucessão de pagamentos ou de recebimentos A_1, A_2, ... , A_n e com vencimentos sucessivos n_1, n_2,...,n_n. Esse termo "anuidade" não se refere, necessariamente, a períodos anuais, mas é um termo já consagrado pelos grandes autores. Portanto, a "anuidade" pode se referir a uma parcela anual, mensal, semanal, diária, etc.

11.1 Classificação

As anuidades podem ser:

a) Certas ou aleatórias: nas séries certas são conhecidas a sua frequência (periódica ou não), enquanto que as aleatórias são séries cuja frequência não é conhecida. Por exemplo, em uma aplicação do tipo premiada, você terá um valor certo, ou seja, um crédito que será feito todo mês, e um valor aleatório, relativo a um possível prêmio, no caso de você ser contemplado.

b) Periódicas ou não-periódicas: nas séries periódicas, os pagamentos (ou recebimentos) ocorrem em intervalos de tempo iguais, enquanto que as não-periódicas variam o intervalo de tempo.

c) Temporárias ou perpétuas: as séries temporárias têm um período limitado, enquanto que as perpétuas são infinitas.

d) Uniformes ou variáveis: as séries uniformes têm o mesmo valor, enquanto que as variáveis têm valores diferentes.

e) Sem carência ou diferidas: as séries sem carência são imediatas, ou seja, ocorrem já no primeiro período, enquanto que as séries diferidas demoram um ou mais períodos para ocorrerem, ou seja, tem um prazo para seu início.

f) Antecipadas ou postecipadas: as séries antecipadas ocorrem no início do período, enquanto que as postecipadas ocorrem no final do período. Por exemplo, um aluguel que você começa pagando no início do mesmo mês em que ocupa o imóvel é um exemplo de uma série antecipada. Uma aplicação financeira, cujos créditos ocorrem somente ao final do período é um exemplo de série postecipada.

O caso mais comum, tanto em problemas, quanto na prática comercial, é a anuidade certa, periódica, temporária, uniforme, imediata e postecipada (ou seja, colocada no final do mês). Quando nada for dito em uma questão, é essa a situação que deve ser assumida.

Classificação das Séries Financeiras	certas	periódicas	temporárias	uniformes	sem carência	postecipadas
	aleatórias	não-periódicas	perpétuas	variáveis	diferidas	antecipadas

11.2 Fórmulas

11.2.1 Fórmulas para séries certas, periódicas, temporárias, uniformes, imediatas e postecipadas

Não se assuste com o nome, pois mais resumidamente, podemos dizer: fórmulas para séries <u>postecipadas</u>, já que as demais condições representam o caso mais comum.

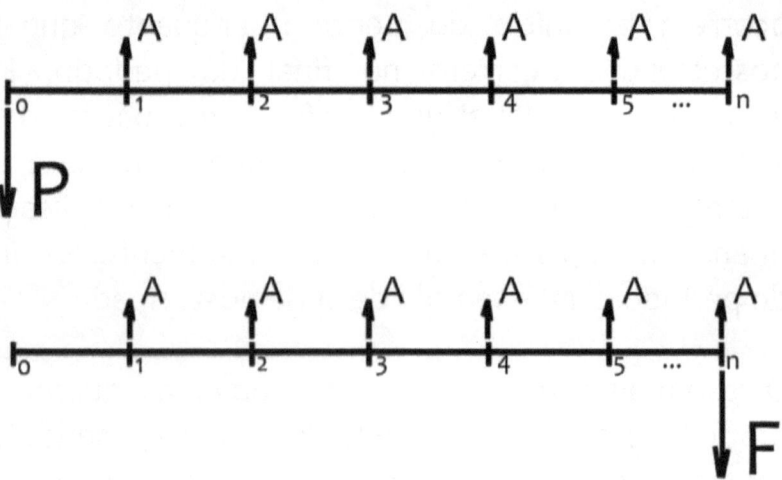

Onde P=capital, F=montante e A=anuidade*

Lembre-se de que "A" não é, necessariamente, uma parcela anual. Pode ser mensal, semanal, diária, etc., e ainda assim será chamada de "anuidade". Portanto, deve aparecer claramente numa questão a frequência da anuidade e, somente poderá ser subentendido como anual, no caso de não estar especificada frequência diferente.

Valor Futuro em função da parcela (Anuidade):

$$F = A \cdot \frac{[(1+i)^n - 1]}{i}$$

A fórmula acima é a fórmula do valor futuro **F** em função da parcela, prestação, ou anuidade **A**.

Onde $\boxed{\dfrac{[(1+i)^n - 1]}{i}}$ → **FAC**

É chamado de Fator de Acumulação de Capital (FAC).

Parcela (ou Anuidade) em função do Valor Futuro:

$$A = F \cdot \frac{i}{[(1+i)^n - 1]}$$

A fórmula acima é a fórmula da anuidade **A** em função do valor futuro **F**.

Onde $\boxed{\dfrac{i}{[(1+i)^n - 1]}}$ → **FFC**

É chamado de Fator de Formação de Capital (FFC)

Veja que o FFC é o inverso do FAC, ou seja, **FFC = 1 / FAC**

Valor Presente em função da parcela (Anuidade):

$$P = A \cdot \frac{[(1+i)^n - 1]}{[(1+i)^n \cdot i]}$$

A fórmula acima é a fórmula do valor atual (ou valor presente **P**) em função da anuidade **A**.

Onde $\quad \dfrac{[(1+i)^n - 1]}{[(1+i)^n \cdot i]} \quad$ ➔ **FVA**

É chamado de Fator de Valor Atual (FVA)

Parcela (ou Anuidade) em função do Valor Presente:

$$A = P \cdot \frac{[(1+i)^n \cdot i]}{[(1+i)^n - 1]}$$

A fórmula acima é a fórmula da anuidade **A** em função do valor presente **P**.

Onde $\quad \dfrac{[(1+i)^n \cdot i]}{[(1+i)^n - 1]} \quad$ ➔ **FRC**

É chamado de Fator de Recuperação do Capital (FRC)
Veja que o FRC é o inverso do FVA, ou seja: **FRC = 1 / FVA**
Lembre-se bem destes fatores, pois eles serão utilizados nos exercícios.
No final do livro, podem ser encontradas as tabelas com valores já calculados para os fatores FAC e FVA,

de acordo com o período e a taxa de juros envolvida. Para encontrar o valor, basta buscar a coluna da taxa de juros e cruzar com a linha do número de períodos. Os fatores FFC e FRC não foram tabelados porque, na prática, podemos utilizar o valor do FAC (para o caso do FFC) ou do FVA (para o caso do FRC) e calcular o seu inverso. Ou seja: FFC = 1/ FAC e   FRC = 1/FVA

11.2.2 Fórmulas para séries inteiras, certas, periódicas, temporárias, uniformes, imediatas e antecipadas

Aqui, também, não se assuste com o nome, pois mais resumidamente, podemos dizer: fórmulas para séries antecipadas, já que as demais condições representam o caso mais comum.

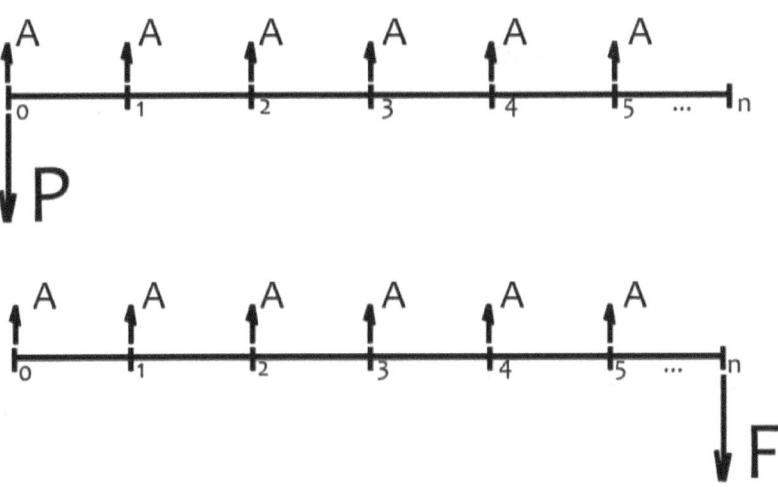

$$A = \frac{[F \cdot i]}{(1+i)^n - 1} \times \frac{[1]}{(1+i)}$$

A fórmula acima calcula o valor da anuidade **A** em função do valor futuro **F**.

$$A = P \cdot [(1+i)^n \cdot i] \times \frac{[1]}{(1+i)}$$

A fórmula acima calcula o valor da anuidade **A** em função do valor presente **P**.

Você também pode, para facilitar, interpretar essa série como sendo uma série de pagamentos (ou recebimentos) postecipados, em que há um valor presente, que é igual a primeira parcela da série. Dessa forma, poderá utilizar as fórmulas da série de parcelas postecipadas, que é o caso mais geral.

11.2.3 Fórmulas para séries inteiras, uniformes e perpétuas

E mais resumidamente, podemos dizer: fórmulas para séries <u>perpétuas</u>. Esse é um tipo de série de parcelamentos com períodos indeterminados. Um plano de previdência é um exemplo de aplicação.

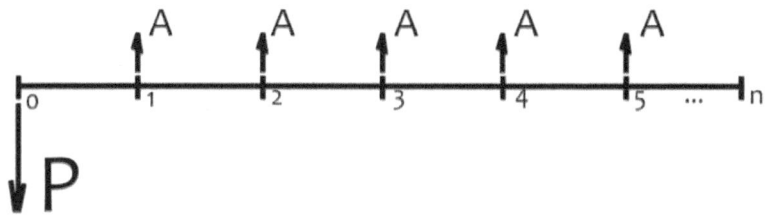

$$A = P \cdot i$$

Que é a fórmula para prestações perpétuas, em função do valor presente e da taxa de juros.

11.3 Exercícios Resolvidos

11.3.1 Exercício resolvido de séries financeiras

Um televisor custa, numa loja, o preço à vista de R$2.000,00. Se parcelado em 12 vezes sem entrada, quanto deverá custar a prestação, para que as alternativas sejam equivalentes? Considere uma taxa de juros mínima de atratividade do mercado igual a 1% a.m.

$i=1\%$ a.m.
$n=12$
$P=2.000,00$
$A=?$

Aplicaremos diretamente a fórmula para obtermos uma parcela A que, paga durante 12 meses, equivalerá ao preço à vista igual a P.

$$A = P \cdot \frac{[\,(1+i)^n \cdot i\,]}{[\,(1+i)^n - 1\,]}$$

$$A = 2.000,00 \times \frac{[(1+0,01)^{12} \times 0,01]}{[(1+0,01)^{12} - 1]}$$

$$A = 22,5365 / 0,1268 = 177,73$$

Ao invés de resolver toda a equação algebricamente, podemos fazer uso da tabela do FVA, para n = 12 e i = 1%

Consultando a tabela, vem: $FVA_{(n=12,\ i=1\%)} = 11,25508$

Atente para o fato de que nessa fórmula, do A em função do P, o FVA está invertido. Substituindo na fórmula, temos:

A = 2.000,00. 1 / FVA = 2.000,00 . 1 / 11,25508 = 177,70*

Ou seja, para que o preço à vista de R$2.000,00, seja equivalente a um parcelamento de 12 vezes mensais, as prestações devem custar R$177,70. Com prestações acima desse valor, vale mais a pena, financeiramente, o pagamento à vista.

*A diferença para o valor 177,73 é devida aos arredondamentos.

11.3.2 Exercício resolvido de séries financeiras

Existe uma dívida que vence hoje, no valor de R$1.000,00. Porém, sem dinheiro no momento, o devedor quer propor a postergação do pagamento para daqui a 2 meses, parcelando o valor em 3 vezes. Qual deve ser a nova série de pagamentos, de tal modo que não haja ganho, nem perda, para nenhuma das partes, considerando uma taxa mínima de atratividade de 1%a.m.?

A série financeira que representa a situação da questão está representada abaixo, do ponto de vista do credor.

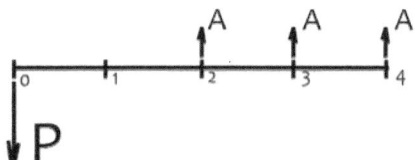

Esse é um caso onde temos séries com carência, ou diferimento. Mas não precisaremos de fórmulas novas, apenas faremos o valor P de hoje ser equivalente a um valor F no tempo 1. Em seguida, utilizando a fórmula, transformamos o valor F achado, na série financeira pedida.

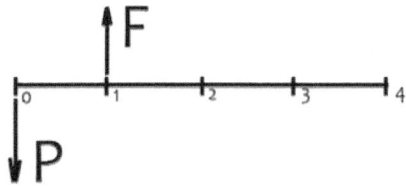

P=1.000,00
i=1% a.m.
n=1
F=?

$$F=P.(1+i)^n = 1.000,00 . (1+ 0,01) = 1.010,00$$

Agora, o F será o P_1 da série de parcelas com n=3

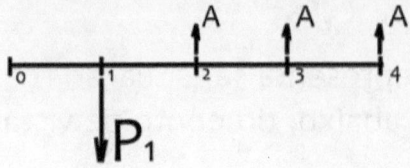

$$A = P_1 \cdot \frac{[(1+i)^n \cdot i]}{[(1+i)^n - 1]}$$

$$A = 1.010,00 \cdot \frac{[(1+0,01)^3 \times 0,01]}{[(1+0,01)^3 - 1]}$$

$$A = 10,40604 / 0,03030 = 343,43$$

Aqui também, ao invés de resolver toda a equação algebricamente, podemos fazer uso da tabela do FVA, para n = 3 e i = 1%

Consultando a tabela, vem: $FVA_{(n=3,\ i=1\%)} = 2,94099$

Novamente, atente para o fato de que nessa fórmula, do A em função do P, o FVA está invertido. Substituindo na fórmula, temos:
$A = 1.010,00 \cdot 1/FVA = 1.010,00 \cdot 1 / 2,94099 = 343,42^*$

Ou seja, o valor das 3 parcelas a serem pagas daqui a dois meses, equivalentes ao valor atual da dívida de R\$1.000,00, é de R\$343,42.

*A diferença para o valor 343,43 é devida aos arredondamentos.

12. EMPRÉSTIMOS (Planos de Amortização)

12.1 Planos de Amortização

São formas pré-estabelecidas de pagamentos de empréstimos ou financiamentos. Alguns exemplos de aplicação estão relacionados ao financiamento de imóveis, crédito direto ao consumidor (CDC), ou crédito pessoal.

Existem vários sistemas, mas dois são os mais difundidos:

- Sistema Francês de Amortização (SFA)
- Sistema de Amortização Constante (SAC)

Veremos ainda, as definições e exemplos de outros três sistemas de amortização:

- Sistema de Amortização Misto (SAM)
- Sistema Americano de Amortização
- Sistema Alemão de Amortização

12.2 Sistema Francês de Amortização (SFA)

Consiste em um plano de pagamento de uma dívida em prestações periódicas, iguais e sucessivas, em que o valor de cada prestação ou pagamento é composto por duas parcelas distintas: juros e capital (amortização), sendo que a amortização é menor no início, para compensar os juros que são maiores. No Brasil, o SFA é muito utilizado no CDC (crédito direto ao consumidor) para aquisição de bens, e no crédito pessoal, para empréstimos em dinheiro.

O Sistema Francês de Amortização, muitas vezes, no Brasil, é tratado como Sistema Price, ou Tabela Price. Na verdade, a diferença básica está no fato de que pela Tabela Price a taxa de juros referenciada é normalmente uma taxa anual nominal, com capitalização mensal. Portanto, quando for assim, a taxa a ser utilizada nos cálculos deverá ser a taxa nominal anual, dividida por 12, para se chegar à taxa mensal efetiva.

Veja, a seguir, uma tabela com uma série de pagamentos pelo Sistema Francês, em que é emprestado R$10.000,00, pagos em 8 parcelas, com juros de 2% a.m.

Sistema Francês de Amortização (SFA)				
Período	Saldo Devedor	Amortização	Juros	Prestação
0	10.000,00	-	-	-
1	8.834,90	1.165,10	200,00	1.365,10
2	7.646,50	1.188,40	176,70	1.365,10
3	6.434,33	1.212,17	152,93	1.365,10
4	5.197,91	1.236,41	128,69	1.365,10
5	3.936,77	1.261,14	103,96	1.365,10
6	2.650,41	1.286,36	78,74	1.365,10
7	1.338,32	1.312,09	53,01	1.365,10
8	0	1.338,33	26,77	1.365,10

Em primeiro lugar foi calculado o valor das prestações, que é constante nesse sistema. A prestação é calculada pela fórmula da anuidade, conhecida em juros compostos. Depois se calculou o valor dos juros do mês sobre o saldo devedor do período anterior. Sendo que a amortização do mês é resultante do valor da prestação menos os juros pagos naquele mês. O saldo devedor do mês foi sempre calculado baseado no saldo do mês anterior, deduzindo-se o valor amortizado no mês atual.

Veja, agora, o fluxo de caixa que representa a operação do empréstimo, conforme o exemplo, e do ponto de vista do tomador do empréstimo.

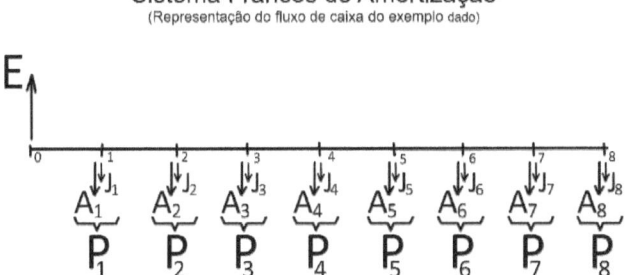

Sistema Francês de Amortização
(Representação do fluxo de caixa do exemplo dado)

E, a seguir você pode conferir como é a representação dessa operação, em um gráfico de barras com os valores de amortização e juros, exatamente conforme valores do exemplo.

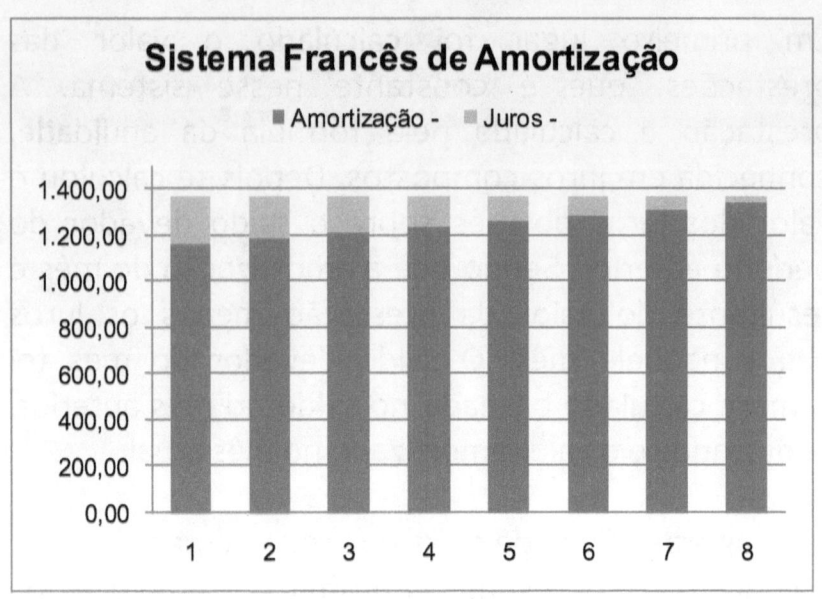

Sistema Francês de Amortização

■ Amortização - ■ Juros -

12.3 Sistema de Amortização Constante (SAC)

Neste plano de pagamento de empréstimo, também chamado de Sistema Hamburguês, apenas as amortizações são constantes. Os juros são maiores no início, pois o capital é maior. No Brasil, é utilizado no financiamento de imóveis.

Veja, abaixo, uma tabela com uma série de pagamentos pelo Sistema de Amortização Constante, em que é emprestado R$10.000,00, pagos em 8 parcelas, com juros de 2% a.m., ou seja, com os mesmos dados do exemplo feito para o SFA, no item anterior.

Sistema de Amortização Constante (SAC)				
Período	Saldo Devedor	Amortização	Juros	Prestação
0	10.000,00	-	-	-
1	8.750,00	1.250,00	200,00	1.450,00
2	7.500,00	1.250,00	175,00	1.425,00
3	6.250,00	1.250,00	150,00	1.400,00
4	5.000,00	1.250,00	125,00	1.375,00
5	3.750,00	1.250,00	100,00	1.350,00
6	2.500,00	1.250,00	75,00	1.325,00
7	1.250,00	1.250,00	50,00	1.300,00
8	0	1.250,00	25,00	1.275,00

Em primeiro lugar, calculamos o valor da amortização, que é constante nesse sistema, ou seja, a amortização será igual ao capital dividido pelo número de períodos. Os juros são sempre calculados sobre o saldo devedor do período anterior, e a prestação será a soma da parcela de amortização mais os juros. O saldo devedor foi sempre calculado baseado no mês anterior, deduzindo-se o valor amortizado no respectivo mês.

Veja, agora, o fluxo de caixa que representa a operação do empréstimo, conforme o exemplo, e do ponto de vista do tomador do empréstimo.

Sistema de Amortização Constante
(Representação do fluxo de caixa do exemplo dado)

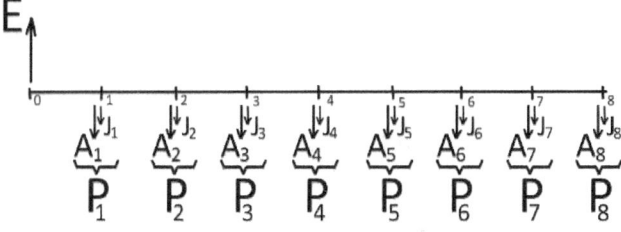

E agora, você pode conferir como é a representação dessa operação, em um gráfico de barras com os valores de amortização e juros, exatamente conforme valores do exemplo.

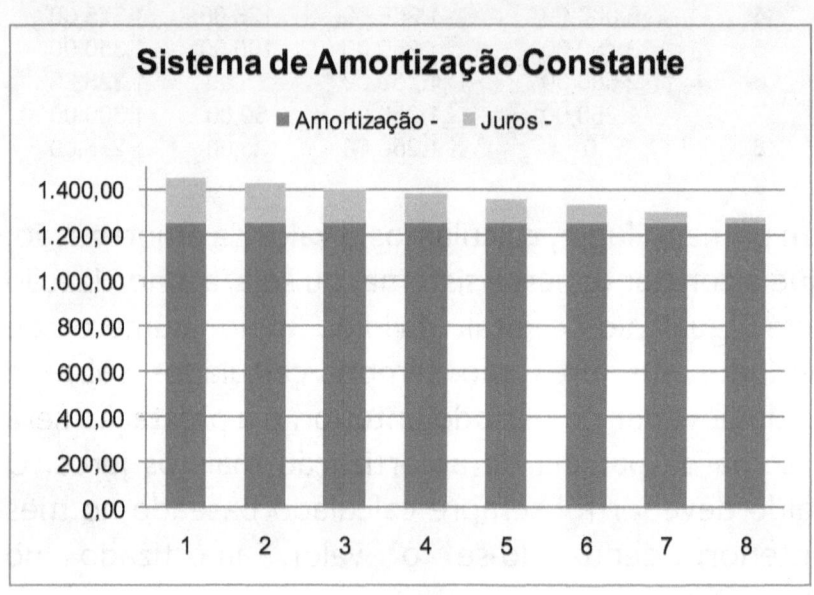

12.4 Sistema de Amortização Misto (SAM)

É um plano de pagamento de empréstimo cujas prestações são resultantes da média aritmética dos valores das prestações dos planos SFA e SAC, correspondentes aos respectivos prazos. Os juros, amortizações e saldo devedor também são média aritmética dos valores dos sistemas SFA e SAC.

Confira na tabela abaixo, cujos valores são baseados nos mesmos dados dos exemplos anteriores do SFA e do SAC, ou seja, R$10.000,00 emprestados, pagos em 8 parcelas, com juros de 2% a.m.:

Sistema de Amortização Misto				
Período	Saldo Devedor	Amortização	Juros	Prestação
0	10.000,00	-	-	-
1	8.792,45	1.207,55	200,00	1.407,55
2	7.573,25	1.219,20	175,85	1.395,05
3	6.342,16	1.231,09	151,46	1.382,55
4	5.098,96	1.243,21	126,84	1.370,05
5	3.843,39	1.255,57	101,98	1.357,55
6	2.575,20	1.268,18	76,87	1.345,05
7	1.294,16	1.281,05	51,50	1.332,55
8	0	1.294,17	25,88	1.320,05

Veja a seguir um gráfico de barras com os valores de amortização e juros:

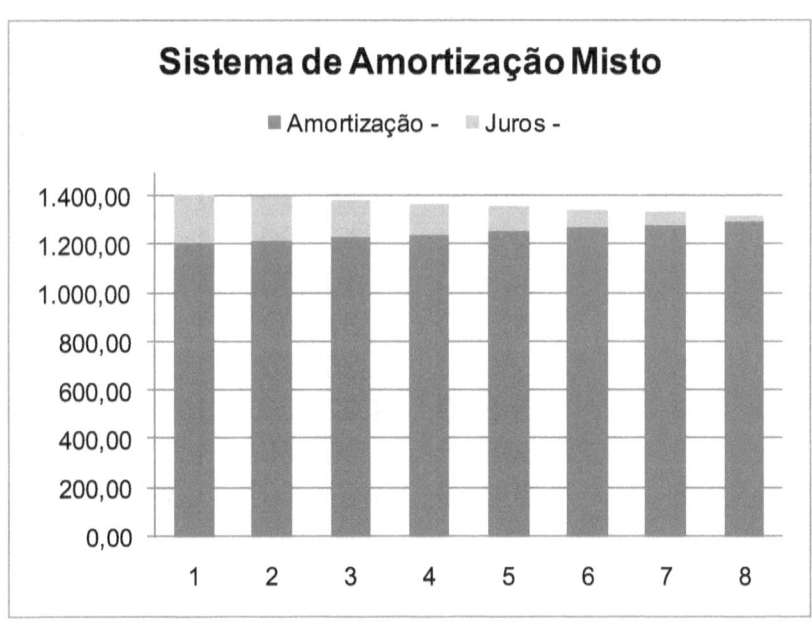

Veja que o Sistema de Amortização Misto (SAM) conserva a característica de amortizações crescentes, como no Sistema de Francês de Amortização (SFA), mas também a característica de prestações decrescentes, como no Sistema de Amortização Constante (SAC).

12.5 Comparativo entre SFA, SAC e SAM

Com os mesmos dados fornecidos nos três exemplos anteriores dos sistemas de amortização dados nos itens 12.2, 12.3 e 12.4, foram construídos uma tabela e um gráfico comparativos, com os valores de prestações encontrados pelos métodos SFA, SAC e SAM. Veja-os a seguir:

Valor das Prestações P=10.000,00 n=8 i=2%			
Período	Prestação SFA	Prestação SAC	Prestação SAM
1	1.365,10	1.450,00	1.407,55
2	1.365,10	1.425,00	1.395,05
3	1.365,10	1.400,00	1.382,55
4	1.365,10	1.375,00	1.370,05
5	1.365,10	1.350,00	1.357,55
6	1.365,10	1.325,00	1.345,05
7	1.365,10	1.300,00	1.332,55
8	1.365,10	1.275,00	1.320,05

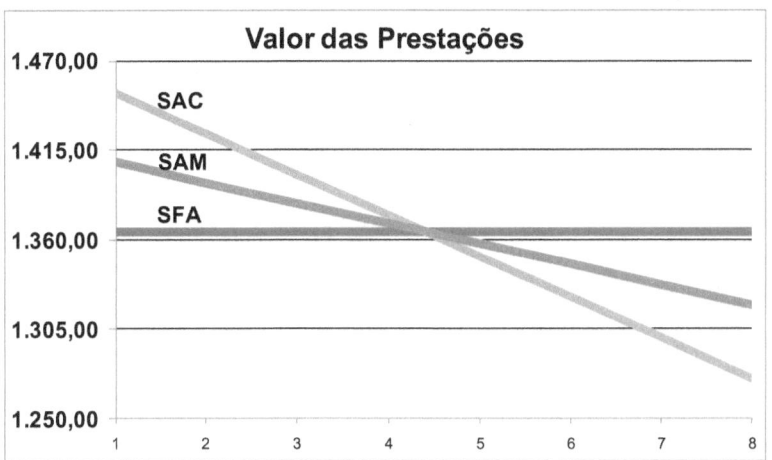

Você pode estar se perguntando agora: qual é o melhor plano de amortização dentre esses três?

Se você estiver recebendo o empréstimo em dinheiro vivo, e não em bens, como no caso de um financiamento imobiliário, ou financiamento de automóvel, poderá querer levar em conta a questão de manter-se mais capitalizado no início. Nesse caso, o Sistema Francês, que tem prestações constantes, irá cobrar os menores valores de parcelas iniciais entre os planos, e isso é fácil de ver pelo gráfico comparativo com o valor das prestações.

No entanto, entre esses três planos, desde que você considere que a taxa mínima de atratividade (TMA) não seja maior do que a taxa de juros do empréstimo, o custo maior será, financeiramente falando, o do Sistema Francês de Amortização.

Fizemos uma simulação utilizando os mesmos dados dos 3 exemplos anteriores e, sabendo que a taxa de juros do empréstimo foi de 2% e, ainda, considerando que a taxa mínima de atratividade seja 0,5%, calculamos o custo de cada plano de amortização, ou seja, calculamos o valor presente de cada prestação, utilizando a referida taxa de 0,5%. Todos os valores presentes de cada prestação, somados, representam o valor total pago, na data inicial, já que isso nada mais é do que o valor necessário para gerar todas as parcelas de pagamento do empréstimo. Esse total, menos o valor emprestado originalmente, representa o custo do dinheiro emprestado.

Dessa forma, chegamos aos seguintes resultados:

a) O custo total do capital emprestado foi de 6,79% no SFA, 6,64% no SAC, e 6,72% no SAM. Percentuais esses relacionados ao valor emprestado de R$10.000,00 a uma taxa de 2% por período e pago em 8 parcelas, considerando TMA de 0,5% por período.

b) O SFA apresentou, especificamente nessa situação, um custo 2,29% mais caro que o SAC, e 1,13% mais caro que o SAM.

c) Indo um pouco mais além, simulamos o mesmo financiamento, mas com períodos maiores: R$10.000,00 emprestados a 2% de taxa de juros por período, com TMA de 0,5% por período, em 24, 48 e 96 parcelas periódicas. Veja o comparativo gráfico a seguir, e observe como o SFA foi ficando cada vez mais caro em relação ao SAC, à medida que aumentamos o prazo de financiamento.

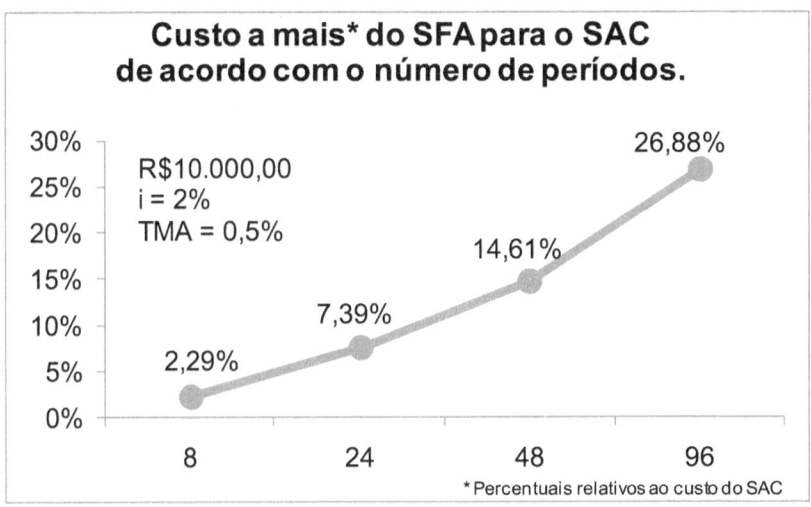

Custo a mais* do SFA para o SAC de acordo com o número de períodos.

R$10.000,00
i = 2%
TMA = 0,5%

2,29% | 7,39% | 14,61% | 26,88%

8 | 24 | 48 | 96

* Percentuais relativos ao custo do SAC

d) A seguir, o gráfico com o custo total do SFA, considerando a simulação do item c.

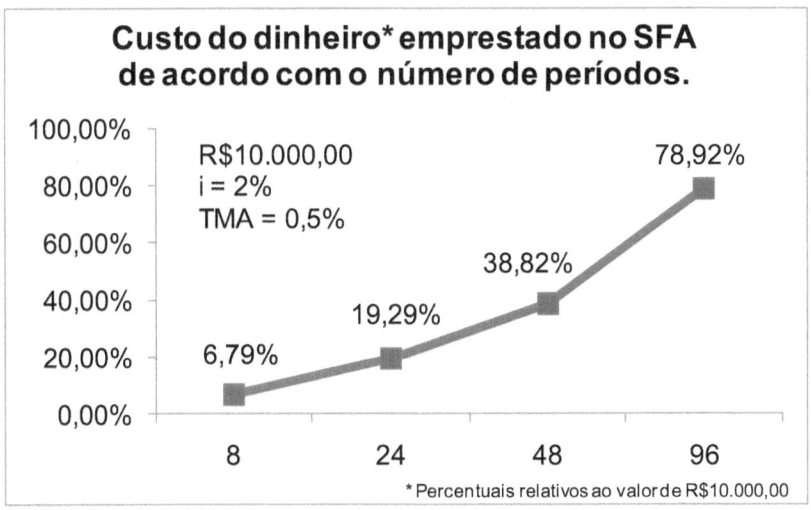

Custo do dinheiro* emprestado no SFA de acordo com o número de períodos.

R$10.000,00
i = 2%
TMA = 0,5%

6,79% | 19,29% | 38,82% | 78,92%

8 | 24 | 48 | 96

* Percentuais relativos ao valor de R$10.000,00

12.6 Sistema Americano de Amortização (SA$_M$A)

Nesse plano, o pagamento do capital emprestado é realizado numa só parcela, ao final do período. Os juros podem ser pagos de duas formas:

1ª. Mês a mês, durante o prazo do plano

2ª. Somente no final, em uma única parcela

Veja um exemplo de cada, a seguir, considerando um empréstimo de R$10.000,00, pagos em 8 prestações, com juros de 2% a.m.:

Sistema Americano de Amortização (SA$_M$A)				
Período	Saldo Devedor	Amortização	Juros	Prestação
0	10.000,00	-	-	-
1	10.000,00	0	200,00	200,00
2	10.000,00	0	200,00	200,00
3	10.000,00	0	200,00	200,00
4	10.000,00	0	200,00	200,00
5	10.000,00	0	200,00	200,00
6	10.000,00	0	200,00	200,00
7	10.000,00	0	200,00	200,00
8	0	10.000,00	200,00	10.200,00

Sistema Americano de Amortização (SA$_M$A)				
Período	Saldo Devedor	Amortização	Juros	Prestação
0	10.000,00	-	-	-
1	10.200,00	0	0	0
2	10.404,00	0	0	0
3	10.612,08	0	0	0
4	10.824,32	0	0	0
5	11.040,81	0	0	0
6	11.261,62	0	0	0
7	11.486,86	0	0	0
8	0	10.000,00	1.716,59	11.716,59

Nesse segundo caso, os juros são compostos, ou seja, se incorporam ao saldo devedor e servem de base para o novo cálculo dos juros, no período seguinte.

12.7 Sistema Alemão de Amortização (SA$_L$A)

Nesse sistema, os juros são pagos antecipadamente, isto é, no início de cada período a que eles se referem. As prestações, que chamaremos de P$_{SALA}$, são iguais e calculadas pela fórmula seguinte:

$$P_{SAA} = E \cdot i \,/\, [1-(1-i)^n]$$

Sendo E o valor emprestado ou financiado.

Devido ao fato de que os juros são baseados no saldo devedor do mesmo período (já que são cobrados antecipadamente) e o saldo devedor é dependente do valor da amortização do período, que, por sua vez, é calculada pela subtração dos juros do valor da prestação, isso cria uma referência circular. Por isso, utilizaremos duas fórmulas para o cálculo das amortizações, veja a seguir:

Considere A$_1$ o valor da primeira amortização, e A$_k$ o valor das demais:

$$A_1 = P_{SAA} \cdot (1-i)^{n-1}$$

$$A_k = \frac{A_1}{(1-i)^{k-1}}$$

Vejamos um exemplo a seguir, de uma série de pagamentos baseada no sistema alemão de amortização, considerando o valor emprestado de 10.000,00, a uma taxa de juros de 2%, que serão pagos em 8 períodos.

Lembre-se de que os juros são cobrados no início do período, isto é, os juros podem ser calculados diretamente como o percentual da taxa de juros aplicado ao saldo devedor do início do período, que é igual ao saldo do final do período anterior.

Acompanhe na tabela, o valor de juros no período zero indica o valor devido de juros no início do período 1. O valor de juros no período 1 indica o valor devido de juros no início do período 2, e assim por diante. Os juros também podem ser calculados simplesmente subtraindo-se o valor da amortização do valor da prestação.

Desse modo, veja a seguir, uma tabela com as prestações (parcelas de amortização e juros), através do Sistema Alemão de Amortização, considerando um empréstimo de R$10.000,00, pagos em 8 prestações, com juros de 2% a.m.:

Sistema Alemão de Amortização ($SA_L A$)				
Período	Saldo Devedor	Amortização	Juros	Prestação
0	10.000,00	0	200,00	200,00
1	8.836,58	1.163,42	176,73	1.340,15
2	7.649,42	1.187,16	152,99	1.340,15
3	6.438,03	1.211,39	128,76	1.340,15
4	5.201,92	1.236,11	104,04	1.340,15
5	3.940,58	1.261,34	78,81	1.340,15
6	2.653,50	1.287,08	53,07	1.340,15
7	1.340,15	1.313,35	26,80	1.340,15
8	0	1.340,15	0	1.340,15

Para facilitar o entendimento, analise a tabela junto com a representação do fluxo de caixa dessa operação, que apresento a seguir. Lembrando que esse fluxo foi feito com base no ponto de vista do tomador do empréstimo.

Sistema Alemão de Amortização
(Representação do fluxo de caixa do exemplo dado)

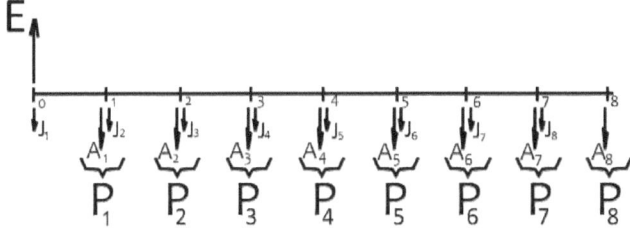

13. OPERAÇÃO DE DESCONTO SIMPLES

Desconto (**D**) deve ser entendido como a diferença entre o valor futuro de um título (valor nominal, valor de face ou valor de resgate) e o seu valor atual na data do desconto. Pode-se entender como sendo o desconto dado pelo fato de se resgatar um título antes de seu vencimento, por exemplo, ao se quitar uma dívida antes do vencimento, ou se resgatar em dinheiro um título de aplicação financeira antes do prazo.

Desconto Simples: é aquele obtido em função de cálculos lineares, utilizando os conceitos de juros simples. São de dois tipos:
- Descontos Simples Por Fora
- Descontos Simples Por Dentro

13.1 Descontos Simples "Por Fora" (bancário ou comercial)

Pode ser utilizado, por exemplo, em desconto de duplicatas, notas promissórias, letras de câmbio ou boletos de cobrança. O valor do desconto **D** é calculado sobre o valor nominal **F** do título.

$$D = F \cdot d \cdot n$$

Onde d é a taxa de desconto (taxa de juros) e n é o número de períodos entre a data do desconto e a data do vencimento.

Mas, sabemos que F=P+D   ou seja, P=F-D

Substituindo o desconto **D** na fórmula anterior vem
P=F-(F.d.n)

E, colocando o **F** em evidência, temos

$$P = F. (1\text{-}d.n)$$

Que será o valor **P** a ser pago pelo título.

13.2 Descontos Simples "Por Dentro" (racional)

Pouco utilizado no Brasil, o valor do desconto **D** do título é calculado sobre o valor atual **P**, e não sobre o valor de face.

$$D = P \cdot d \cdot n$$

Onde **d** é a taxa de desconto e **n** é o número de períodos entre a data do desconto e a data do vencimento.

Mas,   F=P+D

Como o valor **P** não é conhecido, mas sim o **F**, calculamos:

D=F-P

Então, P.d.n=F-P

Trocando o **P** de lado, vem: (P.d.n)+P=F

Colocando o **P** em evidência, vem:

P . (1+d.n) = F

E, finalmente, isolando o **P**, vem:

$$P = \frac{F}{(1+d.n)}$$

Que representa o valor P a ser pago pelo título.

Se substituirmos o P da fórmula anterior, na primeira
fórmula D= P . d . n vem:

$$D = \frac{F.d.n}{(1+d.n)}$$

Lembrando que:
D = valor do desconto
F = valor futuro
d = taxa de juros aplicada ao desconto
n = número de períodos

13.3 Exercícios Resolvidos

13.3.1 Exercício Resolvido de Desconto Simples Por Fora

Considerando o valor de compra de R$3.000,00 de um título, calcule a taxa implícita para obter-se um valor de resgate de R$4.000,00, ao final de 12 meses, considerando desconto simples bancário.

A taxa implícita (ou real) nada mais é do que a taxa que devemos que aplicar o valor de compra para se chegar ao valor de resgate.

P=3.000,00

n=12

F=4.000,00

d=?

Partindo da fórmula   P=F(1-d.n)   isolamos o **d**:

$$d = \left[1 - \frac{P}{F}\right] / n = \left[1 - \frac{3000}{4000}\right] / 12 = 0,0208$$

Portanto a taxa implícita d deverá ser de 2,08%a.m.

13.3.2 Exercício Resolvido de Desconto Simples Por Dentro

Calcule o valor do desconto por dentro de um título de R$5.000,00, com vencimento em 6 meses, à taxa de 3% a.m.

F=5.000,00

d=3%a.m.
n=6
D=?

Aplicando a fórmula, e substituindo pelos dados, temos:

D= F.d.n / (1+d.n) = 5.000,00 x 0,03 x 6 / (1+0,03 x6)
D= 900 / 1,18 = 762,72

Portanto, ao se resgatar esse título com 6 meses de antecedência, deverá ser aplicado um desconto por dentro de R$762,72.

14. OPERAÇÃO DE DESCONTO COMPOSTO

Assim como em juros simples, aqui também o Desconto (**D**) deve ser entendido como a diferença entre o valor futuro de um título (valor nominal, valor de face ou valor de resgate) e o seu valor atual na data do desconto, também devido ao fato de se resgatar um título antes de seu vencimento.

Desconto Composto: é aquele obtido em função de cálculos exponenciais, próprios dos juros compostos. São de dois tipos:

- Descontos Compostos Por Fora
- Descontos Compostos Por Dentro

14.1 Descontos Compostos "Por Fora" (bancário ou comercial)

Pouco utilizado no Brasil, a fórmula para esse tipo de desconto é:

$$P = F \cdot (1-d)^n$$

Onde d é a taxa de desconto (taxa de juros) e n é o número de períodos entre a data do desconto e a data do vencimento.

Sabemos que $F = P + D$
Então, substituindo o **P** na fórmula, vem

$$D = F - [F \cdot (1-d)^n]$$

E colocando o **F** em evidência, vem

$$D = F \cdot [1 - (1-d)^n]$$

14.2 Descontos Compostos "Por Dentro" (racional)

Pode ser utilizado, por exemplo, no resgate de CDBs ou renegociação de dívida e financiamentos, e nada mais é do que a aplicação prática dos conceitos de juros compostos.

$$F = P \cdot (1+d)^n$$

Onde **d** é a taxa de desconto e n é o número de períodos entre a data do desconto e a data do vencimento.
Sabendo que   F=P+D   e   P=F-D

E substituindo o **P** na fórmula anterior, vem:
$$F=(F-D) \cdot (1+d)^n$$

Isolando o **D**, temos:

$$D = F \cdot \frac{[(1+d)^n - 1]}{(1+d)^n}$$

14.3 Exercícios Resolvidos

14.3.1 Exercício Resolvido de Desconto Composto Por Fora

Um título no valor de R$7.000,00 é resgatado a uma taxa de 2% a.m., 120 dias antes de seu vencimento, de acordo com o conceito de desconto composto comercial. Calcule o valor do desconto.

F=7.000,00
d=2% a.m.
n=120 dias = 4 meses
D=?

Substituindo na fórmula $D=F.[1-(1-d)^n]$, vem:

$D=7.000,00 \times [1-(1-0,02)^4] = 543,42$

Portanto, R$543,42 é o valor do desconto.

14.3.2 Exercício Resolvido de Desconto Composto Por Dentro

Um título de crédito foi transacionado com desconto composto racional, cujo valor de resgate era de R$60.000,00, com vencimento em 123 dias, onde o comprador do título desejava uma remuneração efetiva de 5%a.m. Qual foi o valor pago pelo título?
F=60.000,00
d=5% a.m.
n=123 dias
P=?

Por juros aproximados, usando uma regra de três, calculamos o período em meses:

n=123/30 = 4,1 meses

Pela fórmula $F=P.(1+d)^n$ temos:

$P = F / (1+d)^n = 60.000,00 / (1+0,05)^{4,1}$

P = 49.121,90 , que é o valor pago pelo título.

15. ANÁLISE DE ALTERNATIVAS ECONÔMICAS

Quando nos deparamos com várias alternativas econômicas, seja para aprovar a compra de um produto, definir a alternativa de projeto mais adequada, ou escolher a melhor opção de investimento, entre outras situações, temos a necessidade de poder compará-las, com o objetivo de selecionar a mais adequada ao negócio, do ponto de vista financeiro. Para essa comparação analítica podemos lançar mão dos chamados métodos de análise de alternativas econômicas.

Esses métodos podem ser:

- Método do Valor Presente
- Método do Valor Futuro
- Método do Valor Anual
- Método do Custo/Benefício
- Método da Taxa de Retorno
- Método do Prazo de Retorno

Veremos cada um deles a seguir.

15.1 Método do Valor Presente

O Método do Valor Presente, também chamado de Método do Valor Atual é, sem dúvida, o mais intuitivo e, por isso, bastante recomendado. Consiste em trazer todos os valores envolvidos, sejam pagamentos ou recebimentos, de cada alternativa econômica, para a data atual para, então, comparar e escolher a melhor alternativa.

Na comparação de valores, devemos sempre selecionar a alternativa que apresente o valor mais conveniente e adequado à situação. Por exemplo, se estivermos definindo uma compra, deveremos escolher o menor valor presente, que representará, do ponto de vista financeiro, o menor custo. Se estivermos definindo um determinado investimento, deveremos selecionar a alternativa com o maior valor, pois representará o maior ganho.

Pelo fato de resumir todas as despesas e receitas do projeto, ou da alternativa econômica, em um único valor na data de hoje, esse método permite analisar com bastante propriedade uma e outra alternativa, já que temos sempre um bom entendimento do que representa um determinado valor na data atual.

15.1.1 Exercício Resolvido do Método do Valor Presente

Um cliente está analisando a oferta de um carro zero, cujo preço à vista anunciado é de R$35.000,00. Mas a concessionária está lhe oferecendo a opção de dar uma entrada de R$11.000,00 e pagar o restante parcelado em 36 vezes de R$800,00, sendo a primeira parcela do pagamento daqui a 3 meses. Sabendo que a taxa mínima de atratividade de que o cliente dispõe no mercado é de 1% a.m., qual é a melhor alternativa financeira para o cliente?

Vamos iniciar a resolução do problema fazendo o diagrama de fluxo de caixa que representa cada uma das alternativas.

Alternativa A:

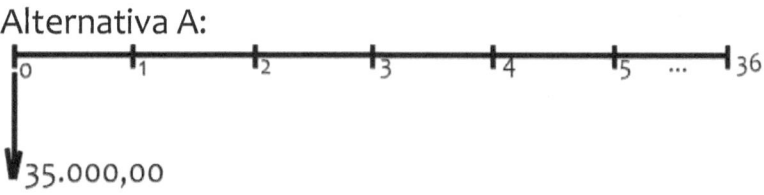

Alternativa B:

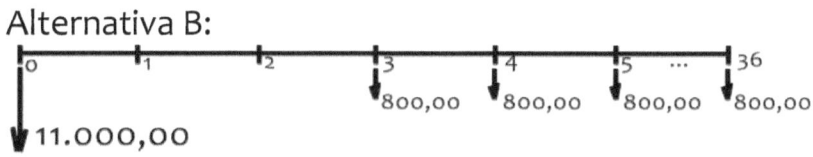

Sendo que a alternativa A já tem um único valor presente (e que chamaremos de P_A), devemos, agora, encontrar um único valor presente P_B, e que será equivalente a todo o fluxo de caixa que representa a alternativa B.

O valor da entrada, de R$11.000,00, já está no valor presente, portanto, bastará somarmos esse valor ao encontrado quando calcularmos o valor presente da série de pagamentos de R$800,00 mensais.

Calculemos, então, o valor presente relativo à série de pagamentos de 800,00, que se inicia ao final do período 3 e vai até o final do período 36. Como existe um diferimento, ou seja, um prazo de 3 meses até que se iniciem os pagamentos, o valor presente equivalente encontrado pela fórmula será relativo ao início do período 3 (ou final do período 2).

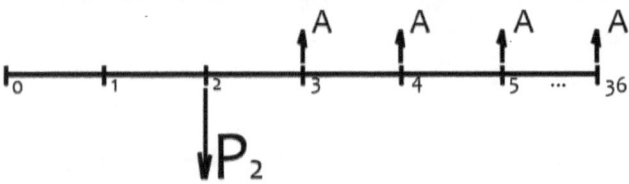

$P_2 = A \cdot [\, (1+i)^n - 1\,] / [(1+i)^n \cdot i\,]$

$P_2 = 800,00 \times [\, (1+0,01)^{34} - 1\,] / [\, (1+0,01)^{34} \times 0,01\,]$

Para não precisar resolver algebricamente a questão, podemos simplesmente pegar o valor relativo ao *Fator do Valor Atual* (FVA) para n=34 e i=1%, na tabela de FVA no capítulo 19, ao final do livro.

$FVA_{(n=34,\ i=1\%)} = 28,70267$

Com esse valor na equação, vem:
$P_2 = 800,00 \times 28,70267 = R\$22.962,14$

Mas, lembre-se de que esse valor P_2 não está no tempo zero, portanto ainda não é o valor presente que precisamos. Mas, se tratarmos ele como um valor futuro aplicado no final do período 2, encontraremos, por aplicação direta da fórmula de juros compostos, o valor presente equivalente no tempo zero.

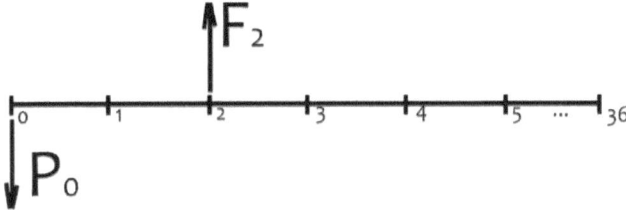

$P_0 = F_2 / (1+i)^n = 22.962,14 / (1+0,01)^2$

Buscando na tabela o valor do Fator de Capitalização Composta,, vem $FCC_{(n=2, i=1\%)} = 1,0201$

Substituindo na equação, vem:
$P_0 = 22.962,14 / 1,0201 = 22.509,70$

O valor R\$22.509,70 representa o valor presente de todas as 34 parcelas de pagamento.

Então, para chegarmos no valor presente total da alternativa B, que chamamos de P_B , precisamos ainda somar o valor à vista de R\$11.000,00 ao valor de R\$22.509, 70.

$P_B = 11.000,00 + 22.509,70 = 33.509,70$

Temos, agora, o valor presente de cada alternativa:
$P_A = 35.000,00$
$P_B = 33.509,70$

Sendo que $P_B < P_A$, concluímos que, financeiramente falando, a alternativa B é a melhor. Portanto, nesse caso, o cliente deveria escolher a alternativa com pagamento dos R$11.000,00 à vista, e o restante em 34 parcelas de R$800,00, à partir do terceiro mês.

15.2 Método do Valor Futuro

O Método do Valor Futuro é aquele em que levamos todos os valores envolvidos para uma determinada data futura, comparando, então, o valor de cada alternativa econômica.

Da mesma forma que no Método do Valor Presente, ao fazermos a comparação de valores, devemos sempre selecionar a alternativa que apresente o valor mais conveniente e adequado a cada situação.

O método do valor futuro é um método muito similar ao anteriormente visto (do valor presente), a diferença é que levamos todos os valores a uma mesma data futura para comparação, ao invés de trazê-los ao presente. E lembre-se de que, ainda que os períodos de cada alternativa não sejam iguais, a comparação só poderá ser feita em datas futuras iguais, o que se pode conseguir com o conceito de equivalência de capitais.

15.2.1 Exercício Resolvido do Método do Valor Futuro

Você tem a opção de comprar uma mesma quantidade de material, de dois fornecedores já homologados, cuja qualidade do produto é equivalente. Um deles oferece a opção de pagar três parcelas de R$2.000,00, em 30, 60 e 90 dias do pedido. O outro oferece a opção de pagar R$6.000,00 em 45 dias do pedido. Considerando que o prazo de entrega do produto é o mesmo para as duas alternativas, e que a taxa mínima de atratividade é de 3% ao mês, qual é a mais interessante em termos financeiros?

Iniciamos a resolução do problema fazendo o diagrama de fluxo de caixa que representa cada uma das alternativas:

Alternativa A:

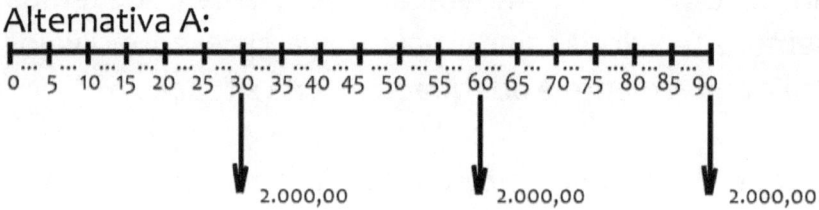

Alternativa B:

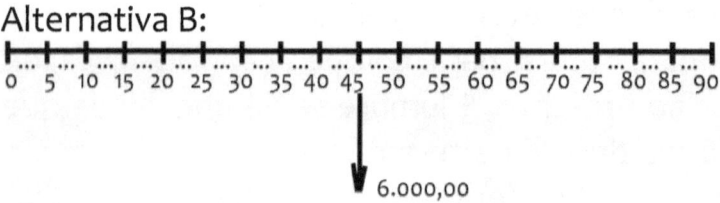

Vamos resolver a questão, levando todos os valores para uma mesma data futura, a 60 dias do pedido.
Antes, vamos encontrar a taxa de juros efetiva diária, equivalente a taxa de 3% a.m.

Pela fórmula de taxas equivalentes, temos:
$(1+i_m)^1 = (1+i_d)^{30}$
$(1+0,03) = (1+ i_d)^{30}$
$i_d = (1 + 0,03)^{1/30} - 1 = 0,000986$ ou seja: 0,1%
Podemos também resolver a equação consultando a tabela de Taxas Equivalentes. Para o valor 3% ao mês, encontramos 0,09858%, ou seja: $i_d = 0,1\%$ a.d.

Alternativa A: primeiro vamos encontrar o valor futuro da data 30, de R$2.000,00, na data 60.

$F_{60} = F_{30} \cdot (1 + i_d)^{30}$

$F_{60} = F_{30} \cdot (1 + 0,001)^{30}$

Consultando a tabela para $FCC_{(n=30,\ i=0,1)}$ achamos um valor de 1,03044.

$F_{60} = 2.000,00 \times 1,03044 = 2.060,88$

Agora vamos trazer, ainda na alternativa A, o valor futuro de R$2.000,00, que está posicionado na data 90, para a data 60.

$F_{90} = F_{60} \cdot (1 + i_d)^{30}$

$2.000,00 = F_{60} \cdot (1 + 0,001)^{30}$

$F_{60} = 2.000,00 / 1,03044$

$F_{60} = 1940,92$

Portanto, na alternativa A, temos já todos os valores encontrados na data 60: O valor de R$2.060,88, relativo à parcela da data 30, o valor de R$2.000,00, originalmente posicionado na data 60, e o valor de R$1940,92, relativo a parcela da data 90.

Portanto, o total da alternativa A é:

$F_{60} = 2.060,88 + 2.000,00 + 1940,92$

$F_{60} = 6.001,80$

Alternativa B: vamos encontrar o valor futuro de R$6.000,00 na data 60, pois ele está posicionado na data 45.

A diferença é de 15 dias, portanto, da fórmula vem:

$F_{60} = F_{45} \cdot (1 + i_d)^{15}$

$F_{60} = 6.000,00 \cdot (1 + 0,001)^{15}$

Sendo o $FCC_{(n=15,\ i=0,1)} = 1,01511$

E substituindo seu valor na fórmula, vem:

$F_{60} = 6.000,00 \times 1,01511 = 6.090,66$

Temos, agora, o valor futuro total de cada alternativa, numa mesma data, ou seja, a 60 dias do pedido:

$F_A = 6.001,80$ e $F_B = 6.090,66$

Sendo que $F_a < F_b$, concluímos que, financeiramente falando, a alternativa A é a mais vantajosa. Portanto, nesse caso, o comprador deveria fazer o pedido com o distribuidor que fez a proposta relativa à alternativa A.

Outra forma de resolver o problema seria considerar a série de pagamentos da alternativa A e calcular o valor futuro no tempo 90 através da fórmula:

$F = A \times FAC_{(n=3\ meses,\ i=3\%\ a.m.)}$

Quanto ao valor da alternativa B, calcularíamos o valor futuro na data 90, relativo ao valor de R\$6.000,00, posicionado na data 45.

15.3 Método do Valor Anual

O Método do Valor Anual, ou Valor Parcelado, é aquele em que transformamos todos os valores de gastos ou recebimentos, em parcelas com uma determinada periodicidade. Assim sendo, a fim de permitir a análise da melhor alternativa econômica, a periodicidade entre todas as alternativas deve ser a mesma.

Para selecionar a melhor alternativa, buscamos aquela que apresente a parcela com o valor mais conveniente, por exemplo, quando estivermos contratando um serviço, escolheremos a alternativa de pagamento com o menor valor da anuidade (ou parcela), pois representará, do ponto de vista financeiro o menor custo.

Quando estivermos definindo uma aplicação financeira, selecionaremos a alternativa com o maior valor da parcela, pois representará, do ponto de vista financeiro, o maior rendimento.

15.3.1Exercício Resolvido do Método do Valor Anual

Vamos resolver o exercício proposto anteriormente, no exemplo do método do valor futuro (item 15.2.1), mas agora, utilizando o método do valor anual.

Você tem a opção de comprar uma mesma quantidade de material, de dois fornecedores já homologados, cuja qualidade do produto é equivalente. Um deles oferece a opção de pagar três parcelas de R$2.000,00, em 30, 60 e 90 dias do pedido. O outro oferece a opção de pagar R$6.000,00 em 45 dias do pedido. Considerando que o prazo de entrega do produto é o mesmo para as duas alternativas, e que a taxa mínima de atratividade é de 1% ao mês, qual é a mais interessante em termos financeiros?

Veja, a seguir, os fluxos de caixa que representam cada uma das alternativas:

Alternativa A:

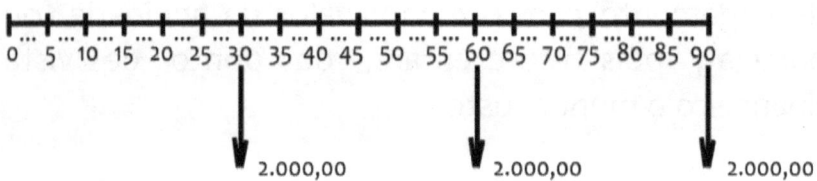

Alternativa B:

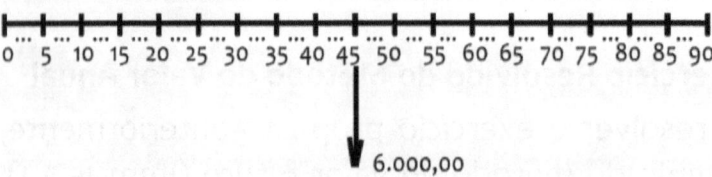

Vemos que a alternativa A já está no formato de parcelas, então, resta-nos apenas transformar a alternativa B.

Lembrando que a taxa mínima de atratividade dada é de 3% ao mês e, pela equivalência, chegamos a 0,1% ao dia.

Primeiro trazemos o valor de 6.000,00 colocado no dia 45 para o momento zero, através da fórmula:

$$F = P.(1+i)^n$$

Substituindo os valores, chegamos em:

$6.000,00 = P.(1+0,001)^{45}$
Consultando a tabela do $FCC_{(n=45,\ i=0,1\%)}$ encontramos o valor de 1,04600
Donde, P= 6.000,00 / 1,04600
P = 5.736,14

Que é o valor presente que precisamos converter em anuidades, ou seja, em parcelas iguais.

Utilizaremos a fórmula que calcula o A em função do P.

$$A = P.[(1+i)^n . i / (1+i)^n - 1]$$

Sendo:
P = 5.736,14
n = 3 (pois na alternativa A temos 3 períodos mensais)
i = 3% a.m.

Veja que o fator $[(1+i)^n . i / (1+i)^n -1]$ é o inverso do FVA!

Encontramos na tabela o valor de $FVA_{(n=3, i=3\%)}$ que é igual a 2,82861, e portanto, seu inverso será igual a: 1 / 2,82861 = 0,35353

Substituindo os valores na fórmula, vem:

A = 5.736,14 x 0,35353 = 2.027,90

Isto posto, temos que a alternativa A apresenta uma parcela A_A = 2.000,00 e a alternativa B representa um parcelamento igual a A_B = 2.027,90

Sendo que, A_A < A_B , concluímos que a melhor compra, em termos financeiros, é a da alternativa A.

Lembre-se de que já que estudamos a mesma questão anteriormente, através do método do valor futuro, e que ele apontou a alternativa A também como a melhor.

15.4 Método do Custo/Benefício

O Método da Relação Custo/Benefício é aquele em que, em cada alternativa, definimos a razão entre os valores dos custos envolvidos e os valores dos benefícios envolvidos. Em termos financeiros, quanto menor o valor dessa razão, melhor a alternativa, pois isso indicará benefícios maiores que custos.

Nesse tipo de análise, todos os valores, sejam custos ou benefícios, devem estar em uma mesma data.
Podemos ter algumas variações para esse método, chamando-o de Benefício/Custo, e invertendo a fórmula e a análise, pois, nesse caso, dividiremos todos os valores de benefício por todos os valores de custo. Aí se esperará uma razão acima de 1, indicando benefícios maiores que custos.

Portanto, há que se ter muito cuidado na análise e interpretação dos resultados, para evitar erros na tomada de decisão.

15.4.1 Exercício Resolvido do Método do Custo/Benefício

Um projeto de melhoria em uma linha de produção apresentou duas alternativas de investimento. A primeira prevê a compra de um novo equipamento por R$14.000,00, e que, após um mês de sua entrega, já estará contabilizando ganhos de produtividade de R$2.000,00 por mês, todo mês. A segunda alternativa prevê a compra de outro equipamento, cujo valor é de R$18.000,00, e que também, após um mês de sua entrega, já contabilizará ganhos de produtividade de R$2.300,00 por mês, todo mês.

Considere que o pagamento se dará contra entrega e que a taxa mínima de atratividade é igual a 2% a.m. Qual a melhor alternativa para esse projeto, analisando o período de 12 meses após a entrega?

Resolvendo pelo método do custo/benefício, precisamos deixar todos os custos e benefícios na data inicial e fazer a relação para cada alternativa.

Analisemos, então, os fluxos de caixa de cada alternativa:

Alternativa A:

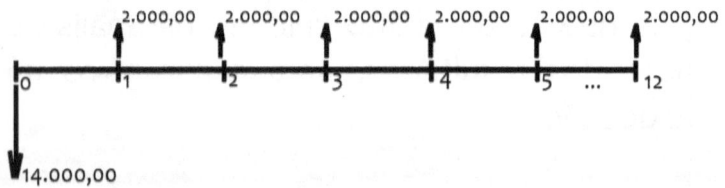

Alternativa B:

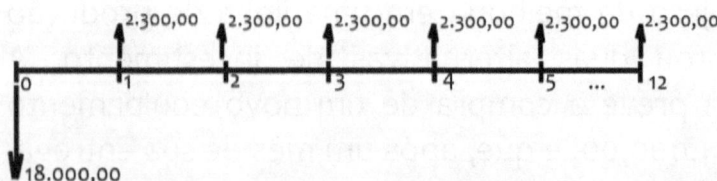

Em cada uma das alternativas, precisaremos trazer ao valor presente as séries de ganhos de produtividade, utilizando a fórmula de séries financeiras.

$$P = A \cdot \frac{(1+i)^n - 1}{(1+i)^n \cdot i}$$

Para o caso da alternativa A, vem:

$$P_A = 2.000,00 \cdot \frac{(1+0,02)^{12} - 1}{(1+0,02)^{12} \cdot 0,02}$$

Da tabela, vem que o $FVA_{(n=12,\ i=2\%)} = 10,57534$

$$P_A = 2.000,00 \times 10,57534 = 21.150,68$$

No caso da alternativa B, vem:

$$P_B = 2.300,00 \cdot \frac{(1+0,02)^{12} - 1}{(1+0,02)^{12} \cdot 0,02}$$

$$P_B = 2.300,00 \times 10,57534 = 24.323,28$$

Portanto, temos, no período de 12 meses, os seguintes valores de custos e benefícios desses projetos:

Custo Projeto A = 14.000,00
Benefício Projeto A = 21.150,68
Relação Custo/benefício Projeto A (C/B_A) = 0,66

Custo Projeto B = 18.000,00
Benefício Projeto B = 24.323,28
Relação Custo/benefício Projeto B (C/B_B) = 0,74

Vemos que $C/B_A < C/B_B$, e, portanto, a melhor relação custo/benefício, considerando o período de 12 meses do recebimento do equipamento, é a da alternativa A, que deve ser a alternativa escolhida.

Poder-se-ia, também, ter estipulado um período de análise diferente, por exemplo, de 24 meses, e com isso, talvez houvesse alguma alteração de resultado.

A questão é que, por algum motivo, nesse caso, a análise que importava para a companhia, estava vinculada ao período de 12 meses. Dessa forma, vê-se quão importante é a definição do período de análise em questões em que os ganhos (ou as despesas) se comportam de maneira estendida no tempo.

15.5 Método da Taxa de Retorno

O Método da Taxa de Retorno é aquele em que calculamos a taxa de juros envolvida em cada alternativa a ser analisada. Essa taxa representará a taxa de retorno do projeto, também chamada, nesse caso, de taxa interna de retorno (TIR), cujo conceito já vimos em capítulo anterior.

Desse modo poderemos compará-la com as taxas de outros projetos e, inclusive, com a taxa mínima de atratividade ou taxa de mercado, podendo assim definir a melhor alternativa.

15.5.1 Exercício Resolvido do Método da Taxa de Retorno

Um empresário tem a possibilidade de aplicar R$15.000,00 numa campanha de vendas para a coleção primavera/verão de sua loja, cujo aumento de faturamento previsto é de R$4.000,00 nos próximos 4 meses. Ele quer saber se, financeiramente, é uma boa alternativa, sabendo que esse empresário tem a possibilidade de aplicar esse dinheiro no banco, a uma taxa de juros de 2% a.m.

Vejamos, a seguir, o diagrama de fluxo de caixa da aplicação do dinheiro na campanha de vendas.

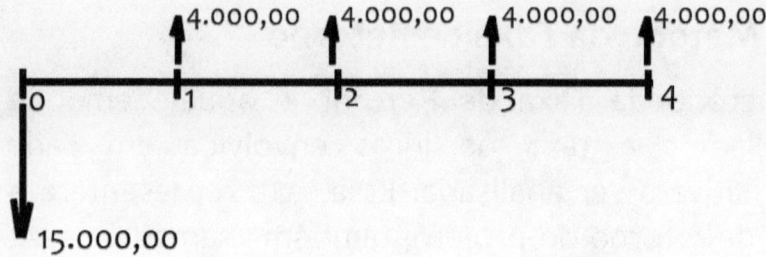

4.000,00   4.000,00   4.000,00   4.000,00

0   1   2   3   4

15.000,00

Para o cálculo da taxa de retorno, basta somarmos todos os pagamentos e todos os recebimentos da alternativa, numa mesma data, e igualarmos a zero. Neste exercício, traremos todos os valores ao presente.

$$15.000,00 + 4.000,00 \cdot [(1+i)^4 - 1 / (1+i)^4 \cdot i] = 0$$

Haja vista que a solução algébrica para encontrar o valor do i é mais complicada pelo fato dele estar elevado a uma potência, utilizaremos os valores tabelados de FVA para auxílio.

Como já sabemos, o fator $[(1+i)^4 - 1 / (1+i)^4 \cdot i]$ é o FVA

Façamos o cálculo do FVA para a questão:

$$15.000,00 + 4.000,00 \cdot [(1+i)^4 - 1 / (1+i)^4 \cdot i] = 0$$

$$[(1+i)^4 - 1 / (1+i)^4 \cdot i] = 15.000,00 / -4.000,00 = -3,75$$

Consultaremos, então, a tabela do FVA no final do livro, e procuraremos aquele valor que, com período igual a 4, mais se aproxima do 3,75 (despreze o sinal negativo encontrado). A taxa de juros a ele relacionada é a taxa que procuramos. Ou seja, vamos procurar na tabela o FVA=3,75 e n=4 e anotar a taxa de juros envolvida.

Como não existe na tabela exatamente o valor de FVA que procuramos, anotamos os dois valores mais próximos, que são FVA=3,74842 para uma taxa de juros de 2,65%, e FVA=3,75293 para uma taxa de 2,60%.

Sendo o valor de FVA que queremos (e sua respectiva taxa de juros) um valor intermediário aos encontrados, aplicamos, então, uma interpolação linear:

$$\frac{(3,75293 - 3,75)}{(3,75293 - 3,74842)} = \frac{x}{(2,65 - 2,60)}$$

3,74842   3,75   3,75293

2,65%   ? ←—x—→ 2,60%

$$x = 0,03248$$

Somando-se o valor de x=0,03248 encontrado, ao valor de 2,60%, chegamos a um valor bastante preciso da taxa de juros envolvida, que é de 2,63%.
Portanto, a aplicação do dinheiro na campanha de vendas, cuja taxa de retorno é de 2,63%, aparece como melhor alternativa em termos financeiros, já que a aplicação do dinheiro no banco renderia 2%.

15.6 Método do Prazo de Retorno

Poderá haver situações em que desejemos conhecer o prazo do retorno do investimento, pois ele pode ser, por algum motivo, um fator limitante ou decisivo, na análise das alternativas.

No caso do Método do Prazo de Retorno, todas as alternativas devem chegar ao valor do prazo de retorno do investimento, ou seja, ao momento em que todos os custos foram igualados a todos os benefícios. Em termos financeiros, é desejável o menor prazo de retorno do investimento.

15.6.1 Exercício Resolvido do Método do Prazo de Retorno

Vamos resolver o exercício proposto anteriormente, no exemplo do método do valor futuro (item 15.4.1), mas agora, utilizando o método do prazo de retorno.

Um projeto de melhoria em uma linha de produção apresentou duas alternativas de investimento. A primeira prevê a compra de um novo equipamento por R$14.000,00, e que, após um mês de sua entrega, já estará contabilizando ganhos de produtividade de R$2.000,00 por mês, todo mês. A segunda alternativa prevê a compra de outro equipamento, cujo valor é de R$18.000,00, e que também, após um mês de sua entrega, já contabilizará ganhos de produtividade de R$2.300,00 por mês, todo mês. Considere que o pagamento se dará contra entrega e que a taxa mínima de atratividade é igual a 2% a.m. Qual a melhor alternativa para esse projeto, analisando o período de 12 meses após a entrega?

Abaixo, os fluxos de caixa de cada alternativa:

Alternativa A:

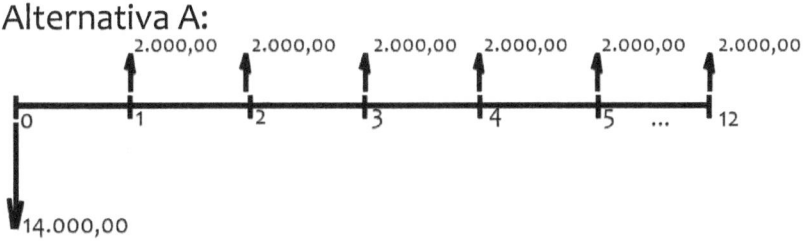

Alternativa B:

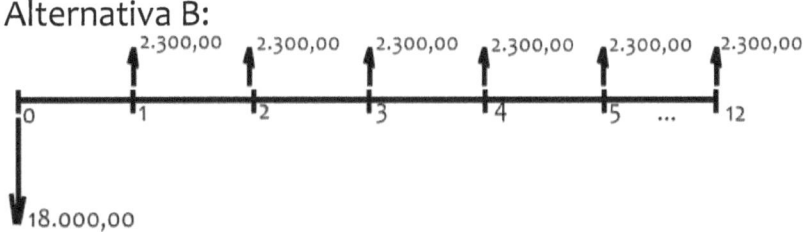

Resolvendo, agora, pelo método do prazo de retorno, precisamos encontrar, em cada alternativa, o período n em que os gastos se igualam aos recebimentos.

E para que os gastos se igualem às receitas, devemos ter satisfeita a seguinte condição:
gastos + receitas = zero

Lembrando que as despesas terão sinal negativo, para o problema em questão teremos:
$-P + A \cdot [(1+i)^n - 1 / (1+i)^n \cdot i] = 0$

Para alternativa A:

$-14.000,00 + 2.000,00 \times FVA_{(n=?, i=2\%)} = 0$

$2.000,00 \times FVA_{(n=?, i=2\%)} = 14.000,00$

$FVA_{(n=?, i=2\%)} = 14.000,00 / 2.000,00 = 7$

Com esses dados, procuramos na tabela de FVA o valor 7 relacionado a uma taxa de 2% para encontrarmos, então, qual o número de períodos envolvido.

Como não existe na tabela exatamente o valor de FVA que procuramos, anotamos os dois valores mais próximos que são FVA=6,47199 para um período igual a 7, e FVA=7,32548 para um período igual a 8.

Sendo o valor de FVA que queremos (e seu respectivo número de períodos) um valor intermediário aos encontrados, aplicamos, então, uma interpolação linear:

$$\frac{(7,32548 - 7)}{(7,32548 - 6,47199)} = \frac{x}{(8-7)}$$

```
  |----------|----------|
6,47199      7      7,32548
  7          ?   ←—x—→  8
```

$x = 0,38135$

Logo, o número de períodos que queremos encontrar na alternativa A, e que iguala os gastos com despesas é igual a:
$8 - 0,38135 = 7,61865 = 7,6$ meses.

Para a alternativa B:

$-18.000,00 + 2.300,00 \times FVA_{(n=?, i=2\%)} = 0$

$FVA_{(n=?, i=2\%)} = 18.000,00 / 2.300,00 = 7,82609$

Como na solução da alternativa A, aqui também procuraremos na tabela de FVA o valor de 7,82609 relacionado a uma taxa de 2% para encontrarmos, então, qual o número de períodos envolvido.
Como não existe na tabela o valor exato de FVA que procuramos, anotamos os dois valores mais próximos que são FVA=7,32548 para um período igual a 8, e FVA=8,16224 para um período igual a 9.

Sendo o valor de FVA que queremos (e seu respectivo número de períodos) um valor intermediário aos encontrados, aplicamos, mais uma vez, uma interpolação linear:

$$\frac{(8,16224 - 8)}{(8,16224 - 7,32548)} = \frac{x}{(9-8)}$$

$$x = 0,19389$$

Logo, o número de períodos que queremos encontrar na alternativa B é igual a:
$9 - 0,19389 = 8,80611 = 8,8$ meses.

Concluímos, então, que o prazo para o retorno do investimento é de 7,6 meses na alternativa A, e de 8,8 meses na alternativa B. Sendo, portanto, mais vantajosa, em termos financeiros, a alternativa A, em que o retorno do investimento se dá em menos tempo.

16. QUADROS-RESUMO

MATEMÁTICA FINANCEIRA - RESUMÃO 1/4

Terminologia

P = valor presente, valor atual, capital.

F = valor futuro, valor de resgate, valor de face, valor de título, montante.

i = taxa de juros.

n = número de períodos de capitalização.

J = valor dos juros.

A = anuidade, prestação, parcela.

d = taxa de juros em operações de desconto.

D = desconto, valor dos juros em operações com desconto.

f = taxa de inflação, correção monetária.

r = taxa de juros real.

i$_a$ = taxa de juros aparente.

f$_{ac}$ = taxa de inflação acumulada

Diagrama de Fluxo de Caixa

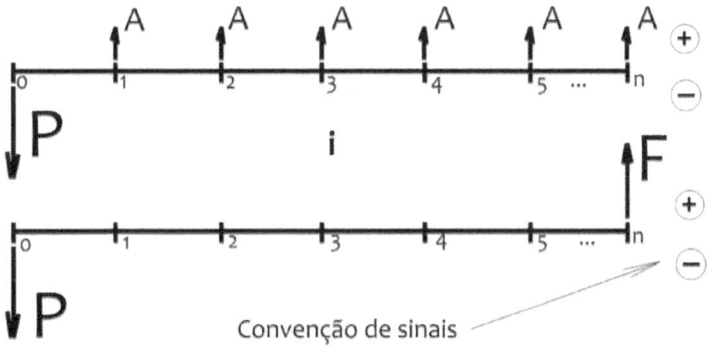

Convenção de sinais

Acima do eixo: positivo, representando recebimentos, receitas

Abaixo do eixo: negativo, representando pagamentos, despesas

MATEMÁTICA FINANCEIRA - RESUMÃO 2/4
JUROS SIMPLES
Fórmulas

$$J = F - P$$

$$J = P.i.n$$

$$F = P.(1+i.n)$$

$$J = \frac{F.i.n}{(1+i.n)}$$

Operações de Desconto Simples Por Fora (Bancário, Comercial)

$$D = F - P$$

$$D = F.d.n$$

Operações de Desconto Simples Por Dentro (Racional)

$$D = F - P$$

$$D = P.d.n$$

$$D = \frac{F.d.n}{(1+d.n)}$$

Taxas Proporcionais

$$\frac{i_1}{i_2} = \frac{n_2}{n_1}$$

$$i_2 = (i_1 . n_1) / n_2$$

Taxa Nominal e Taxa Efetiva

Uma taxa é dita nominal quando não coincide com o seu período de capitalização, como por ex., uma taxa de 3% ao trimestre, com capitalização mensal. Essa taxa é proporcional à taxa de 1% ao mês, com capitalização mensal, sendo esta útlima chamada de efetiva, pois coincide com seu período de capitalização.

MATEMÁTICA FINANCEIRA - RESUMÃO 3/4

Juros Compostos

$$J = F - P$$

$$F = P \cdot (1+i)^n$$

$$J = P \cdot [(1+i)^n - 1]$$

$$J = F - \left[\frac{F}{(1+i)^n} \right]$$

Operações de Desconto Composto Por Fora (Bancário, Comercial)

$$D = F - P$$

$$F = P \cdot (1-i)^n$$

Operações de Desconto Composto Por Dentro (Racional)

$$D = F - P$$

$$F = P \cdot (1+i)^n$$

Taxa Mínima de Atratividade

Taxa pré-fixada, disponível e de baixo risco, que pode ser utilizada como referência para comparação com a TIR, em análise de alternativas econômicas, ou ainda para resolução de questões, como a taxa de juros envolvida.

Taxas Equivalentes

$$(1+i_1)^{n_1} = (1+i_2)^{n_2}$$

$$i_2 = (1+i_1)^{n_1/n_2} - 1$$

Correção Monetária

$$i_a = r + f + (r \cdot f)$$

Inflação Acumulada

$$f_{ac} = [(1+f_1) \cdot (1+f_2) \cdot (1+f_3) \cdot \, \ldots \, \cdot (1+f_n)] - 1$$

MATEMÁTICA FINANCEIRA - RESUMÃO 4/4

Séries Financeiras Postecipadas

Perpetuidades

$$F = A \cdot \frac{(1+i)^n - 1}{i}$$

$$P = A \cdot \frac{(1+i)^n - 1}{(1+i)^n \cdot i}$$

$$P = \frac{A}{i}$$

Planos de Amortização

Sistema Francês de Amortização (SFA)
Prestações periódicas, iguais e sucessivas, em que o valor de cada prestação é composto por duas parcelas distintas: juros e amortização, sendo que a amortização é menor no início, para compensar os juros que são maiores.

Sistema de Amortização Constante (SAC)
Neste plano, também chamado de Sistema Hamburguês, apenas as amortizações são constantes. Os juros são maiores no início, pois o capital é maior.

Sistema Misto de Amortização (SMA)
É um plano de pagamento cujas prestações são resultantes da média aritmética dos valores das prestações dos planos SFA e SAC.

Análise de Alternativas Econômicas

Método do Valor Atual: é aquele em que trazemos todos os valores envolvidos para a data de hoje para, então, encontrarmos a melhor alternativa..

Método do Valor Futuro: é aquele em que levamos todos os valores envolvidos a uma determinada data futura, e analisamos a melhor alternativa.

Método do Valor Anual: é aquele em que transformamos todos os valores envolvidos em uma sucessão de prestações, dentro de um mesmo número de períodos.

Método do Custo/Benefício: é aquele em que trazemos todos os custos e benefícios para uma mesma data, dividindo o custo total pelo benefício total, encontrando, para cada alternativa, uma número para compararmos.

Método da Taxa de Retorno: é aquele em que encontramos, para cada alternativa, a taxa de juros envolvida, chamada de Taxa Interna de Retorno (TIR).

Método do Prazo de Retorno: é aquele em que encontramos, para cada alternativa, o seu prazo de retorno do investimento, ou seja, o momento em que os custos se igualm aos benefícios.

17. A CALCULADORA HP 12C

17.1 Conhecendo a HP 12C

Antes de iniciarmos as resoluções dos exercícios com a HP 12C, vamos conhecer um pouco de suas funções e funcionamento.

CONHECENDO A HP12C

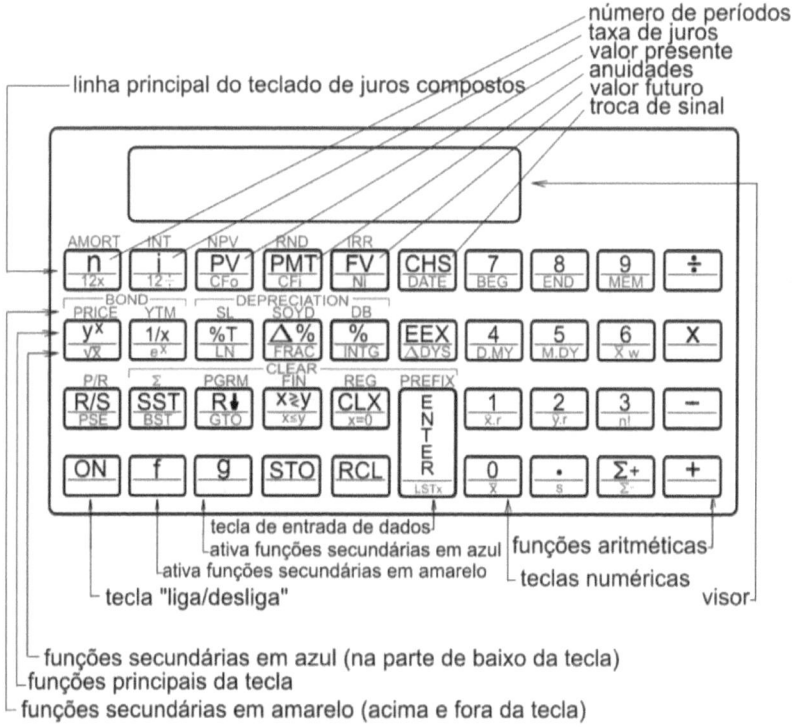

ALGUMAS FUNÇÕES IMPORTANTES

TECLAS	OBSERVAÇÃO
ON	Liga e desliga a calculadora.
f 2	Fixa duas casas decimais (para fixar outro número, altere a tecla numérica de acordo).
f CLX	Limpa o visor, os registros financeiros e de dados.
CLX	Limpa somente o visor, ou seja, quando digitar um número errado, basta teclar o "CLX" e reescrever o número.
f x≷y	Limpa os registros financeiros.
g 7	Configura a calculadora para trabalhar com pagamentos ou recebimentos antecipados (no início do período). Quando essa opção for selecionada, o visor mostrará, em letras pequenas, a palavra "BEGIN", e se nada aparecer é porque a seleção está configurada como postecipada, que é o mais usual.
g 8	Configura a calculadora para trabalhar com pagamentos ou recebimentos postecipados (no final do período).
CHS	Ao teclar "CHS" mudará o sinal do número no visor.
· ON	Ligue a calculadora com a tecla do ponto pressionada para alterar entre o modo "decimal separado por ponto" e "decimal separado por vírgula".
STO	Tecle "STO" seguido de um número de 1 a 9 para armazenar o número do visor.
RCL	Tecle "RCL" seguido de um número de 1 a 9 para recuperar o número armazenado na memória.
g 4	Configura a calculadora para o modo de data: dia, mês e ano.
g 5	Configura a calculadora para o modo de data: mês, dia e ano.
n	Tecle "n" após digitar o número de períodos, para inserí-lo no cálculo.
i	Tecle "i" após digitar a taxa de juros, para inserí-la no cálculo. A taxa deve ser digitada na forma percentual.
PV	Tecle "PV" após digitar o valor presente, para inserí-lo no cálculo. O "PV" significa a sigla de "Present Value".
PMT	Tecle "PMT" após digitar o valor da anuidade, para inserí-la no cálculo. A sigla "PMT" significa "Payment".
FV	Tecle "FV" após digitar o valor futuro, para inserí-lo no cálculo. A sigla "FV" significa "Future Value".
STO EEX	Tecle "STO" e "EEX" para indicar à calculadora que o período n fracionário deve ser calculado por juros compostos, caso contrário, a calculadora fará o cálculo da fração do período por juros simples. Ao teclar "STO" e "EEX", a calculadora mostrará um pequeno C na parte debaixo do visor. Tecle novamente para reverter a configuração.
1 f n	Exibe a parte dos juros da parcela de pagamento do Sistema Francês de Amortização. Se você digitar "1", "2", "f" e "n", ao invés de "1", "f" e "n", os cálculos mostrados serão relativos a um período anual, doze meses.
x≷y	Numa operação qualquer na calculadora, por exemplo, 3 "ENTER" 5, essa tecla, se pressionada antes da tecla de operação, vai trocar os registros das memórias, portanto, aparecerá no visor o registro 3, e a operação será 5 "ENTER" 3. No cálculo do SFA, ao pressioná-la após a informação da parcela de juros, exibirá a parte relativa à amortização da parcela de pagamento do SFA.
RCL PV	Durante os cálculos de amortização no SFA, exibe o saldo devedor remanescente.
RCL n	Exibe o número total de pagamentos amortizados pelo SFA que já foram calculados e mostrados até o momento.
R↓	Essa tecla é chamada de tecla de rolagem, pois troca a posição dos 4 registros de memória automáticos da calculadora, ou seja, o anterior assume o lugar do atual, o atual vai para a posição 4 e assim por diante. Portanto, cuidado ao utilizar essa tecla, pois ela trocará os valores registrados. Quando clicada durante os cálculos de amortização pelo SFA, alternará a exibição no visor do valor do saldo remanescente, amortização, juros e número de parcelas pagas naquele cálculo (que será 1 se estamos entrando com "1", "f" e "n").

OPERAÇÕES ARITMÉTICAS

O procedimento para o cálculo aritmético na calculadora HP12C é diferente das calculadoras comuns.

Vejamos um exemplo: 2 + 3 =   Na HP12C devemos teclar: [2] [ENTER] [3] [+]

Outro exemplo: (2 + 3) x 6 = [2] [ENTER] [3] [+] [6] [X]

E se fosse: 2 + (3 x 6) = [2] [ENTER] [3] [ENTER] [6] [X] [+]

A HP12C funciona com a chamada pilha de 4 memórias, e o que foi feito é que entramos com o número 2 numa memória, depois o 3 e depois o 6, fazendo o 6 multiplicar o três e armazenar o 18 no lugar do 3 e do 6. Por último, o 18 recebeu o comando de somar com o 2. Se você não quiser entender o funcionamento das memórias, basta que entenda a sistemática de cálculo, que é repetitiva.

OPERAÇÕES DE PORCENTAGEM

Para calcular um percentual de um valor qualquer, digite o valor, tecle "enter", digite o valor percentual e em seguida tecle %. Vamos calcular quanto vale 7% de 123:

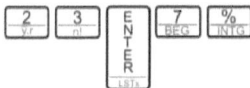

Para calcular a diferença percentual entre dois números, digite o primeiro valor, tecle "enter", digite o segundo valor e tecle "Δ%". Vamos calcular o aumento percentual de um preço de 17,00 para 19,00:

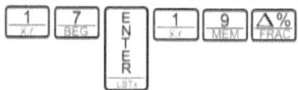

Para calcular a representação percentual de um valor em relação a outro, digite o primeiro valor, tecle "enter", digite o segundo valor e tecle "%T". Vamos calcular qual é o valor percentual de 312 sobre um total de 1120:

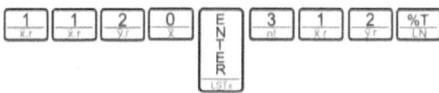

17.2 Resoluções dos Exercícios do Livro com a HP 12C

17.2.1 Exercício 3.4.1 Resolvido com o Uso da HP 12C

TECLAS	OBSERVAÇÃO	VISOR
ON	Liga e desliga a calculadora	0
f 2	Fixa duas casas decimais	0,00
f CLX	Limpa o visor, os registros financeiros e de dados	0,00

A sequência acima pode não ser necessária em todas as situações.

TECLAS	OBSERVAÇÃO	VISOR
2 0 0 PV	A tecla "PV" insere o valor presente ("present value" em inglês).	200,00
2 4 i	Digite o valor dos juros em percentual e na base anual, ou seja, se a taxa de juros dada foi de 2% a.m., devemos entrar com o valor 24%. Em seguida, tecle "i" para inseri-lo como taxa de juros..	24,00
6 0 n	Agora, digitamos o número de períodos seguido da tecla "n" para inserir os dados. A HP12C considera em juros simples a taxa em período anual e o período em dias. Portanto, se o período dado foi de 2 meses, inserimos 60 dias.	60,00
f i	Com as teclas "f" e "i" obtemos o valor dos juros totais simples. O valor é negativo pela consideração do fluxo de caixa.	-8,00
+	Digitando a tecla "+" a HP12C soma o valor dos juros totais com o valor presente dado, resultando no valor total a pagar.	-208,00

17.2.2 Exercício 3.4.2 Resolvido com o Uso da HP 12C

TECLAS	OBSERVAÇÃO	VISOR
ON	Liga e desliga a calculadora	0
f 2	Fixa duas casas decimais	0,00
f CLX	Limpa o visor, os registros financeiros e de dados	0,00

A sequência acima pode não ser necessária em todas as situações.

TECLAS	OBSERVAÇÃO	VISOR
g 4	A tecla "g" vai ativar a segunda função "D.MY" que vai configurar a calculadora para ler datas no padrão dia, mês e ano. Ficará fixo num canto do visor, em letras pequenas, "D.MY" para identificar essa configuração.	0,00
2 5 . 0 5 ENTER 2 0 1 3	Para calcular o número de dias entre duas datas, entre com a data no formato dia, mês e ano, colocando um ponto após o dia. Como não foi citado o ano no exercício, podemos colocar qualquer um, já que o período não está no mês de fevereiro, que poderia variar nos anos bissextos.	25,05
2 5 . 0 7	Agora, digite a segunda data e tecle "g" e "Δ DYS" e o visor mostrará o número de dias entre as duas datas.	
2 0 1 3 g EEX		61,00

Apenas a título de informação: se você entrar com uma data, teclar "enter", digitar um número de dias, e depois teclar "g" "DATE", a calculadora mostrará a data futura. Continuemos, agora, com a resolução:

TECLAS	OBSERVAÇÃO	VISOR
4 0 0 PV	Entrando com o valor presente 400,00	400,00
6 i	Entrando com o valor da taxa de juros anual de 6%	6,00
6 1 n	Entrando com o valor do período de 61 dias	61,00
f i	Ao teclar "f" e "i", a calculadora mostra o valor dos juros	- 4,07

Apenas como informação, se fosse pedido o cálculo pelos juros exatos bastaria que, na sequência, teclássemos também: R↓ x≷y

17.2.3 Exercício 4.4.1 Resolvido com o Uso da HP 12C

TECLAS	OBSERVAÇÃO	VISOR
ON	Liga e desliga a calculadora	0
f 2	Fixa duas casas decimais	0,00
f CLX	Limpa o visor, os registros financeiros e de dados	0,00

A sequência acima pode não ser necessária em todas as situações.

TECLAS	OBSERVAÇÃO	VISOR
g 8	Como não foi dito nada sobre "postecipação" ou "antecipação", assumimos "postecipação". Veja que, se não houver a palavra "BEGIN" na parte inferior do visor, não haverá necessidade de teclar "g" e "END", pois isso quer dizer que a calculadora já está configurada para "postecipação".	0,00
2 0 0 0 CHS PV	Insere o valor 2000,00 como valor presente, trocando o sinal, baseado na convenção de sinais do fluxo de caixa, haja vista que esse valor é relativo a uma aplicação, ou seja, um desembolso.	- 2.000,00
1 0 i	Insere a taxa de juros de 10% a.m. Note que a taxa entra como percentual, ou seja, valor 10 e não 0,1, como nas soluções matemáticas, quando se utilizam fórmulas. Note, também, que ao utilizar a calculadora em juros compostos, a taxa deve entrar na mesma base do período, ou seja, se a base da taxa é mensal, os períodos devem ser mensais, diferentemente do que vimos ao utilizar a calculadora em juros simples, quando a taxa entrava em base anual, e o período na base diária.	10,00
2 n	Insere o período de 2 meses.	2,00
FV	Ao teclar "FV", a calculadora fornecerá o valor futuro dessa aplicação. Atente que o valor positivo de agora é devido à convenção de sinais do fluxo de caixa, que também é seguido pela calculadora, pois é um recebimento.	2.420,00
RCL PV	Como o que foi pedido na questão, é o valor dos juros, teclamos "RCL" e "PV" para recuperar o valor presente inserido.	- 2.000,00
+	Note que teclamos "+" já que a calculadora está vendo os mesmos valores que nós, ou seja, ela entende que a operação algébrica é: 2.420,00 + (-2.000,00). Se tivéssemos teclado "-", a calculadora realizaria a seguinte operação: 2.420,00 - (- 2.000,00), ou seja, aí sim, somaria os dois valores. Se você quiser, ao invés do procedimento anterior, pode iniciar uma operação artmética nova, introduzindo o valor 2.420,00, teclando "ENTER", digitando 2.000,00 e teclando "-".	420,00

17.2.4 Exercício 4.4.2 Resolvido com o Uso da HP 12C

TECLAS	OBSERVAÇÃO	VISOR
ON	Liga e desliga a calculadora	0
f 2	Fixa duas casas decimais	0,00
f CLX	Limpa o visor, os registros financeiros e de dados	0,00

A sequência acima pode não ser necessária em todas as situações.

TECLAS	OBSERVAÇÃO	VISOR
g 8	Como não foi dito nada sobre "postecipação" ou "antecipação", assumimos "postecipação". Veja que, se não houver a palavra "BEGIN" na parte inferior do visor, não haverá necessidade de teclar "g" e "END", pois isso quer dizer que a calculadora já está configurada para "postecipação".	0,00
3 0 0 0 CHS PV	Insere o valor 3000,00 como valor presente, trocando o sinal, baseado na convenção de sinais do fluxo de caixa, haja vista que esse valor é relativo a uma aplicação, ou seja, um desembolso.	- 2.000,00
6 n	Insere o período de 6 meses.	6,00
5 0 0 0 FV	Insere o valor 5000,00 como valor futuro, com sinal positivo, já que será um recebimento. Veja que não importa a ordem em que são inseridos os dados. Poderíamos ter inserido primeiro o "FV", ou o "n".	5.000,00
i	Ao teclar "i", a calculadora mostra-nos o valor da taxa de juros que queremos descobrir, já em percentual. Veja a incrível facilidade e rapidez de cálculo, se compararmos com os métodos puramente algébricos ou mesmo com a utilização das tabelas.	8,89

17.2.5 Exercício 4.4.3 Resolvido com o Uso da HP 12C

TECLAS	OBSERVAÇÃO	VISOR
ON	Liga e desliga a calculadora	0
f 2	Fixa duas casas decimais	0,00
f CLX	Limpa o visor, os registros financeiros e de dados	0,00

A sequência acima pode não ser necessária em todas as situações.

TECLAS	OBSERVAÇÃO	VISOR
g 8	Como não foi dito nada sobre "postecipação" ou "ante-cipação", assumimos "postecipação". Veja que, se não houver a palavra "BEGIN" na parte inferior do visor, não haverá necessidade de teclar "g" e "END", pois isso quer dizer que a calculadora já está configurada para "postecipação".	0,00
4 0 0 0 FV	Insere o valor 4000,00 como valor presente, com sinal positivo, haja vista que esse valor é relativo a um res-gate, ou seja, um recebimento.	4.000,00
8 n	Insere o período de 8 meses.	8,00
1 i	Insere o valor da taxa de juros de 1% a.m.	1,00
PV	Ao teclar "PV", a HP12C calcula o valor presente e o mostra no visor.	3.693,93

17.2.6 Exercício 8.3.1 Resolvido com o Uso da HP 12C

TECLAS	OBSERVAÇÃO	VISOR
ON	Liga e desliga a calculadora	0
f 2	Fixa duas casas decimais	0,00
f CLX	Limpa o visor, os registros financeiros e de dados	0,00

A sequência acima pode não ser necessária em todas as situações.

TECLAS	OBSERVAÇÃO	VISOR
3 0 ENTER 3 ÷	Esse é o cálculo para encontrar a taxa efetiva mensal.	10,00
1 ENTER . 1 +	Equivale a essa parte do cálculo: (1 + 0,1) Note que estamos utilizando a fórmula algébrica, portanto, a taxa de 10% entra no cálculo como 0,1.	1,1
2 ENTER 1 ÷	Representa a divisão dos dois expoentes.	2,00
y^x 1 −	E aqui a operação é o 1,1 elevado ao 2. Em seguida, o valor é subtraído de 1, dando o resultado 0,21, que representa a taxa de 21%.	0,21

17.2.7 Exercício 8.3.2 Resolvido com o Uso da HP 12C

TECLAS	OBSERVAÇÃO	VISOR
ON	Liga e desliga a calculadora	0
f 2	Fixa duas casas decimais	0,00
f CLX	Limpa o visor, os registros financeiros e de dados	0,00

A sequência acima pode não ser necessária em todas as situações.

TECLAS	OBSERVAÇÃO	VISOR
1 3 0 0 0 ENTER	Entra com o valor 13000,00.	13.000,00
1 0 0 0 0 −	Entra com o valor 10000,00 e subtrae-o de 13000,00.	3.000,00
1 0 0 0 0 ÷	Divide o 3000,00 por 10000,00 e chega a 0,3, que representa 30%.	0,30
1 3 0 0 0 ENTER	Entra com o valor 13000,00.	13.000,00
1 0 0 0 0 −	Entra com o valor 10000,00 e subtrae-o de 13000,00.	3.000,00
1 0 0 0 0 ENTER	Entra com o valor 10000,00.	10.000,00
5 0 0 −	Entra com o valor 500,00 e diminue de 10000,00, chegando no valor de 9500,00..	9.500,00
÷	Divide o valor 3000,00 por 9500,00, chegando a 0,32, que representa 32%. Se fixar a calculadora para mostrar três casas decimais, teclando "f" e "3", chegará em 0,316, ou seja, 31,6%.	0,32

17.2.8 Exercício 9.4.1 Resolvido com o Uso da HP 12C

TECLAS	OBSERVAÇÃO	VISOR
ON	Liga e desliga a calculadora	0
f 4 [D.MY]	Fixa quatro casas decimais.	0,0000
f CLX [x≤0]	Limpa o visor, os registros financeiros e de dados	0,0000

A sequência acima pode não ser necessária em todas as situações.

TECLAS	OBSERVAÇÃO	VISOR
. 0 3 ENTER	Entra com o valor 0,03.	0,0300
. 0 1 −	Entra com o valor 0,01 e subtrae-o do 0,03.	0,0200
1 ENTER . 0 1 +	Entra com o valor 1, entra com o valor 0,01 e soma esses dois valores.	1,0100
÷	Divide o valor 0,02 pelo valor 1,01.	0,0198

17.2.9 Exercício 9.4.2 Resolvido com o Uso da HP 12C

TECLAS	OBSERVAÇÃO	VISOR
ON	Liga e desliga a calculadora	0
f 4 (D.MY)	Fixa quatro casas decimais.	0,0000
f CLX (x=0)	Limpa o visor, os registros fiinanceiros e de dados.	0,0000

A sequência acima pode não ser necessária em todas as situações.

TECLAS	OBSERVAÇÃO	VISOR
1 (x,r) ENTER . 0 0 5 (M.DY) +	Entra com o valor 1, em seguida com o valor 0,005 e depois soma os dois. Veja que, pelo fato de estarmos fazendo operações puramente aritméticas, o valor da taxa de juros não entra em percentual.	1,0050
1 (x,r) ENTER . 0 0 8 (END) +	Entra com o valor 1, em seguida com o valor 0,008 e depois soma os dois.	1,0080
X	Multiplica o 1,0050 pelo 1,0080.	1,0130
1 (x,r) ENTER . 0 0 6 (x,w) +	Entra com o valor 1, em seguida com o valor 0,006 e depois soma os dois.	1,0060
X	Multiplica o 1,0130 pelo 1,0060	1,0191
1 (x,r) ENTER . 0 0 3 (nl) +	Entra com o valor 1, em seguida com o valor 0,003 e depois soma os dois.	1,0030
X	Multiplica o 1,0191 pelo 1,0030.	1,0222
1 (x,r) ENTER . 0 0 5 (M.DY) +	Entra com o valor 1, em seguida com o valor 0,05 e depois soma os dois.	1,0050
X	Multiplica o 1,2381 pelo 1,0500.	1,0273
1 (x,r) ENTER . 0 0 4 (D.MY) +	Entra com o valor 1, em seguida com o valor 0,004 e depois soma os dois.	1,0040
X	Multiplica o 1,0273 pelo 1,004.	1,0314
1 (x,r) −	Diminue 1 do valor 1,0314, chegando em 0,0314, que representa a taxa de inflação acumulada de 3,14%	0,0314

17.2.10 Exercício 9.4.3 Resolvido com o Uso da HP 12C

TECLAS	OBSERVAÇÃO	VISOR
ON	Liga e desliga a calculadora	0
f 4 D.MY	Fixa quatro casas decimais.	0,0000
f CLX x=0	Limpa o visor, os registros financeiros e de dados	0,0000

A sequência acima pode não ser necessária em todas as situações.

TECLAS	OBSERVAÇÃO	VISOR
• 0 0 8 4 END D.MY ENTER	Entra com o valor 0,0084.	0,0084
• 0 0 7 8 BEG END −	Entra com o valor 0,0078 e subtrae-o de 0,0084.	0,0006
1 ENTER	Entra com o valor 1.	1,0000
• 0 0 7 8 BEG END +	Entra com o valor 0,0078 e soma-o com o 1.	1,0078
÷	Divide o valor 0,0006 pelo valor 0,0078	0,0006
1 0 0 0 X	Entra com o valor do capital R$1.000,00 e multiplica pelo valor de 0,0006 (0,06%), chegando no valor de juros de R$0,60 com arredondamento.	0,5954

17.2.11 Exercício 11.4.1 Resolvido com o Uso da HP 12C

TECLAS	OBSERVAÇÃO	VISOR
ON	Liga e desliga a calculadora	0
f 2	Fixa duas casas decimais.	0,00
f CLX	Limpa o visor, os registros fiinanceiros e de dados.	0,00

A sequência acima pode não ser necessária em todas as situações.

TECLAS	OBSERVAÇÃO	VISOR
2 0 0 0 PV	Entra com o valor presente de 2000,00.	2.000,00
1 1	Entra com a taxa de juros de 1% a.m. Lembrando que sempre que inserir a taxa de juros pela tecla "i", deverá utilizar a taxa de juros com o valor percentual.	1,00
1 2 n	Entra com o número de períodos.	12,00
PMT	Tecla "PMT" para calcular a parcela. O sinal netivo está apenas indicando que as parcelas têm sentido oposto ao valor presente, pois significa que são equivalentes.	- 177,70

17.2.12 Exercício 11.4.2 Resolvido com o Uso da HP 12C

TECLAS	OBSERVAÇÃO	VISOR
[ON]	Liga e desliga a calculadora	0
[f] [2]	Fixa duas casas decimais.	0,00
[f] [CLX]	Limpa o visor, os registros fiinanceiros e de dados.	0,00

A sequência acima pode não ser necessária em todas as situações.

TECLAS	OBSERVAÇÃO	VISOR
[1] [0] [0] [0] [PV]	Entra com o valor presente de 1000,00.	1.000,00
[1] [i]	Entra com a taxa de juros de 1% a.m. Lembrando que sempre que inserir a taxa de juros pela tecla "i", deverá utilizar a taxa de juros com o valor percentual.	1,00
[1] [n]	Entra com o número de períodos.	1,00
[FV]	Calcula o valor futuro.	- 1.010,00
[f] [x≷y]	Limpa os registros financeiros anteriores. Assim, podemos continuar os cálculos, utilizando apenas o valor que aparece no visor.	- 1.010,00
[PV]	Insere o valor - 1.010,00 como valor presente do novo cálculo.	- 1.010,00
[3] [n]	Entra com o número de períodos.	3,00
[1] [i]	Entra com o valor da taxa de juros.	1,00
[PMT]	Tecla "PMT" para calcular a parcela.	343,42

17.2.13 Exercício 13.3.1 Resolvido com o Uso da HP 12C

TECLAS	OBSERVAÇÃO	VISOR
ON	Liga e desliga a calculadora	0
f 4 D.MY	Fixa 4 casas decimais.	0,0000
f CLX x=0	Limpa o visor, os registros financeiros e de dados.	0,0000

A sequência acima pode não ser necessária em todas as situações.

TECLAS	OBSERVAÇÃO	VISOR
1 ENTER	Entra com o 1.	1,0000
3 0 0 0 ENTER	Entra com o 3000,00	3.000,0000
4 0 0 0 ÷	Entra com o 4000,00 e faz a divisão do 3000,00.	0,7500
−	Diminue 0,75 do 1 inserido no início.	0,2500
1 2 ÷	Divide o 0,25 por 12, que é o período dado na questão, chegando em 0,0208, que é a taxa de desconto simples por fora procurada.	0,0208

17.2.14 Exercício 13.3.2 Resolvido com o Uso da HP 12C

TECLAS	OBSERVAÇÃO	VISOR
ON	Liga e desliga a calculadora	0
f 2	Fixa duas casas decimais.	0,00
f CLX	Limpa o visor, os registros financeiros e de dados.	0,00

A sequência acima pode não ser necessária em todas as situações.

TECLAS	OBSERVAÇÃO	VISOR
5 0 0 0 ENTER	Entra com o valor 5000,00.	5.000,00
. 0 3 X	Entra com o valor 0,03 e multiplica pelo 5000,00.	150,00
6 X ENTER	Entra com o valor 6, multiplica o 150,00 e tecla "ENTER" para armazenar o 900,00 na pilha de memória, para uso futuro.	900,00
1 ENTER	Entra com o valor 1, que também vai ficar armazenado na pilha de memória.	1,00
. 0 3 ENTER	Entra com o valor 0,03.	0,03
6 X	Entra com o valor 6 e multiplica o 0,03.	0,18
+	Tecla "+" para somar o 0,18 com o 1,00.	1,18
÷	Tecla " ÷" para dividir o 900,00 pelo 1,18, chegando no valor do desconto procurado.	762,71

17.2.15 Exercício 14.3.1 Resolvido com o Uso da HP 12C

TECLAS	OBSERVAÇÃO	VISOR
ON	Liga e desliga a calculadora	0
f 2	Fixa duas casas decimais.	0,00
f CLX	Limpa o visor, os registros financeiros e de dados.	0,00

A sequência acima pode não ser necessária em todas as situações.

TECLAS	OBSERVAÇÃO	VISOR
7 0 0 0 ENTER	Entra com o valor 7000,00.	7.000,00
1 ENTER	Entra com o valor 1, que também vai ficar armazenado na pilha de memória.	1,00
1 ENTER	Entra com o valor 1.	1,00
. 0 2 - ENTER	Entra com o valor 0,02 e tecla "-" para fazer a a subtração "1,00 - 0,002", chegando em 0,98. Tecla "ENTER" para inserir esse valor na pilha da memória.	0,98
4 yˣ	Entra com o valor 4 e tecla "y^x" para elevar o valor 0,98 ao expoente 4.	0,92
-	Tecla "-" para diminuir	0,08
X	Tecla "x" para dividir o 900,00 pelo 1,18, chegando no valor do desconto procurado.	543,42

17.2.16 Exercício 14.3.2 Resolvido com o Uso da HP 12C

TECLAS	OBSERVAÇÃO	VISOR
ON	Liga e desliga a calculadora	0
f 2	Fixa duas casas decimais.	0,00
f CLX	Limpa o visor, os registros financeiros e de dados.	0,00

A sequência acima pode não ser necessária em todas as situações.

TECLAS	OBSERVAÇÃO	VISOR
STO EEX	Tecle "STO" e "EEX" para indicar à calculadora que nesse cálculo haverá um período fracionário, e que deve ser calculado tudo por juros compostos, caso contrário, a calculadora fará o cálculo da fração do período por juros simples. Ao teclar "STO" e "EEX", a calculadora mostrará um pequeno **C** na parte debaixo do visor. Tecle novamente, ao final do cálculo, se quiser reverter a configuração.	0,00
6 0 0 0 0 FV	Entra com o valor futuro de 60000,00.	60.000,00
5 i	Entra com a taxa de juros de 5% a.m.	5,00
4 . 1 n	Entra com o período de 4,1 meses.	4,10
PV	Tecla "PV" para calcular o valor presente, que representa o valor a ser pago pelo título. Veja que, se não tivéssemos teclado "STO" e "EXE", o resultado final teria sido um pouco diferente: 49.116,57	- 49.121,90

17.2.17 Exercício 15.1.1 Resolvido com o Uso da HP 12C

TECLAS	OBSERVAÇÃO	VISOR
ON	Liga e desliga a calculadora	0
f 2	Fixa duas casas decimais.	0,00
f CLX	Limpa o visor, os registros financeiros e de dados.	0,00

A sequência acima pode não ser necessária em todas as situações.

TECLAS	OBSERVAÇÃO	VISOR
3 4 n	Entra com o período igual a 34.	34,00
8 0 0 PMT	Entra com a parcela igua a 800,00.	800,00
1 i	Entra com a taxa de juros igual a 1%.	1,00
PV	Tecla "PV" para calcular o valor presente.	- 22.962,13
f x≷y	Limpa os registros financeiros, para iniciar novo cálculo.	- 22.962,13
FV	Tecla "FV" para dar entrada ao número do visor como sendo o valor futuro do novo cálculo.	- 22.962,13
1 i	Entra com a taxa de juros igual a 1%.	1,00
2 n	Entra com o período igual a 2.	2,00
PV	Tecla "PV" para calcular o valor presente.	22.509,69
1 1 0 0 0 +	Soma-se R$11.000,00 aos R$22,509,69 e chega-se ao valor final de R$33.509,69	33.509,69

17.2.18 Exercício 15.2.1 Resolvido com o Uso da HP 12C

TECLAS	OBSERVAÇÃO	VISOR
ON	Liga e desliga a calculadora	0
f 3	Fixa três casas decimais.	0,000
f CLX	Limpa o visor, os registros financeiros e de dados.	0,000

A sequência acima pode não ser necessária em todas as situações.

TECLAS	OBSERVAÇÃO	VISOR
1 ENTER	Entra com o valor 1.	1,000
. 0 3 + ENTER	Entra com o valor 0,03, soma e tecla "ENTER" para armazenar na pilha de memória.	1,030
1 ENTER	Entra com o valor 1.	1,000
3 0 ÷	Entra com o valor 30 e divide o 1, chegando em 0,033.	0,033
y^x	Calcula a exponencia de 1,030 elevado a 0,033.	1,001
1 −	Entra com o 1 e diminue do 1,001.	0,001
f CLX	Limpa o visor, os registros financeiros e de dados.	0,000
f 2	Fixa duas casas decimais.	0,00
2 0 0 0 PV	Entra com o valor presente de 2000,00	2.000,00
. 1 i	Entra com a taxa de juros de 0,1%.	0,10
3 0 n	Entra com o período igual a 30.	30,00
FV	Tecla "FV" para calcular o valor futuro.	- 2.060,88
CHS STO 1	Tecla "CHS" para mudar o sinal e "STO" seguido de "1" para armazenar esse número na memória de posição 1.	2.060,88

TECLAS	OBSERVAÇÃO	VISOR
f [x≷y]	Limpa os registros financeiros.	0,00
2 0 0 0 FV	Entra com o valor futuro de 2000,00.	2.000,00
· 1	Entra com a taxa de juros de 0,1%.	0,10
3 0 n	Entra com o período igual a 30.	30,00
PV CHS	Tecla "ENTER" para calcular o valor presente e em seguida "CHS" para deixá-lo positivo.	1.940,92
2 0 0 0 +	Entra com o valor 2000,00 e o soma com o valor 1940,92.	3.940,92
RCL 1 +	Recupera da memória 1 o valor 2060,88 e o soma com o valor 3940,92.	6.001,80
f [x≷y]	Limpa os registros financeiros.	0,00
6 0 0 0 PV	Entra com o valor presente de 6000,00.	2.000,00
· 1	Entra com a taxa de juros de 0,1%.	0,10
3 0 n	Entra com o período igual a 30.	30,00
FV	Tecla "FV" para calcular o valor futuro.	- 6.090,63

17.2.19 Exercício 15.3.1 Resolvido com o Uso da HP 12C

TECLAS	OBSERVAÇÃO	VISOR
ON	Liga e desliga a calculadora	0
f 2	Fixa duas casas decimais.	0,00
f CLX	Limpa o visor, os registros financeiros e de dados.	0,00

A sequência acima pode não ser necessária em todas as situações.

TECLAS	OBSERVAÇÃO	VISOR
6 0 0 0 FV	Entra com o valor futuro de 6000,00.	6.000,00
. 1	Entra com a taxa de juros de 0,1%.	0,10
4 5 n	Entra com o período igual a 45	45,00
PV	Tecla "PV" para calcular o valor presente.	- 5.736,11
f x≷y	Limpa os registros financeiros.	- 5.736,11
PV	Tecla "PV" para dar entrada ao valor -5.736,11 ao novo cálculo financeiro.	- 5.736,11
3 i	Entra com a taxa de juros igual a 3%.	3,00
3 n	Entra com o período igual a 3.	3,00
PMT	Tecla "PMT" para calcular a parcela mensal.	2.027,89

17.2.20 Exercício 15.4.1 Resolvido com o Uso da HP 12C

TECLAS	OBSERVAÇÃO	VISOR
ON	Liga e desliga a calculadora	0
f 2	Fixa duas casas decimais.	0,00
f CLX	Limpa o visor, os registros financeiros e de dados.	0,00

A sequência acima pode não ser necessária em todas as situações.

TECLAS	OBSERVAÇÃO	VISOR
2 0 0 0 PMT	Entra com a parcela mensal de 2000,00.	2.000,00
2 i	Entra com o valor da taxa de juros de 2% a.m.	2,00
1 2 n	Entra com o período igual a 12 meses.	12,00
PV CHS	Tecla "PV" para calcular o valor presente, e tecla "CHS" para tornar o valor positivo.	21.150,68
STO 1	Armazena na memória 1 o valor de 21150,68, que representa o total de benefícios da alternativa A.	21.150,68
1 4 0 0 0 ENTER	Entra com o valor de 14000,00, que representa o total de custo da alternativa A.	14.000,00
RCL 1 ÷	Resgata da memória 1 o valor de 21150,68, dividindo o valor de 14000,00 por esse valor, chegando ao valor da razão custo/benefício da alternativa A.	0,66
f x≷y	Limpa os registros financeiros, de modo a iniciar os cálculos relativos à alternativa B.	21.150,68
2 3 0 0 PMT	Entra com a parcela mensal de 2300,00.	2.300,00
2 i	Entra com a taxa de juros mensal de 2%.	2,00
1 2 n	Entra com o período igual a 12 meses.	12,00
PV CHS	Tecla "PV" para calcular o valor presente, e tecla "CHS" para tornar o valor positivo.	24.323,28
STO 2	Armazena na memória 2 o valor de 24323,28, que representa o total de benefícios da alternativa B.	24.323,28
1 8 0 0 0 ENTER	Entra com o valor de 18000,00, que representa o total de custo da alternativa B.	18.000,00
RCL 2 ÷	Resgata da memória 2 o valor de 24323,28, dividindo o valor de 18000,00 por esse valor, chegando ao valor da razão custo/benefício da alternativa B.	0,74

17.2.21 Exercício 15.5.1 Resolvido com o Uso da HP 12C

TECLAS	OBSERVAÇÃO	VISOR
ON	Liga e desliga a calculadora	0
f 2	Fixa duas casas decimais.	0,00
f CLX	Limpa o visor, os registros financeiros e de dados.	0,00

A sequência acima pode não ser necessária em todas as situações.

TECLAS	OBSERVAÇÃO	VISOR
4 0 0 0 PMT	Entra com a parcela de 4000,00.	4.000,00
4 n	Entra com o período igual a 4.	4,00
1 5 0 0 0 CHS PV	Entra com o valor presente de 15000,00, com sinal negativo, pois, sendo uma aplicação, é um desembolso e, portanto, negativo na convenção de sinais do fluxo de caixa.	- 15.000,00
i	Tecla "i" para calcular o valor da taxa de juros. Veja a facilidade e rapidez no cálculo, comparado com a solução algébrica.	2,63

17.2.22 Exercício 15.6.1 Resolvido com o Uso da HP 12C

TECLAS	OBSERVAÇÃO	VISOR
ON	Liga e desliga a calculadora	0
f 2	Fixa duas casas decimais.	0,00
f CLX	Limpa o visor, os registros financeiros e de dados.	0,00

A sequência acima pode não ser necessária em todas as situações.

TECLAS	OBSERVAÇÃO	VISOR
1 4 0 0 0 CHS PV	Entra com o valor presente de 14000,00, trocando o sinal, já que é um desembolso.	- 14.000,00
2 0 0 0 PMT	Entra com a parcela mensal de 2000,00.	2000,00
2 i	Entra com o valor da taxa de juros de 2% a.m.	2,00
n	Tecla "n" para calcular o período da alternativa A.	8,00
f CLX	Limpa o visor, os registros financeiros e de dados.	
1 8 0 0 0 CHS PV	Entra com o valor presente de 14000,00, trocando o sinal, já que é um desembolso.	- 18.000,00
2 3 0 0 PMT	Entra com a parcela mensal de 2000,00.	2300,00
2 i	Entra com o valor da taxa de juros de 2% a.m.	2,00
n	Tecla "n" para calcular o período da alternativa B.	9,00

Veja que os dois resultados do período foram arredondados pela calculadora, ainda que mantivemos duas casas decimais. Nesse tipo de cálculo, em que procuramos o período, é assim que ela trabalha. Portanto, embora seja muito mais rápido o cálculo, o resultado, nesse caso, será aproximado. Caso não seja necessário, para uma boa avaliação, conhecer a fração do período, tudo bem, essa resolução poderá ser satisfatória. Se houver necessidade de conhecer o período com mais exatidão, então poderemos passar a taxa de mensal para diária, bem como, transformar as parcelas mensais em diárias. Dessa forma, o período que será calculado, ainda que arredondado, estará na unidade diária, o que seria, portanto, muito mais preciso. Depois, basta converter o período novamente para mensal. Vejamos a seguir: primeiro calcularemos a taxa efetiva diária equivalente, depois calcularemos as parcelas diárias e o período procurado de cada alternativa.

Vamos prosseguir com a resolução na figura a seguir...

...Prosseguindo

TECLAS	OBSERVAÇÃO	VISOR
f CLX	Limpa o visor, os registros financeiros e de dados.	0,00
1 ENTER . 0 2 +	Equivale a essa parte do cálculo: (1 + 0,02) Note que, como estamos resolvendo pela fórmula, a taxa de 2% entra no cálculo como 0,02.	1,02
2 ENTER 6 0 ÷	Representa a divisão dos dois expoentes.	0,03
y^x 1 −	Tecla "y^x" para realizar a operação de 1,02 elevado a 0,03. Em seguida, o valor é subtraído de 1, dando o resultado 0,0007, que representa a taxa efetiva diária de 0,07%.	0,0007
2 0 0 0 CHS FV	Para encontrar a parcela diária, entramos com valor da parcela mensal como sendo valor futuro.	- 2.000,00
. 0 7	Entramos com a taxa diária de 0,07%.	0,07
3 0 n	Entramos com o período igual a 30, pois estamos considerando cada mês com 30 dias, num modelo aproximado.	30,00
PMT	Tecla "PMT" para calcular o valor da parcela diária.	65,99
f x≷y	Limpa os registros financeiros, para seguirmos adiante nos outros cálculos.	65,99
PMT	Agora que temos a taxa diária e a parcela diária para a alternativa A, prosseguimos o cálculo para encontrar o período em dias.	65,99
. 0 7	Entra com o valor dos juros diários.	0,07
1 4 0 0 0 CHS PV	Entra com o valor presente e troca o sinal.	- 14.000,00
n	Tecla "n" para calcular o período, agora em dias.	230,00
3 0 ÷	Entra com 30 e divide o 230 por ele, a fim de fazer a transformação do período diário em mensal.	7,67
2 3 0 0 CHS FV	Para encontrar a parcela diária, entramos com valor da parcela mensal como sendo valor futuro.	- 2.300,00
. 0 7	Entramos com a taxa diária de 0,07%.	0,07
3 0 n	Entramos com o período igual a 30, pois estamos considerando cada mês com 30 dias, num modelo aproximado.	30,00
PMT	Tecla "PMT" para calcular o valor da parcela diária.	75,89
f x≷y	Limpa os registros financeiros, para seguirmos adiante nos outros cálculos.	75,89
PMT	Agora, com a parcela e a taxa de juros na base diária, prosseguimos para encontrar o período em dias para a alternativa B.	75,89
. 0 7	Entra com o valor dos juros diários.	0,07
1 8 0 0 0 CHS PV	Entra com o valor presente e troca o sinal.	-18.000
n	Tecla "n" para calcular o período, agora em dias.	260
3 0 ÷	Entra com 30 e divide o 260 por ele a fim de fazer a transformação do período diário em mensal. Veja que as diferenças nas casas centesimais entre os resultados de agora, e aqueles apontados pela resolução matemática, se devem ao método de cálculo.	8,67

17.2.23 Exemplo Dado no Item 12.2 do Sistema Francês de Amortização Resolvido com o Uso da HP 12C

TECLAS	OBSERVAÇÃO	VISOR
ON	Liga e desliga a calculadora	0
f 2	Fixa duas casas decimais.	0,00
f CLX	Limpa o visor, os registros financeiros e de dados.	0,00

A sequência acima pode não ser necessária em todas as situações.

TECLAS	OBSERVAÇÃO	VISOR
1 0 0 0 0 PV	Entra com o valor do empréstimo, inserido na calculadora como valor presente.	10.000,00
2 i	Entra com a taxa de juros mensal de 2%.	2,00
8 n	Entra com o número de prestações mensais.	8,00
PMT	Tecla "PMT" para calcular o valor de cada prestação.	- 1.365,10
0 n	Tecla "0" e "n" para zerar o número de períodos, pois à partir de agora vamos calcular as parcelas de jujos e amortizações do n=0 até o n=8. Caso não faça esse zeramento, quando for utilizar as teclas "RCL"e "n" para ver o número de parcelas calculadas, verá o número de prestações calculadas somado ao 8 inserido no passo três.	0,00
1 f n	Exibe a parcela de juros relativa à primeira prestação pelo SFA.	- 200,00
x≷y	Exibe a parcela de amortização relativa à primeira prestação pelo SFA.	- 1.165,10
RCL PV	Exibe o saldo remanescente, descontada a amortização.	8.834,90
1 f n	Exibe a parcela de juros relativa à segunda prestação.	- 176,70
x≷y	Exibe a parcela de amortização relativa à segunda prestação.	- 1.188,40
RCL PV	Exibe o valor do saldo remanescente, descontadas as amortizações.	7.646,50
1 f n	Exibe a parcela de juros relativa à terceira prestação.	- 152,93
x≷y	Exibe a parcela de amortização relativa à terceira prestação.	- 1.212,17
RCL PV	Exibe o valor do saldo remanescente, descontadas as amortizações.	6.434,33

TECLAS	OBSERVAÇÃO	VISOR
1 f n	Exibe a parcela de juros relativa à quarta presta-ção.	- 128,69
x≷y	Exibe a parcela de amortização relativa à quar-ta prestação.	- 1.236,41
RCL PV	Exibe o valor do saldo remanescente, desconta-das as amortizações.	5.197,92
R↓	Essa tecla permite alternar no visor os valores do saldo, amortização, juros, caso você queira revê-los.Nesse caso, serão mostrados os valo-res relativos à quarta prestação.	- 1.236,41
RCL n	Ao teclar "RCL" e "n" aparecerá o número de prestações já calculadas.	4,00
1 f n	Exibe a parcela de juros relativa à quinta pres-tação.	- 103,96
x≷y	Exibe a parcela de amortização relativa à quin-ta prestação.	- 1.261,14
RCL PV	Exibe o valor do saldo remanescente, desconta-das as amortizações.	3.936,78
1 f n	Exibe a parcela de juros relativa à sexta presta-ção.	- 78,74
x≷y	Exibe a parcela de amortização relativa à sexta prestação.	- 1.286,36
RCL PV	Exibe o valor do saldo remanescente, desconta-das as amortizações.	2.650,42
1 f n	Exibe a parcela de juros relativa à sétima pres-tação.	- 53,01
x≷y	Exibe a parcela de amortização relativa à sétima prestação.	- 1.312,09
RCL PV	Exibe o valor do saldo remanescente, desconta-das as amortizações.	1.338,33
1 f n	Exibe a parcela de juros relativa à oitava presta-ção.	- 26,77
x≷y	Exibe a parcela de amortização relativa à oitava prestação.	- 1.338,33
RCL PV	Exibe o valor do saldo remanescente, desconta-das as amortizações.	0,00

18. EXERCÍCIOS PROPOSTOS

18.1 Exercícios Propostos de Juros Simples.

18.1.1

Calcule o total de uma multa devida por um condômino que está quitando a taxa de condomínio com 3 meses de atraso. O valor da taxa de condomínio é de R$450,00. O valor da multa é de 2% ao mês, capitalizados por juros simples. Desconsidere o efeito da inflação.

a) R$43,00
b) R$27,00
c) R$45,00
d) R$13,00
e) R$33,00

18.1.2

A quantia de R$730,00 foi emprestada no dia 26 de outubro, para ser paga na totalidade, no dia 05 de dezembro do mesmo ano, com juros simples de 8,5% ao ano. Utilizando a regra dos banqueiros, calcule o valor total a ser pago (principal e juros).

a) R$768,98
b) R$769,99
c) R$733,69
d) R$736,89
e) R$739,89

18.1.3

Um banco remunerou um capital em 30%, numa aplicação de juros compostos, durante 6 meses. Qual deveria ser o juro mensal, para que se obtivesse a mesma remuneração, considerando uma aplicação baseada em juros simples, para o mesmo capital, durante o mesmo período?

a)   1,5%
b)   2,5%
c)   3,5%
d)   4,5%
e)   5,5%

18.1.4

Qual o rendimento de R$12.000,00 aplicados a uma taxa de juros simples de 6% a.a., por 2 anos e meio?

a)   R$2.500,00
b)   R$1.200,00
c)   R$1.800,00
d)   R$2.300,00
e)   R$2.900,00

18.1.5

Qual a quantia a ser aplicada a uma taxa de 3% a.m. a fim de se obter os mesmos rendimentos de uma aplicação de R$1.000,00 a uma taxa de 4% a.m., sendo ambas as aplicações em juros simples.

a) R$1.333,33
b) R$1.200,00
c) R$1.500,00
d) R$2.333,33
e) R$1.900,00

18.2 Exercícios Propostos de Juros Compostos.

18.2.1

Calcule os juros compostos produzidos por uma aplicação de R$4.000,00, à taxa de 3% a.m., após 8 meses.
a) R$1067,20
b) R$1128,30
c) R$998,00
d) R$1062,70
e) R$1026,20

18.2.2

A que taxa mensal de juros compostos devo aplicar um capital de R$5.000,00 para receber R$7.500,00 ao final de 12 meses?

a)   3,03%
b)   7,11%
c)   3,60%
d)   3,44%
e)   3,22%

18.2.3

Determine o valor de emissão de um título que, ao final de 10 meses, e à taxa de juros compostos de 2% a.m., tem um valor de resgate de R$5.000,00.

a) R$4.103,00
b) R$4.100,02
c) R$5.101,76
d) R$4.076.01
e) R$4.101,76

18.2.4

A que taxa mensal de juros compostos um capital aplicado aumenta 50% ao fim de 12 meses.

a)   2,55%
b)   2,33%
c)   1,50%
d)   5,00%
e)   3,44%

18.2.5

Um cliente contraiu um empréstimo bancário de R$ 13.000,00, a uma taxa de juros compostos de 4% ao mês, com prazo de pagamento de um semestre. Ao quitar a dívida, no prazo combinado, quanto esse cliente pagou de juros?

a) R$3.549,16
b) R$3.449,16

c) R$3.049,16
d) R$3.459,16
e) R$3.469,16

18.2.6

Em quanto tempo um capital será duplicado, se aplicado à taxa de juros compostos de 6%a.a.?

a) Menos de 5 anos
b) Mais de 12 anos
c) Em exatos 13 anos
d) Menos de 12 anos
e) Nenhuma das anteriores

18.2.7

Um cliente fez duas aplicações no mesmo banco, R$5.000,00, e R$10.000,00 . Após 2 meses, as duas aplicações renderam, no total, o valor de R$1.018,00. Sabendo que a soma das duas taxas de juros é 6%, determine as duas taxas.

a) 2,5% e 3,5%
b) 1% e 5%
c) 2,8% e 3,2%
d) 2,2% e 3,8%
e) 2% e 4%

18.3 Exercícios Propostos de Taxas Proporcionais, Equivalentes, Nominais e Efetivas.

18.3.1

A taxa nominal de 24% ao trimestre, com capitalização mensal, corresponde a qual taxa efetiva equivalente bimestral em juros compostos?

a)   16,24%
b)   15,64%
c)   16,64%
d)   17,56%
e)   16,34%

18.3.2

Um cliente assinou um contrato de financiamento da casa própria, com juros de 10% ao ano com capitalização mensal. Qual é o valor da taxa de juros efetiva mensal?

a)   0,53% a.m. com cap. mensal
b)   0,83% a.a. com cap. mensal
c)   0,83% a.m. com cap. mensal
d)   0,73% a.m. com cap. mensal
e)   Nenhuma das anteriores

18.3.3

Considerando que a taxa de juros paga pela poupança é de 0,5% ao mês, qual é a taxa equivalente anual?

a) 5,90% a.a.
b) 6,00% a.a.
c) 6,17% a.a.
d) 6,23% a.a.
e) 12% a.a.

18.3.4

Um cliente obtém de seu banco um financiamento no valor de R$15.000,00, a ser liquidado num único pagamento de R$20.000,00, decorrido 12 meses. No entanto, o banco informa ao cliente que será deduzido 4% do valor financiado a título de taxas diversas relativas ao financiamento. Sendo assim, quais foram as taxas nominal e efetiva dessa transação?

a) 32,32% e 33,77%
b) 33,72% e 34,33%
c) 3,60% e 3,47%
d) 33,33 % e 34,72%
e) 45% e 38%

18.4 Exercícios Propostos de Taxa Real, Inflação e Taxa Aparente.

18.4.1

Um investimento rendeu 2% num mês em que a inflação foi de 0,8%. Qual foi o ganho real da aplicação?

a)   1,20%
b)   1,19%
c)   1,18%
d)   1,17%
e)   1,16%

18.4.2

Considerando as seguintes taxas oficiais de inflação
brasileira de 2014:
Janeiro = 0,67%
Fevereiro = 0,46%
Março = 0,40%

Qual foi a inflação acumulada no trimestre?

a)   1,67%
b)   1,38%
c)   1,44%
d)   1,55%
e)   1,54%

18.4.3

Imagine que, no mês de junho de 2014, foi investido,
no início do mês, um valor de R$3.000,00 em uma
aplicação de renda fixa em que o banco pagou uma
remuneração de 0,65%a.m. Porém, nesse mesmo mês,
a inflação medida pelo índice IPCA do IBGE foi de
0,40%. Pergunta-se: qual foi o ganho real da
aplicação?

a) R$2,25
b) R$8,40
c) R$7,30
d) R$6,50
e) R$7,50

18.5 Exercícios propostos de Séries Financeiras.

18.5.1

Um televisor custa, numa loja, o preço à vista de R$1.400,00. Se parcelado em 24 vezes sem entrada, quanto deverá custar a prestação, para que as alternativas sejam equivalentes? Considere uma taxa de juros mínima de atratividade do mercado igual a 1% a.m.

a) R$45,50
b) R$56,91
c) R$65,91
d) R$57,95
e) R$68,93

18.5.2

Existe uma dívida que vence hoje, no valor de R$5.500,00. Porém, sem dinheiro no momento, o devedor quer propor a postergação do pagamento para daqui a 2 meses, parcelando o valor em 3 vezes. Qual deve ser a nova série de pagamentos, de tal modo que não haja ganho, nem perda, para nenhuma das partes, considerando uma taxa mínima de atratividade de 1%a.m.?

a) R$1888,89
b) R$1887,89
c) R$1889,69
d) R$1885,89
e) R$1898,89

18.6 Exercícios Proposto de Planos de Amortização.

18.6.1

Um valor de 36.000,00 foi financiado para a compra de um automóvel, através do Sistema Francês de Amortização, e deverá ser pago em 24 parcelas mensais iguais, com juros de 0,5% a.m. Nesse caso, qual o valor da prestação?

a) R$1586,73
b) R$1566,73
c) R$1596,73
d) R$1599,73
e) R$1556,73

18.6.2

Após conversar com o gerente de seu banco, um cliente contratou um financiamento habitacional no valor de R$ 380.000,00, para ser amortizado de acordo com o sistema de amortização constante

(SAC), em 20 anos, à taxa de juros compostos de 12% ao ano. Qual será o valor da prestação após um ano? Desconsidere outras despesas, como seguros e taxas de administração.

a) R$5.157,92
b) R$5.027,88
c) R$6.027,88
d) R$5.042,92
e) R$6.099,34

18.7 Exercícios Propostos de Descontos Simples por Fora.

18.7.1

Considerando o valor de compra de R$2.000,00 de um título, calcule a taxa implícita para obter-se um valor de resgate de R$3.000,00, ao final de 6 meses, considerando desconto simples bancário.

a) 6,56%a.m.
b) 5,66%a.a.
c) 5,66%a.m.
d) 5,56%a.m.
e) 5,56%a.a.

18.7.2

Calcule o valor do desconto simples por dentro de um título de R$10.000,00, com vencimento em 12 meses, à taxa de 4%a.m.

a) R$3.243,24
b) R$3.342,24
c) R$4.243,24
d) R$4.244,24
e) R$3.443,24

18.8 Exercícios Propostos de Descontos Compostos.

18.8.1

Um título no valor de R$3.380,00 é resgatado a uma taxa de 2% a.m., 60 dias antes de seu vencimento, de acordo com o conceito de desconto composto comercial. Calcule o valor do desconto.

a) R$123,98
b) R$113,65
c) R$78,45
d) R$380,84
e) R$133,84

18.8.2

Um título de crédito foi transacionado com desconto composto racional, cujo valor de resgate era de R$40.000,00, com vencimento em 39 dias, onde o comprador do título desejava uma remuneração efetiva de 3,5%a.m. Qual foi o valor pago pelo título?

a) R$43.430,54
b) R$38.450,54
c) R$43.250,54
d) R$33.250,54
e) R$38.250,54

18.9 Exercícios Propostos de Análise de Alternativas Econômicas.

18.9.1

Um cliente está analisando a oferta de um carro zero, cujo preço à vista anunciado é de R$45.000,00. Mas a concessionária está lhe oferecendo a opção de dar uma entrada de R$19.000,00 e pagar o restante parcelado em 36 vezes de R$900,00, sendo a primeira parcela do pagamento daqui a 3 meses. Sabendo-se que a taxa mínima de atratividade de que o cliente dispõe no mercado é de 1% a.m., qual é a melhor alternativa financeira para o cliente?

a) Alternativa A, porque seu valor total equivalente é mais de 5% menor que o da B.
b) Alternativa B, porque seu valor total equivalente é mais de 5% menor que o da A.
c) Alternativa A, porque seu valor total equivalente é quase 1% menor que o da B.
d) Alternativa B, porque seu valor total equivalente é quase 1% menor que o da A.
e) As duas alternativas são equivalentes.

18.9.2

Você tem a opção de comprar uma mesma quantidade de material, de dois fornecedores já homologados, cuja qualidade do produto é equivalente. Um deles oferece a opção de pagar três parcelas de R$6.000,00, em 30, 60 e 90 dias do pedido. O outro oferece a opção de pagar R$18.000,00 em 45 dias do pedido. Considerando que o prazo de entrega do produto é o mesmo para as duas alternativas, e que a taxa mínima de atratividade é de 3% ao mês, qual é a mais interessante em termos financeiros?

a) Alternativa A, porque apresenta uma economia de mais de R$1.000,00.

b) Alternativa B, porque apresenta uma economia de mais de R$1.000,00.

c) Alternativa A, porque apresenta uma economia de mais de R$300,00.

d) Alternativa B, porque apresenta uma economia de mais de R$300,00.

e) As duas alternativas são equivalentes.

18.10 Gabarito

Respostas dos Exercícios Propostos do Capítulo 18				
Questão	18.1.1	18.1.2	18.1.3	18.1.4	18.1.5
Resposta	b	d	b	c	a
Questão	18.2.1	18.2.2	18.2.3	18.2.4	18.2.5
Resposta	a	d	e	e	b
Questão	18.2.6	18.2.7	18.3.1	18.3.2	18.3.3
Resposta	d	e	c	c	c
Questão	18.3.4	18.4.1	18.4.2	18.4.3	18.5.1
Resposta	d	b	e	e	c
Questão	18.5.2	18.6.1	18.6.2	18.7.1	18.7.2
Resposta	a	c	b	d	a
Questão	18.8.1	18.8.2	18.9.1	18.9.2	
Resposta	e	e	c	c	

18.11 Resoluções dos Exercícios Propostos

Resolução 18.1.1

Pelos dados da questão, sabemos que:

P = 450,00

i = 2% a.m. (juros simples)

n = 3

J=?

Vamos calcular o valor total da multa, representado pelo J, que é o valor dos juros.

A fórmula de juros simples é: J=P.i.n

Portanto, substituindo na fórmula, temos:

J = 450,00 x 0,02 x 3 = 27,00

Ou seja, R$27,00 é o valor total da multa.

Resolução 18.1.2

Sabemos que:

Tipo de Juros	Período	Taxa de Juros
Juros Ordinários Comerciais Exatos Regra dos Banqueiros	tempo exato de calendário	Ano com 360 Mês com 30
Juros Ordinários Comerciais Aproximados	Ano com 360 Mês com 30	Ano com 360 Mês com 30
Juros Exatos	tempo exato de calendário	Ano com 365 ou 366 (bissexto) Mês com 31, 30, 29 ou 28 (bissexto)

Portanto, pela regra dos banqueiros, os dias decorridos são consideramos de acordo com o calendário. Assim, teremos a partir do dia 26 de outubro, 5 dias em outubro, 30 dias em novembro, e 5 dias em dezembro; totalizando 40 dias.

Precisamos transformar a taxa de juros anual em taxa de juros diária. Como é uma capitalização por juros simples, basta usarmos o raciocínio da proporcionalidade, dividindo a taxa de 8,5% por 360.

Mas atenção, pois esse tipo de raciocínio não vale para os juros compostos. Para a capitalização composta, devemos utilizar o conceito de taxas equivalentes.

Prosseguindo, sabemos que a fórmula de juros simples é:

$J = P.i.n$

E os dados, são:
P = 730,00
i = 8,5% a.a.
n = 40

Então, substituindo pelos dados da questão, temos:

$J = 7300,00 \times (0,085/360) \times 40$

$J = R\$6,89$

F = P + J = 730,00 + 6,89 = 736,89

Que é o valor a ser pago.

Resolução 18.1.3
Sabemos que:
F = 30% de P = 0,3P
n = 6
i = ?

Aplicando a fórmula de juros:
F = P + J   (vale tanto para juros simples quanto para juros compostos)
F = P + 0,3P = 1,3P
J= F − P = 1,3P − P = 0,3P
J = 0,3P

Mas, em juros simples, a fórmula do valor de juros é: J = P.i.n
Então 0,3P = P.i.12
E cortando o P, vem:
i = 0,3 /12 = 0,025 = 2,5%

Resolução 18.1.4
P = 12.000,00
n = 2,5 anos = 30 meses
i =6% a.a.
J = ?

Podemos transformar os juros de 6% a.a. para juros mensais, simplesmente dividindo por 12, pois em juros simples, as taxas efetivas são sempre proporcionais. Portanto, i = 6% a.a. = 0,5% a.m.

Daí, vem:
J = P . i . n = 12.000,00 x 0,005 x 30 = 1.800,00

Resolução 18.1.5

P_1 = 1.000,00
i_1 = 4% a.m.
P_2 = ?
i_2 = 3% a.m.

A condição da questão é que os rendimentos (juros) sejam iguais, portanto:
$J_1 = J_2$
Mas J = P.i.n
Então:
$P_1.i_1.n_1 = P_2.i_2.n_2$
Mas, outra condição é que os períodos sejam iguais, portanto, eliminamos o "n":
$P_1.i_1 = P_2.i_2$
$P_2 = (P_1.i_1) / i_2$
$P_2 = (1.000,00 \times 0,04) / 0,03 = 1333,33$

Resolução 18.2.1

P=4.000,00
i=3% a.m.
n=8

J=?

Utilizaremos a fórmula $J=P.[(1+i)^n-1]$

Lembre-se de que o valor da taxa de juros entra na fórmula como número, e não como percentual. Portanto, no caso da taxa de 3%, o valor a colocar na fórmula será 0,03.

$J=4.000,00 \times [(1+0,03)^8-1]$
$J=4.000,00 \times [1,2668-1] = 4.000,00 \times 0,2668$
$J=1067,20$

Resolução 18.2.2
P=5.000,00
F=7.500,00
N=12
i=?

Substituindo os valores na fórmula de juros compostos $F=P.(1+i)^n$ temos:

$7.500,00=5.000,00 . (1+i)^{12}$

$(1+i)^{12} = 7.500,00 / 5.000,00 = 1,5$

Calculando a raiz 12 de 1,5, finalmente, temos:
i=1,03437 − 1 = 0,03437

Ou seja, a taxa deverá ser de 3,44%

Resolução 18.2.3

F=5.000,00
n=10
i=2% a.m.
P=?

Substituindo os valores na fórmula de juros compostos $F=P.(1+i)^n$ temos:

$P=5.000,00 / (1+0,02)^{10}$

$P=5.000,00 / 1,02^{10} = 5.000,00 / 1,21899 = 4.101,76$

Portanto, R\$4.101,76 é o valor de emissão do título.

Resolução 18.2.4

$F=P.(1+i)^n$

Sendo:
n = 12
E foi dito que o capital aumenta em 50%, portanto:
F = 1,5P

Portanto, levando esses dados na fórmula, obtemos:
$1,5P=P.(1+i)^{12}$ e cortando o P, vem:
$1,5 = (1+i)^{12}$ tirando a raiz 12, chegamos em:
1,03437 = 1 + i e, finalmente:
i = 0,03437 = 3,44%

Resolução 18.2.5

$F = P \cdot (1+i)^n$

$F = 13.000,00 \times (1 + 0,04)^6 = 13.000,00 \times 1,04^6$

$F = 13.000,00 \times 1,26532 = 16.449,16$

O valor pago ao final do prazo será de R$16.449,19, e o valor dos juros será a diferença entre esse valor e o valor inicial:

$J = F - P = 16.449,16 - 13.000,00 = 3.449,16$

Resolução 18.2.6

Se o objetivo é duplicar o capital, isto quer dizer que o valor futuro será igual a duas vezes o valor presente:

$F = 2P$

Substituindo na fórmula:

$F = P \cdot (1+i)^n$ ➜ $2P = P \cdot (1 + 0,06)^n$

Cortando o P, vem:

$2 = 1,06^n$

Lembrando de logaritmos, podemos dizer que:

$\text{Log}_{1,06}\, 2 = n$

Pela propriedade de logaritmos, chegamos em:

$\text{Log}_{10}\, 2\, /\, \text{Log}_{10}\, 1,06 = n$

Portanto $n = 0,30103\, /\, 0,02531 = 11,9$ anos

Resolução 18.2.7

Aplicações em banco são através de juros compostos, portanto, aplicamos a fórmula:

$F = P \cdot (1+i)^n$

E substituímos pelos dados que temos, para os dois casos:

$F_1 = P_1 \cdot (1+i_1)^n$

$F_2 = P_2 \cdot (1+i_2)^n$

$F_1 = 5.000,00 \cdot (1+i_1)^2$ ➔ chamaremos de equação (1)

$F_2 = 10.000,00 \cdot (1+i_2)^2$ ➔ chamaremos de equação (2)

Mas sabemos também que, por definição: $F = P + J$

Ou seja: $F_1 + F_2 = (P_1 + J_1) + (P_2 + J_2)$

E, pelos dados da questão: $J_1 + J_2 = 1.018,00$

Então: $F_1 + F_2 = 5.000,00 + 10.000,00 + 1.018,00$

$F_1 + F_2 = 16.018,00$

E substituindo F_1 e F_2 pelas equações (1) e (2), vem:

$5.000,00 \cdot (1+i_1)^2 + 10.000,00 \cdot (1+i_2)^2 = 16.018,00$

Sabemos da matemática básica que:

$(a+b)^2 = a^2 + 2ab + b^2$, então:

$5.000,00 \cdot (1+2i_1+i_1^2) + 10.000,00 \cdot (1+2i_2+i_2^2) = 16.018,00$

Dividindo todos os membros da equação por 5.000, para simplificar, vem:

$1+2i_1 + i_1^2 + 2+4i_2 + 2i_2^2 = 3,2$

$2i_1 + i_1^2 + 4i_2 + 2i_2^2 = 3,2 - 3 = 0,2$

Temos ainda outro dado importante:

$i_1 + i_2 = 6\%$ ➔ $i_1 = 6\% - i_2$ ➔ $i_1 = 0,06 - i_2$

E, substituindo na equação anterior, vem:

$2(0,06 - i_2) + (0,06 - i_2)^2 + 4i_2 + 2i_2^2 = 0,2$

$2(0,06 - i_2) + (0,06 - i_2)^2 + 4i_2 + 2i_2^2 = 0,2$

$0,12 - 2i_2 + 0,0036 - 0,12i_2 + i_2^2 + 4i_2 + 2i_2^2 = 0,2$

E daí chegamos, finalmente, a uma equação de segundo grau, que nos permitirá conhecer o valor da taxa de juros i_2:

$3i_2^2 + 1,88\, i_2 - 0,0764 = 0$

As raízes da equação de segundo grau, são encontradas pela fórmula:

$$x = \frac{-b \pm \sqrt{b^2 - 4ac}}{2a}$$

$$x = \frac{-1,88 \pm \sqrt{1,88^2 - 4.3.(-0,0764)}}{2.3}$$

$$x = \frac{-1,88 \pm \sqrt{3,5344 + 0,9168}}{6}$$

$$x = \frac{-1,88 \pm 2,1098}{6}$$

$$x' = \frac{-1,88 + 2,1098}{6} = 0,0383$$

$$x'' = \frac{-1,88 - 2,1098}{6} = -0,665$$

Portanto, as duas raízes são: 0,0383 e -0,665
Desprezaremos a raiz negativa, pois não é solução para o nosso problema. Mas o valor 0,0383, que

arredondaremos para 0,04 será resposta para o i_2 que procurávamos.

E, finalmente, podemos afirmar que:
$i_2 = 0,04 = 4\%$
$i_1 = 6 - 4 = 2\%$ (lembre-se de que foi dado que a soma das taxas era 6%)

Resolução 18.3.1

24% ao trimestre, com capitalização mensal, é uma taxa nominal e, corresponderá, por proporcionalidade, à uma taxa efetiva de 8% ao mês, também com capitalização mensal. Ainda que seja intuitivo, utilizaremos a fórmula de taxas proporcionais para explicar:

$$i_1 . n_1 = i_2 . n_2$$

Substituindo pelos dados, vem: $i_2 = (24 . 1) / 3$
e chegamos em $i_2 = 8$

Atente para o fato que na fórmula, o n_1 entrou como 1, pois está se referindo a um trimestre. Já o n_2 entrou como 3, pois se refere aos 3 meses que cabem no período trimestral.

Mas por que transformamos a taxa trimestral em mensal, e não em bimestral, que é o que o problema pede?

Devido ao fato de que precisamos chegar em uma taxa efetiva, ou seja, aquela em que coincida com o seu período de capitalização, que é quando se creditam os juros. Veja que chegamos na taxa efetiva de 8% a.m., com capitalização mensal.

Agora sim, pelo conceito de taxas equivalentes, calcularemos a taxa bimestral pedida, com capitalização bimestral, em juros compostos.

Sabemos que:
$$(1+i_1)^{n_1}=(1+i_2)^{n_2} \quad \text{ou} \quad i_2 = (1+i_1)^{n_1/n_2} - 1$$

Onde:
n_1 = 2 meses (pois um bimestre contém 2 meses)
i_1 = 8%
n_2 = 1 bimestre
i_2 = ?

Donde vem: $\quad i_2 = (1+ 0{,}08)^{2/1} - 1$

E temos que:
$i_2 = 1{,}08^2 - 1 = 1{,}1664 - 1 = 0{,}1664 = 16{,}64\%$

Ou seja, i_2 = 16,64% a.b. (ao bimestre) com capitalização bimestral é a taxa efetiva bimestral

Resolução 18.3.2

A taxa de juros de 10% a.a. com capitalização mensal, é nominal porque tem períodos diferentes (anual e mensal). Portanto, basta igualarmos os períodos para que ela se torne efetiva:
Como um ano equivale a doze vezes um mês, dividiremos o 10% por doze, chegando em:

0,83% ao mês com capitalização mensal, ou simplesmente, 0,83% a.m.

Resolução 18.3.3

Para o cálculo de taxas equivalente, utilizamos a fórmula:

$i_2 = (1+i_1)^{n_1/n_2} - 1$

Onde:

$i_1 = 0,5\%$ a.m.

$n_1 = 12$ meses (porque cabem doze meses em um ano)

$i_2 = ?$

$n_2 = 1$ ano (porque é o período para o qual queremos calcular a taxa)

E substituindo na equação, vem:

$i_2 = (1+0,005)^{12/1} - 1 = 1,005^{12} - 1 = 1,06168 - 1 = 0,06168$

$i_2 = 6,17\%$ a.a.

Resolução 18.3.4

Lembre-se de que esse exercício traz um conceito de taxa nominal e efetiva também comum no mercado, mas que não deve ser confundido com os conceitos já explicados no capítulo de taxas nominais e efetivas, ou seja, a **taxa nominal** tem o seu período de rendimento não coincidindo com seu período de capitalização (12% ao ano com capitalização mensal) e a **taxa efetiva**, ao contrário, tem seu período de rendimento coincidente com seu período de capitalização (1% ao mês com capitalização mensal).

Aqui, nesse exercício, consideraremos como taxa efetiva (I_{ef}) aquela que representa a transação financeira, considerando-se o custo real total envolvido.

Vejamos, então:

A taxa nominal (i_{no}) no período considerado, que é de um ano, é calculada pela relação direta entre os juros totais e o valor inicial financiado.
Portanto:

$i_{no} = (20.000,00 - 15.000,00) / 15.000,00 = 1,33333$

Ou seja, $i_{no} = 33,33\%$ a.a. (ao ano)

Para o cálculo da taxa efetiva, devemos lembrar que 4% do valor financiado, será deduzido e, portanto, não estará efetivamente disponível. Então, deduziremos dos R$15.000,00 o equivalente a 4%.

$I_{ef} = (20.000,00 - 15.000,00) / (15.000,00 - (15.000,00 \times 0,04))$
$I_{ef} = 5.000,00/14.400,00$
$I_{ef} = 0,34722$

Ou seja, $I_{ef} = 34,72\%$ a.a.

Portanto, a taxa nominal da operação é de 33,33% a.a., e a taxa efetiva, um pouco mais alta, é de 34,72% a.a.

Resolução 18.4.1

$i_a = 2\%$ a.m.
$f = 0,8\%$ a.m.

r=?

Substituímos diretamente na fórmula:
$i_a = r + f + (r.f)$
$0,02 = r + 0,008 + (r \times 0,008)$
$0,02 = r + 0,008 + r.0,008$

Isolando o r, teremos então:
$r + 0,008.r = 0,02 - 0,008$
$1,008.r = 0,012$
$r = 0,01190$

Ou seja, a taxa real r foi de 1,19% a.m. Isso quer dizer que, embora tenha sido remunerado a uma taxa de 2%, a inflação de 0,6% corroeu parte do ganho, portanto, o ganho real foi de apenas 1,19%.

Resolução 18.4.2
Para resolver, utilizaremos a fórmula seguinte

$$f_{ac} = [(1+f_1).(1+f_2).(1+f_3). \ldots .(1+f_n)] - 1$$

E substituímos os valores, vem:
$f_{ac} = [(1+0,0067).(1+0,0046).(1+0,0040)] - 1$

$f_{ac} = 1,01538 - 1 = 0,01538$
Ou seja, a inflação acumulada no primeiro trimestre de 2014 foi de 1,54%

Resolução 18.4.3

Ora, para sabermos o ganho real, precisamos conhecer a taxa real.

Quando temos inflação, esta corrói o dinheiro, ou seja, ele perde valor por conta da inflação. Portanto, para calcularmos o ganho real, precisamos descontar a inflação da taxa que o banco pagou, através da fórmula: $i_a = r + f + (r.f)$

Pelo exercício proposto acima, temos:
$i_a = 0,65\%$ a.m.
$f = 0,40\%$ a.m.
$r = ?$

Lembre-se de que os valores na fórmula não entram como percentuais, mas sim, como números, portanto, $0,65\%$ entram na fórmula como $0,0065$

$ia = r + f + (r.f)$
$0,0065 = r + 0,0040 + (r.0,0065)$
$0,0065 - 0,0040 = 1,0065.r$
$0,0025 = 1,0065.r$

donde vem: $r = 0,002484$, e aqui vamos arredondar para $0,0025$, que representa o valor percentual de $0,25\%$

Ou seja, o valor da taxa real é $r = 0,25\%$ a.m.

Para calcularmos o ganho real, basta-nos calcular o valor dos juros do capital aplicado naquele mês:
$J = P . [(1+i)^n - 1]$
$P = 3.000,00$
$n = 1$

i = r = 0,25% a.m. (atenção que a taxa utilizada será apenas a taxa real, pois queremos saber apenas o ganho real.

Substituindo na fórmula, vem:
J = 3.000,00 . [(1+0,0025)^1-1] = 3.000,00 . (1,0025 - 1) = 3.000,00 . 0,0025 =7,5

E o ganho real foi de apenas R$7,50

O que significa dizer que seu dinheiro cresceu 0,65% pela taxa paga pelo banco, mas foi corroído pela taxa da inflação de 0,40%, tendo, no final das contas, um crescimento real de 0,25%. Mas atente ao fato de que, o que foi creditado na sua conta foi, obviamente, o valor de 0,65% pago pelo banco.

Fique atento ao fato de que, em provas de faculdade ou de concurso público, poderá aparecer o valor de uma taxa de juros no período anual, enquanto que o de outra, no período mensal. Portanto, **antes de iniciar os cálculos, tenha certeza de que todas as taxas envolvidas estão referenciadas a um mesmo período de capitalização** e, quando necessário, calcule a devida taxa equivalente. Trabalhar com taxas de juros em períodos de capitalização diferentes, ou erros no desenvolvimento dos cálculos, são motivos frequentes de insucesso na resolução de questões. Aliás, esses cuidados valem em qualquer resolução de exercícios de Matemática Financeira, fique sempre atento a isso para chegar no resultado correto!

Resolução 18.5.1

i=1% a.m.

n=24

P=1.400,00

A=?

Aplicaremos diretamente a fórmula para obtermos uma parcela A que, paga durante 12 meses, equivalerá ao preço à vista igual a P.

$$A = P \cdot \frac{[\,(1+i)^n \cdot i\,]}{[\,(1+i)^n - 1\,]}$$

$$A = 1.400,00 \times \frac{[(1+0,01)^{24} \times 0,01]}{[(1+0,01)^{24} - 1]}$$

$$A = 17,7763 / 0,2697 = 65,91$$

Portanto, para que as alternativas sejam equivalentes, ou seja, para que a opção de pagamento à vista seja equivalente à de pagamento a prazo, a prestação deverá custar R\$65,91.

Resolução 18.5.2

A série financeira que representa a situação da questão está representada abaixo, do ponto de vista do credor.

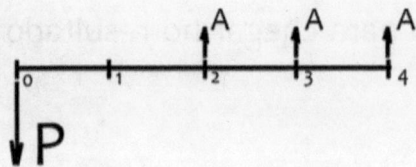

Esse é um caso onde temos séries com carência, ou diferimento. Mas não precisaremos de fórmulas novas, apenas faremos o valor P de hoje ser equivalente a um valor F no tempo 1. Em seguida, utilizando a fórmula, transformamos o valor F achado, na série financeira pedida.

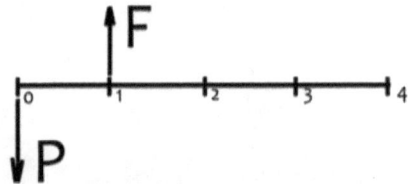

P=5.500,00
i=1% a.m.
n=1
F=?

$F = P \cdot (1+i)^n = 5.500,00 \cdot (1+0,01) = 5.555,00$

Agora, o F será o P_1 da série de parcelas com n=3

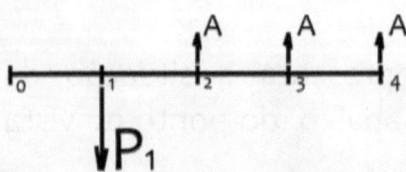

$$A = P_1 \cdot \frac{[(1+i)^n \cdot i]}{[(1+i)^n - 1]}$$

$$A = 5.555,00 \cdot \frac{[(1+0,01)^3 \times 0,01]}{[(1+0,01)^3 - 1]}$$

$$A = 57,23322 / 0,03030 = 1888,89$$

Resolução 18.6.1

A prestação, no SFA, é calculada pela fórmula da anuidade, conhecida em juros compostos.

$$A = P \cdot \frac{[(1+i)^n \cdot i]}{[(1+i)^n - 1]}$$

Sendo:
P = 36.000,00
i = 0,5%
n = 24
A = ?

$$A = 36.000,00 \times \frac{[(1+0,005)^{24} \times 0,005]}{[(1+0,005)^{24} - 1]}$$

$$A = 36.000,00 \times \frac{0,00564}{0,12716} = 1596,73$$

Resolução 18.6.2

Para o cálculo das prestações, precisaremos obter o valor da taxa de juros no período mensal.

$$(1+i_m)^{12} = (1+i_a)^1$$

$i_a = 12\%$ a.a.

$i_m = ?$

$(1+i_m)^{12}=(1+0,12)^1 = 1,12$

Calculando a raiz 12, vem:

$1+i_m = 1,0095$

$i_m = 1,0095 - 1 = 0,0095 = 0,95\%$

Sabemos, também, que a prestação é composta por uma parcela de amortização e uma de juros:

Prestação = amortização + juros

A amortização é igual em todas as parcelas, ou seja, é o valor do financiamento dividido pelo prazo, pois essa é a característica do SAC. O valor dos juros é calculado tomando por base o saldo devedor do período anterior. Com isso, já podemos construir a planilha de prestações:

Sistema de Amortização Constante (SAC)				
Período	Saldo Devedor	Amortização	Juros	Prestação
0	380.000,00	-	-	-
1	378.416,67	1.583,33	3.610,00	5.193,33
2	376.833,33	1.583,33	3.594,96	5.178,29
3	375.250,00	1.583,33	3.579,92	5.163,25
4	373.666,67	1.583,33	3.564,88	5.148,21
5	372.083,33	1.583,33	3.549,83	5.133,17
6	370.500,00	1.583,33	3.534,79	5.118,13
7	368.916,67	1.583,33	3.519,75	5.103,08
8	367.333,33	1.583,33	3.504,71	5.088,04
9	365.750,00	1.583,33	3.489,67	5.073,00
10	364.166,67	1.583,33	3.474,63	5.057,96
11	362.583,33	1.583,33	3.459,58	5.042,92
12	361.000,00	1.583,33	3.444,54	5.027,88

Portanto, o valor da prestação após um ano será de R$5.027,88.

Resolução 18.7.1

A taxa implícita (ou real) nada mais é do que a taxa que devemos que aplicar o valor de compra para se chegar ao valor de resgate.

P=2.000,00
n=6
F=3.000,00
d=?

Partindo da fórmula   P=F(1-d.n)   isolamos o **d**:

$$d = \left[1 - \frac{P}{F}\right] / n = \left[1 - \frac{2000}{3000}\right] / 6 = 0,055556$$

Portanto a taxa implícita d deverá ser de 5,56%a.m.

Resolução 18.7.2

F=10.000,00
d=4%a.m.
n=12
D=?

Aplicando a fórmula, e substituindo pelos dados, temos:

D= F.d.n / (1+d.n)
D = 10.000,00 x 0,04 x 12 / [1+(0,04 x12)]
D= 4.800,00 / 1,48 = 3.243,24

Portanto, ao se resgatar esse título com 12 meses de antecedência, deverá ser aplicado um desconto por dentro de R$3.243,24

Resolução 18.8.1

F=3.380,00
d=2% a.m.
n=60 dias = 2 meses
D=?

Substituindo na fórmula $D=F. [1-(1-d)^n]$, vem:

$D=3.380,00 \times [1-(1-0,02)^2] = 133,84$

Portanto, R$133,84 é o valor do desconto.

Resolução 18.8.2

F=40.000,00
d=3,5% a.m.
n=39 dias
P=?

Por juros aproximados, usando uma regra de três, calculamos o período em meses:

n=39/30 = 1,3 meses

Pela fórmula $F=P.(1+d)^n$ temos:

$P = F / (1+d)^n = 40.000,00 / (1+0,035)^{1,3}$

P = 38.250,54

Portanto, R$38.250,54 deve ser o valor pago pelo título.

Resolução 18.9.1

Vamos iniciar a resolução do problema fazendo o diagrama de fluxo de caixa que representa cada uma das alternativas.

Alternativa A:

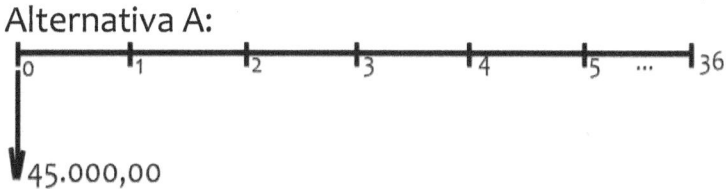

45.000,00

Alternativa B:

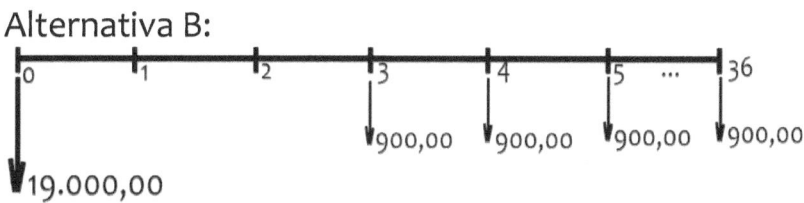

19.000,00

Sendo que a alternativa A já tem um único valor presente (e que chamaremos de P_A), devemos, agora, encontrar um único valor presente P_B, e que será equivalente a todo o fluxo de caixa que representa a alternativa B.

O valor da entrada, de R$19.000,00, já está no valor presente, portanto, bastará somarmos esse valor ao encontrado quando calcularmos o valor presente da série de pagamentos de R$900,00 mensais.

Calculemos, então, o valor presente relativo à série de pagamentos de 900,00, que se inicia ao final do período 3 e vai até o final do período 36. Como existe um diferimento, ou seja, um prazo de 3 meses até que se iniciem os pagamentos, o valor presente equivalente encontrado pela fórmula será relativo ao início do período 3 (ou final do período 2).

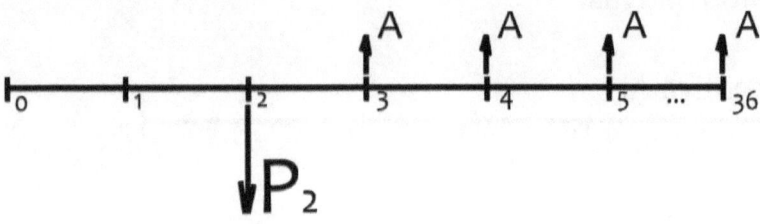

$P_2 = A \cdot [\,(1+i)^n - 1\,] / [(1+i)^n \cdot i\,]$

$P_2 = 900,00 \times [\,(1+0,01)^{34} - 1\,] / [\,(1+0,01)^{34} \times 0,01\,]$

$P_2 = 900,00 \times 28,70267 = R\$25832,40$

Mas, lembre-se de que esse valor P_2 não está no tempo zero, portanto ainda não é o valor presente que precisamos. Mas, se tratarmos ele como um valor futuro aplicado no final do período 2, encontraremos, por aplicação direta da fórmula de juros compostos, o valor presente equivalente no tempo zero.

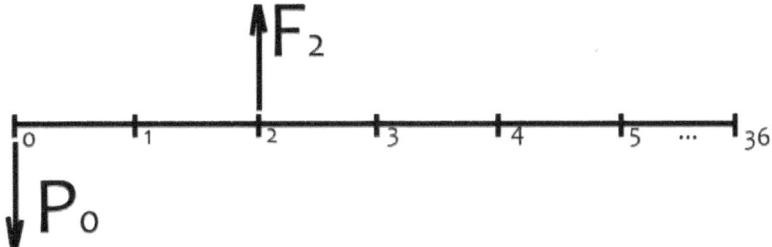

$P_0 = F_2 / (1+i)^n = 25832,40 / (1+0,01)^2$

$P_0 = 25832,40 / 1,0201 = 26351,63$

O valor R$26351,63 representa o valor presente de todas as 34 parcelas de pagamento.

Então, para chegarmos no valor presente total da alternativa B, que chamamos de P_B, precisamos ainda somar o valor à vista de R$19.000,00 ao valor de R$26351,63.

$P_B = 19.000,00 + 26351,63 = 45.351,63$

Temos, agora, o valor presente de cada alternativa:
$P_A = R\$45.000,00$
$P_B = R\$45.351,63$

Sendo que $P_B > P_A$, concluímos que, **financeiramente falando, a alternativa A é a melhor**. Portanto, nesse caso, o cliente deveria escolher a alternativa com pagamento do valor total à vista.

Resolução 18.9.2

Iniciamos a resolução do problema fazendo o diagrama de fluxo de caixa que representa cada uma das alternativas:

Alternativa A:

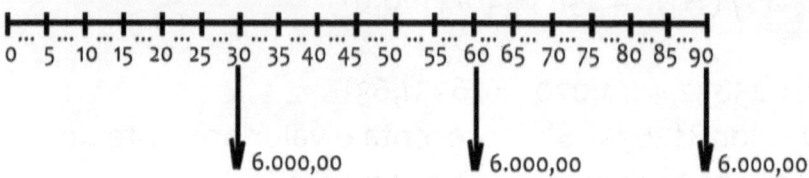

Alternativa B:

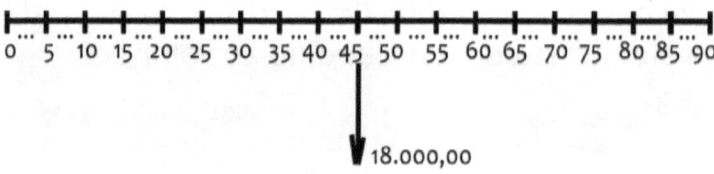

Vamos resolver a questão, levando todos os valores para uma mesma data futura, a 60 dias do pedido.
Antes, vamos encontrar a taxa de juros efetiva diária, equivalente a taxa de 3% a.m.
Pela fórmula de taxas equivalentes, temos:
$$(1+i_m)^1 = (1+i_d)^{30}$$
$$(1+0,03) = (1+ i_d)^{30}$$
$$i_d = (1 + 0,03)^{1/30} - 1 = 0,000986 \quad \text{ou seja: } 0,1\%$$

No caso da alternativa A, primeiro vamos encontrar o valor futuro da data 30, de R\$2.000,00, na data 60.
$$F_{60} = F_{30} \cdot (1+ i_d)^{30}$$

$F_{60} = F_{30} \cdot (1+0,001)^{30}$

$F_{60} = 6.000,00 \times 1,03044 = 6.182,64$

Agora vamos trazer, ainda na alternativa A, o valor futuro de R\$6.000,00, que está posicionado na data 90, para a data 60.

$F_{90} = F_{60} \cdot (1+ i_d)^{30}$

$6.000,00 = F_{60} \cdot (1+ 0,001)^{30}$

$F_{60} = 6.000,00 / 1,03044$

$F_{60} = 5.822,76$

Portanto, **na alternativa A**, temos já todos os valores encontrados na data 60: O valor de R\$6.182,64, relativo à parcela da data 30, o valor de R\$6.000,00, originalmente posicionado na data 60, e o valor de R\$5.822,76, relativo a parcela da data 90.

Portanto, o total da alternativa A é:

$F_{60} = 6.182,64 + 6.000,00 + 5.822,76$

$F_{60} = 17.951,40$

Agora, **na alternativa B**, vamos encontrar o valor futuro de R\$18.000,00 na data 60, pois ele está posicionado na data 45.

A diferença é de 15 dias, portanto, da fórmula vem:

$F_{60} = F_{45} \cdot (1+ i_d)^{15}$

$F_{60} = 18.000,00 \cdot (1+ 0,001)^{15}$

$F_{60} = 18.000,00 \times 1,01511 = 18.271,98$

Temos, agora, o valor futuro total de cada alternativa, numa mesma data, ou seja, a 60 dias do pedido:

$F_A = 17.951,4$ e $F_B = 18.271,98$

Sendo que $F_a < F_b$, concluímos que, **financeiramente falando, a alternativa A é a mais vantajosa**. Portanto, nesse caso, o comprador deveria fazer o pedido com o distribuidor que fez a proposta relativa à alternativa A.

19. TABELAS

19.1 Tabelas do Fator de Capitalização Composta (FCC)

FATOR DE CAPITALIZAÇÃO COMPOSTA (FCC) $(1+i)^n$								
i / n	0,05%	0,10%	0,15%	0,20%	0,25%	0,30%	0,35%	0,40%	0,45%
1	1,00050	1,00100	1,00150	1,00200	1,00250	1,00300	1,00350	1,00400	1,00450
2	1,00100	1,00200	1,00300	1,00400	1,00501	1,00601	1,00701	1,00802	1,00902
3	1,00150	1,00300	1,00451	1,00601	1,00752	1,00903	1,01054	1,01205	1,01356
4	1,00200	1,00401	1,00601	1,00802	1,01004	1,01205	1,01407	1,01610	1,01812
5	1,00250	1,00501	1,00752	1,01004	1,01256	1,01509	1,01762	1,02016	1,02270
6	1,00300	1,00602	1,00903	1,01206	1,01509	1,01814	1,02118	1,02424	1,02731
7	1,00351	1,00702	1,01055	1,01408	1,01763	1,02119	1,02476	1,02834	1,03193
8	1,00401	1,00803	1,01206	1,01611	1,02018	1,02425	1,02835	1,03245	1,03657
9	1,00451	1,00904	1,01358	1,01814	1,02273	1,02733	1,03194	1,03658	1,04124
10	1,00501	1,01005	1,01510	1,02018	1,02528	1,03041	1,03556	1,04073	1,04592
11	1,00551	1,01106	1,01662	1,02222	1,02785	1,03350	1,03918	1,04489	1,05063
12	1,00602	1,01207	1,01815	1,02427	1,03042	1,03660	1,04282	1,04907	1,05536
13	1,00652	1,01308	1,01968	1,02631	1,03299	1,03971	1,04647	1,05327	1,06011
14	1,00702	1,01409	1,02121	1,02837	1,03557	1,04283	1,05013	1,05748	1,06488
15	1,00753	1,01511	1,02274	1,03042	1,03816	1,04596	1,05381	1,06171	1,06967
16	1,00803	1,01612	1,02427	1,03248	1,04076	1,04910	1,05749	1,06596	1,07448
17	1,00853	1,01714	1,02581	1,03455	1,04336	1,05224	1,06120	1,07022	1,07932
18	1,00904	1,01815	1,02735	1,03662	1,04597	1,05540	1,06491	1,07450	1,08417
19	1,00954	1,01917	1,02889	1,03869	1,04858	1,05857	1,06864	1,07880	1,08905
20	1,01005	1,02019	1,03043	1,04077	1,05121	1,06174	1,07238	1,08311	1,09395
21	1,01055	1,02121	1,03198	1,04285	1,05383	1,06493	1,07613	1,08745	1,09888
22	1,01106	1,02223	1,03352	1,04494	1,05647	1,06812	1,07990	1,09180	1,10382
23	1,01156	1,02325	1,03508	1,04703	1,05911	1,07133	1,08368	1,09616	1,10879
24	1,01207	1,02428	1,03663	1,04912	1,06176	1,07454	1,08747	1,10055	1,11378
25	1,01258	1,02530	1,03818	1,05122	1,06441	1,07776	1,09128	1,10495	1,11879
26	1,01308	1,02633	1,03974	1,05332	1,06707	1,08100	1,09510	1,10937	1,12382
27	1,01359	1,02735	1,04130	1,05543	1,06974	1,08424	1,09893	1,11381	1,12888
28	1,01409	1,02838	1,04286	1,05754	1,07241	1,08749	1,10277	1,11826	1,13396
29	1,01460	1,02941	1,04443	1,05965	1,07510	1,09075	1,10663	1,12274	1,13906
30	1,01511	1,03044	1,04599	1,06177	1,07778	1,09403	1,11051	1,12723	1,14419
31	1,01562	1,03147	1,04756	1,06390	1,08048	1,09731	1,11439	1,13174	1,14934
32	1,01612	1,03250	1,04913	1,06602	1,08318	1,10060	1,11829	1,13626	1,15451
33	1,01663	1,03353	1,05071	1,06816	1,08589	1,10390	1,12221	1,14081	1,15971
34	1,01714	1,03457	1,05228	1,07029	1,08860	1,10721	1,12614	1,14537	1,16493
35	1,01765	1,03560	1,05386	1,07243	1,09132	1,11054	1,13008	1,14995	1,17017
36	1,01816	1,03664	1,05544	1,07458	1,09405	1,11387	1,13403	1,15455	1,17543
37	1,01867	1,03767	1,05703	1,07673	1,09679	1,11721	1,13800	1,15917	1,18072
38	1,01918	1,03871	1,05861	1,07888	1,09953	1,12056	1,14198	1,16381	1,18604
39	1,01969	1,03975	1,06020	1,08104	1,10228	1,12392	1,14598	1,16846	1,19137
40	1,02020	1,04079	1,06179	1,08320	1,10503	1,12729	1,14999	1,17314	1,19673
41	1,02071	1,04183	1,06338	1,08537	1,10780	1,13068	1,15402	1,17783	1,20212
42	1,02122	1,04287	1,06498	1,08754	1,11057	1,13407	1,15806	1,18254	1,20753
43	1,02173	1,04392	1,06657	1,08971	1,11334	1,13747	1,16211	1,18727	1,21296
44	1,02224	1,04496	1,06817	1,09189	1,11612	1,14088	1,16618	1,19202	1,21842
45	1,02275	1,04600	1,06978	1,09408	1,11892	1,14431	1,17026	1,19679	1,22390
46	1,02326	1,04705	1,07138	1,09626	1,12171	1,14774	1,17435	1,20157	1,22941
47	1,02377	1,04810	1,07299	1,09846	1,12452	1,15118	1,17847	1,20638	1,23494
48	1,02428	1,04915	1,07460	1,10065	1,12733	1,15464	1,18259	1,21121	1,24050
49	1,02480	1,05019	1,07621	1,10285	1,13015	1,15810	1,18673	1,21605	1,24608
50	1,02531	1,05124	1,07782	1,10506	1,13297	1,16157	1,19088	1,22092	1,25169
51	1,02582	1,05230	1,07944	1,10727	1,13580	1,16506	1,19505	1,22580	1,25732
52	1,02633	1,05335	1,08106	1,10949	1,13864	1,16855	1,19923	1,23070	1,26298
53	1,02685	1,05440	1,08268	1,11170	1,14149	1,17206	1,20343	1,23563	1,26866
54	1,02736	1,05546	1,08431	1,11393	1,14434	1,17558	1,20764	1,24057	1,27437
55	1,02787	1,05651	1,08593	1,11616	1,14720	1,17910	1,21187	1,24553	1,28011
56	1,02839	1,05757	1,08756	1,11839	1,15007	1,18264	1,21611	1,25051	1,28587
57	1,02890	1,05863	1,08919	1,12062	1,15295	1,18619	1,22037	1,25551	1,29166
58	1,02942	1,05968	1,09083	1,12287	1,15583	1,18975	1,22464	1,26054	1,29747
59	1,02993	1,06074	1,09246	1,12511	1,15872	1,19331	1,22892	1,26558	1,30331
60	1,03045	1,06180	1,09410	1,12736	1,16162	1,19689	1,23323	1,27064	1,30917

n	0,50%	0,55%	0,60%	0,65%	0,70%	0,75%	0,80%	0,85%	0,90%	0,95%
1	1,00500	1,00550	1,00600	1,00650	1,00700	1,00750	1,00800	1,00850	1,00950	1,00950
2	1,01003	1,01103	1,01204	1,01304	1,01405	1,01506	1,01606	1,01707	1,01909	1,01909
3	1,01508	1,01659	1,01811	1,01963	1,02115	1,02267	1,02419	1,02572	1,02877	1,02877
4	1,02015	1,02218	1,02422	1,02625	1,02830	1,03034	1,03239	1,03444	1,03854	1,03854
5	1,02525	1,02780	1,03036	1,03293	1,03549	1,03807	1,04065	1,04323	1,04841	1,04841
6	1,03038	1,03346	1,03654	1,03964	1,04274	1,04585	1,04897	1,05210	1,05837	1,05837
7	1,03553	1,03914	1,04276	1,04640	1,05004	1,05370	1,05736	1,06104	1,06843	1,06843
8	1,04071	1,04486	1,04902	1,05320	1,05739	1,06160	1,06582	1,07006	1,07858	1,07858
9	1,04591	1,05060	1,05531	1,06004	1,06479	1,06956	1,07435	1,07915	1,08882	1,08882
10	1,05114	1,05638	1,06165	1,06693	1,07225	1,07758	1,08294	1,08833	1,09917	1,09917
11	1,05640	1,06219	1,06802	1,07387	1,07975	1,08566	1,09161	1,09758	1,10961	1,10961
12	1,06168	1,06803	1,07442	1,08085	1,08731	1,09381	1,10034	1,10691	1,12015	1,12015
13	1,06699	1,07391	1,08087	1,08788	1,09492	1,10201	1,10914	1,11631	1,13079	1,13079
14	1,07232	1,07981	1,08736	1,09495	1,10259	1,11028	1,11801	1,12580	1,14153	1,14153
15	1,07768	1,08575	1,09388	1,10206	1,11030	1,11860	1,12696	1,13537	1,15238	1,15238
16	1,08307	1,09172	1,10044	1,10923	1,11808	1,12699	1,13597	1,14502	1,16333	1,16333
17	1,08849	1,09773	1,10705	1,11644	1,12590	1,13544	1,14506	1,15476	1,17438	1,17438
18	1,09393	1,10377	1,11369	1,12369	1,13378	1,14396	1,15422	1,16457	1,18553	1,18553
19	1,09940	1,10984	1,12037	1,13100	1,14172	1,15254	1,16346	1,17447	1,19680	1,19680
20	1,10490	1,11594	1,12709	1,13835	1,14971	1,16118	1,17276	1,18445	1,20817	1,20817
21	1,11042	1,12208	1,13386	1,14575	1,15776	1,16989	1,18215	1,19452	1,21964	1,21964
22	1,11597	1,12825	1,14066	1,15320	1,16587	1,17867	1,19160	1,20467	1,23123	1,23123
23	1,12155	1,13446	1,14750	1,16069	1,17403	1,18751	1,20114	1,21491	1,24293	1,24293
24	1,12716	1,14070	1,15439	1,16824	1,18224	1,19641	1,21075	1,22524	1,25473	1,25473
25	1,13280	1,14697	1,16131	1,17583	1,19052	1,20539	1,22043	1,23566	1,26665	1,26665
26	1,13846	1,15328	1,16828	1,18347	1,19885	1,21443	1,23019	1,24616	1,27869	1,27869
27	1,14415	1,15962	1,17529	1,19117	1,20725	1,22354	1,24004	1,25675	1,29083	1,29083
28	1,14987	1,16600	1,18234	1,19891	1,21570	1,23271	1,24996	1,26743	1,30310	1,30310
29	1,15562	1,17241	1,18944	1,20670	1,22421	1,24196	1,25996	1,27821	1,31548	1,31548
30	1,16140	1,17886	1,19657	1,21454	1,23278	1,25127	1,27004	1,28907	1,32797	1,32797
31	1,16721	1,18534	1,20375	1,22244	1,24141	1,26066	1,28020	1,30003	1,34059	1,34059
32	1,17304	1,19186	1,21098	1,23038	1,25010	1,27011	1,29044	1,31108	1,35333	1,35333
33	1,17891	1,19842	1,21824	1,23838	1,25885	1,27964	1,30076	1,32222	1,36618	1,36618
34	1,18480	1,20501	1,22555	1,24643	1,26766	1,28923	1,31117	1,33346	1,37916	1,37916
35	1,19073	1,21164	1,23290	1,25453	1,27653	1,29890	1,32166	1,34480	1,39226	1,39226
36	1,19668	1,21830	1,24030	1,26269	1,28547	1,30865	1,33223	1,35623	1,40549	1,40549
37	1,20266	1,22500	1,24774	1,27090	1,29447	1,31846	1,34289	1,36776	1,41884	1,41884
38	1,20868	1,23174	1,25523	1,27916	1,30353	1,32835	1,35363	1,37938	1,43232	1,43232
39	1,21472	1,23851	1,26276	1,28747	1,31265	1,33831	1,36446	1,39111	1,44593	1,44593
40	1,22079	1,24533	1,27034	1,29584	1,32184	1,34835	1,37538	1,40293	1,45966	1,45966
41	1,22690	1,25218	1,27796	1,30426	1,33109	1,35846	1,38638	1,41486	1,47353	1,47353
42	1,23303	1,25906	1,28563	1,31274	1,34041	1,36865	1,39747	1,42688	1,48753	1,48753
43	1,23920	1,26599	1,29334	1,32127	1,34979	1,37891	1,40865	1,43901	1,50166	1,50166
44	1,24539	1,27295	1,30110	1,32986	1,35924	1,38926	1,41992	1,45124	1,51593	1,51593
45	1,25162	1,27995	1,30891	1,33851	1,36876	1,39968	1,43128	1,46358	1,53033	1,53033
46	1,25788	1,28699	1,31676	1,34721	1,37834	1,41017	1,44273	1,47602	1,54487	1,54487
47	1,26417	1,29407	1,32466	1,35596	1,38799	1,42075	1,45427	1,48856	1,55954	1,55954
48	1,27049	1,30119	1,33261	1,36478	1,39770	1,43141	1,46590	1,50122	1,57436	1,57436
49	1,27684	1,30834	1,34061	1,37365	1,40749	1,44214	1,47763	1,51398	1,58931	1,58931
50	1,28323	1,31554	1,34865	1,38258	1,41734	1,45296	1,48945	1,52685	1,60441	1,60441
51	1,28964	1,32277	1,35674	1,39156	1,42726	1,46385	1,50137	1,53982	1,61965	1,61965
52	1,29609	1,33005	1,36488	1,40061	1,43725	1,47483	1,51338	1,55291	1,63504	1,63504
53	1,30257	1,33737	1,37307	1,40971	1,44731	1,48589	1,52549	1,56611	1,65057	1,65057
54	1,30908	1,34472	1,38131	1,41887	1,45744	1,49704	1,53769	1,57942	1,66625	1,66625
55	1,31563	1,35212	1,38960	1,42810	1,46764	1,50827	1,54999	1,59285	1,68208	1,68208
56	1,32221	1,35955	1,39793	1,43738	1,47792	1,51958	1,56239	1,60639	1,69806	1,69806
57	1,32882	1,36703	1,40632	1,44672	1,48826	1,53098	1,57489	1,62004	1,71420	1,71420
58	1,33546	1,37455	1,41476	1,45613	1,49868	1,54246	1,58749	1,63381	1,73048	1,73048
59	1,34214	1,38211	1,42325	1,46559	1,50917	1,55403	1,60019	1,64770	1,74692	1,74692
60	1,34885	1,38971	1,43179	1,47512	1,51974	1,56568	1,61299	1,66171	1,76352	1,76352

i / n	1,00%	1,05%	1,10%	1,15%	1,20%	1,25%	1,30%	1,35%	1,40%	1,45%
1	1,01000	1,01050	1,01100	1,01150	1,01200	1,01250	1,01300	1,01350	1,01400	1,01450
2	1,02010	1,02111	1,02212	1,02313	1,02414	1,02516	1,02617	1,02718	1,02820	1,02921
3	1,03030	1,03183	1,03336	1,03490	1,03643	1,03797	1,03951	1,04105	1,04259	1,04413
4	1,04060	1,04267	1,04473	1,04680	1,04887	1,05095	1,05302	1,05510	1,05719	1,05927
5	1,05101	1,05361	1,05622	1,05884	1,06146	1,06408	1,06671	1,06935	1,07199	1,07463
6	1,06152	1,06468	1,06784	1,07101	1,07419	1,07738	1,08058	1,08378	1,08700	1,09022
7	1,07214	1,07586	1,07959	1,08333	1,08709	1,09085	1,09463	1,09841	1,10221	1,10602
8	1,08286	1,08715	1,09146	1,09579	1,10013	1,10449	1,10886	1,11324	1,11764	1,12206
9	1,09369	1,09857	1,10347	1,10839	1,11333	1,11829	1,12327	1,12827	1,13329	1,13833
10	1,10462	1,11010	1,11561	1,12114	1,12669	1,13227	1,13787	1,14350	1,14916	1,15484
11	1,11567	1,12176	1,12788	1,13403	1,14021	1,14642	1,15267	1,15894	1,16525	1,17158
12	1,12683	1,13354	1,14029	1,14707	1,15389	1,16075	1,16765	1,17459	1,18156	1,18857
13	1,13809	1,14544	1,15283	1,16026	1,16774	1,17526	1,18283	1,19044	1,19810	1,20580
14	1,14947	1,15747	1,16551	1,17361	1,18175	1,18995	1,19821	1,20651	1,21487	1,22329
15	1,16097	1,16962	1,17833	1,18710	1,19594	1,20483	1,21378	1,22280	1,23188	1,24103
16	1,17258	1,18190	1,19129	1,20075	1,21029	1,21989	1,22956	1,23931	1,24913	1,25902
17	1,18430	1,19431	1,20440	1,21456	1,22481	1,23514	1,24555	1,25604	1,26662	1,27728
18	1,19615	1,20685	1,21765	1,22853	1,23951	1,25058	1,26174	1,27300	1,28435	1,29580
19	1,20811	1,21952	1,23104	1,24266	1,25438	1,26621	1,27814	1,29018	1,30233	1,31459
20	1,22019	1,23233	1,24458	1,25695	1,26943	1,28204	1,29476	1,30760	1,32056	1,33365
21	1,23239	1,24527	1,25827	1,27140	1,28467	1,29806	1,31159	1,32525	1,33905	1,35299
22	1,24472	1,25834	1,27211	1,28603	1,30008	1,31429	1,32864	1,34314	1,35780	1,37260
23	1,25716	1,27156	1,28611	1,30081	1,31568	1,33072	1,34591	1,36128	1,37681	1,39251
24	1,26973	1,28491	1,30025	1,31577	1,33147	1,34735	1,36341	1,37965	1,39608	1,41270
25	1,28243	1,29840	1,31456	1,33091	1,34745	1,36419	1,38114	1,39828	1,41563	1,43318
26	1,29526	1,31203	1,32902	1,34621	1,36362	1,38125	1,39909	1,41716	1,43545	1,45396
27	1,30821	1,32581	1,34363	1,36169	1,37998	1,39851	1,41728	1,43629	1,45554	1,47505
28	1,32129	1,33973	1,35841	1,37735	1,39654	1,41599	1,43570	1,45568	1,47592	1,49643
29	1,33450	1,35380	1,37336	1,39319	1,41330	1,43369	1,45437	1,47533	1,49658	1,51813
30	1,34785	1,36801	1,38846	1,40921	1,43026	1,45161	1,47327	1,49525	1,51753	1,54014
31	1,36133	1,38237	1,40374	1,42542	1,44742	1,46976	1,49243	1,51543	1,53878	1,56248
32	1,37494	1,39689	1,41918	1,44181	1,46479	1,48813	1,51183	1,53589	1,56032	1,58513
33	1,38869	1,41156	1,43479	1,45839	1,48237	1,50673	1,53148	1,55662	1,58217	1,60812
34	1,40258	1,42638	1,45057	1,47516	1,50016	1,52557	1,55139	1,57764	1,60432	1,63143
35	1,41660	1,44136	1,46653	1,49213	1,51816	1,54464	1,57156	1,59894	1,62678	1,65509
36	1,43077	1,45649	1,48266	1,50929	1,53638	1,56394	1,59199	1,62052	1,64955	1,67909
37	1,44508	1,47178	1,49897	1,52664	1,55482	1,58349	1,61268	1,64240	1,67265	1,70344
38	1,45953	1,48724	1,51546	1,54420	1,57347	1,60329	1,63365	1,66457	1,69606	1,72814
39	1,47412	1,50285	1,53213	1,56196	1,59236	1,62333	1,65489	1,68704	1,71981	1,75319
40	1,48886	1,51863	1,54898	1,57992	1,61146	1,64362	1,67640	1,70982	1,74389	1,77862
41	1,50375	1,53458	1,56602	1,59809	1,63080	1,66416	1,69819	1,73290	1,76830	1,80441
42	1,51879	1,55069	1,58325	1,61647	1,65037	1,68497	1,72027	1,75630	1,79306	1,83057
43	1,53398	1,56697	1,60066	1,63506	1,67018	1,70603	1,74263	1,78001	1,81816	1,85711
44	1,54932	1,58343	1,61827	1,65386	1,69022	1,72735	1,76529	1,80404	1,84361	1,88404
45	1,56481	1,60005	1,63607	1,67288	1,71050	1,74895	1,78824	1,82839	1,86942	1,91136
46	1,58046	1,61685	1,65407	1,69212	1,73103	1,77081	1,81148	1,85307	1,89560	1,93907
47	1,59626	1,63383	1,67226	1,71158	1,75180	1,79294	1,83503	1,87809	1,92213	1,96719
48	1,61223	1,65099	1,69066	1,73126	1,77282	1,81535	1,85889	1,90344	1,94904	1,99571
49	1,62835	1,66832	1,70925	1,75117	1,79409	1,83805	1,88305	1,92914	1,97633	2,02465
50	1,64463	1,68584	1,72806	1,77131	1,81562	1,86102	1,90753	1,95518	2,00400	2,05401
51	1,66108	1,70354	1,74706	1,79168	1,83741	1,88429	1,93233	1,98158	2,03206	2,08379
52	1,67769	1,72143	1,76628	1,81228	1,85946	1,90784	1,95745	2,00833	2,06050	2,11401
53	1,69447	1,73950	1,78571	1,83312	1,88177	1,93169	1,98290	2,03544	2,08935	2,14466
54	1,71141	1,75777	1,80535	1,85421	1,90435	1,95583	2,00868	2,06292	2,11860	2,17576
55	1,72852	1,77622	1,82521	1,87553	1,92721	1,98028	2,03479	2,09077	2,14826	2,20731
56	1,74581	1,79487	1,84529	1,89710	1,95033	2,00503	2,06124	2,11900	2,17834	2,23931
57	1,76327	1,81372	1,86559	1,91891	1,97374	2,03010	2,08804	2,14760	2,20884	2,27178
58	1,78090	1,83276	1,88611	1,94098	1,99742	2,05547	2,11518	2,17660	2,23976	2,30472
59	1,79871	1,85201	1,90686	1,96330	2,02139	2,08117	2,14268	2,20598	2,27112	2,33814
60	1,81670	1,87145	1,92783	1,98588	2,04565	2,10718	2,17053	2,23576	2,30291	2,37205

FATOR DE CAPITALIZAÇÃO COMPOSTA (FCC) $(1+i)^n$										
i / n	1,50%	1,55%	1,60%	1,65%	1,70%	1,75%	1,80%	1,85%	1,90%	1,95%
1	1,01500	1,01550	1,01600	1,01650	1,01700	1,01750	1,01800	1,01850	1,01950	1,01950
2	1,03023	1,03124	1,03226	1,03327	1,03429	1,03531	1,03632	1,03734	1,03938	1,03938
3	1,04568	1,04722	1,04877	1,05032	1,05187	1,05342	1,05498	1,05653	1,05965	1,05965
4	1,06136	1,06346	1,06555	1,06765	1,06975	1,07186	1,07397	1,07608	1,08031	1,08031
5	1,07728	1,07994	1,08260	1,08527	1,08794	1,09062	1,09330	1,09599	1,10138	1,10138
6	1,09344	1,09668	1,09992	1,10317	1,10643	1,10970	1,11298	1,11626	1,12285	1,12285
7	1,10984	1,11368	1,11752	1,12138	1,12524	1,12912	1,13301	1,13691	1,14475	1,14475
8	1,12649	1,13094	1,13540	1,13988	1,14437	1,14888	1,15341	1,15795	1,16707	1,16707
9	1,14339	1,14847	1,15357	1,15869	1,16383	1,16899	1,17417	1,17937	1,18983	1,18983
10	1,16054	1,16627	1,17203	1,17781	1,18361	1,18944	1,19530	1,20119	1,21303	1,21303
11	1,17795	1,18435	1,19078	1,19724	1,20373	1,21026	1,21682	1,22341	1,23669	1,23669
12	1,19562	1,20271	1,20983	1,21699	1,22420	1,23144	1,23872	1,24604	1,26080	1,26080
13	1,21355	1,22135	1,22919	1,23707	1,24501	1,25299	1,26102	1,26909	1,28539	1,28539
14	1,23176	1,24028	1,24885	1,25749	1,26617	1,27492	1,28372	1,29257	1,31045	1,31045
15	1,25023	1,25950	1,26884	1,27824	1,28770	1,29723	1,30682	1,31648	1,33601	1,33601
16	1,26899	1,27902	1,28914	1,29933	1,30959	1,31993	1,33035	1,34084	1,36206	1,36206
17	1,28802	1,29885	1,30976	1,32076	1,33185	1,34303	1,35429	1,36564	1,38862	1,38862
18	1,30734	1,31898	1,33072	1,34256	1,35449	1,36653	1,37867	1,39091	1,41570	1,41570
19	1,32695	1,33943	1,35201	1,36471	1,37752	1,39045	1,40349	1,41664	1,44330	1,44330
20	1,34686	1,36019	1,37364	1,38723	1,40094	1,41478	1,42875	1,44285	1,47145	1,47145
21	1,36706	1,38127	1,39562	1,41012	1,42475	1,43954	1,45447	1,46954	1,50014	1,50014
22	1,38756	1,40268	1,41795	1,43338	1,44898	1,46473	1,48065	1,49673	1,52939	1,52939
23	1,40838	1,42442	1,44064	1,45703	1,47361	1,49036	1,50730	1,52442	1,55922	1,55922
24	1,42950	1,44650	1,46369	1,48108	1,49866	1,51644	1,53443	1,55262	1,58962	1,58962
25	1,45095	1,46892	1,48711	1,50551	1,52414	1,54298	1,56205	1,58134	1,62062	1,62062
26	1,47271	1,49169	1,51090	1,53035	1,55005	1,56998	1,59017	1,61060	1,65222	1,65222
27	1,49480	1,51481	1,53508	1,55561	1,57640	1,59746	1,61879	1,64039	1,68444	1,68444
28	1,51722	1,53829	1,55964	1,58127	1,60320	1,62541	1,64793	1,67074	1,71729	1,71729
29	1,53998	1,56213	1,58459	1,60736	1,63045	1,65386	1,67759	1,70165	1,75077	1,75077
30	1,56308	1,58635	1,60995	1,63389	1,65817	1,68280	1,70779	1,73313	1,78491	1,78491
31	1,58653	1,61093	1,63570	1,66084	1,68636	1,71225	1,73853	1,76519	1,81972	1,81972
32	1,61032	1,63590	1,66188	1,68825	1,71503	1,74221	1,76982	1,79785	1,85520	1,85520
33	1,63448	1,66126	1,68847	1,71610	1,74418	1,77270	1,80168	1,83111	1,89138	1,89138
34	1,65900	1,68701	1,71548	1,74442	1,77383	1,80372	1,83411	1,86498	1,92826	1,92826
35	1,68388	1,71316	1,74293	1,77320	1,80399	1,83529	1,86712	1,89949	1,96586	1,96586
36	1,70914	1,73971	1,77082	1,80246	1,83465	1,86741	1,90073	1,93463	2,00420	2,00420
37	1,73478	1,76668	1,79915	1,83220	1,86584	1,90009	1,93494	1,97042	2,04328	2,04328
38	1,76080	1,79406	1,82794	1,86243	1,89756	1,93334	1,96977	2,00687	2,08312	2,08312
39	1,78721	1,82187	1,85718	1,89316	1,92982	1,96717	2,00523	2,04400	2,12374	2,12374
40	1,81402	1,85011	1,88690	1,92440	1,96263	2,00160	2,04132	2,08181	2,16516	2,16516
41	1,84123	1,87878	1,91709	1,95615	1,99599	2,03663	2,07806	2,12032	2,20738	2,20738
42	1,86885	1,90791	1,94776	1,98843	2,02993	2,07227	2,11547	2,15955	2,25042	2,25042
43	1,89688	1,93748	1,97893	2,02124	2,06443	2,10853	2,15355	2,19950	2,29430	2,29430
44	1,92533	1,96751	2,01059	2,05459	2,09953	2,14543	2,19231	2,24019	2,33904	2,33904
45	1,95421	1,99801	2,04276	2,08849	2,13522	2,18298	2,23177	2,28164	2,38465	2,38465
46	1,98353	2,02897	2,07544	2,12295	2,17152	2,22118	2,27194	2,32385	2,43115	2,43115
47	2,01328	2,06042	2,10865	2,15798	2,20844	2,26005	2,31284	2,36684	2,47856	2,47856
48	2,04348	2,09236	2,14239	2,19358	2,24598	2,29960	2,35447	2,41062	2,52689	2,52689
49	2,07413	2,12479	2,17667	2,22978	2,28416	2,33984	2,39685	2,45522	2,57617	2,57617
50	2,10524	2,15773	2,21149	2,26657	2,32299	2,38079	2,43999	2,50064	2,62640	2,62640
51	2,13682	2,19117	2,24688	2,30397	2,36248	2,42245	2,48391	2,54690	2,67762	2,67762
52	2,16887	2,22513	2,28283	2,34198	2,40264	2,46485	2,52863	2,59402	2,72983	2,72983
53	2,20141	2,25962	2,31935	2,38063	2,44349	2,50798	2,57414	2,64201	2,78306	2,78306
54	2,23443	2,29465	2,35646	2,41991	2,48503	2,55187	2,62047	2,69089	2,83733	2,83733
55	2,26794	2,33022	2,39416	2,45984	2,52727	2,59653	2,66764	2,74067	2,89266	2,89266
56	2,30196	2,36633	2,43247	2,50042	2,57024	2,64197	2,71566	2,79137	2,94907	2,94907
57	2,33649	2,40301	2,47139	2,54168	2,61393	2,68820	2,76454	2,84301	3,00658	3,00658
58	2,37154	2,44026	2,51093	2,58362	2,65837	2,73525	2,81430	2,89561	3,06520	3,06520
59	2,40711	2,47808	2,55111	2,62625	2,70356	2,78311	2,86496	2,94918	3,12498	3,12498
60	2,44322	2,51649	2,59193	2,66958	2,74952	2,83182	2,91653	3,00374	3,18591	3,18591

	FATOR DE CAPITALIZAÇÃO COMPOSTA (FCC) $(1+i)^n$									
i / n	2,00%	2,05%	2,10%	2,15%	2,20%	2,25%	2,30%	2,35%	2,40%	2,45%
1	1,02000	1,02050	1,02100	1,02150	1,02200	1,02250	1,02300	1,02350	1,02450	1,02450
2	1,04040	1,04142	1,04244	1,04346	1,04448	1,04551	1,04653	1,04755	1,04960	1,04960
3	1,06121	1,06277	1,06433	1,06590	1,06746	1,06903	1,07060	1,07217	1,07532	1,07532
4	1,08243	1,08456	1,08668	1,08881	1,09095	1,09308	1,09522	1,09737	1,10166	1,10166
5	1,10408	1,10679	1,10950	1,11222	1,11495	1,11768	1,12041	1,12315	1,12865	1,12865
6	1,12616	1,12948	1,13280	1,13614	1,13948	1,14283	1,14618	1,14955	1,15630	1,15630
7	1,14869	1,15263	1,15659	1,16056	1,16454	1,16854	1,17254	1,17656	1,18463	1,18463
8	1,17166	1,17626	1,18088	1,18551	1,19016	1,19483	1,19951	1,20421	1,21366	1,21366
9	1,19509	1,20038	1,20568	1,21100	1,21635	1,22171	1,22710	1,23251	1,24339	1,24339
10	1,21899	1,22498	1,23100	1,23704	1,24311	1,24920	1,25533	1,26147	1,27385	1,27385
11	1,24337	1,25010	1,25685	1,26364	1,27046	1,27731	1,28420	1,29112	1,30506	1,30506
12	1,26824	1,27572	1,28324	1,29080	1,29841	1,30605	1,31373	1,32146	1,33704	1,33704
13	1,29361	1,30187	1,31019	1,31856	1,32697	1,33544	1,34395	1,35251	1,36979	1,36979
14	1,31948	1,32856	1,33771	1,34691	1,35617	1,36548	1,37486	1,38430	1,40335	1,40335
15	1,34587	1,35580	1,36580	1,37586	1,38600	1,39621	1,40648	1,41683	1,43774	1,43774
16	1,37279	1,38359	1,39448	1,40545	1,41649	1,42762	1,43883	1,45013	1,47296	1,47296
17	1,40024	1,41196	1,42376	1,43566	1,44766	1,45974	1,47193	1,48420	1,50905	1,50905
18	1,42825	1,44090	1,45366	1,46653	1,47950	1,49259	1,50578	1,51908	1,54602	1,54602
19	1,45681	1,47044	1,48419	1,49806	1,51205	1,52617	1,54041	1,55478	1,58390	1,58390
20	1,48595	1,50058	1,51536	1,53027	1,54532	1,56051	1,57584	1,59132	1,62270	1,62270
21	1,51567	1,53135	1,54718	1,56317	1,57932	1,59562	1,61209	1,62871	1,66246	1,66246
22	1,54598	1,56274	1,57967	1,59678	1,61406	1,63152	1,64916	1,66699	1,70319	1,70319
23	1,57690	1,59477	1,61284	1,63111	1,64957	1,66823	1,68710	1,70616	1,74492	1,74492
24	1,60844	1,62747	1,64671	1,66618	1,68586	1,70577	1,72590	1,74626	1,78767	1,78767
25	1,64061	1,66083	1,68129	1,70200	1,72295	1,74415	1,76559	1,78729	1,83147	1,83147
26	1,67342	1,69488	1,71660	1,73859	1,76085	1,78339	1,80620	1,82930	1,87634	1,87634
27	1,70689	1,72962	1,75265	1,77597	1,79959	1,82352	1,84775	1,87228	1,92231	1,92231
28	1,74102	1,76508	1,78945	1,81415	1,83918	1,86454	1,89024	1,91628	1,96940	1,96940
29	1,77584	1,80126	1,82703	1,85316	1,87965	1,90650	1,93372	1,96132	2,01766	2,01766
30	1,81136	1,83819	1,86540	1,89300	1,92100	1,94939	1,97819	2,00741	2,06709	2,06709
31	1,84759	1,87587	1,90457	1,93370	1,96326	1,99325	2,02369	2,05458	2,11773	2,11773
32	1,88454	1,91433	1,94457	1,97528	2,00645	2,03810	2,07024	2,10286	2,16962	2,16962
33	1,92223	1,95357	1,98541	2,01774	2,05059	2,08396	2,11785	2,15228	2,22277	2,22277
34	1,96068	1,99362	2,02710	2,06113	2,09571	2,13085	2,16656	2,20286	2,27723	2,27723
35	1,99989	2,03449	2,06967	2,10544	2,14181	2,17879	2,21640	2,25463	2,33302	2,33302
36	2,03989	2,07620	2,11313	2,15071	2,18893	2,22782	2,26737	2,30761	2,39018	2,39018
37	2,08069	2,11876	2,15751	2,19695	2,23709	2,27794	2,31952	2,36184	2,44874	2,44874
38	2,12230	2,16219	2,20282	2,24418	2,28630	2,32920	2,37287	2,41734	2,50873	2,50873
39	2,16474	2,20652	2,24908	2,29243	2,33660	2,38160	2,42745	2,47415	2,57020	2,57020
40	2,20804	2,25175	2,29631	2,34172	2,38801	2,43519	2,48328	2,53229	2,63317	2,63317
41	2,25220	2,29791	2,34453	2,39207	2,44054	2,48998	2,54039	2,59180	2,69768	2,69768
42	2,29724	2,34502	2,39376	2,44350	2,49424	2,54601	2,59882	2,65271	2,76377	2,76377
43	2,34319	2,39309	2,44403	2,49603	2,54911	2,60329	2,65860	2,71505	2,83149	2,83149
44	2,39005	2,44215	2,49536	2,54970	2,60519	2,66186	2,71974	2,77885	2,90086	2,90086
45	2,43785	2,49221	2,54776	2,60451	2,66250	2,72176	2,78230	2,84415	2,97193	2,97193
46	2,48661	2,54330	2,60126	2,66051	2,72108	2,78300	2,84629	2,91099	3,04474	3,04474
47	2,53634	2,59544	2,65589	2,71771	2,78094	2,84561	2,91175	2,97940	3,11934	3,11934
48	2,58707	2,64865	2,71166	2,77614	2,84212	2,90964	2,97873	3,04942	3,19576	3,19576
49	2,63881	2,70295	2,76861	2,83583	2,90465	2,97511	3,04724	3,12108	3,27406	3,27406
50	2,69159	2,75836	2,82675	2,89680	2,96855	3,04205	3,11732	3,19442	3,35427	3,35427
51	2,74542	2,81490	2,88611	2,95908	3,03386	3,11049	3,18902	3,26949	3,43645	3,43645
52	2,80033	2,87261	2,94672	3,02270	3,10061	3,18048	3,26237	3,34632	3,52064	3,52064
53	2,85633	2,93150	3,00860	3,08769	3,16882	3,25204	3,33740	3,42496	3,60690	3,60690
54	2,91346	2,99159	3,07178	3,15408	3,23853	3,32521	3,41416	3,50545	3,69527	3,69527
55	2,97173	3,05292	3,13629	3,22189	3,30978	3,40003	3,49269	3,58783	3,78580	3,78580
56	3,03117	3,11551	3,20215	3,29116	3,38260	3,47653	3,57302	3,67214	3,87855	3,87855
57	3,09179	3,17937	3,26939	3,36192	3,45701	3,55475	3,65520	3,75844	3,97358	3,97358
58	3,15362	3,24455	3,33805	3,43420	3,53307	3,63473	3,73927	3,84676	4,07093	4,07093
59	3,21670	3,31106	3,40815	3,50803	3,61080	3,71651	3,82527	3,93716	4,17067	4,17067
60	3,28103	3,37894	3,47972	3,58346	3,69023	3,80013	3,91325	4,02968	4,27285	4,27285

	FATOR DE CAPITALIZAÇÃO COMPOSTA (FCC) $(1+i)^n$									
i / n	2,50%	2,55%	2,60%	2,65%	2,70%	2,75%	2,80%	2,85%	2,90%	2,95%
1	1,02500	1,02550	1,02600	1,02650	1,02700	1,02750	1,02800	1,02850	1,02900	1,02950
2	1,05063	1,05165	1,05268	1,05370	1,05473	1,05576	1,05678	1,05781	1,05884	1,05987
3	1,07689	1,07847	1,08005	1,08163	1,08321	1,08479	1,08637	1,08796	1,08955	1,09114
4	1,10381	1,10597	1,10813	1,11029	1,11245	1,11462	1,11679	1,11897	1,12114	1,12332
5	1,13141	1,13417	1,13694	1,13971	1,14249	1,14527	1,14806	1,15086	1,15366	1,15646
6	1,15969	1,16309	1,16650	1,16991	1,17334	1,17677	1,18021	1,18366	1,18711	1,19058
7	1,18869	1,19275	1,19683	1,20092	1,20502	1,20913	1,21325	1,21739	1,22154	1,22570
8	1,21840	1,22317	1,22794	1,23274	1,23755	1,24238	1,24723	1,25209	1,25696	1,26186
9	1,24886	1,25436	1,25987	1,26541	1,27097	1,27655	1,28215	1,28777	1,29342	1,29908
10	1,28008	1,28634	1,29263	1,29894	1,30528	1,31165	1,31805	1,32447	1,33093	1,33741
11	1,31209	1,31914	1,32624	1,33336	1,34052	1,34772	1,35495	1,36222	1,36952	1,37686
12	1,34489	1,35278	1,36072	1,36870	1,37672	1,38478	1,39289	1,40104	1,40924	1,41748
13	1,37851	1,38728	1,39610	1,40497	1,41389	1,42287	1,43189	1,44097	1,45011	1,45929
14	1,41297	1,42265	1,43240	1,44220	1,45207	1,46199	1,47199	1,48204	1,49216	1,50234
15	1,44830	1,45893	1,46964	1,48042	1,49127	1,50220	1,51320	1,52428	1,53543	1,54666
16	1,48451	1,49613	1,50785	1,51965	1,53154	1,54351	1,55557	1,56772	1,57996	1,59229
17	1,52162	1,53429	1,54705	1,55992	1,57289	1,58596	1,59913	1,61240	1,62578	1,63926
18	1,55966	1,57341	1,58728	1,60126	1,61536	1,62957	1,64390	1,65835	1,67293	1,68762
19	1,59865	1,61353	1,62855	1,64369	1,65897	1,67438	1,68993	1,70562	1,72144	1,73740
20	1,63862	1,65468	1,67089	1,68725	1,70376	1,72043	1,73725	1,75423	1,77136	1,78866
21	1,67958	1,69687	1,71433	1,73196	1,74976	1,76774	1,78589	1,80422	1,82273	1,84142
22	1,72157	1,74014	1,75890	1,77786	1,79701	1,81635	1,83590	1,85564	1,87559	1,89574
23	1,76461	1,78452	1,80463	1,82497	1,84553	1,86630	1,88730	1,90853	1,92998	1,95167
24	1,80873	1,83002	1,85156	1,87333	1,89536	1,91763	1,94015	1,96292	1,98595	2,00924
25	1,85394	1,87669	1,89970	1,92298	1,94653	1,97036	1,99447	2,01887	2,04355	2,06852
26	1,90029	1,92454	1,94909	1,97393	1,99909	2,02455	2,05032	2,07640	2,10281	2,12954
27	1,94780	1,97362	1,99976	2,02624	2,05306	2,08022	2,10773	2,13558	2,16379	2,19236
28	1,99650	2,02394	2,05176	2,07994	2,10849	2,13743	2,16674	2,19644	2,22654	2,25703
29	2,04641	2,07556	2,10510	2,13506	2,16542	2,19621	2,22741	2,25904	2,29111	2,32362
30	2,09757	2,12848	2,15984	2,19164	2,22389	2,25660	2,28978	2,32343	2,35755	2,39216
31	2,15001	2,18276	2,21599	2,24972	2,28394	2,31866	2,35389	2,38964	2,42592	2,46273
32	2,20376	2,23842	2,27361	2,30933	2,34560	2,38242	2,41980	2,45775	2,49627	2,53538
33	2,25885	2,29550	2,33272	2,37053	2,40893	2,44794	2,48756	2,52779	2,56866	2,61017
34	2,31532	2,35403	2,39337	2,43335	2,47397	2,51526	2,55721	2,59984	2,64316	2,68717
35	2,37321	2,41406	2,45560	2,49783	2,54077	2,58443	2,62881	2,67393	2,71981	2,76645
36	2,43254	2,47562	2,51945	2,56403	2,60937	2,65550	2,70242	2,75014	2,79868	2,84806
37	2,49335	2,53875	2,58495	2,63197	2,67982	2,72852	2,77808	2,82852	2,87984	2,93207
38	2,55568	2,60349	2,65216	2,70172	2,75218	2,80356	2,85587	2,90913	2,96336	3,01857
39	2,61957	2,66987	2,72112	2,77331	2,82649	2,88066	2,93583	2,99204	3,04930	3,10762
40	2,68506	2,73796	2,79187	2,84681	2,90280	2,95987	3,01804	3,07731	3,13773	3,19929
41	2,75219	2,80777	2,86445	2,92225	2,98118	3,04127	3,10254	3,16502	3,22872	3,29367
42	2,82100	2,87937	2,93893	2,99969	3,06167	3,12491	3,18941	3,25522	3,32235	3,39084
43	2,89152	2,95280	3,01534	3,07918	3,14434	3,21084	3,27872	3,34799	3,41870	3,49087
44	2,96381	3,02809	3,09374	3,16078	3,22923	3,29914	3,37052	3,44341	3,51784	3,59385
45	3,03790	3,10531	3,17418	3,24454	3,31642	3,38986	3,46490	3,54155	3,61986	3,69986
46	3,11385	3,18450	3,25671	3,33052	3,40597	3,48309	3,56191	3,64248	3,72484	3,80901
47	3,19170	3,26570	3,34138	3,41878	3,49793	3,57887	3,66165	3,74629	3,83286	3,92138
48	3,27149	3,34898	3,42826	3,50937	3,59237	3,67729	3,76417	3,85306	3,94401	4,03706
49	3,35328	3,43437	3,51739	3,60237	3,68937	3,77842	3,86957	3,96288	4,05839	4,15615
50	3,43711	3,52195	3,60884	3,69784	3,78898	3,88232	3,97792	4,07582	4,17608	4,27876
51	3,52304	3,61176	3,70267	3,79583	3,89128	3,98909	4,08930	4,19198	4,29719	4,40498
52	3,61111	3,70386	3,79894	3,89642	3,99635	4,09879	4,20380	4,31145	4,42180	4,53493
53	3,70139	3,79831	3,89772	3,99967	4,10425	4,21150	4,32151	4,43433	4,55004	4,66871
54	3,79392	3,89517	3,99906	4,10566	4,21506	4,32732	4,44251	4,56071	4,68199	4,80643
55	3,88877	3,99449	4,10303	4,21447	4,32887	4,44632	4,56690	4,69069	4,81776	4,94822
56	3,98599	4,09635	4,20971	4,32615	4,44575	4,56859	4,69477	4,82437	4,95748	5,09420
57	4,08564	4,20081	4,31916	4,44079	4,56578	4,69423	4,82622	4,96186	5,10125	5,24447
58	4,18778	4,30793	4,43146	4,55847	4,68906	4,82332	4,96136	5,10328	5,24918	5,39919
59	4,29248	4,41778	4,54668	4,67927	4,81566	4,95596	5,10028	5,24872	5,40141	5,55846
60	4,39979	4,53043	4,66489	4,80327	4,94569	5,09225	5,24308	5,39831	5,55805	5,72244

i \ n	3,00%	3,05%	3,10%	3,15%	3,20%	3,25%	3,30%	3,35%	3,40%	3,45%
1	1,03000	1,03050	1,03100	1,03150	1,03200	1,03250	1,03300	1,03350	1,03400	1,03450
2	1,06090	1,06193	1,06296	1,06399	1,06502	1,06606	1,06709	1,06812	1,06916	1,07019
3	1,09273	1,09432	1,09591	1,09751	1,09910	1,10070	1,10230	1,10390	1,10551	1,10711
4	1,12551	1,12770	1,12989	1,13208	1,13428	1,13648	1,13868	1,14089	1,14309	1,14531
5	1,15927	1,16209	1,16491	1,16774	1,17057	1,17341	1,17626	1,17910	1,18196	1,18482
6	1,19405	1,19753	1,20102	1,20452	1,20803	1,21155	1,21507	1,21860	1,22215	1,22570
7	1,22987	1,23406	1,23826	1,24247	1,24669	1,25092	1,25517	1,25943	1,26370	1,26798
8	1,26677	1,27170	1,27664	1,28160	1,28658	1,29158	1,29659	1,30162	1,30667	1,31173
9	1,30477	1,31048	1,31622	1,32197	1,32775	1,33355	1,33938	1,34522	1,35109	1,35698
10	1,34392	1,35045	1,35702	1,36362	1,37024	1,37689	1,38358	1,39029	1,39703	1,40380
11	1,38423	1,39164	1,39909	1,40657	1,41409	1,42164	1,42923	1,43686	1,44453	1,45223
12	1,42576	1,43409	1,44246	1,45088	1,45934	1,46785	1,47640	1,48500	1,49364	1,50233
13	1,46853	1,47783	1,48718	1,49658	1,50604	1,51555	1,52512	1,53475	1,54443	1,55416
14	1,51259	1,52290	1,53328	1,54372	1,55423	1,56481	1,57545	1,58616	1,59694	1,60778
15	1,55797	1,56935	1,58081	1,59235	1,60397	1,61566	1,62744	1,63930	1,65123	1,66325
16	1,60471	1,61722	1,62982	1,64251	1,65529	1,66817	1,68114	1,69421	1,70737	1,72063
17	1,65285	1,66654	1,68034	1,69425	1,70826	1,72239	1,73662	1,75097	1,76542	1,77999
18	1,70243	1,71737	1,73243	1,74762	1,76293	1,77837	1,79393	1,80963	1,82545	1,84140
19	1,75351	1,76975	1,78614	1,80267	1,81934	1,83616	1,85313	1,87025	1,88751	1,90493
20	1,80611	1,82373	1,84151	1,85945	1,87756	1,89584	1,91428	1,93290	1,95169	1,97065
21	1,86029	1,87935	1,89859	1,91802	1,93764	1,95745	1,97746	1,99765	2,01805	2,03864
22	1,91610	1,93667	1,95745	1,97844	1,99965	2,02107	2,04271	2,06457	2,08666	2,10897
23	1,97359	1,99574	2,01813	2,04076	2,06364	2,08675	2,11012	2,13374	2,15761	2,18173
24	2,03279	2,05661	2,08069	2,10505	2,12967	2,15457	2,17976	2,20522	2,23097	2,25700
25	2,09378	2,11934	2,14519	2,17135	2,19782	2,22460	2,25169	2,27909	2,30682	2,33487
26	2,15659	2,18398	2,21170	2,23975	2,26815	2,29690	2,32599	2,35544	2,38525	2,41542
27	2,22129	2,25059	2,28026	2,31030	2,34073	2,37155	2,40275	2,43435	2,46635	2,49875
28	2,28793	2,31923	2,35095	2,38308	2,41564	2,44862	2,48204	2,51590	2,55020	2,58496
29	2,35657	2,38997	2,42383	2,45815	2,49294	2,52820	2,56395	2,60018	2,63691	2,67414
30	2,42726	2,46286	2,49896	2,53558	2,57271	2,61037	2,64856	2,68729	2,72657	2,76640
31	2,50008	2,53798	2,57643	2,61545	2,65504	2,69521	2,73596	2,77731	2,81927	2,86184
32	2,57508	2,61539	2,65630	2,69784	2,74000	2,78280	2,82625	2,87035	2,91513	2,96057
33	2,65234	2,69516	2,73865	2,78282	2,82768	2,87324	2,91951	2,96651	3,01424	3,06271
34	2,73191	2,77736	2,82354	2,87048	2,91816	2,96662	3,01586	3,06589	3,11672	3,16838
35	2,81386	2,86207	2,91107	2,96090	3,01155	3,06304	3,11538	3,16860	3,22269	3,27769
36	2,89828	2,94936	3,00132	3,05416	3,10791	3,16258	3,21819	3,27474	3,33226	3,39077
37	2,98523	3,03932	3,09436	3,15037	3,20737	3,26537	3,32439	3,38445	3,44556	3,50775
38	3,07478	3,13202	3,19028	3,24961	3,31000	3,37149	3,43409	3,49783	3,56271	3,62876
39	3,16703	3,22754	3,28918	3,35197	3,41592	3,48107	3,54742	3,61500	3,68384	3,75396
40	3,26204	3,32598	3,39115	3,45756	3,52523	3,59420	3,66448	3,73611	3,80909	3,88347
41	3,35990	3,42742	3,49627	3,56647	3,63804	3,71101	3,78541	3,86127	3,93860	4,01745
42	3,46070	3,53196	3,60466	3,67881	3,75446	3,83162	3,91033	3,99062	4,07251	4,15605
43	3,56452	3,63969	3,71640	3,79470	3,87460	3,95615	4,03937	4,12430	4,21098	4,29943
44	3,67145	3,75070	3,83161	3,91423	3,99859	4,08472	4,17267	4,26247	4,35415	4,44776
45	3,78160	3,86509	3,95039	4,03753	4,12654	4,21748	4,31037	4,40526	4,50219	4,60121
46	3,89504	3,98298	4,07285	4,16471	4,25859	4,35454	4,45261	4,55284	4,65527	4,75995
47	4,01190	4,10446	4,19911	4,29590	4,39487	4,49607	4,59955	4,70536	4,81355	4,92417
48	4,13225	4,22964	4,32928	4,43122	4,53550	4,64219	4,75133	4,86299	4,97721	5,09406
49	4,25622	4,35865	4,46349	4,57080	4,68064	4,79306	4,90813	5,02590	5,14643	5,26980
50	4,38391	4,49159	4,60186	4,71478	4,83042	4,94884	5,07009	5,19426	5,32141	5,45161
51	4,51542	4,62858	4,74452	4,86330	4,98499	5,10967	5,23741	5,36827	5,50234	5,63969
52	4,65089	4,76975	4,89160	5,01649	5,14451	5,27574	5,41024	5,54811	5,68942	5,83426
53	4,79041	4,91523	5,04324	5,17451	5,30914	5,44720	5,58878	5,73397	5,88286	6,03554
54	4,93412	5,06514	5,19958	5,33751	5,47903	5,62423	5,77321	5,92606	6,08288	6,24377
55	5,08215	5,21963	5,36076	5,50564	5,65436	5,80702	5,96373	6,12458	6,28970	6,45918
56	5,23461	5,37883	5,52695	5,67907	5,83530	5,99575	6,16053	6,32976	6,50355	6,68202
57	5,39165	5,54288	5,69828	5,85796	6,02203	6,19061	6,36383	6,54180	6,72467	6,91255
58	5,55340	5,71194	5,87493	6,04248	6,21473	6,39180	6,57383	6,76095	6,95330	7,15103
59	5,72000	5,88616	6,05705	6,23282	6,41360	6,59954	6,79077	6,98744	7,18972	7,39774
60	5,89160	6,06568	6,24482	6,42916	6,61884	6,81402	7,01486	7,22152	7,43417	7,65296

	FATOR DE CAPITALIZAÇÃO COMPOSTA (FCC) $(1+i)^n$								
i \ n	3,50%	3,55%	3,60%	3,65%	3,70%	3,75%	3,80%	3,85%	3,90%	3,95%
1	1,03500	1,03550	1,03600	1,03650	1,03700	1,03750	1,03800	1,03850	1,03900	1,03950
2	1,07123	1,07226	1,07330	1,07433	1,07537	1,07641	1,07744	1,07848	1,07952	1,08056
3	1,10872	1,11033	1,11193	1,11355	1,11516	1,11677	1,11839	1,12000	1,12162	1,12324
4	1,14752	1,14974	1,15196	1,15419	1,15642	1,15865	1,16089	1,16312	1,16537	1,16761
5	1,18769	1,19056	1,19344	1,19632	1,19921	1,20210	1,20500	1,20790	1,21081	1,21373
6	1,22926	1,23282	1,23640	1,23998	1,24358	1,24718	1,25079	1,25441	1,25804	1,26167
7	1,27228	1,27659	1,28091	1,28524	1,28959	1,29395	1,29832	1,30270	1,30710	1,31151
8	1,31681	1,32191	1,32702	1,33215	1,33730	1,34247	1,34766	1,35286	1,35808	1,36331
9	1,36290	1,36883	1,37479	1,38078	1,38678	1,39281	1,39887	1,40494	1,41104	1,41717
10	1,41060	1,41743	1,42429	1,43118	1,43809	1,44504	1,45202	1,45903	1,46607	1,47314
11	1,45997	1,46775	1,47556	1,48341	1,49130	1,49923	1,50720	1,51521	1,52325	1,53133
12	1,51107	1,51985	1,52868	1,53756	1,54648	1,55545	1,56447	1,57354	1,58266	1,59182
13	1,56396	1,57381	1,58371	1,59368	1,60370	1,61378	1,62392	1,63412	1,64438	1,65470
14	1,61869	1,62968	1,64073	1,65185	1,66304	1,67430	1,68563	1,69704	1,70851	1,72006
15	1,67535	1,68753	1,69979	1,71214	1,72457	1,73709	1,74969	1,76237	1,77514	1,78800
16	1,73399	1,74744	1,76099	1,77463	1,78838	1,80223	1,81617	1,83022	1,84437	1,85863
17	1,79468	1,80947	1,82438	1,83941	1,85455	1,86981	1,88519	1,90069	1,91630	1,93204
18	1,85749	1,87371	1,89006	1,90655	1,92317	1,93993	1,95683	1,97386	1,99104	2,00836
19	1,92250	1,94022	1,95810	1,97614	1,99433	2,01268	2,03119	2,04986	2,06869	2,08769
20	1,98979	2,00910	2,02859	2,04826	2,06812	2,08815	2,10837	2,12878	2,14937	2,17015
21	2,05943	2,08043	2,10162	2,12303	2,14464	2,16646	2,18849	2,21073	2,23319	2,25587
22	2,13151	2,15428	2,17728	2,20052	2,22399	2,24770	2,27165	2,29585	2,32029	2,34498
23	2,20611	2,23076	2,25566	2,28084	2,30628	2,33199	2,35797	2,38424	2,41078	2,43761
24	2,28333	2,30995	2,33687	2,36409	2,39161	2,41944	2,44758	2,47603	2,50480	2,53389
25	2,36324	2,39195	2,42099	2,45038	2,48010	2,51017	2,54059	2,57136	2,60249	2,63398
26	2,44596	2,47687	2,50815	2,53981	2,57186	2,60430	2,63713	2,67036	2,70398	2,73802
27	2,53157	2,56480	2,59844	2,63252	2,66702	2,70196	2,73734	2,77316	2,80944	2,84617
28	2,62017	2,65585	2,69199	2,72860	2,76570	2,80328	2,84136	2,87993	2,91901	2,95860
29	2,71188	2,75013	2,78890	2,82820	2,86803	2,90841	2,94933	2,99081	3,03285	3,07546
30	2,80679	2,84776	2,88930	2,93143	2,97415	3,01747	3,06140	3,10595	3,15113	3,19694
31	2,90503	2,94885	2,99331	3,03842	3,08419	3,13063	3,17774	3,22553	3,27402	3,32322
32	3,00671	3,05354	3,10107	3,14933	3,19831	3,24803	3,29849	3,34972	3,40171	3,45449
33	3,11194	3,16194	3,21271	3,26428	3,31664	3,36983	3,42383	3,47868	3,53438	3,59094
34	3,22086	3,27419	3,32837	3,38342	3,43936	3,49619	3,55394	3,61261	3,67222	3,73278
35	3,33359	3,39042	3,44819	3,50692	3,56662	3,62730	3,68899	3,75170	3,81544	3,88023
36	3,45027	3,51078	3,57233	3,63492	3,69858	3,76333	3,82917	3,89614	3,96424	4,03350
37	3,57103	3,63541	3,70093	3,76760	3,83543	3,90445	3,97468	4,04614	4,11884	4,19282
38	3,69601	3,76447	3,83416	3,90511	3,97734	4,05087	4,12572	4,20191	4,27948	4,35844
39	3,82537	3,89811	3,97219	4,04765	4,12450	4,20277	4,28249	4,36369	4,44638	4,53060
40	3,95926	4,03649	4,11519	4,19539	4,27711	4,36038	4,44523	4,53169	4,61979	4,70955
41	4,09783	4,17979	4,26334	4,34852	4,43536	4,52389	4,61415	4,70616	4,79996	4,89558
42	4,24126	4,32817	4,41682	4,50724	4,59947	4,69354	4,78949	4,88735	4,98716	5,08896
43	4,38970	4,48182	4,57583	4,67176	4,76965	4,86955	4,97149	5,07551	5,18166	5,28997
44	4,54334	4,64092	4,74056	4,84228	4,94613	5,05215	5,16040	5,27092	5,38374	5,49892
45	4,70236	4,80568	4,91122	5,01902	5,12913	5,24161	5,35650	5,47385	5,59371	5,71613
46	4,86694	4,97628	5,08802	5,20221	5,31891	5,43817	5,56004	5,68459	5,81186	5,94192
47	5,03728	5,15294	5,27119	5,39209	5,51571	5,64210	5,77133	5,90345	6,03852	6,17662
48	5,21359	5,33587	5,46095	5,58890	5,71979	5,85368	5,99064	6,13073	6,27403	6,42060
49	5,39606	5,52529	5,65754	5,79290	5,93143	6,07319	6,21828	6,36676	6,51871	6,67421
50	5,58493	5,72144	5,86122	6,00434	6,15089	6,30094	6,45458	6,61188	6,77294	6,93785
51	5,78040	5,92455	6,07222	6,22350	6,37847	6,53722	6,69985	6,86644	7,03709	7,21189
52	5,98271	6,13487	6,29082	6,45066	6,61447	6,78237	6,95444	7,13080	7,31153	7,49676
53	6,19211	6,35266	6,51729	6,68611	6,85921	7,03671	7,21871	7,40533	7,59668	7,79288
54	6,40883	6,57818	6,75191	6,93015	7,11300	7,30059	7,49302	7,69044	7,89295	8,10070
55	6,63314	6,81170	6,99498	7,18310	7,37618	7,57436	7,77776	7,98652	8,20078	8,42068
56	6,86530	7,05352	7,24680	7,44528	7,64910	7,85840	8,07331	8,29400	8,52061	8,75330
57	7,10559	7,30392	7,50769	7,71703	7,93212	8,15309	8,38010	8,61332	8,85291	9,09905
58	7,35428	7,56321	7,77796	7,99871	8,22561	8,45883	8,69854	8,94493	9,19818	9,45846
59	7,61168	7,83170	8,05797	8,29066	8,52995	8,77603	9,02909	9,28931	9,55691	9,83207
60	7,87809	8,10973	8,34806	8,59327	8,84556	9,10513	9,37219	9,64695	9,92963	10,22044

$$(1+i)^n$$

i / n	4,00%	4,05%	4,10%	4,15%	4,20%	4,25%	4,30%	4,35%	4,40%	4,45%
1	1,04000	1,04050	1,04100	1,04150	1,04200	1,04250	1,04300	1,04350	1,04400	1,04450
2	1,08160	1,08264	1,08368	1,08472	1,08576	1,08681	1,08785	1,08889	1,08994	1,09098
3	1,12486	1,12649	1,12811	1,12974	1,13137	1,13300	1,13463	1,13626	1,13789	1,13953
4	1,16986	1,17211	1,17436	1,17662	1,17888	1,18115	1,18342	1,18569	1,18796	1,19024
5	1,21665	1,21958	1,22251	1,22545	1,22840	1,23135	1,23430	1,23726	1,24023	1,24320
6	1,26532	1,26897	1,27264	1,27631	1,27999	1,28368	1,28738	1,29108	1,29480	1,29853
7	1,31593	1,32037	1,32481	1,32928	1,33375	1,33824	1,34273	1,34725	1,35177	1,35631
8	1,36857	1,37384	1,37913	1,38444	1,38977	1,39511	1,40047	1,40585	1,41125	1,41667
9	1,42331	1,42948	1,43568	1,44189	1,44814	1,45440	1,46069	1,46701	1,47335	1,47971
10	1,48024	1,48738	1,49454	1,50173	1,50896	1,51621	1,52350	1,53082	1,53817	1,54555
11	1,53945	1,54761	1,55582	1,56405	1,57233	1,58065	1,58901	1,59741	1,60585	1,61433
12	1,60103	1,61029	1,61960	1,62896	1,63837	1,64783	1,65734	1,66690	1,67651	1,68617
13	1,66507	1,67551	1,68601	1,69657	1,70718	1,71786	1,72861	1,73941	1,75028	1,76120
14	1,73168	1,74337	1,75513	1,76697	1,77889	1,79087	1,80294	1,81507	1,82729	1,83958
15	1,80094	1,81397	1,82709	1,84030	1,85360	1,86699	1,88046	1,89403	1,90769	1,92144
16	1,87298	1,88744	1,90201	1,91667	1,93145	1,94633	1,96132	1,97642	1,99163	2,00694
17	1,94790	1,96388	1,97999	1,99622	2,01257	2,02905	2,04566	2,06239	2,07926	2,09625
18	2,02582	2,04342	2,06117	2,07906	2,09710	2,11529	2,13362	2,15211	2,17075	2,18954
19	2,10685	2,12618	2,14567	2,16534	2,18518	2,20519	2,22537	2,24573	2,26626	2,28697
20	2,19112	2,21229	2,23365	2,25520	2,27695	2,29891	2,32106	2,34341	2,36597	2,38874
21	2,27877	2,30189	2,32523	2,34879	2,37259	2,39661	2,42086	2,44535	2,47008	2,49504
22	2,36992	2,39511	2,42056	2,44627	2,47224	2,49847	2,52496	2,55173	2,57876	2,60607
23	2,46472	2,49211	2,51980	2,54779	2,57607	2,60465	2,63353	2,66273	2,69223	2,72204
24	2,56330	2,59304	2,62312	2,65352	2,68426	2,71535	2,74678	2,77855	2,81068	2,84317
25	2,66584	2,69806	2,73066	2,76364	2,79700	2,83075	2,86489	2,89942	2,93435	2,96969
26	2,77247	2,80733	2,84262	2,87833	2,91448	2,95106	2,98808	3,02555	3,06347	3,10184
27	2,88337	2,92103	2,95917	2,99778	3,03689	3,07648	3,11657	3,15716	3,19826	3,23987
28	2,99870	3,03933	3,08049	3,12219	3,16443	3,20723	3,25058	3,29449	3,33898	3,38405
29	3,11865	3,16243	3,20679	3,25176	3,29734	3,34353	3,39035	3,43780	3,48590	3,53464
30	3,24340	3,29050	3,33827	3,38671	3,43583	3,48564	3,53614	3,58735	3,63928	3,69193
31	3,37313	3,42377	3,47514	3,52726	3,58013	3,63377	3,68819	3,74340	3,79940	3,85622
32	3,50806	3,56243	3,61762	3,67364	3,73050	3,78821	3,84678	3,90624	3,96658	4,02782
33	3,64838	3,70671	3,76595	3,82610	3,88718	3,94921	4,01220	4,07616	4,14111	4,20706
34	3,79432	3,85683	3,92035	3,98488	4,05044	4,11705	4,18472	4,25347	4,32332	4,39427
35	3,94609	4,01304	4,08108	4,15025	4,22056	4,29202	4,36466	4,43850	4,51354	4,58982
36	4,10393	4,17556	4,24841	4,32249	4,39782	4,47444	4,55234	4,63157	4,71214	4,79407
37	4,26809	4,34467	4,42259	4,50187	4,58253	4,66460	4,74810	4,83304	4,91947	5,00740
38	4,43881	4,52063	4,60392	4,68870	4,77500	4,86284	4,95226	5,04328	5,13593	5,23023
39	4,61637	4,70372	4,79268	4,88328	4,97555	5,06952	5,16521	5,26266	5,36191	5,46298
40	4,80102	4,89422	4,98918	5,08594	5,18452	5,28497	5,38731	5,49159	5,59783	5,70608
41	4,99306	5,09243	5,19374	5,29700	5,40227	5,50958	5,61897	5,73047	5,84414	5,96000
42	5,19278	5,29868	5,40668	5,51683	5,62917	5,74374	5,86058	5,97975	6,10128	6,22522
43	5,40050	5,51327	5,62835	5,74578	5,86559	5,98785	6,11259	6,23987	6,36974	6,50224
44	5,61652	5,73656	5,85912	5,98423	6,11195	6,24233	6,37543	6,51130	6,65000	6,79159
45	5,84118	5,96889	6,09934	6,23257	6,36865	6,50763	6,64957	6,79455	6,94260	7,09382
46	6,07482	6,21063	6,34941	6,49122	6,63613	6,78420	6,93551	7,09011	7,24808	7,40949
47	6,31782	6,46216	6,60974	6,76061	6,91485	7,07253	7,23373	7,39853	7,56699	7,73921
48	6,57053	6,72388	6,88074	7,04118	7,20527	7,37312	7,54478	7,72036	7,89994	8,08361
49	6,83335	6,99620	7,16285	7,33338	7,50790	7,68647	7,86921	8,05620	8,24754	8,44333
50	7,10668	7,27954	7,45652	7,63772	7,82323	8,01315	8,20759	8,40664	8,61043	8,81906
51	7,39095	7,57437	7,76224	7,95469	8,15180	8,35371	8,56051	8,77233	8,98929	9,21151
52	7,68659	7,88113	8,08049	8,28480	8,49418	8,70874	8,92861	9,15393	9,38482	9,62142
53	7,99405	8,20031	8,41179	8,62862	8,85093	9,07886	9,31254	9,55213	9,79775	10,04957
54	8,31381	8,53243	8,75668	8,98671	9,22267	9,46471	9,71298	9,96764	10,22885	10,49678
55	8,64637	8,87799	9,11570	9,35966	9,61003	9,86696	10,13064	10,40124	10,67892	10,96388
56	8,99222	9,23755	9,48945	9,74809	10,01365	10,28631	10,56626	10,85369	11,14879	11,45178
57	9,35191	9,61167	9,87851	10,15263	10,43422	10,72348	11,02061	11,32582	11,63934	11,96138
58	9,72599	10,00094	10,28353	10,57397	10,87246	11,17922	11,49449	11,81850	12,15147	12,49366
59	10,11503	10,40598	10,70516	11,01279	11,32910	11,65434	11,98876	12,33260	12,68614	13,04963
60	10,51963	10,82742	11,14407	11,46982	11,80492	12,14965	12,50427	12,86907	13,24433	13,63034

i / n	4,50%	4,55%	4,60%	4,65%	4,70%	4,75%	4,80%	4,85%	4,90%	4,95%
1	1,04500	1,04550	1,04600	1,04650	1,04700	1,04750	1,04800	1,04850	1,04900	1,04950
2	1,09203	1,09307	1,09412	1,09516	1,09621	1,09726	1,09830	1,09935	1,10040	1,10145
3	1,14117	1,14280	1,14445	1,14609	1,14773	1,14938	1,15102	1,15267	1,15432	1,15597
4	1,19252	1,19480	1,19709	1,19938	1,20167	1,20397	1,20627	1,20858	1,21088	1,21319
5	1,24618	1,24917	1,25216	1,25515	1,25815	1,26116	1,26417	1,26719	1,27022	1,27325
6	1,30226	1,30600	1,30976	1,31352	1,31729	1,32107	1,32485	1,32865	1,33246	1,33627
7	1,36086	1,36543	1,37000	1,37459	1,37920	1,38382	1,38845	1,39309	1,39775	1,40242
8	1,42210	1,42755	1,43302	1,43851	1,44402	1,44955	1,45509	1,46065	1,46624	1,47184
9	1,48610	1,49251	1,49894	1,50540	1,51189	1,51840	1,52494	1,53150	1,53808	1,54469
10	1,55297	1,56042	1,56789	1,57541	1,58295	1,59052	1,59813	1,60577	1,61345	1,62115
11	1,62285	1,63141	1,64002	1,64866	1,65735	1,66607	1,67484	1,68365	1,69251	1,70140
12	1,69588	1,70564	1,71546	1,72532	1,73524	1,74521	1,75524	1,76531	1,77544	1,78562
13	1,77220	1,78325	1,79437	1,80555	1,81680	1,82811	1,83949	1,85093	1,86244	1,87401
14	1,85194	1,86439	1,87691	1,88951	1,90219	1,91495	1,92778	1,94070	1,95370	1,96677
15	1,93528	1,94922	1,96325	1,97737	1,99159	2,00591	2,02032	2,03482	2,04943	2,06413
16	2,02237	2,03791	2,05356	2,06932	2,08520	2,10119	2,11729	2,13351	2,14985	2,16630
17	2,11338	2,13063	2,14802	2,16554	2,18320	2,20099	2,21892	2,23699	2,25519	2,27353
18	2,20848	2,22758	2,24683	2,26624	2,28581	2,30554	2,32543	2,34548	2,36570	2,38607
19	2,30786	2,32893	2,35018	2,37162	2,39324	2,41505	2,43705	2,45924	2,48161	2,50419
20	2,41171	2,43490	2,45829	2,48190	2,50573	2,52977	2,55403	2,57851	2,60321	2,62814
21	2,52024	2,54569	2,57137	2,59731	2,62350	2,64993	2,67662	2,70357	2,73077	2,75824
22	2,63365	2,66151	2,68966	2,71809	2,74680	2,77580	2,80510	2,83469	2,86458	2,89477
23	2,75217	2,78261	2,81338	2,84448	2,87590	2,90765	2,93974	2,97217	3,00494	3,03806
24	2,87601	2,90922	2,94280	2,97674	3,01107	3,04577	3,08085	3,11632	3,15219	3,18844
25	3,00543	3,04159	3,07817	3,11516	3,15259	3,19044	3,22873	3,26746	3,30664	3,34627
26	3,14068	3,17998	3,21976	3,26002	3,30076	3,34199	3,38371	3,42594	3,46867	3,51191
27	3,28201	3,32467	3,36787	3,41161	3,45589	3,50073	3,54613	3,59209	3,63863	3,68575
28	3,42970	3,47595	3,52279	3,57025	3,61832	3,66702	3,71634	3,76631	3,81693	3,86820
29	3,58404	3,63410	3,68484	3,73627	3,78838	3,84120	3,89473	3,94898	4,00395	4,05967
30	3,74532	3,79945	3,85434	3,91000	3,96644	4,02366	4,08168	4,14050	4,20015	4,26062
31	3,91386	3,97233	4,03164	4,09182	4,15286	4,21478	4,27760	4,34132	4,40596	4,47153
32	4,08998	4,15307	4,21710	4,28209	4,34804	4,41498	4,48292	4,55187	4,62185	4,69287
33	4,27403	4,34203	4,41109	4,48120	4,55240	4,62469	4,69810	4,77264	4,84832	4,92516
34	4,46636	4,53960	4,61400	4,68958	4,76636	4,84437	4,92361	5,00411	5,08589	5,16896
35	4,66735	4,74615	4,82624	4,90765	4,99038	5,07447	5,15994	5,24681	5,33509	5,42482
36	4,87738	4,96210	5,04825	5,13585	5,22493	5,31551	5,40762	5,50128	5,59651	5,69335
37	5,09686	5,18787	5,28047	5,37467	5,47050	5,56800	5,66719	5,76809	5,87074	5,97517
38	5,32622	5,42392	5,52337	5,62459	5,72762	5,83248	5,93921	6,04784	6,15841	6,27094
39	5,56590	5,67071	5,77744	5,88613	5,99681	6,10952	6,22429	6,34116	6,46017	6,58135
40	5,81636	5,92873	6,04321	6,15984	6,27866	6,39972	6,52306	6,64871	6,77672	6,90713
41	6,07810	6,19848	6,32119	6,44627	6,57376	6,70371	6,83617	6,97117	7,10878	7,24903
42	6,35162	6,48052	6,61197	6,74602	6,88273	7,02214	7,16430	7,30927	7,45711	7,60786
43	6,63744	6,77538	6,91612	7,05971	7,20622	7,35569	7,50819	7,66377	7,82251	7,98445
44	6,93612	7,08366	7,23426	7,38799	7,54491	7,70508	7,86858	8,03547	8,20581	8,37968
45	7,24825	7,40597	7,56704	7,73153	7,89952	8,07108	8,24627	8,42519	8,60790	8,79448
46	7,57442	7,74294	7,91512	8,09105	8,27080	8,45445	8,64209	8,83381	9,02968	9,22980
47	7,91527	8,09524	8,27922	8,46728	8,65952	8,85604	9,05691	9,26225	9,47214	9,68668
48	8,27146	8,46357	8,66006	8,86101	9,06652	9,27670	9,49165	9,71147	9,93627	10,16617
49	8,64367	8,84867	9,05842	9,27305	9,49265	9,71734	9,94725	10,18247	10,42315	10,66939
50	9,03264	9,25128	9,47511	9,70424	9,93880	10,17892	10,42471	10,67632	10,93388	11,19753
51	9,43910	9,67221	9,91096	10,15549	10,40593	10,66242	10,92510	11,19413	11,46964	11,75181
52	9,86386	10,11230	10,36687	10,62772	10,89501	11,16888	11,44950	11,73704	12,03166	12,33352
53	10,30774	10,57241	10,84374	11,12191	11,40707	11,69940	11,99908	12,30629	12,62121	12,94403
54	10,77159	11,05345	11,34256	11,63908	11,94320	12,25512	12,57504	12,90314	13,23965	13,58476
55	11,25631	11,55639	11,86431	12,18029	12,50453	12,83724	13,17864	13,52894	13,88839	14,25720
56	11,76284	12,08220	12,41007	12,74668	13,09225	13,44701	13,81121	14,18510	14,56892	14,96294
57	12,29217	12,63194	12,98094	13,33940	13,70758	14,08574	14,47415	14,87308	15,28280	15,70360
58	12,84532	13,20670	13,57806	13,95966	14,35184	14,75482	15,16891	15,59442	16,03165	16,48093
59	13,42336	13,80760	14,20265	14,60881	15,02637	15,45567	15,89702	16,35075	16,81720	17,29674
60	14,02741	14,43585	14,85597	15,28812	15,73261	16,18982	16,66008	17,14376	17,64125	18,15292

i / n	5,00%	5,10%	5,20%	5,30%	5,40%	5,50%	5,60%	5,70%	5,80%	5,90%
1	1,05000	1,05100	1,05200	1,05300	1,05400	1,05500	1,05600	1,05700	1,05800	1,05900
2	1,10250	1,10460	1,10670	1,10881	1,11092	1,11303	1,11514	1,11725	1,11936	1,12148
3	1,15763	1,16094	1,16425	1,16758	1,17091	1,17424	1,17758	1,18093	1,18429	1,18765
4	1,21551	1,22014	1,22479	1,22946	1,23413	1,23882	1,24353	1,24825	1,25298	1,25772
5	1,27628	1,28237	1,28848	1,29462	1,30078	1,30696	1,31317	1,31940	1,32565	1,33193
6	1,34010	1,34777	1,35548	1,36323	1,37102	1,37884	1,38670	1,39460	1,40254	1,41051
7	1,40710	1,41651	1,42597	1,43548	1,44505	1,45468	1,46436	1,47409	1,48388	1,49373
8	1,47746	1,48875	1,50012	1,51157	1,52309	1,53469	1,54636	1,55812	1,56995	1,58186
9	1,55133	1,56468	1,57813	1,59168	1,60533	1,61909	1,63296	1,64693	1,66101	1,67519
10	1,62889	1,64447	1,66019	1,67604	1,69202	1,70814	1,72440	1,74080	1,75734	1,77402
11	1,71034	1,72834	1,74652	1,76487	1,78339	1,80209	1,82097	1,84003	1,85927	1,87869
12	1,79586	1,81649	1,83734	1,85841	1,87969	1,90121	1,92295	1,94491	1,96711	1,98953
13	1,88565	1,90913	1,93288	1,95690	1,98120	2,00577	2,03063	2,05577	2,08120	2,10692
14	1,97993	2,00649	2,03339	2,06062	2,08818	2,11609	2,14435	2,17295	2,20191	2,23123
15	2,07893	2,10883	2,13912	2,16983	2,20094	2,23248	2,26443	2,29681	2,32962	2,36287
16	2,18287	2,21638	2,25036	2,28483	2,31980	2,35526	2,39124	2,42773	2,46474	2,50228
17	2,29202	2,32941	2,36738	2,40593	2,44506	2,48480	2,52515	2,56611	2,60769	2,64991
18	2,40662	2,44821	2,49048	2,53344	2,57710	2,62147	2,66655	2,71238	2,75894	2,80626
19	2,52695	2,57307	2,61999	2,66771	2,71626	2,76565	2,81588	2,86698	2,91896	2,97183
20	2,65330	2,70430	2,75623	2,80910	2,86294	2,91776	2,97357	3,03040	3,08826	3,14716
21	2,78596	2,84222	2,89955	2,95798	3,01754	3,07823	3,14009	3,20313	3,26738	3,33285
22	2,92526	2,98717	3,05033	3,11476	3,18049	3,24754	3,31594	3,38571	3,45688	3,52948
23	3,07152	3,13951	3,20894	3,27984	3,35223	3,42615	3,50163	3,57870	3,65738	3,73772
24	3,22510	3,29963	3,37581	3,45367	3,53325	3,61459	3,69772	3,78268	3,86951	3,95825
25	3,38635	3,46791	3,55135	3,63672	3,72405	3,81339	3,90479	3,99829	4,09394	4,19179
26	3,55567	3,64477	3,73602	3,82946	3,92515	4,02313	4,12346	4,22620	4,33139	4,43910
27	3,73346	3,83066	3,93029	4,03242	4,13710	4,24440	4,35437	4,46709	4,58261	4,70101
28	3,92013	4,02602	4,13467	4,24614	4,36051	4,47784	4,59822	4,72171	4,84840	4,97837
29	4,11614	4,23135	4,34967	4,47119	4,59598	4,72412	4,85572	4,99085	5,12961	5,27209
30	4,32194	4,44715	4,57585	4,70816	4,84416	4,98395	5,12764	5,27533	5,42713	5,58314
31	4,53804	4,67395	4,81380	4,95769	5,10574	5,25807	5,41479	5,57602	5,74190	5,91255
32	4,76494	4,91232	5,06412	5,22045	5,38145	5,54726	5,71802	5,89386	6,07493	6,26139
33	5,00319	5,16285	5,32745	5,49713	5,67205	5,85236	6,03823	6,22981	6,42728	6,63081
34	5,25335	5,42616	5,60448	5,78848	5,97834	6,17424	6,37637	6,58491	6,80006	7,02203
35	5,51602	5,70289	5,89591	6,09527	6,30117	6,51383	6,73344	6,96025	7,19446	7,43633
36	5,79182	5,99374	6,20250	6,41832	6,64144	6,87209	7,11051	7,35698	7,61174	7,87507
37	6,08141	6,29942	6,52503	6,75849	7,00007	7,25005	7,50870	7,77633	8,05322	8,33970
38	6,38548	6,62069	6,86433	7,11669	7,37808	7,64880	7,92919	8,21958	8,52031	8,83174
39	6,70475	6,95834	7,22127	7,49388	7,77649	8,06949	8,37323	8,68809	9,01449	9,35282
40	7,03999	7,31322	7,59678	7,89105	8,19642	8,51331	8,84213	9,18332	9,53733	9,90463
41	7,39199	7,68619	7,99181	8,30928	8,63903	8,98154	9,33729	9,70676	10,09049	10,48901
42	7,76159	8,07819	8,40739	8,74967	9,10554	9,47553	9,86017	10,26005	10,67574	11,10786
43	8,14967	8,49018	8,84457	9,21340	9,59724	9,99668	10,41234	10,84487	11,29493	11,76322
44	8,55715	8,92318	9,30449	9,70171	10,11549	10,54650	10,99543	11,46303	11,95004	12,45725
45	8,98501	9,37826	9,78832	10,21590	10,66173	11,12655	11,61118	12,11642	12,64314	13,19223
46	9,43426	9,85655	10,29732	10,75734	11,23746	11,73851	12,26140	12,80706	13,37645	13,97057
47	9,90597	10,35923	10,83278	11,32748	11,84428	12,38413	12,94804	13,53706	14,15228	14,79483
48	10,40127	10,88756	11,39608	11,92784	12,48387	13,06526	13,67313	14,30867	14,97311	15,66773
49	10,92133	11,44282	11,98868	12,56002	13,15800	13,78385	14,43883	15,12427	15,84155	16,59213
50	11,46740	12,02640	12,61209	13,22570	13,86853	14,54196	15,24740	15,98635	16,76036	17,57106
51	12,04077	12,63975	13,26792	13,92666	14,61743	15,34177	16,10126	16,89757	17,73246	18,60775
52	12,64281	13,28438	13,95785	14,66477	15,40678	16,18557	17,00293	17,86074	18,76095	19,70561
53	13,27495	13,96188	14,68366	15,44200	16,23874	17,07577	17,95509	18,87880	19,84908	20,86824
54	13,93870	14,67394	15,44721	16,26043	17,11563	18,01494	18,96058	19,95489	21,00033	22,09947
55	14,63563	15,42231	16,25046	17,12223	18,03988	19,00576	20,02237	21,09232	22,21835	23,40334
56	15,36741	16,20885	17,09549	18,02971	19,01403	20,05108	21,14362	22,29458	23,50701	24,78413
57	16,13578	17,03550	17,98445	18,98529	20,04079	21,15389	22,32767	23,56537	24,87042	26,24640
58	16,94257	17,90431	18,91964	19,99151	21,12299	22,31735	23,57802	24,90860	26,31290	27,79494
59	17,78970	18,81743	19,90346	21,05106	22,26363	23,54481	24,89838	26,32839	27,83905	29,43484
60	18,67919	19,77712	20,93844	22,16676	23,46587	24,83977	26,29269	27,82910	29,45371	31,17149

FATOR DE CAPITALIZAÇÃO COMPOSTA (FCC) $(1+i)^n$									
i \ n	6,00%	6,10%	6,20%	6,30%	6,40%	6,50%	6,60%	6,70%	6,80%	6,90%
1	1,06000	1,06100	1,06200	1,06300	1,06400	1,06500	1,06600	1,06700	1,06800	1,06900
2	1,12360	1,12572	1,12784	1,12997	1,13210	1,13423	1,13636	1,13849	1,14062	1,14276
3	1,19102	1,19439	1,19777	1,20116	1,20455	1,20795	1,21136	1,21477	1,21819	1,22161
4	1,26248	1,26725	1,27203	1,27683	1,28164	1,28647	1,29130	1,29616	1,30102	1,30590
5	1,33823	1,34455	1,35090	1,35727	1,36367	1,37009	1,37653	1,38300	1,38949	1,39601
6	1,41852	1,42657	1,43465	1,44278	1,45094	1,45914	1,46738	1,47566	1,48398	1,49233
7	1,50363	1,51359	1,52360	1,53367	1,54380	1,55399	1,56423	1,57453	1,58489	1,59531
8	1,59385	1,60592	1,61807	1,63029	1,64260	1,65500	1,66747	1,68002	1,69266	1,70538
9	1,68948	1,70388	1,71839	1,73300	1,74773	1,76257	1,77752	1,79259	1,80776	1,82305
10	1,79085	1,80781	1,82493	1,84218	1,85959	1,87714	1,89484	1,91269	1,93069	1,94884
11	1,89830	1,91809	1,93807	1,95824	1,97860	1,99915	2,01990	2,04084	2,06198	2,08331
12	2,01220	2,03509	2,05823	2,08161	2,10523	2,12910	2,15321	2,17757	2,20219	2,22706
13	2,13293	2,15924	2,18584	2,21275	2,23996	2,26749	2,29532	2,32347	2,35194	2,38073
14	2,26090	2,29095	2,32136	2,35215	2,38332	2,41487	2,44681	2,47914	2,51187	2,54500
15	2,39656	2,43070	2,46529	2,50034	2,53586	2,57184	2,60830	2,64525	2,68268	2,72061
16	2,54035	2,57897	2,61814	2,65786	2,69815	2,73901	2,78045	2,82248	2,86510	2,90833
17	2,69277	2,73629	2,78046	2,82531	2,87083	2,91705	2,96396	3,01159	3,05993	3,10900
18	2,85434	2,90320	2,95285	3,00330	3,05456	3,10665	3,15958	3,21336	3,26800	3,32352
19	3,02560	3,08029	3,13593	3,19251	3,25006	3,30859	3,36811	3,42866	3,49023	3,55285
20	3,20714	3,26819	3,33035	3,39364	3,45806	3,52365	3,59041	3,65838	3,72756	3,79799
21	3,39956	3,46755	3,53684	3,60744	3,67938	3,75268	3,82738	3,90349	3,98104	4,06005
22	3,60354	3,67907	3,75612	3,83470	3,91486	3,99661	4,07998	4,16502	4,25175	4,34020
23	3,81975	3,90350	3,98900	4,07629	4,16541	4,25639	4,34926	4,44408	4,54087	4,63967
24	4,04893	4,14161	4,23632	4,33310	4,43199	4,53305	4,63631	4,74183	4,84965	4,95981
25	4,29187	4,39425	4,49897	4,60608	4,71564	4,82770	4,94231	5,05953	5,17942	5,30204
26	4,54938	4,66230	4,77790	4,89626	5,01744	5,14150	5,26850	5,39852	5,53162	5,66788
27	4,82235	4,94670	5,07413	5,20473	5,33856	5,47570	5,61623	5,76022	5,90777	6,05896
28	5,11169	5,24845	5,38873	5,53263	5,68023	5,83162	5,98690	6,14616	6,30950	6,47703
29	5,41839	5,56860	5,72283	5,88118	6,04376	6,21067	6,38203	6,55795	6,73855	6,92394
30	5,74349	5,90829	6,07765	6,25170	6,43056	6,61437	6,80325	6,99733	7,19677	7,40169
31	6,08810	6,26869	6,45446	6,64555	6,84212	7,04430	7,25226	7,46616	7,68615	7,91241
32	6,45339	6,65108	6,85464	7,06422	7,28001	7,50218	7,73091	7,96639	8,20881	8,45837
33	6,84059	7,05680	7,27963	7,50927	7,74593	7,98982	8,24115	8,50014	8,76701	9,04200
34	7,25103	7,48726	7,73096	7,98235	8,24167	8,50916	8,78506	9,06964	9,36316	9,66589
35	7,68609	7,94399	8,21028	8,48524	8,76914	9,06225	9,36488	9,67731	9,99986	10,33284
36	8,14725	8,42857	8,71932	9,01981	9,33036	9,65130	9,98296	10,32569	10,67985	11,04581
37	8,63609	8,94271	9,25992	9,58806	9,92751	10,27864	10,64184	11,01751	11,40608	11,80797
38	9,15425	9,48822	9,83403	10,19211	10,56287	10,94675	11,34420	11,75568	12,18169	12,62272
39	9,70351	10,06700	10,44374	10,83421	11,23889	11,65829	12,09291	12,54332	13,01005	13,49368
40	10,28572	10,68108	11,09125	11,51677	11,95818	12,41607	12,89105	13,38372	13,89473	14,42475
41	10,90286	11,33263	11,77891	12,24232	12,72350	13,22312	13,74186	14,28043	14,83957	15,42005
42	11,55703	12,02392	12,50920	13,01359	13,53781	14,08262	14,64882	15,23722	15,84866	16,48404
43	12,25045	12,75738	13,28478	13,83345	14,40423	14,99799	15,61564	16,25811	16,92637	17,62144
44	12,98548	13,53558	14,10843	14,70495	15,32610	15,97286	16,64627	17,34740	18,07736	18,83732
45	13,76461	14,36125	14,98315	15,63136	16,30697	17,01110	17,74493	18,50968	19,30663	20,13709
46	14,59049	15,23729	15,91211	16,61614	17,35062	18,11682	18,91609	19,74983	20,61948	21,52655
47	15,46592	16,16676	16,89866	17,66296	18,46105	19,29441	20,16455	21,07307	22,02160	23,01188
48	16,39387	17,15293	17,94638	18,77572	19,64256	20,54855	21,49541	22,48496	23,51907	24,59970
49	17,37750	18,19926	19,05905	19,95859	20,89969	21,88421	22,91411	23,99145	25,11837	26,29708
50	18,42015	19,30942	20,24071	21,21599	22,23727	23,30668	24,42644	25,59888	26,82641	28,11158
51	19,52536	20,48729	21,49564	22,55259	23,66045	24,82161	26,03859	27,31401	28,65061	30,05128
52	20,69689	21,73702	22,82837	23,97341	25,17472	26,43502	27,75714	29,14404	30,59885	32,12482
53	21,93870	23,06298	24,24373	25,48373	26,78590	28,15329	29,58911	31,09669	32,67957	34,34143
54	23,25502	24,46982	25,74684	27,08921	28,50020	29,98326	31,54199	33,18017	34,90179	36,71099
55	24,65032	25,96248	27,34314	28,79583	30,32421	31,93217	33,62376	35,40324	37,27511	39,24405
56	26,12934	27,54619	29,03842	30,60996	32,26496	34,00776	35,84293	37,77526	39,80981	41,95189
57	27,69710	29,22650	30,83880	32,53839	34,32992	36,21827	38,20856	40,30620	42,51688	44,84657
58	29,35893	31,00932	32,75080	34,58831	36,52704	38,57245	40,73032	43,00672	45,40803	47,94098
59	31,12046	32,90089	34,78135	36,76737	38,86477	41,07966	43,41853	45,88817	48,49578	51,24891
60	32,98769	34,90784	36,93780	39,08372	41,35211	43,74984	46,28415	48,96268	51,79349	54,78508

i / n	7,00%	7,10%	7,20%	7,30%	7,40%	7,50%	7,60%	7,70%	7,80%	7,90%
1	1,07000	1,07100	1,07200	1,07300	1,07400	1,07500	1,07600	1,07700	1,07800	1,07900
2	1,14490	1,14704	1,14918	1,15133	1,15348	1,15563	1,15778	1,15993	1,16208	1,16424
3	1,22504	1,22848	1,23193	1,23538	1,23883	1,24230	1,24577	1,24924	1,25273	1,25622
4	1,31080	1,31570	1,32062	1,32556	1,33051	1,33547	1,34045	1,34544	1,35044	1,35546
5	1,40255	1,40912	1,41571	1,42232	1,42896	1,43563	1,44232	1,44903	1,45577	1,46254
6	1,50073	1,50917	1,51764	1,52615	1,53471	1,54330	1,55194	1,56061	1,56932	1,57808
7	1,60578	1,61632	1,62691	1,63756	1,64828	1,65905	1,66988	1,68078	1,69173	1,70275
8	1,71819	1,73107	1,74405	1,75711	1,77025	1,78348	1,79679	1,81020	1,82369	1,83726
9	1,83846	1,85398	1,86962	1,88537	1,90125	1,91724	1,93335	1,94958	1,96593	1,98241
10	1,96715	1,98561	2,00423	2,02301	2,04194	2,06103	2,08028	2,09970	2,11928	2,13902
11	2,10485	2,12659	2,14854	2,17069	2,19304	2,21561	2,23839	2,26138	2,28458	2,30800
12	2,25219	2,27758	2,30323	2,32915	2,35533	2,38178	2,40850	2,43550	2,46278	2,49033
13	2,40985	2,43929	2,46906	2,49917	2,52962	2,56041	2,59155	2,62304	2,65487	2,68707
14	2,57853	2,61248	2,64684	2,68161	2,71681	2,75244	2,78851	2,82501	2,86195	2,89935
15	2,75903	2,79796	2,83741	2,87737	2,91786	2,95888	3,00043	3,04253	3,08519	3,12840
16	2,95216	2,99662	3,04170	3,08742	3,13378	3,18079	3,22847	3,27681	3,32583	3,37554
17	3,15882	3,20938	3,26070	3,31280	3,36568	3,41935	3,47383	3,52912	3,58525	3,64221
18	3,37993	3,43724	3,49547	3,55463	3,61474	3,67580	3,73784	3,80087	3,86489	3,92994
19	3,61653	3,68129	3,74715	3,81412	3,88223	3,95149	4,02192	4,09353	4,16636	4,24041
20	3,86968	3,94266	4,01694	4,09255	4,16952	4,24785	4,32758	4,40874	4,49133	4,57540
21	4,14056	4,22259	4,30616	4,39131	4,47806	4,56644	4,65648	4,74821	4,84166	4,93685
22	4,43040	4,52239	4,61621	4,71188	4,80944	4,90892	5,01037	5,11382	5,21931	5,32687
23	4,74053	4,84348	4,94857	5,05584	5,16533	5,27709	5,39116	5,50758	5,62641	5,74769
24	5,07237	5,18737	5,30487	5,42492	5,54757	5,67287	5,80089	5,93167	6,06527	6,20176
25	5,42743	5,55567	5,68682	5,82094	5,95809	6,09834	6,24176	6,38841	6,53836	6,69169
26	5,80735	5,95013	6,09627	6,24587	6,39899	6,55572	6,71613	6,88031	7,04836	7,22034
27	6,21387	6,37259	6,53520	6,70182	6,87251	7,04739	7,22656	7,41010	7,59813	7,79075
28	6,64884	6,82504	7,00574	7,19105	7,38108	7,57595	7,77577	7,98068	8,19078	8,40621
29	7,11426	7,30962	7,51015	7,71599	7,92728	8,14414	8,36673	8,59519	8,82966	9,07031
30	7,61226	7,82860	8,05088	8,27926	8,51390	8,75496	9,00260	9,25702	9,51838	9,78686
31	8,14511	8,38443	8,63055	8,88365	9,14393	9,41158	9,68680	9,96981	10,26081	10,56002
32	8,71527	8,97973	9,25195	9,53216	9,82058	10,11745	10,42300	10,73748	11,06115	11,39426
33	9,32534	9,61729	9,91809	10,22800	10,54730	10,87625	11,21515	11,56427	11,92392	12,29441
34	9,97811	10,30011	10,63219	10,97465	11,32780	11,69197	12,06750	12,45472	12,85399	13,26567
35	10,67658	11,03142	11,39771	11,77580	12,16606	12,56887	12,98463	13,41373	13,85660	14,31366
36	11,42394	11,81465	12,21834	12,63543	13,06635	13,51154	13,97146	14,44659	14,93741	15,44443
37	12,22362	12,65349	13,09806	13,55782	14,03325	14,52490	15,03329	15,55898	16,10253	16,66454
38	13,07927	13,55189	14,04112	14,54754	15,07172	15,61427	16,17582	16,75702	17,35853	17,98104
39	13,99482	14,51407	15,05208	15,60951	16,18702	16,78534	17,40518	18,04731	18,71249	19,40155
40	14,97446	15,54457	16,13583	16,74900	17,38486	18,04424	18,72798	19,43695	20,17207	20,93427
41	16,02267	16,64824	17,29761	17,97168	18,67134	19,39756	20,15130	20,93360	21,74549	22,58808
42	17,14426	17,83026	18,54304	19,28361	20,05302	20,85237	21,68280	22,54548	23,44164	24,37253
43	18,34435	19,09621	19,87814	20,69131	21,53694	22,41630	23,33069	24,28148	25,27009	26,29796
44	19,62846	20,45204	21,30937	22,20178	23,13068	24,09752	25,10383	26,15116	27,24115	28,37550
45	21,00245	21,90414	22,84364	23,82251	24,84235	25,90484	27,01172	28,16480	29,36596	30,61717
46	22,47262	23,45933	24,48838	25,56155	26,68068	27,84770	29,06461	30,33349	31,65651	33,03592
47	24,04571	25,12495	26,25155	27,42754	28,65505	29,93628	31,27352	32,66917	34,12572	35,64576
48	25,72891	26,90882	28,14166	29,42976	30,77553	32,18150	33,65031	35,18469	36,78752	38,46178
49	27,52993	28,81934	30,16786	31,57813	33,05292	34,59511	36,20773	37,89391	39,65695	41,50026
50	29,45703	30,86552	32,33994	33,88333	35,49883	37,18975	38,95952	40,81175	42,75019	44,77878
51	31,51902	33,05697	34,66842	36,35681	38,12575	39,97898	41,92044	43,95425	46,08470	48,31630
52	33,72535	35,40401	37,16455	39,01086	40,94705	42,97740	45,10639	47,33873	49,67931	52,13329
53	36,08612	37,91770	39,84039	41,85865	43,97713	46,20071	48,53448	50,98381	53,55430	56,25182
54	38,61215	40,60985	42,70890	44,91434	47,23144	49,66576	52,22310	54,90956	57,73153	60,69571
55	41,31500	43,49315	45,78394	48,19308	50,72657	53,39069	56,19206	59,13760	62,23459	65,49067
56	44,20705	46,58117	49,08039	51,71118	54,48033	57,39499	60,46265	63,69119	67,08889	70,66444
57	47,30155	49,88843	52,61418	55,48609	58,51188	61,69962	65,05781	68,59542	72,32182	76,24693
58	50,61265	53,43051	56,40240	59,53658	62,84176	66,32709	70,00021	73,87726	77,96293	82,27043
59	54,15554	57,22407	60,46337	63,88275	67,49205	71,30162	75,32238	79,56581	84,04403	88,76980
60	57,94643	61,28698	64,81673	68,54619	72,48646	76,64924	81,04688	85,69238	90,59947	95,78261

i / n	8,00%	8,10%	8,20%	8,30%	8,40%	8,50%	8,60%	8,70%	8,80%	8,90%
1	1,08000	1,08100	1,08200	1,08300	1,08400	1,08500	1,08600	1,08700	1,08800	1,08900
2	1,16640	1,16856	1,17072	1,17289	1,17506	1,17723	1,17940	1,18157	1,18374	1,18592
3	1,25971	1,26321	1,26672	1,27024	1,27376	1,27729	1,28082	1,28437	1,28791	1,29147
4	1,36049	1,36553	1,37059	1,37567	1,38076	1,38586	1,39097	1,39611	1,40125	1,40641
5	1,46933	1,47614	1,48298	1,48985	1,49674	1,50366	1,51060	1,51757	1,52456	1,53158
6	1,58687	1,59571	1,60459	1,61351	1,62247	1,63147	1,64051	1,64959	1,65872	1,66789
7	1,71382	1,72496	1,73616	1,74743	1,75875	1,77014	1,78159	1,79311	1,80469	1,81633
8	1,85093	1,86469	1,87853	1,89246	1,90649	1,92060	1,93481	1,94911	1,96350	1,97799
9	1,99900	2,01572	2,03257	2,04954	2,06663	2,08386	2,10121	2,11868	2,13629	2,15403
10	2,15892	2,17900	2,19924	2,21965	2,24023	2,26098	2,28191	2,30301	2,32428	2,34573
11	2,33164	2,35550	2,37958	2,40388	2,42841	2,45317	2,47815	2,50337	2,52882	2,55450
12	2,51817	2,54629	2,57470	2,60340	2,63240	2,66169	2,69127	2,72116	2,75136	2,78186
13	2,71962	2,75254	2,78583	2,81949	2,85352	2,88793	2,92272	2,95790	2,99348	3,02944
14	2,93719	2,97550	3,01427	3,05350	3,09321	3,13340	3,17408	3,21524	3,25690	3,29906
15	3,17217	3,21651	3,26144	3,30694	3,35304	3,39974	3,44705	3,49497	3,54351	3,59268
16	3,42594	3,47705	3,52887	3,58142	3,63470	3,68872	3,74349	3,79903	3,85534	3,91243
17	3,70002	3,75869	3,81824	3,87868	3,94001	4,00226	4,06544	4,12955	4,19461	4,26063
18	3,99602	4,06315	4,13134	4,20061	4,27098	4,34245	4,41506	4,48882	4,56373	4,63983
19	4,31570	4,39226	4,47011	4,54926	4,62974	4,71156	4,79476	4,87934	4,96534	5,05277
20	4,66096	4,74803	4,83666	4,92685	5,01864	5,11205	5,20711	5,30385	5,40229	5,50247
21	5,03383	5,13263	5,23326	5,33578	5,44020	5,54657	5,65492	5,76528	5,87769	5,99219
22	5,43654	5,54837	5,66239	5,77865	5,89718	6,01803	6,14124	6,26686	6,39493	6,52549
23	5,87146	5,99779	6,12671	6,25827	6,39254	6,52956	6,66939	6,81208	6,95768	7,10626
24	6,34118	6,48361	6,62910	6,77771	6,92951	7,08457	7,24296	7,40473	7,56996	7,73872
25	6,84848	7,00878	7,17268	7,34026	7,51159	7,68676	7,86585	8,04894	8,23611	8,42747
26	7,39635	7,57649	7,76084	7,94950	8,14257	8,34014	8,54231	8,74920	8,96089	9,17751
27	7,98806	8,19019	8,39723	8,60931	8,82654	9,04905	9,27695	9,51038	9,74945	9,99431
28	8,62711	8,85359	9,08580	9,32388	9,56797	9,81822	10,07477	10,33778	10,60740	10,88380
29	9,31727	9,57073	9,83084	10,09776	10,37168	10,65277	10,94120	11,23717	11,54085	11,85246
30	10,06266	10,34596	10,63697	10,93588	11,24290	11,55825	11,88214	12,21480	12,55645	12,90733
31	10,86767	11,18398	11,50920	11,84356	12,18731	12,54070	12,90401	13,27749	13,66142	14,05608
32	11,73708	12,08989	12,45295	12,82657	13,21104	13,60666	14,01375	14,43263	14,86362	15,30707
33	12,67605	13,06917	13,47410	13,89118	14,32077	14,76323	15,21893	15,68827	16,17162	16,66940
34	13,69013	14,12777	14,57897	15,04415	15,52371	16,01810	16,52776	17,05315	17,59472	18,15298
35	14,78534	15,27212	15,77445	16,29281	16,82770	17,37964	17,94915	18,53677	19,14306	19,76859
36	15,96817	16,50916	17,06795	17,64511	18,24123	18,85691	19,49278	20,14947	20,82765	21,52800
37	17,24563	17,84640	18,46752	19,10966	19,77350	20,45975	21,16916	21,90247	22,66048	23,44399
38	18,62528	19,29196	19,98186	20,69576	21,43447	22,19883	22,98970	23,80799	24,65460	25,53051
39	20,11530	20,85461	21,62037	22,41351	23,23496	24,08573	24,96682	25,87928	26,82421	27,80272
40	21,72452	22,54383	23,39324	24,27383	25,18670	26,13302	27,11396	28,13078	29,18474	30,27716
41	23,46248	24,36988	25,31149	26,28856	27,30238	28,35432	29,44576	30,57816	31,75300	32,97183
42	25,33948	26,34384	27,38703	28,47051	29,59578	30,76444	31,97810	33,23846	34,54726	35,90632
43	27,36664	28,47770	29,63277	30,83356	32,08183	33,37942	34,72822	36,13020	37,58742	39,10199
44	29,55597	30,78439	32,06265	33,39274	34,77670	36,21667	37,71484	39,27353	40,89511	42,58206
45	31,92045	33,27792	34,69179	36,16434	37,69795	39,29508	40,95832	42,69033	44,49388	46,37187
46	34,47409	35,97344	37,53652	39,16598	40,86457	42,63517	44,48074	46,40439	48,40934	50,49896
47	37,23201	38,88728	40,61451	42,41676	44,29720	46,25915	48,30608	50,44157	52,66936	54,99337
48	40,21057	42,03715	43,94490	45,93735	48,01816	50,19118	52,46040	54,82998	57,30427	59,88778
49	43,42742	45,44216	47,54839	49,75015	52,05169	54,45743	56,97200	59,60019	62,34704	65,21779
50	46,90161	49,12298	51,44735	53,87941	56,42403	59,08632	61,87159	64,78541	67,83358	71,02218
51	50,65374	53,10194	55,66604	58,35140	61,16365	64,10865	67,19254	70,42174	73,80294	77,34315
52	54,70604	57,40320	60,23065	63,19457	66,30140	69,55789	72,97110	76,54843	80,29760	84,22669
53	59,08252	62,05286	65,16956	68,43972	71,87071	75,47031	79,24662	83,20814	87,36379	91,72287
54	63,80913	67,07914	70,51347	74,12021	77,90785	81,88528	86,06183	90,44725	95,05180	99,88620
55	68,91386	72,51255	76,29557	80,27219	84,45211	88,84553	93,46314	98,31616	103,41636	108,77608
56	74,42696	78,38606	82,55181	86,93478	91,54609	96,39740	101,50098	106,86967	112,51700	118,45715
57	80,38112	84,73534	89,32106	94,15037	99,23596	104,59118	110,23006	116,16733	122,41849	128,99983
58	86,81161	91,59890	96,64539	101,96485	107,57178	113,48143	119,70984	126,27389	133,19132	140,48082
59	93,75654	99,01841	104,57031	110,42793	116,60781	123,12736	130,00489	137,25972	144,91216	152,98361
60	101,25706	107,03890	113,14507	119,59345	126,40287	133,59318	141,18531	149,20131	157,66443	166,59915

n	9,00%	9,10%	9,20%	9,30%	9,40%	9,50%	9,60%	9,70%	9,80%	9,90%
1	1,09000	1,09100	1,09200	1,09300	1,09400	1,09500	1,09600	1,09700	1,09800	1,09900
2	1,18810	1,19028	1,19246	1,19465	1,19684	1,19903	1,20122	1,20341	1,20560	1,20780
3	1,29503	1,29860	1,30217	1,30575	1,30934	1,31293	1,31653	1,32014	1,32375	1,32737
4	1,41158	1,41677	1,42197	1,42719	1,43242	1,43766	1,44292	1,44819	1,45348	1,45878
5	1,53862	1,54569	1,55279	1,55991	1,56706	1,57424	1,58144	1,58867	1,59592	1,60320
6	1,67710	1,68635	1,69565	1,70499	1,71437	1,72379	1,73326	1,74277	1,75232	1,76192
7	1,82804	1,83981	1,85165	1,86355	1,87552	1,88755	1,89965	1,91182	1,92405	1,93635
8	1,99256	2,00723	2,02200	2,03686	2,05182	2,06687	2,08202	2,09726	2,11261	2,12805
9	2,17189	2,18989	2,20802	2,22629	2,24469	2,26322	2,28189	2,30070	2,31964	2,33873
10	2,36736	2,38917	2,41116	2,43333	2,45569	2,47823	2,50095	2,52387	2,54697	2,57026
11	2,58043	2,60659	2,63299	2,65963	2,68652	2,71366	2,74104	2,76868	2,79657	2,82471
12	2,81266	2,84379	2,87522	2,90698	2,93906	2,97146	3,00418	3,03724	3,07063	3,10436
13	3,06580	3,10257	3,13974	3,17733	3,21533	3,25375	3,29259	3,33186	3,37156	3,41169
14	3,34173	3,38491	3,42860	3,47282	3,51757	3,56285	3,60867	3,65505	3,70197	3,74945
15	3,64248	3,69293	3,74403	3,79579	3,84822	3,90132	3,95511	4,00958	4,06476	4,12065
16	3,97031	4,02899	4,08848	4,14880	4,20995	4,27195	4,33480	4,39851	4,46311	4,52859
17	4,32763	4,39563	4,46462	4,53464	4,60569	4,67778	4,75094	4,82517	4,90049	4,97692
18	4,71712	4,79563	4,87537	4,95636	5,03862	5,12217	5,20703	5,29321	5,38074	5,46964
19	5,14166	5,23203	5,32390	5,41730	5,51225	5,60878	5,70690	5,80665	5,90805	6,01113
20	5,60441	5,70815	5,81370	5,92111	6,03040	6,14161	6,25477	6,36990	6,48704	6,60623
21	6,10881	6,22759	6,34856	6,47177	6,59726	6,72507	6,85522	6,98778	7,12277	7,26025
22	6,65860	6,79430	6,93263	7,07365	7,21741	7,36395	7,51333	7,66559	7,82081	7,97901
23	7,25787	7,41258	7,57043	7,73150	7,89584	8,06352	8,23460	8,40916	8,58724	8,76894
24	7,91108	8,08712	8,26691	8,45053	8,63805	8,82956	9,02513	9,22484	9,42879	9,63706
25	8,62308	8,82305	9,02747	9,23643	9,45003	9,66836	9,89154	10,11965	10,35282	10,59113
26	9,39916	9,62595	9,85800	10,09542	10,33833	10,58686	10,84113	11,10126	11,36739	11,63965
27	10,24508	10,50191	10,76493	11,03429	11,31013	11,59261	11,88187	12,17808	12,48140	12,79198
28	11,16714	11,45758	11,75530	12,06048	12,37328	12,69391	13,02253	13,35936	13,70457	14,05838
29	12,17218	12,50022	12,83679	13,18210	13,53637	13,89983	14,27270	14,65522	15,04762	15,45016
30	13,26768	13,63774	14,01778	14,40804	14,80879	15,22031	15,64288	16,07677	16,52229	16,97973
31	14,46177	14,87878	15,30741	15,74799	16,20082	16,66624	17,14459	17,63622	18,14147	18,66072
32	15,76333	16,23275	16,71569	17,21255	17,72370	18,24954	18,79047	19,34693	19,91934	20,50813
33	17,18203	17,70993	18,25354	18,81332	19,38972	19,98324	20,59436	21,22358	21,87143	22,53844
34	18,72841	19,32153	19,93286	20,56295	21,21236	21,88165	22,57142	23,28227	24,01483	24,76975
35	20,41397	21,07979	21,76669	22,47531	23,20632	23,96041	24,73827	25,54065	26,36829	27,22195
36	22,25123	22,99805	23,76922	24,56551	25,38771	26,23664	27,11315	28,01809	28,95238	29,91692
37	24,25384	25,09087	25,95599	26,85011	27,77416	28,72913	29,71601	30,73585	31,78971	32,87870
38	26,43668	27,37414	28,34394	29,34717	30,38493	31,45839	32,56875	33,71723	34,90510	36,13369
39	28,81598	29,86519	30,95159	32,07645	33,24111	34,44694	35,69535	36,98780	38,32580	39,71093
40	31,40942	32,58292	33,79913	35,05956	36,36578	37,71940	39,12210	40,57561	42,08173	43,64231
41	34,23627	35,54797	36,90865	38,32010	39,78416	41,30274	42,87782	44,51145	46,20574	47,96290
42	37,31753	38,78283	40,30425	41,88387	43,52387	45,22650	46,99409	48,82906	50,73390	52,71122
43	40,67611	42,31207	44,01224	45,77907	47,61512	49,52302	51,50553	53,56548	55,70583	57,92963
44	44,33696	46,16247	48,06136	50,03652	52,09094	54,22771	56,45006	58,76133	61,16500	63,66467
45	48,32729	50,36325	52,48301	54,68992	56,98748	59,37934	61,86926	64,46118	67,15917	69,96747
46	52,67674	54,94631	57,31145	59,77608	62,34431	65,02038	67,80871	70,71391	73,74077	76,89425
47	57,41765	59,94642	62,58410	65,33526	68,20467	71,19731	74,31835	77,57316	80,96736	84,50678
48	62,58524	65,40155	68,34184	71,41144	74,61591	77,96106	81,45291	85,09776	88,90216	92,87295
49	68,21791	71,35309	74,62928	78,05270	81,62981	85,36736	89,27239	93,35224	97,61457	102,06737
50	74,35752	77,84622	81,49518	85,31160	89,30301	93,47726	97,84254	102,40741	107,18080	112,17204
51	81,04970	84,93023	88,99274	93,24558	97,69749	102,35760	107,23542	112,34093	117,68452	123,27707
52	88,34417	92,65888	97,18007	101,91742	106,88106	112,08157	117,53002	123,23800	129,21760	135,48150
53	96,29514	101,09083	106,12063	111,39574	116,92788	122,72932	128,81290	135,19208	141,88093	148,89417
54	104,96171	110,29010	115,88373	121,75554	127,91910	134,38860	141,17894	148,30572	155,78526	163,63469
55	114,40826	120,32650	126,54504	133,07881	139,94349	147,15552	154,73212	162,69137	171,05222	179,83453
56	124,70501	131,27621	138,18718	145,45514	153,09818	161,13529	169,58640	178,47243	187,81533	197,63815
57	135,92846	143,22235	150,90040	158,98247	167,48941	176,44315	185,86670	195,78426	206,22124	217,20432
58	148,16202	156,25558	164,78324	173,76784	183,23342	193,20525	203,70990	214,77533	226,43092	238,70755
59	161,49660	170,47484	179,94329	189,92824	200,45736	211,55974	223,26605	235,60854	248,62115	262,33960
60	176,03129	185,98805	196,49808	207,59157	219,30035	231,65792	244,69959	258,46257	272,98602	288,31122

$$(1+i)^n$$

i / n	10,00%	10,50%	11,00%	11,50%	12,00%	12,50%	13,00%	13,50%	14,00%	14,50%
1	1,10000	1,10500	1,11000	1,11500	1,12000	1,12500	1,13000	1,13500	1,14000	1,14500
2	1,21000	1,22103	1,23210	1,24323	1,25440	1,26563	1,27690	1,28823	1,29960	1,31103
3	1,33100	1,34923	1,36763	1,38620	1,40493	1,42383	1,44290	1,46214	1,48154	1,50112
4	1,46410	1,49090	1,51807	1,54561	1,57352	1,60181	1,63047	1,65952	1,68896	1,71879
5	1,61051	1,64745	1,68506	1,72335	1,76234	1,80203	1,84244	1,88356	1,92541	1,96801
6	1,77156	1,82043	1,87041	1,92154	1,97382	2,02729	2,08195	2,13784	2,19497	2,25337
7	1,94872	2,01157	2,07616	2,14252	2,21068	2,28070	2,35261	2,42645	2,50227	2,58011
8	2,14359	2,22279	2,30454	2,38891	2,47596	2,56578	2,65844	2,75402	2,85259	2,95423
9	2,35795	2,45618	2,55804	2,66363	2,77308	2,88651	3,00404	3,12581	3,25195	3,38259
10	2,59374	2,71408	2,83942	2,96995	3,10585	3,24732	3,39457	3,54780	3,70722	3,87307
11	2,85312	2,99906	3,15176	3,31149	3,47855	3,65324	3,83586	4,02675	4,22623	4,43466
12	3,13843	3,31396	3,49845	3,69231	3,89598	4,10989	4,33452	4,57036	4,81790	5,07769
13	3,45227	3,66193	3,88328	4,11693	4,36349	4,62363	4,89801	5,18736	5,49241	5,81395
14	3,79750	4,04643	4,31044	4,59037	4,88711	5,20158	5,53475	5,88765	6,26135	6,65697
15	4,17725	4,47130	4,78459	5,11827	5,47357	5,85178	6,25427	6,68248	7,13794	7,62223
16	4,59497	4,94079	5,31089	5,70687	6,13039	6,58325	7,06733	7,58462	8,13725	8,72746
17	5,05447	5,45957	5,89509	6,36316	6,86604	7,40616	7,98608	8,60854	9,27646	9,99294
18	5,55992	6,03283	6,54355	7,09492	7,68997	8,33193	9,02427	9,77070	10,57517	11,44192
19	6,11591	6,66628	7,26334	7,91084	8,61276	9,37342	10,19742	11,08974	12,05569	13,10099
20	6,72750	7,36623	8,06231	8,82058	9,64629	10,54509	11,52309	12,58686	13,74349	15,00064
21	7,40025	8,13969	8,94917	9,83495	10,80385	11,86323	13,02109	14,28608	15,66758	17,17573
22	8,14027	8,99436	9,93357	10,96597	12,10031	13,34613	14,71383	16,21470	17,86104	19,66621
23	8,95430	9,93876	11,02627	12,22706	13,55235	15,01440	16,62663	18,40369	20,36158	22,51781
24	9,84973	10,98233	12,23916	13,63317	15,17863	16,89120	18,78809	20,88818	23,21221	25,78290
25	10,83471	12,13548	13,58546	15,20098	17,00006	19,00260	21,23054	23,70809	26,46192	29,52141
26	11,91818	13,40971	15,07986	16,94910	19,04007	21,37793	23,99051	26,90868	30,16658	33,80202
27	13,10999	14,81772	16,73865	18,89824	21,32488	24,05017	27,10928	30,54135	34,38991	38,70331
28	14,42099	16,37359	18,57990	21,07154	23,88387	27,05644	30,63341	34,66443	39,20449	44,31529
29	15,86309	18,09281	20,62369	23,49477	26,74993	30,43849	34,61584	39,34413	44,69312	50,74101
30	17,44940	19,99256	22,89230	26,19667	29,95992	34,24330	39,11590	44,65559	50,95016	58,09846
31	19,19434	22,09178	25,41045	29,20928	33,55511	38,52372	44,20096	50,68410	58,08318	66,52273
32	21,11378	24,41141	28,20560	32,56835	37,58173	43,33918	49,94709	57,52645	66,21483	76,16853
33	23,22515	26,97461	31,30821	36,31371	42,09153	48,75658	56,44021	65,29252	75,48490	87,21297
34	25,54767	29,80694	34,75212	40,48979	47,14252	54,85115	63,77744	74,10701	86,05279	99,85885
35	28,10244	32,93667	38,57485	45,14611	52,79962	61,70755	72,06851	84,11146	98,10018	114,33838
36	30,91268	36,39502	42,81808	50,33792	59,13557	69,42099	81,43741	95,46650	111,83420	130,91744
37	34,00395	40,21650	47,52807	56,12678	66,23184	78,09861	92,02428	108,35448	127,49099	149,90047
38	37,40434	44,43923	52,75616	62,58135	74,17966	87,86094	103,98743	122,98234	145,33973	171,63604
39	41,14478	49,10535	58,55934	69,77821	83,08122	98,84356	117,50580	139,58495	165,68729	196,52327
40	45,25926	54,26142	65,00087	77,80270	93,05097	111,19900	132,78155	158,42892	188,88351	225,01914
41	49,78518	59,95886	72,15096	86,75002	104,21709	125,09888	150,04315	179,81682	215,32721	257,64692
42	54,76370	66,25455	80,08757	96,72627	116,72314	140,73624	169,54876	204,09210	245,47301	295,00572
43	60,24007	73,21127	88,89720	107,84979	130,72991	158,32827	191,59010	231,64453	279,83924	337,78155
44	66,26408	80,89846	98,67589	120,25251	146,41750	178,11930	216,49682	262,91654	319,01673	386,75988
45	72,89048	89,39279	109,53024	134,08155	163,98760	200,38422	244,64140	298,41027	363,67907	442,84006
46	80,17953	98,77904	121,57857	149,50093	183,66612	225,43224	276,44478	338,69566	414,59414	507,05187
47	88,19749	109,15084	134,95221	166,69354	205,70605	253,61127	312,38261	384,41957	472,63732	580,57439
48	97,01723	120,61167	149,79695	185,86330	230,39078	285,31268	352,99234	436,31622	538,80655	664,75768
49	106,71896	133,27590	166,27462	207,23758	258,03767	320,97677	398,88135	495,21890	614,23946	761,14754
50	117,39085	147,26987	184,56483	231,06990	289,00219	361,09886	450,73593	562,07346	700,23299	871,51393
51	129,12994	162,73321	204,86696	257,64293	323,68245	406,23622	509,33160	637,95337	798,26561	997,88345
52	142,04293	179,82019	227,40232	287,27187	362,52435	457,01575	575,54470	724,07708	910,02279	1142,57655
53	156,24723	198,70131	252,41658	320,30814	406,02727	514,14272	650,36551	821,82748	1037,42598	1308,25015
54	171,87195	219,56495	280,18241	357,14357	454,75054	578,41056	734,91303	932,77419	1182,66562	1497,94642
55	189,05914	242,61927	311,00247	398,21508	509,32061	650,71188	830,45173	1058,69871	1348,23881	1715,14866
56	207,96506	268,09429	345,21274	444,00982	570,43908	732,05086	938,41045	1201,62304	1536,99224	1963,84521
57	228,76156	296,24419	383,18614	495,07095	638,89177	823,55722	1060,40381	1363,84215	1752,17115	2248,60277
58	251,63772	327,34983	425,33661	552,00411	715,55878	926,50187	1198,25630	1547,96084	1997,47512	2574,65017
59	276,80149	361,72157	472,12364	615,48458	801,42583	1042,31461	1354,02962	1756,93555	2277,12163	2947,97444
60	304,48164	399,70233	524,05724	686,26530	897,59693	1172,60393	1530,05347	1994,12185	2595,91866	3375,43074

$$(1+i)^n$$

i / n	15,00%	15,50%	16,00%	16,50%	17,00%	17,50%	18,00%	18,50%	19,00%	19,50%
1	1,15000	1,15500	1,16000	1,16500	1,17000	1,17500	1,18000	1,18500	1,19000	1,19500
2	1,32250	1,33403	1,34560	1,35723	1,36890	1,38063	1,39240	1,40423	1,41610	1,42803
3	1,52088	1,54080	1,56090	1,58117	1,60161	1,62223	1,64303	1,66401	1,68516	1,70649
4	1,74901	1,77962	1,81064	1,84206	1,87389	1,90613	1,93878	1,97185	2,00534	2,03926
5	2,01136	2,05546	2,10034	2,14600	2,19245	2,23970	2,28776	2,33664	2,38635	2,43691
6	2,31306	2,37406	2,43640	2,50009	2,56516	2,63164	2,69955	2,76892	2,83976	2,91211
7	2,66002	2,74204	2,82622	2,91260	3,00124	3,09218	3,18547	3,28117	3,37932	3,47997
8	3,05902	3,16706	3,27841	3,39318	3,51145	3,63331	3,75886	3,88818	4,02139	4,15856
9	3,51788	3,65795	3,80296	3,95306	4,10840	4,26914	4,43545	4,60750	4,78545	4,96948
10	4,04556	4,22493	4,41144	4,60531	4,80683	5,01624	5,23384	5,45989	5,69468	5,93853
11	4,65239	4,87980	5,11726	5,36519	5,62399	5,89409	6,17593	6,46996	6,77667	7,09654
12	5,35025	5,63617	5,93603	6,25045	6,58007	6,92555	7,28759	7,66691	8,06424	8,48037
13	6,15279	6,50977	6,88759	7,28177	7,69868	8,13752	8,59936	9,08528	9,59645	10,13404
14	7,07571	7,51879	7,98752	8,48326	9,00745	9,56159	10,14724	10,76606	11,41977	12,11018
15	8,13706	8,68420	9,26552	9,88300	10,53872	11,23487	11,97375	12,75778	13,58953	14,47167
16	9,35762	10,03025	10,74800	11,51370	12,33030	13,20097	14,12902	15,11797	16,17154	17,29364
17	10,76126	11,58494	12,46768	13,41346	14,42646	15,51114	16,67225	17,91480	19,24413	20,66590
18	12,37545	13,38060	14,46251	15,62668	16,87895	18,22559	19,67325	21,22904	22,90052	24,69575
19	14,23177	15,45460	16,77652	18,20508	19,74838	21,41507	23,21444	25,15641	27,25162	29,51143
20	16,36654	17,85006	19,46076	21,20892	23,10560	25,16271	27,39303	29,81035	32,42942	35,26615
21	18,82152	20,61682	22,57448	24,70839	27,03355	29,56618	32,32378	35,32526	38,59101	42,14305
22	21,64475	23,81243	26,18640	28,78527	31,62925	34,74026	38,14206	41,86043	45,92331	50,36095
23	24,89146	27,50335	30,37622	33,53484	37,00623	40,81981	45,00763	49,60461	54,64873	60,18134
24	28,62518	31,76637	35,23642	39,06809	43,29729	47,96327	53,10901	58,78147	65,03199	71,91670
25	32,91895	36,69016	40,87424	45,51433	50,65783	56,35684	62,66863	69,65604	77,38807	85,94045
26	37,85680	42,37713	47,41412	53,02419	59,26966	66,21929	73,94898	82,54240	92,09181	102,69884
27	43,53531	48,94559	55,00038	61,77318	69,34550	77,80767	87,25980	97,81275	109,58925	122,72511
28	50,06561	56,53216	63,80044	71,96576	81,13423	91,42401	102,96656	115,90811	130,41121	146,65651
29	57,57545	65,29464	74,00851	83,84011	94,92705	107,42321	121,50054	137,35111	155,18934	175,25453
30	66,21177	75,41531	85,84988	97,67373	111,06465	126,22227	143,37064	162,76106	184,67531	209,42916
31	76,14354	87,10468	99,58586	113,78989	129,94564	148,31117	169,17735	192,87186	219,76362	250,26785
32	87,56507	100,60591	115,51959	132,58522	152,03640	174,26563	199,62928	228,55315	261,51871	299,07008
33	100,69983	116,19983	134,00213	154,43849	177,88259	204,76211	235,56255	270,83548	311,20726	357,38875
34	115,80480	134,21080	155,44317	179,92084	208,12263	240,59548	277,96381	320,94005	370,33664	427,07955
35	133,17552	155,01347	180,31407	209,60777	243,50347	282,69969	327,99729	380,31396	440,70061	510,36007
36	153,15185	179,04056	209,16432	244,19306	284,89906	332,17213	387,03680	450,67204	524,43372	609,88028
37	176,12463	206,79185	242,63062	284,48491	333,33191	390,30226	456,70343	534,04636	624,07613	728,80693
38	202,54332	238,84459	281,45151	331,42492	389,99833	458,60515	538,91004	632,84494	742,65059	870,92429
39	232,92482	275,86550	326,48376	386,11004	456,29805	538,86106	635,91385	749,92126	883,75421	1040,75452
40	267,86355	318,62465	378,72116	449,81819	533,86871	633,16174	750,37834	888,65669	1051,66751	1243,70165
41	308,04308	368,01147	439,31654	524,03819	624,62639	743,96505	885,44645	1053,05818	1251,48433	1486,22347
42	354,24954	425,05325	509,60719	610,50449	730,81288	874,15893	1044,82681	1247,87394	1489,26636	1776,03705
43	407,38697	490,93650	591,14434	711,23774	855,05107	1027,13674	1232,89563	1478,73062	1772,22696	2122,36428
44	468,49502	567,03166	685,72744	828,59196	1000,40975	1206,88567	1454,81685	1752,29578	2108,95009	2536,22531
45	538,76927	654,92156	795,44383	965,30964	1170,47941	1418,09066	1716,68388	2076,47050	2509,65060	3030,78925
46	619,58466	756,43441	922,71484	1124,58573	1369,46091	1666,25653	2025,68698	2460,61754	2986,48422	3621,79315
47	712,52236	873,68174	1070,34921	1310,14237	1602,26927	1957,85142	2390,31063	2915,83179	3553,91622	4328,04281
48	819,40071	1009,10241	1241,60509	1526,31586	1874,65504	2300,47542	2820,56655	3455,26067	4229,16030	5172,01116
49	942,31082	1165,51328	1440,26190	1778,15798	2193,34640	2703,05862	3328,26853	4094,48389	5032,70076	6180,55334
50	1083,65744	1346,16784	1670,70380	2071,55404	2566,21528	3176,09388	3927,35686	4851,96341	5988,91390	7385,76124
51	1246,20606	1554,82386	1938,01641	2413,36046	3002,47188	3731,91030	4634,28109	5749,57664	7126,80754	8825,98468
52	1433,13697	1795,82155	2248,09004	2811,56494	3512,89210	4384,99461	5468,45169	6813,24832	8480,90098	10547,05170
53	1648,10751	2074,17390	2607,79488	3275,47315	4110,08376	5152,36866	6452,77300	8073,69926	10092,27216	12603,72678
54	1895,32364	2395,67085	3025,04207	3815,92622	4808,79800	6054,03318	7614,27214	9567,33363	12009,80387	15061,45350
55	2179,62218	2766,99983	3509,04880	4445,55405	5626,29360	7113,48899	8984,84112	11337,29035	14291,66661	17998,43693
56	2506,56551	3195,88840	4070,49660	5179,07047	6582,76358	8358,34956	10602,11252	13434,68906	17007,08327	21508,13214
57	2882,55034	3691,24695	4721,77606	6033,61710	7701,83339	9821,06073	12510,49278	15920,10654	20238,42909	25702,21790
58	3314,93289	4263,39023	5477,26023	7029,16392	9011,14507	11539,74636	14762,38148	18865,32625	24083,73061	30714,15039
59	3812,17282	4924,21571	6353,62187	8188,97596	10543,03973	13559,20197	17419,61014	22355,41160	28659,63943	36703,40972
60	4383,99875	5687,46915	7370,20137	9540,15700	12335,35648	15932,06232	20555,13997	26491,16275	34104,97092	43860,57462

	FATOR DE CAPITALIZAÇÃO COMPOSTA (FCC) $(1+i)^n$								
i / n	**20,00%**	**21,00%**	**22,00%**	**23,00%**	**24,00%**	**25,00%**	**26,00%**	**27,00%**	**28,00%**	**29,00%**
1	1,20000	1,21000	1,22000	1,23000	1,24000	1,25000	1,26000	1,27000	1,28000	1,29000
2	1,44000	1,46410	1,48840	1,51290	1,53760	1,56250	1,58760	1,61290	1,63840	1,66410
3	1,72800	1,77156	1,81585	1,86087	1,90662	1,95313	2,00038	2,04838	2,09715	2,14669
4	2,07360	2,14359	2,21533	2,28887	2,36421	2,44141	2,52047	2,60145	2,68435	2,76923
5	2,48832	2,59374	2,70271	2,81531	2,93163	3,05176	3,17580	3,30384	3,43597	3,57231
6	2,98598	3,13843	3,29730	3,46283	3,63522	3,81470	4,00150	4,19587	4,39805	4,60827
7	3,58318	3,79750	4,02271	4,25928	4,50767	4,76837	5,04190	5,32876	5,62950	5,94467
8	4,29982	4,59497	4,90771	5,23891	5,58951	5,96046	6,35279	6,76752	7,20576	7,66863
9	5,15978	5,55992	5,98740	6,44386	6,93099	7,45058	8,00451	8,59475	9,22337	9,89253
10	6,19174	6,72750	7,30463	7,92595	8,59443	9,31323	10,08569	10,91534	11,80592	12,76136
11	7,43008	8,14027	8,91165	9,74891	10,65709	11,64153	12,70796	13,86248	15,11157	16,46216
12	8,91610	9,84973	10,87221	11,99116	13,21479	14,55192	16,01204	17,60535	19,34281	21,23619
13	10,69932	11,91818	13,26410	14,74913	16,38634	18,18989	20,17516	22,35879	24,75880	27,39468
14	12,83918	14,42099	16,18220	18,14143	20,31906	22,73737	25,42071	28,39567	31,69127	35,33914
15	15,40702	17,44940	19,74229	22,31396	25,19563	28,42171	32,03009	36,06250	40,56482	45,58749
16	18,48843	21,11378	24,08559	27,44617	31,24259	35,52714	40,35792	45,79937	51,92297	58,80786
17	22,18611	25,54767	29,38442	33,75879	38,74081	44,40892	50,85097	58,16520	66,46140	75,86214
18	26,62333	30,91268	35,84899	41,52331	48,03860	55,51115	64,07223	73,86981	85,07059	97,86216
19	31,94800	37,40434	43,73577	51,07368	59,56786	69,38894	80,73100	93,81466	108,89036	126,24218
20	38,33760	45,25926	53,35764	62,82062	73,86415	86,73617	101,72107	119,14462	139,37966	162,85242
21	46,00512	54,76370	65,09632	77,26936	91,59155	108,42022	128,16854	151,31366	178,40596	210,07962
22	55,20614	66,26408	79,41751	95,04132	113,57352	135,52527	161,49236	192,16835	228,35963	271,00271
23	66,24737	80,17953	96,88936	116,90082	140,83116	169,40659	203,48038	244,05380	292,30033	349,59349
24	79,49685	97,01723	118,20502	143,78801	174,63064	211,75824	256,38528	309,94833	374,14442	450,79490
25	95,39622	117,39085	144,21013	176,85925	216,54199	264,69780	323,04545	393,63438	478,90486	581,75853
26	114,47546	142,04293	175,93636	217,53688	268,51207	330,87225	407,03727	499,91566	612,99822	750,46850
27	137,37055	171,87195	214,64236	267,57036	332,95497	413,59031	512,86696	634,89289	784,63772	968,10436
28	164,84466	207,96506	261,86368	329,11155	412,86416	516,98788	646,21236	806,31397	1004,33628	1248,85463
29	197,81359	251,63772	319,47368	404,80720	511,95156	646,23485	814,22758	1024,01875	1285,55044	1611,02247
30	237,37631	304,48164	389,75789	497,91286	634,81993	807,79357	1025,92875	1300,50381	1645,50456	2078,21899
31	284,85158	368,42278	475,50463	612,43282	787,17672	1009,74196	1292,66770	1651,63984	2106,24583	2680,90250
32	341,82189	445,79157	580,11565	753,29237	976,09913	1262,17745	1628,76131	2097,58259	2695,99467	3458,36422
33	410,18627	539,40780	707,74109	926,54961	1210,36292	1577,72181	2052,23925	2663,92989	3450,87317	4461,28985
34	492,22352	652,68344	863,44413	1139,65602	1500,85002	1972,15226	2585,82145	3383,19097	4417,11766	5755,06390
35	590,66823	789,74696	1053,40184	1401,77690	1861,05403	2465,19033	3258,13503	4296,65253	5653,91061	7424,03243
36	708,80187	955,59382	1285,15025	1724,18559	2307,70699	3081,48791	4105,25014	5456,74871	7237,00558	9577,00184
37	850,56225	1156,26852	1567,88330	2120,74828	2861,55667	3851,85989	5172,61517	6930,07086	9263,36714	12354,33237
38	1020,67470	1399,08491	1912,81763	2608,52038	3548,33027	4814,82486	6517,49512	8801,18999	11857,10994	15937,08876
39	1224,80964	1692,89274	2333,63751	3208,48007	4399,92954	6018,53108	8212,04385	11177,51129	15177,10072	20558,84450
40	1469,77157	2048,40021	2847,03776	3946,43049	5455,91262	7523,16385	10347,17525	14195,43934	19426,68892	26520,90940
41	1763,72588	2478,56426	3473,38607	4854,10950	6765,33165	9403,95481	13037,44081	18028,20796	24866,16182	34211,97313
42	2116,47106	2999,06275	4237,53100	5970,55469	8389,01125	11754,94351	16427,17542	22895,82411	31828,68713	44133,44534
43	2539,76527	3628,86593	5169,78782	7343,78226	10402,37395	14693,67939	20698,24103	29077,69662	40740,71953	56932,14449
44	3047,71832	4390,92778	6307,14114	9032,85218	12898,94370	18367,09923	26079,78370	36928,67471	52148,12099	73442,46639
45	3657,26199	5313,02261	7694,71219	11110,40819	15994,69019	22958,87404	32860,52747	46899,41688	66749,59487	94740,78164
46	4388,71439	6428,75736	9387,54887	13665,80207	19833,41583	28698,59255	41404,26461	59562,25944	85439,48144	122215,60832
47	5266,45726	7778,79641	11452,80963	16808,93654	24593,43563	35873,24069	52169,37340	75644,06949	109362,53624	157658,13473
48	6319,74872	9412,34365	13972,42774	20674,99195	30495,86018	44841,55086	65733,41049	96067,96825	139984,04639	203378,99380
49	7583,69846	11388,33582	17046,36185	25430,24010	37814,86662	56051,93857	82824,09722	122006,31968	179179,57937	262358,90200
50	9100,43815	13780,61234	20796,56145	31279,19532	46890,43461	70064,92322	104358,36249	154948,02600	229349,86160	338442,98358
51	10920,52578	16674,54093	25371,80497	38473,41024	58144,13892	87581,15402	131491,53674	196783,99302	293567,82285	436591,44882
52	13104,63094	20176,19453	30953,60207	47322,29460	72098,73226	109476,44253	165679,33629	249915,67113	375766,81324	563202,96897
53	15725,55712	24413,19538	37763,39452	58206,42235	89402,42801	136845,55316	208755,96373	317392,90234	480981,52095	726531,82998
54	18870,66855	29539,96641	46071,34132	71593,89950	110859,01073	171056,94145	263032,51430	403088,98597	615656,34682	937226,06067
55	22644,80226	35743,35935	56207,03641	88060,49638	137465,17330	213821,17681	331420,96801	511923,01218	788040,12393	1209021,61826
56	27173,76271	43249,46482	68572,58441	108314,41055	170456,81489	267276,47101	417590,41970	650142,22547	1008691,35863	1559637,88756
57	32608,51525	52331,85243	83658,55299	133226,72497	211366,45047	334095,58876	526163,92882	825680,62634	1291124,93904	2011932,87495
58	39130,21830	63321,54144	102063,43464	163868,87172	262094,39858	417619,48595	662966,55031	1048614,39546	1652639,92198	2595393,40868
59	46956,26196	76619,06514	124517,39026	201558,71221	324997,05424	522024,35744	835337,85339	1331740,28223	2115379,10013	3348057,49720
60	56347,51435	92709,06882	151911,21612	247917,21602	402996,34726	652530,44680	1052525,69527	1691310,15843	2707665,24816	4318964,17139

19.2 Tabelas de Juros Efetivos Compostos Comerciais Equivalentes

TAXA DIÁRIA	TAXA MENSAL EQUIVALENTE	TAXA BIMESTRAL EQUIVALENTE	TAXA TRIMESTRAL EQUIVALENTE	TAXA SEMESTRAL EQUIVALENTE	TAXA ANUAL EQUIVALENTE
0,005%	0,15011%	0,30044%	0,45100%	0,90404%	1,81625%
0,010%	0,30044%	0,60177%	0,90402%	1,81621%	3,66540%
0,015%	0,45098%	0,90399%	1,35905%	2,73657%	5,54803%
0,020%	0,60174%	1,20711%	1,81611%	3,66521%	7,46476%
0,025%	0,75273%	1,51112%	2,27522%	4,60220%	9,41620%
0,030%	0,90393%	1,81602%	2,73636%	5,54761%	11,40297%
0,035%	1,05535%	2,12183%	3,19957%	6,50151%	13,42572%
0,040%	1,20699%	2,42854%	3,66484%	7,46399%	15,48509%
0,045%	1,35885%	2,73616%	4,13218%	8,43511%	17,58174%
0,050%	1,51093%	3,04468%	4,60161%	9,41497%	19,71635%
0,055%	1,66323%	3,35412%	5,07313%	10,40363%	21,88960%
0,060%	1,81575%	3,66447%	5,54675%	11,40117%	24,10220%
0,065%	1,96849%	3,97573%	6,02248%	12,40767%	26,35484%
0,070%	2,12145%	4,28792%	6,50034%	13,42322%	28,64826%
0,075%	2,27464%	4,60102%	6,98032%	14,44789%	30,98319%
0,080%	2,42805%	4,91505%	7,46244%	15,48176%	33,36037%
0,085%	2,58168%	5,23001%	7,94671%	16,52492%	35,78058%
0,090%	2,73553%	5,54590%	8,43314%	17,57746%	38,24459%
0,095%	2,88961%	5,86272%	8,92174%	18,63944%	40,75318%
0,100%	3,04391%	6,18047%	9,41251%	19,71097%	43,30716%
0,105%	3,19843%	6,49916%	9,90547%	20,79212%	45,90736%
0,110%	3,35318%	6,81880%	10,40062%	21,88298%	48,55460%
0,115%	3,50815%	7,13937%	10,89798%	22,98363%	51,24973%
0,120%	3,66335%	7,46090%	11,39756%	24,09417%	53,99362%
0,125%	3,81877%	7,78337%	11,89936%	25,21468%	56,78715%
0,130%	3,97441%	8,10679%	12,40340%	26,34525%	59,63122%
0,135%	4,13029%	8,43117%	12,90968%	27,48597%	62,52672%
0,140%	4,28638%	8,75650%	13,41822%	28,63693%	65,47460%
0,145%	4,44271%	9,08279%	13,92902%	29,79823%	68,47580%
0,150%	4,59926%	9,41005%	14,44210%	30,96995%	71,53127%
0,155%	4,75604%	9,73827%	14,95746%	32,15219%	74,64200%
0,160%	4,91304%	10,06746%	15,47512%	33,34504%	77,80899%
0,165%	5,07027%	10,39762%	15,99508%	34,54859%	81,03324%
0,170%	5,22773%	10,72876%	16,51736%	35,76295%	84,31580%
0,175%	5,38542%	11,06087%	17,04196%	36,98821%	87,65770%
0,180%	5,54334%	11,39396%	17,56890%	38,22447%	91,06003%
0,185%	5,70148%	11,72803%	18,09819%	39,47182%	94,52387%
0,190%	5,85986%	12,06309%	18,62983%	40,73036%	98,05033%
0,195%	6,01846%	12,39914%	19,16383%	42,00019%	101,64054%
0,200%	6,17729%	12,73617%	19,70022%	43,28142%	105,29565%
0,205%	6,33636%	13,07420%	20,23899%	44,57414%	109,01683%
0,210%	6,49565%	13,41323%	20,78016%	45,87846%	112,80526%
0,215%	6,65517%	13,75326%	21,32374%	47,19449%	116,66217%
0,220%	6,81493%	14,09429%	21,86973%	48,52232%	120,58878%
0,225%	6,97491%	14,43632%	22,41816%	49,86206%	124,58636%
0,230%	7,13513%	14,77937%	22,96903%	51,21381%	128,65617%
0,235%	7,29558%	15,12342%	23,52234%	52,57769%	132,79953%
0,240%	7,45626%	15,46849%	24,07812%	53,95381%	137,01775%
0,245%	7,61718%	15,81457%	24,63638%	55,34226%	141,31219%
0,250%	7,77833%	16,16168%	25,19711%	56,74317%	145,68422%
0,255%	7,93971%	16,50981%	25,76034%	58,15664%	150,13524%
0,260%	8,10132%	16,85896%	26,32608%	59,58279%	154,66666%
0,265%	8,26317%	17,20914%	26,89433%	61,02172%	159,27995%
0,270%	8,42525%	17,56036%	27,46512%	62,47356%	163,97657%
0,275%	8,58757%	17,91261%	28,03844%	63,93841%	168,75802%
0,280%	8,75012%	18,26589%	28,61431%	65,41639%	173,62584%
0,285%	8,91291%	18,62022%	29,19274%	66,90763%	178,58157%
0,290%	9,07593%	18,97559%	29,77374%	68,41223%	183,62680%
0,295%	9,23919%	19,33201%	30,35733%	69,93032%	188,76315%
0,300%	9,40269%	19,68948%	30,94351%	71,46202%	193,99225%
0,305%	9,56642%	20,04800%	31,53230%	73,00745%	199,31578%

TAXAS DE JUROS EFETIVOS COMPOSTOS COMERCIAIS EQUIVALENTES					
TAXA DIÁRIA	TAXA MENSAL EQUIVALENTE	TAXA BIMESTRAL EQUIVALENTE	TAXA TRIMESTRAL EQUIVALENTE	TAXA SEMESTRAL EQUIVALENTE	TAXA ANUAL EQUIVALENTE
0,310%	9,73039%	20,40758%	32,12370%	74,56673%	204,73543%
0,315%	9,89459%	20,76822%	32,71774%	76,13998%	210,25293%
0,320%	10,05904%	21,12991%	33,31442%	77,72733%	215,87005%
0,325%	10,22372%	21,49268%	33,91375%	79,32891%	221,58859%
0,330%	10,38864%	21,85651%	34,51574%	80,94484%	227,41035%
0,335%	10,55379%	22,22141%	35,12041%	82,57525%	233,33722%
0,340%	10,71919%	22,58739%	35,72777%	84,22027%	239,37106%
0,345%	10,88483%	22,95445%	36,33782%	85,88002%	245,51382%
0,350%	11,05070%	23,32258%	36,95059%	87,55465%	251,76745%
0,355%	11,21682%	23,69180%	37,56608%	89,24427%	258,13395%
0,360%	11,38317%	24,06211%	38,18431%	90,94904%	264,61535%
0,365%	11,54977%	24,43351%	38,80529%	92,66907%	271,21372%
0,370%	11,71660%	24,80600%	39,42902%	94,40451%	277,93115%
0,375%	11,88368%	25,17958%	40,05552%	96,15550%	284,76980%
0,380%	12,05100%	25,55427%	40,68481%	97,92217%	291,73185%
0,385%	12,21856%	25,93006%	41,31690%	99,70466%	298,81951%
0,390%	12,38637%	26,30695%	41,95179%	101,50311%	306,03505%
0,395%	12,55441%	26,68496%	42,58951%	103,31767%	313,38076%
0,400%	12,72270%	27,06407%	43,23005%	105,14848%	320,85899%
0,405%	12,89123%	27,44430%	43,87345%	106,99568%	328,47213%
0,410%	13,06001%	27,82565%	44,51970%	108,85942%	336,22259%
0,415%	13,22903%	28,20813%	45,16882%	110,73985%	344,11285%
0,420%	13,39829%	28,59173%	45,82082%	112,63711%	352,14542%
0,425%	13,56780%	28,97645%	46,47572%	114,55136%	360,32286%
0,430%	13,73755%	29,36231%	47,13353%	116,48274%	368,64779%
0,435%	13,90755%	29,74930%	47,79425%	118,43142%	377,12284%
0,440%	14,07780%	30,13743%	48,45792%	120,39753%	385,75072%
0,445%	14,24829%	30,52671%	49,12453%	122,38125%	394,53418%
0,450%	14,41902%	30,91713%	49,79410%	124,38271%	403,47602%
0,455%	14,59001%	31,30869%	50,46664%	126,40209%	412,57908%
0,460%	14,76124%	31,70141%	51,14217%	128,43955%	421,84626%
0,465%	14,93271%	32,09528%	51,82069%	130,49523%	431,28052%
0,470%	15,10444%	32,49032%	52,50223%	132,56931%	440,88485%
0,475%	15,27641%	32,88651%	53,18680%	134,66195%	450,66231%
0,480%	15,44863%	33,28387%	53,87440%	136,77331%	460,61602%
0,485%	15,62110%	33,68239%	54,56506%	138,90357%	470,74914%
0,490%	15,79382%	34,08209%	55,25878%	141,05288%	481,06490%
0,495%	15,96679%	34,48296%	55,95558%	143,22142%	491,56658%
0,500%	16,14001%	34,88502%	56,65547%	145,40936%	502,25752%
0,505%	16,31348%	35,28825%	57,35847%	147,61687%	513,14113%
0,510%	16,48720%	35,69267%	58,06458%	149,84412%	524,22086%
0,515%	16,66117%	36,09827%	58,77383%	152,09130%	535,50024%
0,520%	16,83539%	36,50507%	59,48623%	154,35858%	546,98285%
0,525%	17,00986%	36,91307%	60,20179%	156,64613%	558,67236%
0,530%	17,18458%	37,32226%	60,92052%	158,95414%	570,57247%
0,535%	17,35956%	37,73266%	61,64244%	161,28279%	582,68697%
0,540%	17,53479%	38,14426%	62,36757%	163,63226%	595,01971%
0,545%	17,71027%	38,55708%	63,09591%	166,00275%	607,57461%
0,550%	17,88600%	38,97110%	63,82748%	168,39442%	620,35566%
0,555%	18,06199%	39,38634%	64,56229%	170,80748%	633,36693%
0,560%	18,23824%	39,80280%	65,30037%	173,24212%	646,61255%
0,565%	18,41473%	40,22049%	66,04172%	175,69852%	660,09672%
0,570%	18,59148%	40,63940%	66,78635%	178,17687%	673,82373%
0,575%	18,76849%	41,05954%	67,53429%	180,67739%	687,79795%
0,580%	18,94575%	41,48092%	68,28555%	183,20025%	702,02381%
0,585%	19,12327%	41,90354%	69,04013%	185,74566%	716,50583%
0,590%	19,30104%	42,32739%	69,79806%	188,31382%	731,24861%
0,595%	19,47907%	42,75249%	70,55936%	190,90494%	746,25684%
0,600%	19,65736%	43,17884%	71,32402%	193,51921%	761,53527%
0,605%	19,83591%	43,60644%	72,09208%	196,15684%	777,08875%
0,610%	20,01471%	44,03530%	72,86354%	198,81804%	792,92224%

TAXAS DE JUROS EFETIVOS COMPOSTOS COMERCIAIS EQUIVALENTES					
TAXA MENSAL	TAXA BIMESTRAL EQUIVALENTE	TAXA TRIMESTRAL EQUIVALENTE	TAXA SEMESTRAL EQUIVALENTE	TAXA ANUAL EQUIVALENTE	TAXA DIÁRIA EQUIVALENTE
0,10%	0,20010%	0,30030%	0,60150%	1,20662%	0,00333%
0,15%	0,30023%	0,45068%	0,90338%	1,81492%	0,00500%
0,20%	0,40040%	0,60120%	1,20602%	2,42658%	0,00666%
0,25%	0,50062%	0,75188%	1,50941%	3,04160%	0,00832%
0,30%	0,60090%	0,90270%	1,81355%	3,66000%	0,00999%
0,35%	0,70123%	1,05368%	2,11846%	4,28180%	0,01165%
0,40%	0,80160%	1,20481%	2,42413%	4,90702%	0,01331%
0,45%	0,90202%	1,35608%	2,73056%	5,53568%	0,01497%
0,50%	1,00250%	1,50751%	3,03775%	6,16778%	0,01663%
0,55%	1,10303%	1,65909%	3,34571%	6,80336%	0,01828%
0,60%	1,20360%	1,81082%	3,65443%	7,44242%	0,01994%
0,65%	1,30422%	1,96270%	3,96393%	8,08498%	0,02160%
0,70%	1,40490%	2,11473%	4,27419%	8,73107%	0,02325%
0,75%	1,50563%	2,26692%	4,58522%	9,38069%	0,02491%
0,80%	1,60640%	2,41925%	4,89703%	10,03387%	0,02656%
0,85%	1,70723%	2,57174%	5,20961%	10,69062%	0,02822%
0,90%	1,80810%	2,72437%	5,52297%	11,35097%	0,02987%
0,95%	1,90903%	2,87716%	5,83710%	12,01492%	0,03152%
1,00%	2,01000%	3,03010%	6,15202%	12,68250%	0,03317%
1,10%	2,21210%	3,33643%	6,78418%	14,02862%	0,03647%
1,20%	2,41440%	3,64337%	7,41949%	15,38946%	0,03977%
1,30%	2,61690%	3,95092%	8,05794%	16,76518%	0,04306%
1,40%	2,81960%	4,25907%	8,69955%	18,15591%	0,04635%
1,50%	3,02250%	4,56784%	9,34433%	19,56182%	0,04964%
1,60%	3,22560%	4,87721%	9,99229%	20,98304%	0,05293%
1,70%	3,42890%	5,18719%	10,64345%	22,41974%	0,05621%
1,80%	3,63240%	5,49778%	11,29782%	23,87205%	0,05948%
1,90%	3,83610%	5,80899%	11,95541%	25,34015%	0,06276%
2,00%	4,04000%	6,12080%	12,61624%	26,82418%	0,06603%
2,25%	4,55062%	6,90301%	14,28254%	30,60500%	0,07420%
2,50%	5,06250%	7,68906%	15,96934%	34,48888%	0,08234%
2,75%	5,57563%	8,47895%	17,67684%	38,47838%	0,09047%
3,00%	6,09000%	9,27270%	19,40523%	42,57609%	0,09858%
3,25%	6,60562%	10,07031%	21,15473%	46,78468%	0,10667%
3,50%	7,12250%	10,87179%	22,92553%	51,10687%	0,11474%
3,75%	7,64063%	11,67715%	24,71785%	55,54543%	0,12279%
4,00%	8,16000%	12,48640%	26,53190%	60,10322%	0,13082%
4,25%	8,68063%	13,29955%	28,36788%	64,78314%	0,13884%
4,50%	9,20250%	14,11661%	30,22601%	69,58814%	0,14683%
4,75%	9,72563%	14,93759%	32,10650%	74,52128%	0,15481%
5,00%	10,25000%	15,76250%	34,00956%	79,58563%	0,16277%
5,25%	10,77563%	16,59135%	35,93542%	84,78438%	0,17071%
5,50%	11,30250%	17,42414%	37,88428%	90,12075%	0,17863%
5,75%	11,83063%	18,26089%	39,85637%	95,59805%	0,18653%
6,00%	12,36000%	19,10160%	41,85191%	101,21965%	0,19442%
6,25%	12,89063%	19,94629%	43,87112%	106,98900%	0,20229%
6,50%	13,42250%	20,79496%	45,91423%	112,90962%	0,21014%
6,75%	13,95563%	21,64763%	47,98146%	118,98512%	0,21797%
7,00%	14,49000%	22,50430%	50,07304%	125,21916%	0,22578%
7,25%	15,02563%	23,36498%	52,18919%	131,61550%	0,23358%
7,50%	15,56250%	24,22969%	54,33015%	138,17796%	0,24136%
7,75%	16,10063%	25,09842%	56,49616%	144,91047%	0,24912%
8,00%	16,64000%	25,97120%	58,68743%	151,81701%	0,25687%
8,25%	17,18063%	26,84803%	60,90422%	158,90168%	0,26459%
8,50%	17,72250%	27,72891%	63,14675%	166,16862%	0,27230%
8,75%	18,26563%	28,61387%	65,41527%	173,62211%	0,28000%
9,00%	18,81000%	29,50290%	67,71001%	181,26648%	0,28767%
9,25%	19,35563%	30,39602%	70,03122%	189,10616%	0,29533%
9,50%	19,90250%	31,29324%	72,37914%	197,14569%	0,30297%
9,75%	20,45063%	32,19456%	74,75402%	205,38967%	0,31060%
10,00%	21,00000%	33,10000%	77,15610%	213,84284%	0,31821%

TAXAS DE JUROS EFETIVOS COMPOSTOS COMERCIAIS EQUIVALENTES

TAXA MENSAL	TAXA BIMESTRAL EQUIVALENTE	TAXA TRIMESTRAL EQUIVALENTE	TAXA SEMESTRAL EQUIVALENTE	TAXA ANUAL EQUIVALENTE	TAXA DIÁRIA EQUIVALENTE
10,25%	21,55063%	34,00956%	79,58563%	222,50999%	0,32580%
10,50%	22,10250%	34,92326%	82,04287%	231,39606%	0,33337%
10,75%	22,65563%	35,84110%	84,52806%	240,50604%	0,34093%
11,00%	23,21000%	36,76310%	87,04146%	249,84506%	0,34847%
11,25%	23,76563%	37,68926%	89,58332%	259,41834%	0,35600%
11,50%	24,32250%	38,61959%	92,15390%	269,23121%	0,36351%
11,75%	24,88063%	39,55410%	94,75346%	279,28912%	0,37100%
12,00%	25,44000%	40,49280%	97,38227%	289,59760%	0,37848%
12,25%	26,00063%	41,43570%	100,04058%	300,16232%	0,38594%
12,50%	26,56250%	42,38281%	102,72865%	310,98907%	0,39338%
12,75%	27,12563%	43,33414%	105,44676%	322,08372%	0,40081%
13,00%	27,69000%	44,28970%	108,19518%	333,45231%	0,40822%
13,25%	28,25563%	45,24950%	110,97416%	345,10096%	0,41562%
13,50%	28,82250%	46,21354%	113,78399%	357,03592%	0,42300%
13,75%	29,39063%	47,18184%	116,62493%	369,26360%	0,43037%
14,00%	29,96000%	48,15440%	119,49726%	381,79048%	0,43772%
14,25%	30,53063%	49,13124%	122,40126%	394,62323%	0,44505%
14,50%	31,10250%	50,11236%	125,33721%	407,76860%	0,45237%
14,75%	31,67563%	51,09778%	128,30539%	421,23351%	0,45967%
15,00%	32,25000%	52,08750%	131,30608%	435,02501%	0,46696%
15,25%	32,82563%	53,08153%	134,33956%	449,15028%	0,47423%
15,50%	33,40250%	54,07989%	137,40612%	463,61665%	0,48149%
15,75%	33,98063%	55,08257%	140,50605%	478,43158%	0,48873%
16,00%	34,56000%	56,08960%	143,63963%	493,60270%	0,49596%
16,25%	35,14063%	57,10098%	146,80717%	509,13778%	0,50317%
16,50%	35,72250%	58,11671%	150,00895%	525,04474%	0,51037%
16,75%	36,30563%	59,13682%	153,24527%	541,33165%	0,51755%
17,00%	36,89000%	60,16130%	156,51642%	558,00674%	0,52472%
17,25%	37,47563%	61,19017%	159,82271%	575,07841%	0,53187%
17,50%	38,06250%	62,22344%	163,16444%	592,55521%	0,53901%
17,75%	38,65063%	63,26111%	166,54190%	610,44586%	0,54613%
18,00%	39,24000%	64,30320%	169,95542%	628,75926%	0,55324%
18,25%	39,83063%	65,34971%	173,40528%	647,50447%	0,56033%
18,50%	40,42250%	66,40066%	176,89180%	666,69072%	0,56741%
18,75%	41,01563%	67,45605%	180,41530%	686,32742%	0,57448%
19,00%	41,61000%	68,51590%	183,97609%	706,42417%	0,58153%
19,25%	42,20563%	69,58021%	187,57447%	726,99075%	0,58857%
19,50%	42,80250%	70,64899%	191,21077%	748,03712%	0,59559%
19,75%	43,40063%	71,72225%	194,88531%	769,57344%	0,60260%
20,00%	44,00000%	72,80000%	198,59840%	791,61004%	0,60959%
20,25%	44,60063%	73,88225%	202,35037%	814,15749%	0,61657%
20,50%	45,20250%	74,96901%	206,14155%	837,22651%	0,62353%
20,75%	45,80563%	76,06029%	209,97226%	860,82805%	0,63049%
21,00%	46,41000%	77,15610%	213,84284%	884,97327%	0,63742%
21,25%	47,01563%	78,25645%	217,75360%	909,67352%	0,64435%
21,50%	47,62250%	79,36134%	221,70489%	934,94039%	0,65126%
21,75%	48,23063%	80,47079%	225,69705%	960,78566%	0,65815%
22,00%	48,84000%	81,58480%	229,73040%	987,22134%	0,66504%
22,25%	49,45063%	82,70339%	233,80528%	1014,25967%	0,67191%
22,50%	50,06250%	83,82656%	237,92205%	1041,91312%	0,67876%
22,75%	50,67563%	84,95433%	242,08104%	1070,19438%	0,68560%
23,00%	51,29000%	86,08670%	246,28260%	1099,11638%	0,69243%
23,25%	51,90563%	87,22368%	250,52707%	1128,69230%	0,69925%
23,50%	52,52250%	88,36529%	254,81482%	1158,93553%	0,70605%
23,75%	53,14063%	89,51152%	259,14618%	1189,85975%	0,71284%
24,00%	53,76000%	90,66240%	263,52151%	1221,47887%	0,71961%
24,25%	54,38063%	91,81793%	267,94117%	1253,80704%	0,72638%
24,50%	55,00250%	92,97811%	272,40552%	1286,85871%	0,73313%
24,75%	55,62563%	94,14297%	276,91492%	1320,64855%	0,73986%
25,00%	56,25000%	95,31250%	281,46973%	1355,19152%	0,74658%
25,25%	56,87563%	96,48672%	286,07031%	1390,50286%	0,75329%

TAXAS DE JUROS EFETIVOS COMPOSTOS COMERCIAIS EQUIVALENTES

TAXA BIMESTRAL	TAXA DIÁRIA EQUIVALENTE	TAXA MENSAL EQUIVALENTE	TAXA TRIMESTRAL EQUIVALENTE	TAXA SEMESTRAL EQUIVALENTE	TAXA ANUAL EQUIVALENTE
0,25%	0,00416%	0,12492%	0,37523%	0,75188%	1,50941%
0,50%	0,00831%	0,24969%	0,75094%	1,50751%	3,03775%
0,75%	0,01245%	0,37430%	1,12711%	2,26692%	4,58522%
1,00%	0,01659%	0,49876%	1,50374%	3,03010%	6,15202%
1,25%	0,02071%	0,62306%	1,88085%	3,79707%	7,73832%
1,50%	0,02482%	0,74721%	2,25842%	4,56784%	9,34433%
1,75%	0,02892%	0,87121%	2,63645%	5,34241%	10,97024%
2,00%	0,03301%	0,99505%	3,01495%	6,12080%	12,61624%
2,25%	0,03709%	1,11874%	3,39391%	6,90301%	14,28254%
2,50%	0,04116%	1,24228%	3,77334%	7,68906%	15,96934%
2,75%	0,04522%	1,36567%	4,15323%	8,47895%	17,67684%
3,00%	0,04928%	1,48892%	4,53358%	9,27270%	19,40523%
3,25%	0,05332%	1,61201%	4,91440%	10,07031%	21,15473%
3,50%	0,05735%	1,73495%	5,29567%	10,87179%	22,92553%
3,75%	0,06138%	1,85774%	5,67741%	11,67715%	24,71785%
4,00%	0,06539%	1,98039%	6,05961%	12,48640%	26,53190%
4,25%	0,06939%	2,10289%	6,44226%	13,29955%	28,36788%
4,50%	0,07339%	2,22524%	6,82538%	14,11661%	30,22601%
4,75%	0,07737%	2,34745%	7,20895%	14,93759%	32,10650%
5,00%	0,08135%	2,46951%	7,59298%	15,76250%	34,00956%
5,25%	0,08532%	2,59142%	7,97747%	16,59135%	35,93542%
5,50%	0,08927%	2,71319%	8,36242%	17,42414%	37,88428%
5,75%	0,09322%	2,83482%	8,74782%	18,26089%	39,85637%
6,00%	0,09716%	2,95630%	9,13368%	19,10160%	41,85191%
6,25%	0,10109%	3,07764%	9,51999%	19,94629%	43,87112%
6,50%	0,10501%	3,19884%	9,90676%	20,79496%	45,91423%
6,75%	0,10893%	3,31989%	10,29398%	21,64763%	47,98146%
7,00%	0,11283%	3,44080%	10,68166%	22,50430%	50,07304%
7,25%	0,11672%	3,56158%	11,06979%	23,36498%	52,18919%
7,50%	0,12061%	3,68221%	11,45837%	24,22969%	54,33015%
7,75%	0,12448%	3,80270%	11,84741%	25,09842%	56,49616%
8,00%	0,12835%	3,92305%	12,23689%	25,97120%	58,68743%
8,25%	0,13221%	4,04326%	12,62683%	26,84803%	60,90422%
8,50%	0,13606%	4,16333%	13,01722%	27,72891%	63,14675%
8,75%	0,13990%	4,28327%	13,40805%	28,61387%	65,41527%
9,00%	0,14373%	4,40307%	13,79934%	29,50290%	67,71001%
9,25%	0,14756%	4,52272%	14,19108%	30,39602%	70,03122%
9,50%	0,15137%	4,64225%	14,58326%	31,29324%	72,37914%
9,75%	0,15518%	4,76163%	14,97589%	32,19456%	74,75402%
10,00%	0,15898%	4,88088%	15,36897%	33,10000%	77,15610%
10,25%	0,16277%	5,00000%	15,76250%	34,00956%	79,58563%
10,50%	0,16655%	5,11898%	16,15647%	34,92326%	82,04287%
10,75%	0,17032%	5,23783%	16,55089%	35,84110%	84,52806%
11,00%	0,17408%	5,35654%	16,94576%	36,76310%	87,04146%
11,25%	0,17784%	5,47512%	17,34107%	37,68926%	89,58332%
11,50%	0,18159%	5,59356%	17,73682%	38,61959%	92,15390%
11,75%	0,18533%	5,71187%	18,13302%	39,55410%	94,75346%
12,00%	0,18906%	5,83005%	18,52966%	40,49280%	97,38227%
12,25%	0,19278%	5,94810%	18,92674%	41,43570%	100,04058%
12,50%	0,19650%	6,06602%	19,32427%	42,38281%	102,72865%
12,75%	0,20020%	6,18380%	19,72224%	43,33414%	105,44676%
13,00%	0,20390%	6,30146%	20,12065%	44,28970%	108,19518%
13,25%	0,20759%	6,41898%	20,51950%	45,24950%	110,97416%
13,50%	0,21128%	6,53638%	20,91879%	46,21354%	113,78399%
13,75%	0,21495%	6,65365%	21,31852%	47,18184%	116,62493%
14,00%	0,21862%	6,77078%	21,71869%	48,15440%	119,49726%
14,25%	0,22228%	6,88779%	22,11930%	49,13124%	122,40126%
14,50%	0,22593%	7,00467%	22,52035%	50,11236%	125,33721%
14,75%	0,22957%	7,12143%	22,92184%	51,09778%	128,30539%
15,00%	0,23321%	7,23805%	23,32376%	52,08750%	131,30608%
15,25%	0,23684%	7,35455%	23,72612%	53,08153%	134,33956%

TAXAS DE JUROS EFETIVOS COMPOSTOS COMERCIAIS EQUIVALENTES					
TAXA BIMESTRAL	TAXA DIÁRIA EQUIVALENTE	TAXA MENSAL EQUIVALENTE	TAXA TRIMESTRAL EQUIVALENTE	TAXA SEMESTRAL EQUIVALENTE	TAXA ANUAL EQUIVALENTE
15,50%	0,24046%	7,47093%	24,12892%	54,07989%	137,40612%
15,75%	0,24407%	7,58717%	24,53215%	55,08257%	140,50605%
16,00%	0,24767%	7,70330%	24,93582%	56,08960%	143,63963%
16,25%	0,25127%	7,81929%	25,33993%	57,10098%	146,80717%
16,50%	0,25486%	7,93517%	25,74447%	58,11671%	150,00895%
16,75%	0,25844%	8,05091%	26,14944%	59,13682%	153,24527%
17,00%	0,26202%	8,16654%	26,55485%	60,16130%	156,51642%
17,25%	0,26558%	8,28204%	26,96069%	61,19017%	159,82271%
17,50%	0,26914%	8,39742%	27,36696%	62,22344%	163,16444%
17,75%	0,27269%	8,51267%	27,77367%	63,26111%	166,54190%
18,00%	0,27624%	8,62780%	28,18081%	64,30320%	169,95542%
18,25%	0,27978%	8,74282%	28,58838%	65,34971%	173,40528%
18,50%	0,28331%	8,85771%	28,99638%	66,40066%	176,89180%
18,75%	0,28683%	8,97247%	29,40481%	67,45605%	180,41530%
19,00%	0,29034%	9,08712%	29,81367%	68,51590%	183,97609%
19,25%	0,29385%	9,20165%	30,22297%	69,58021%	187,57447%
19,50%	0,29735%	9,31606%	30,63269%	70,64899%	191,21077%
19,75%	0,30085%	9,43034%	31,04284%	71,72225%	194,88531%
20,00%	0,30433%	9,54451%	31,45341%	72,80000%	198,59840%
20,50%	0,31128%	9,77249%	32,27585%	74,96901%	206,14155%
21,00%	0,31821%	10,00000%	33,10000%	77,15610%	213,84284%
21,50%	0,32510%	10,22704%	33,92585%	79,36134%	221,70489%
22,00%	0,33197%	10,45361%	34,75340%	81,58480%	229,73040%
22,50%	0,33881%	10,67972%	35,58265%	83,82656%	237,92205%
23,00%	0,34562%	10,90537%	36,41360%	86,08670%	246,28260%
23,50%	0,35240%	11,13055%	37,24623%	88,36529%	254,81482%
24,00%	0,35916%	11,35529%	38,08056%	90,66240%	263,52151%
24,50%	0,36589%	11,57957%	38,91656%	92,97811%	272,40552%
25,00%	0,37260%	11,80340%	39,75425%	95,31250%	281,46973%
25,50%	0,37928%	12,02678%	40,59361%	97,66564%	290,71704%
26,00%	0,38593%	12,24972%	41,43465%	100,03760%	300,15041%
26,50%	0,39256%	12,47222%	42,27736%	102,42846%	309,77282%
27,00%	0,39916%	12,69428%	43,12173%	104,83830%	319,58729%
27,50%	0,40573%	12,91590%	43,96777%	107,26719%	329,59687%
28,00%	0,41228%	13,13708%	44,81547%	109,71520%	339,80465%
28,50%	0,41881%	13,35784%	45,66483%	112,18241%	350,21376%
29,00%	0,42531%	13,57817%	46,51584%	114,66890%	360,82737%
29,50%	0,43178%	13,79807%	47,36850%	117,17474%	371,64867%
30,00%	0,43823%	14,01754%	48,22281%	119,70000%	382,68090%
30,50%	0,44466%	14,23660%	49,07876%	122,24476%	393,92734%
31,00%	0,45106%	14,45523%	49,93635%	124,80910%	405,39131%
31,50%	0,45744%	14,67345%	50,79559%	127,39309%	417,07616%
32,00%	0,46379%	14,89125%	51,65645%	129,99680%	428,98528%
32,50%	0,47012%	15,10864%	52,51895%	132,62031%	441,12210%
33,00%	0,47643%	15,32563%	53,38308%	135,26370%	453,49009%
33,50%	0,48271%	15,54220%	54,24884%	137,92704%	466,09275%
34,00%	0,48897%	15,75837%	55,11621%	140,61040%	478,93365%
34,50%	0,49521%	15,97414%	55,98521%	143,31386%	492,01636%
35,00%	0,50143%	16,18950%	56,85583%	146,03750%	505,34451%
35,50%	0,50762%	16,40447%	57,72805%	148,78139%	518,92179%
36,00%	0,51379%	16,61904%	58,60189%	151,54560%	532,75189%
36,50%	0,51994%	16,83321%	59,47734%	154,33021%	546,83857%
37,00%	0,52606%	17,04700%	60,35439%	157,13530%	561,18563%
37,50%	0,53217%	17,26039%	61,23304%	159,96094%	575,79689%
38,00%	0,53825%	17,47340%	62,11329%	162,80720%	590,67624%
38,50%	0,54431%	17,68602%	62,99514%	165,67416%	605,82761%
39,00%	0,55035%	17,89826%	63,87858%	168,56190%	621,25494%
39,50%	0,55637%	18,11012%	64,76361%	171,47049%	636,96226%
40,00%	0,56236%	18,32160%	65,65023%	174,40000%	652,95360%
40,50%	0,56834%	18,53270%	66,53844%	177,35051%	669,23307%
41,00%	0,57429%	18,74342%	67,42822%	180,32210%	685,80480%

TAXAS DE JUROS EFETIVOS COMPOSTOS COMERCIAIS EQUIVALENTES					
TAXA TRIMESTRAL	TAXA DIÁRIA EQUIVALENTE	TAXA MENSAL EQUIVALENTE	TAXA BIMESTRAL EQUIVALENTE	TAXA SEMESTRAL EQUIVALENTE	TAXA ANUAL EQUIVALENTE
0,25%	0,00277%	0,08326%	0,16660%	0,50062%	1,00376%
0,50%	0,00554%	0,16639%	0,33306%	1,00250%	2,01505%
0,75%	0,00830%	0,24938%	0,49938%	1,50563%	3,03392%
1,00%	0,01106%	0,33223%	0,66556%	2,01000%	4,06040%
1,25%	0,01380%	0,41494%	0,83161%	2,51563%	5,09453%
1,50%	0,01654%	0,49752%	0,99752%	3,02250%	6,13636%
1,75%	0,01928%	0,57996%	1,16329%	3,53063%	7,18590%
2,00%	0,02201%	0,66227%	1,32893%	4,04000%	8,24322%
2,25%	0,02473%	0,74444%	1,49443%	4,55062%	9,30833%
2,50%	0,02744%	0,82648%	1,65980%	5,06250%	10,38129%
2,75%	0,03015%	0,90839%	1,82503%	5,57563%	11,46213%
3,00%	0,03285%	0,99016%	1,99013%	6,09000%	12,55088%
3,25%	0,03554%	1,07180%	2,15510%	6,60562%	13,64759%
3,50%	0,03823%	1,15331%	2,31993%	7,12250%	14,75230%
3,75%	0,04091%	1,23469%	2,48463%	7,64063%	15,86504%
4,00%	0,04359%	1,31594%	2,64920%	8,16000%	16,98586%
4,25%	0,04626%	1,39706%	2,81363%	8,68063%	18,11478%
4,50%	0,04892%	1,47805%	2,97794%	9,20250%	19,25186%
4,75%	0,05158%	1,55891%	3,14211%	9,72563%	20,39713%
5,00%	0,05423%	1,63964%	3,30616%	10,25000%	21,55063%
5,25%	0,05687%	1,72024%	3,47007%	10,77563%	22,71239%
5,50%	0,05951%	1,80071%	3,63385%	11,30250%	23,88247%
5,75%	0,06214%	1,88106%	3,79751%	11,83063%	25,06089%
6,00%	0,06476%	1,96128%	3,96103%	12,36000%	26,24770%
6,25%	0,06738%	2,04138%	4,12443%	12,89063%	27,44293%
6,50%	0,07000%	2,12135%	4,28770%	13,42250%	28,64664%
6,75%	0,07260%	2,20119%	4,45084%	13,95563%	29,85884%
7,00%	0,07520%	2,28091%	4,61385%	14,49000%	31,07960%
7,25%	0,07780%	2,36051%	4,77674%	15,02563%	32,30894%
7,50%	0,08039%	2,43998%	4,93950%	15,56250%	33,54691%
7,75%	0,08297%	2,51933%	5,10213%	16,10063%	34,79355%
8,00%	0,08555%	2,59856%	5,26464%	16,64000%	36,04890%
8,25%	0,08812%	2,67766%	5,42702%	17,18063%	37,31299%
8,50%	0,09069%	2,75664%	5,58928%	17,72250%	38,58587%
8,75%	0,09325%	2,83551%	5,75141%	18,26563%	39,86758%
9,00%	0,09580%	2,91425%	5,91342%	18,81000%	41,15816%
9,25%	0,09835%	2,99287%	6,07531%	19,35563%	42,45765%
9,50%	0,10089%	3,07137%	6,23707%	19,90250%	43,76610%
9,75%	0,10343%	3,14975%	6,39871%	20,45063%	45,08353%
10,00%	0,10596%	3,22801%	6,56022%	21,00000%	46,41000%
10,50%	0,11100%	3,38418%	6,88289%	22,10250%	49,09021%
11,00%	0,11602%	3,53988%	7,20507%	23,21000%	51,80704%
11,50%	0,12102%	3,69511%	7,52676%	24,32250%	54,56084%
12,00%	0,12600%	3,84988%	7,84798%	25,44000%	57,35194%
12,50%	0,13096%	4,00419%	8,16872%	26,56250%	60,18066%
13,00%	0,13589%	4,15804%	8,48898%	27,69000%	63,04736%
13,50%	0,14080%	4,31144%	8,80877%	28,82250%	65,95237%
14,00%	0,14569%	4,46439%	9,12809%	29,96000%	68,89602%
14,50%	0,15056%	4,61690%	9,44695%	31,10250%	71,87866%
15,00%	0,15541%	4,76896%	9,76534%	32,25000%	74,90062%
15,50%	0,16024%	4,92057%	10,08327%	33,40250%	77,96227%
16,00%	0,16505%	5,07176%	10,40074%	34,56000%	81,06394%
17,00%	0,17460%	5,37282%	11,03432%	36,89000%	87,38872%
18,00%	0,18407%	5,67218%	11,66610%	39,24000%	93,87778%
19,00%	0,19347%	5,96985%	12,29609%	41,61000%	100,53392%
20,00%	0,20278%	6,26586%	12,92432%	44,00000%	107,36000%
21,00%	0,21202%	6,56022%	13,55081%	46,41000%	114,35888%
22,00%	0,22119%	6,85297%	14,17558%	48,84000%	121,53346%
23,00%	0,23028%	7,14413%	14,79864%	51,29000%	128,88664%
24,00%	0,23930%	7,43371%	15,42001%	53,76000%	136,42138%
25,00%	0,24824%	7,72173%	16,03972%	56,25000%	144,14063%

TAXAS DE JUROS EFETIVOS COMPOSTOS COMERCIAIS EQUIVALENTES

TAXA TRIMESTRAL	TAXA DIÁRIA EQUIVALENTE	TAXA MENSAL EQUIVALENTE	TAXA BIMESTRAL EQUIVALENTE	TAXA SEMESTRAL EQUIVALENTE	TAXA ANUAL EQUIVALENTE
21,00%	0,21202%	6,56022%	13,55081%	46,41000%	114,35888%
21,50%	0,21662%	6,70680%	13,86341%	47,62250%	117,92403%
22,00%	0,22119%	6,85297%	14,17558%	48,84000%	121,53346%
22,50%	0,22574%	6,99875%	14,48732%	50,06250%	125,18754%
23,00%	0,23028%	7,14413%	14,79864%	51,29000%	128,88664%
23,50%	0,23480%	7,28911%	15,10954%	52,52250%	132,63113%
24,00%	0,23930%	7,43371%	15,42001%	53,76000%	136,42138%
24,50%	0,24378%	7,57791%	15,73007%	55,00250%	140,25775%
25,00%	0,24824%	7,72173%	16,03972%	56,25000%	144,14063%
25,50%	0,25269%	7,86517%	16,34895%	57,50250%	148,07038%
26,00%	0,25712%	8,00823%	16,65778%	58,76000%	152,04738%
26,50%	0,26153%	8,15091%	16,96619%	60,02250%	156,07201%
27,00%	0,26593%	8,29321%	17,27420%	61,29000%	160,14464%
27,50%	0,27030%	8,43514%	17,58181%	62,56250%	164,26566%
28,00%	0,27467%	8,57670%	17,88901%	63,84000%	168,43546%
28,50%	0,27901%	8,71790%	18,19581%	65,12250%	172,65440%
29,00%	0,28334%	8,85872%	18,50222%	66,41000%	176,92288%
29,50%	0,28765%	8,99919%	18,80823%	67,70250%	181,24129%
30,00%	0,29194%	9,13929%	19,11384%	69,00000%	185,61000%
30,50%	0,29622%	9,27903%	19,41907%	70,30250%	190,02942%
31,00%	0,30048%	9,41842%	19,72390%	71,61000%	194,49992%
31,50%	0,30473%	9,55745%	20,02835%	72,92250%	199,02191%
32,00%	0,30896%	9,69613%	20,33241%	74,24000%	203,59578%
32,50%	0,31317%	9,83446%	20,63609%	75,56250%	208,22191%
33,00%	0,31737%	9,97244%	20,93939%	76,89000%	212,90072%
33,50%	0,32155%	10,11008%	21,24230%	78,22250%	217,63260%
34,00%	0,32572%	10,24738%	21,54484%	79,56000%	222,41794%
34,50%	0,32987%	10,38433%	21,84700%	80,90250%	227,25715%
35,00%	0,33401%	10,52094%	22,14879%	82,25000%	232,15063%
36,00%	0,34223%	10,79317%	22,75125%	84,96000%	242,10202%
37,00%	0,35040%	11,06405%	23,35224%	87,69000%	252,27536%
38,00%	0,35851%	11,33363%	23,95177%	90,44000%	262,67394%
39,00%	0,36656%	11,60190%	24,54985%	93,21000%	273,30104%
40,00%	0,37456%	11,86889%	25,14649%	96,00000%	284,16000%
41,00%	0,38250%	12,13462%	25,74172%	98,81000%	295,25416%
42,00%	0,39038%	12,39909%	26,33555%	101,64000%	306,58690%
43,00%	0,39821%	12,66232%	26,92798%	104,49000%	318,16160%
44,00%	0,40598%	12,92432%	27,51903%	107,36000%	329,98170%
45,00%	0,41370%	13,18512%	28,10871%	110,25000%	342,05063%
46,00%	0,42137%	13,44472%	28,69704%	113,16000%	354,37186%
47,00%	0,42899%	13,70314%	29,28403%	116,09000%	366,94888%
48,00%	0,43655%	13,96038%	29,86969%	119,04000%	379,78522%
49,00%	0,44407%	14,21648%	30,45403%	122,01000%	392,88440%
50,00%	0,45153%	14,47142%	31,03707%	125,00000%	406,25000%
51,00%	0,45895%	14,72524%	31,61881%	128,01000%	419,88560%
52,00%	0,46632%	14,97794%	32,19927%	131,04000%	433,79482%
53,00%	0,47364%	15,22954%	32,77846%	134,09000%	447,98128%
54,00%	0,48091%	15,48004%	33,35638%	137,16000%	462,44866%
55,00%	0,48814%	15,72945%	33,93306%	140,25000%	477,20063%
56,00%	0,49532%	15,97780%	34,50850%	143,36000%	492,24090%
57,00%	0,50245%	16,22509%	35,08271%	146,49000%	507,57320%
58,00%	0,50954%	16,47133%	35,65570%	149,64000%	523,20130%
59,00%	0,51659%	16,71653%	36,22749%	152,81000%	539,12896%
60,00%	0,52359%	16,96071%	36,79808%	156,00000%	555,36000%
61,00%	0,53055%	17,20387%	37,36748%	159,21000%	571,89824%
62,00%	0,53747%	17,44603%	37,93570%	162,44000%	588,74754%
63,00%	0,54434%	17,68719%	38,50275%	165,69000%	605,91176%
64,00%	0,55118%	17,92737%	39,06865%	168,96000%	623,39482%
65,00%	0,55797%	18,16658%	39,63339%	172,25000%	641,20063%
66,00%	0,56472%	18,40481%	40,19700%	175,56000%	659,33314%
67,00%	0,57143%	18,64210%	40,75948%	178,89000%	677,79632%

TAXA DE JUROS EFETIVOS COMPOSTOS COMERCIAIS EQUIVALENTES					
TAXA SEMESTRAL	TAXA DIÁRIA EQUIVALENTE	TAXA MENSAL EQUIVALENTE	TAXA BIMESTRAL EQUIVALENTE	TAXA TRIMESTRAL EQUIVALENTE	TAXA ANUAL EQUIVALENTE
0,50%	0,00277%	0,08316%	0,16639%	0,24969%	1,00250%
1,00%	0,00553%	0,16598%	0,33223%	0,49876%	2,01000%
1,50%	0,00827%	0,24845%	0,49752%	0,74721%	3,02250%
2,00%	0,01100%	0,33059%	0,66227%	0,99505%	4,04000%
2,50%	0,01372%	0,41239%	0,82648%	1,24228%	5,06250%
3,00%	0,01642%	0,49386%	0,99016%	1,48892%	6,09000%
3,50%	0,01911%	0,57500%	1,15331%	1,73495%	7,12250%
4,00%	0,02179%	0,65582%	1,31594%	1,98039%	8,16000%
4,50%	0,02446%	0,73631%	1,47805%	2,22524%	9,20250%
5,00%	0,02711%	0,81648%	1,63964%	2,46951%	10,25000%
5,50%	0,02975%	0,89634%	1,80071%	2,71319%	11,30250%
6,00%	0,03238%	0,97588%	1,96128%	2,95630%	12,36000%
6,50%	0,03499%	1,05511%	2,12135%	3,19884%	13,42250%
7,00%	0,03760%	1,13403%	2,28091%	3,44080%	14,49000%
7,50%	0,04019%	1,21264%	2,43998%	3,68221%	15,56250%
8,00%	0,04277%	1,29095%	2,59856%	3,92305%	16,64000%
8,50%	0,04533%	1,36895%	2,75664%	4,16333%	17,72250%
9,00%	0,04789%	1,44666%	2,91425%	4,40307%	18,81000%
9,50%	0,05043%	1,52407%	3,07137%	4,64225%	19,90250%
10,00%	0,05296%	1,60119%	3,22801%	4,88088%	21,00000%
11,00%	0,05799%	1,75455%	3,53988%	5,35654%	23,21000%
12,00%	0,06298%	1,90676%	3,84988%	5,83005%	25,44000%
13,00%	0,06792%	2,05785%	4,15804%	6,30146%	27,69000%
14,00%	0,07282%	2,20782%	4,46439%	6,77078%	29,96000%
15,00%	0,07768%	2,35671%	4,76896%	7,23805%	32,25000%
16,00%	0,08249%	2,50452%	5,07176%	7,70330%	34,56000%
17,00%	0,08726%	2,65127%	5,37282%	8,16654%	36,89000%
18,00%	0,09199%	2,79697%	5,67218%	8,62780%	39,24000%
19,00%	0,09669%	2,94166%	5,96985%	9,08712%	41,61000%
20,00%	0,10134%	3,08533%	6,26586%	9,54451%	44,00000%
21,00%	0,10596%	3,22801%	6,56022%	10,00000%	46,41000%
22,00%	0,11053%	3,36971%	6,85297%	10,45361%	48,84000%
23,00%	0,11507%	3,51045%	7,14413%	10,90537%	51,29000%
24,00%	0,11958%	3,65023%	7,43371%	11,35529%	53,76000%
25,00%	0,12405%	3,78908%	7,72173%	11,80340%	56,25000%
26,00%	0,12848%	3,92701%	8,00823%	12,24972%	58,76000%
27,00%	0,13288%	4,06403%	8,29321%	12,69428%	61,29000%
28,00%	0,13724%	4,20015%	8,57670%	13,13708%	63,84000%
29,00%	0,14157%	4,33538%	8,85872%	13,57817%	66,41000%
30,00%	0,14586%	4,46975%	9,13929%	14,01754%	69,00000%
31,00%	0,15013%	4,60326%	9,41842%	14,45523%	71,61000%
32,00%	0,15436%	4,73592%	9,69613%	14,89125%	74,24000%
33,00%	0,15856%	4,86775%	9,97244%	15,32563%	76,89000%
34,00%	0,16273%	4,99875%	10,24738%	15,75837%	79,56000%
35,00%	0,16686%	5,12894%	10,52094%	16,18950%	82,25000%
36,00%	0,17097%	5,25833%	10,79317%	16,61904%	84,96000%
37,00%	0,17505%	5,38693%	11,06405%	17,04700%	87,69000%
38,00%	0,17910%	5,51475%	11,33363%	17,47340%	90,44000%
39,00%	0,18311%	5,64180%	11,60190%	17,89826%	93,21000%
40,00%	0,18710%	5,76809%	11,86889%	18,32160%	96,00000%
41,00%	0,19107%	5,89363%	12,13462%	18,74342%	98,81000%
42,00%	0,19500%	6,01844%	12,39909%	19,16375%	101,64000%
43,00%	0,19891%	6,14251%	12,66232%	19,58261%	104,49000%
44,00%	0,20278%	6,26586%	12,92432%	20,00000%	107,36000%
45,00%	0,20664%	6,38850%	13,18512%	20,41595%	110,25000%
50,00%	0,22551%	6,99132%	14,47142%	22,47449%	125,00000%
55,00%	0,24377%	7,57762%	15,72945%	24,49900%	140,25000%
60,00%	0,26145%	8,14837%	16,96071%	26,49111%	156,00000%
65,00%	0,27860%	8,70445%	18,16658%	28,45233%	172,25000%
70,00%	0,29523%	9,24666%	19,34832%	30,38405%	189,00000%
75,00%	0,31138%	9,77573%	20,50711%	32,28757%	206,25000%

TAXAS DE JUROS EFETIVOS COMPOSTOS COMERCIAIS EQUIVALENTES					
TAXA SEMESTRAL	TAXA DIÁRIA EQUIVALENTE	TAXA MENSAL EQUIVALENTE	TAXA BIMESTRAL EQUIVALENTE	TAXA TRIMESTRAL EQUIVALENTE	TAXA ANUAL EQUIVALENTE
52,00%	0,23289%	7,22777%	14,97794%	23,28828%	131,04000%
53,00%	0,23654%	7,34502%	15,22954%	23,69317%	134,09000%
54,00%	0,24017%	7,46164%	15,48004%	24,09674%	137,16000%
55,00%	0,24377%	7,57762%	15,72945%	24,49900%	140,25000%
56,00%	0,24735%	7,69299%	15,97780%	24,89996%	143,36000%
57,00%	0,25091%	7,80774%	16,22509%	25,29964%	146,49000%
58,00%	0,25445%	7,92188%	16,47133%	25,69805%	149,64000%
59,00%	0,25796%	8,03543%	16,71653%	26,09520%	152,81000%
60,00%	0,26145%	8,14837%	16,96071%	26,49111%	156,00000%
61,00%	0,26492%	8,26074%	17,20387%	26,88578%	159,21000%
62,00%	0,26837%	8,37252%	17,44603%	27,27922%	162,44000%
63,00%	0,27180%	8,48373%	17,68719%	27,67145%	165,69000%
64,00%	0,27521%	8,59437%	17,92737%	28,06248%	168,96000%
65,00%	0,27860%	8,70445%	18,16658%	28,45233%	172,25000%
66,00%	0,28196%	8,81398%	18,40481%	28,84099%	175,56000%
67,00%	0,28531%	8,92295%	18,64210%	29,22848%	178,89000%
68,00%	0,28863%	9,03139%	18,87844%	29,61481%	182,24000%
69,00%	0,29194%	9,13929%	19,11384%	30,00000%	185,61000%
70,00%	0,29523%	9,24666%	19,34832%	30,38405%	189,00000%
71,00%	0,29850%	9,35350%	19,58188%	30,76697%	192,41000%
72,00%	0,30175%	9,45982%	19,81453%	31,14877%	195,84000%
73,00%	0,30498%	9,56563%	20,04628%	31,52946%	199,29000%
74,00%	0,30819%	9,67093%	20,27714%	31,90906%	202,76000%
75,00%	0,31138%	9,77573%	20,50711%	32,28757%	206,25000%
76,00%	0,31456%	9,88003%	20,73621%	32,66499%	209,76000%
77,00%	0,31771%	9,98384%	20,96445%	33,04135%	213,29000%
78,00%	0,32085%	10,08716%	21,19183%	33,41664%	216,84000%
79,00%	0,32398%	10,19000%	21,41835%	33,79088%	220,41000%
80,00%	0,32708%	10,29236%	21,64404%	34,16408%	224,00000%
81,00%	0,33017%	10,39424%	21,86889%	34,53624%	227,61000%
82,00%	0,33324%	10,49566%	22,09291%	34,90738%	231,24000%
83,00%	0,33630%	10,59662%	22,31612%	35,27749%	234,89000%
84,00%	0,33933%	10,69712%	22,53851%	35,64660%	238,56000%
85,00%	0,34235%	10,79716%	22,76010%	36,01471%	242,25000%
86,00%	0,34536%	10,89675%	22,98089%	36,38182%	245,96000%
87,00%	0,34835%	10,99590%	23,20090%	36,74794%	249,69000%
88,00%	0,35132%	11,09461%	23,42012%	37,11309%	253,44000%
89,00%	0,35428%	11,19288%	23,63856%	37,47727%	257,21000%
90,00%	0,35722%	11,29072%	23,85623%	37,84049%	261,00000%
95,00%	0,37171%	11,77356%	24,93330%	39,64240%	280,25000%
100,00%	0,38582%	12,24620%	25,99210%	41,42136%	300,00000%
105,00%	0,39960%	12,70910%	27,03341%	43,17821%	320,25000%
110,00%	0,41304%	13,16268%	28,05792%	44,91377%	341,00000%
115,00%	0,42617%	13,60734%	29,06629%	46,62878%	362,25000%
120,00%	0,43899%	14,04348%	30,05914%	48,32397%	384,00000%
125,00%	0,45153%	14,47142%	31,03707%	50,00000%	406,25000%
130,00%	0,46380%	14,89152%	32,00061%	51,65751%	429,00000%
135,00%	0,47580%	15,30407%	32,95029%	53,29710%	452,25000%
140,00%	0,48756%	15,70937%	33,88659%	54,91933%	476,00000%
145,00%	0,49907%	16,10770%	34,80997%	56,52476%	500,25000%
150,00%	0,51035%	16,49931%	35,72088%	58,11388%	525,00000%
155,00%	0,52141%	16,88444%	36,61972%	59,68719%	550,25000%
160,00%	0,53225%	17,26333%	37,50689%	61,24515%	576,00000%
165,00%	0,54289%	17,63620%	38,38275%	62,78821%	602,25000%
170,00%	0,55333%	18,00325%	39,24767%	64,31677%	629,00000%
175,00%	0,56358%	18,36468%	40,10197%	65,83124%	656,25000%
180,00%	0,57365%	18,72067%	40,94597%	67,33201%	684,00000%
185,00%	0,58354%	19,07140%	41,77999%	68,81943%	712,25000%
190,00%	0,59326%	19,41705%	42,60431%	70,29386%	741,00000%
195,00%	0,60281%	19,75776%	43,41921%	71,75564%	770,25000%
200,00%	0,61221%	20,09370%	44,22496%	73,20508%	800,00000%

TAXAS DE JUROS EFETIVOS COMPOSTOS COMERCIAIS EQUIVALENTES

TAXA ANUAL	TAXA DIÁRIA EQUIVALENTE	TAXA MENSAL EQUIVALENTE	TAXA BIMESTRAL EQUIVALENTE	TAXA TRIMESTRAL EQUIVALENTE	TAXA SEMESTRAL EQUIVALENTE
1,00%	0,00276%	0,08295%	0,16598%	0,24907%	0,49876%
2,00%	0,00550%	0,16516%	0,33059%	0,49629%	0,99505%
3,00%	0,00821%	0,24663%	0,49386%	0,74171%	1,48892%
4,00%	0,01090%	0,32737%	0,65582%	0,98534%	1,98039%
5,00%	0,01355%	0,40741%	0,81648%	1,22722%	2,46951%
6,00%	0,01619%	0,48676%	0,97588%	1,46738%	2,95630%
7,00%	0,01880%	0,56541%	1,13403%	1,70585%	3,44080%
8,00%	0,02138%	0,64340%	1,29095%	1,94265%	3,92305%
9,00%	0,02394%	0,72073%	1,44666%	2,17782%	4,40307%
10,00%	0,02648%	0,79741%	1,60119%	2,41137%	4,88088%
11,00%	0,02899%	0,87346%	1,75455%	2,64333%	5,35654%
12,00%	0,03149%	0,94888%	1,90676%	2,87373%	5,83005%
13,00%	0,03396%	1,02368%	2,05785%	3,10260%	6,30146%
14,00%	0,03640%	1,09789%	2,20782%	3,32995%	6,77078%
15,00%	0,03883%	1,17149%	2,35671%	3,55581%	7,23805%
16,00%	0,04124%	1,24451%	2,50452%	3,78020%	7,70330%
17,00%	0,04362%	1,31696%	2,65127%	4,00314%	8,16654%
18,00%	0,04599%	1,38884%	2,79697%	4,22466%	8,62780%
19,00%	0,04833%	1,46017%	2,94166%	4,44478%	9,08712%
20,00%	0,05066%	1,53095%	3,08533%	4,66351%	9,54451%
21,00%	0,05296%	1,60119%	3,22801%	4,88088%	10,00000%
22,00%	0,05525%	1,67090%	3,36971%	5,09691%	10,45361%
23,00%	0,05752%	1,74008%	3,51045%	5,31162%	10,90537%
24,00%	0,05977%	1,80876%	3,65023%	5,52501%	11,35529%
25,00%	0,06200%	1,87693%	3,78908%	5,73713%	11,80340%
26,00%	0,06422%	1,94460%	3,92701%	5,94797%	12,24972%
27,00%	0,06642%	2,01178%	4,06403%	6,15756%	12,69428%
28,00%	0,06860%	2,07847%	4,20015%	6,36592%	13,13708%
29,00%	0,07076%	2,14469%	4,33538%	6,57306%	13,57817%
30,00%	0,07291%	2,21045%	4,46975%	6,77900%	14,01754%
35,00%	0,08340%	2,53241%	5,12894%	7,79123%	16,18950%
40,00%	0,09351%	2,84362%	5,76809%	8,77573%	18,32160%
45,00%	0,10327%	3,14480%	6,38850%	9,73420%	20,41595%
50,00%	0,11269%	3,43661%	6,99132%	10,66819%	22,47449%
55,00%	0,12181%	3,71963%	7,57762%	11,57912%	24,49900%
60,00%	0,13064%	3,99441%	8,14837%	12,46827%	26,49111%
65,00%	0,13920%	4,26143%	8,70445%	13,33681%	28,45233%
70,00%	0,14751%	4,52113%	9,24666%	14,18583%	30,38405%
75,00%	0,15557%	4,77391%	9,77573%	15,01633%	32,28757%
80,00%	0,16341%	5,02017%	10,29236%	15,82922%	34,16408%
85,00%	0,17103%	5,26023%	10,79716%	16,62534%	36,01471%
90,00%	0,17845%	5,49441%	11,29072%	17,40549%	37,84049%
95,00%	0,18568%	5,72302%	11,77356%	18,17039%	39,64240%
100,00%	0,19273%	5,94631%	12,24620%	18,92071%	41,42136%
110,00%	0,20631%	6,37795%	13,16268%	20,38013%	44,91377%
120,00%	0,21926%	6,79114%	14,04348%	21,78833%	48,32397%
130,00%	0,23163%	7,18746%	14,89152%	23,14930%	51,65751%
140,00%	0,24348%	7,56829%	15,70937%	24,46660%	54,91933%
150,00%	0,25485%	7,93484%	16,49931%	25,74334%	58,11388%
160,00%	0,26577%	8,28819%	17,26333%	26,98234%	61,24515%
170,00%	0,27628%	8,62930%	18,00325%	28,18610%	64,31677%
180,00%	0,28641%	8,95902%	18,72067%	29,35687%	67,33201%
190,00%	0,29619%	9,27811%	19,41705%	30,49669%	70,29386%
200,00%	0,30564%	9,58727%	20,09370%	31,60740%	73,20508%
210,00%	0,31477%	9,88712%	20,75180%	32,69068%	76,06817%
220,00%	0,32362%	10,17824%	21,39245%	33,74806%	78,88544%
230,00%	0,33220%	10,46113%	22,01662%	34,78094%	81,65902%
240,00%	0,34052%	10,73627%	22,62523%	35,79061%	84,39089%
250,00%	0,34860%	11,00410%	23,21909%	36,77824%	87,08287%
260,00%	0,35645%	11,26499%	23,79898%	37,74493%	89,73666%
270,00%	0,36409%	11,51933%	24,36561%	38,69169%	92,35384%

TAXA ANUAL	TAXA DIÁRIA EQUIVALENTE	TAXA MENSAL EQUIVALENTE	TAXA BIMESTRAL EQUIVALENTE	TAXA TRIMESTRAL EQUIVALENTE	TAXA SEMESTRAL EQUIVALENTE
280,00%	0,37152%	11,76744%	24,91960%	39,61944%	94,93589%
290,00%	0,37876%	12,00964%	25,46158%	40,52906%	97,48418%
300,00%	0,38582%	12,24620%	25,99210%	41,42136%	100,00000%
310,00%	0,39271%	12,47741%	26,51169%	42,29707%	102,48457%
320,00%	0,39943%	12,70351%	27,02081%	43,15691%	104,93902%
330,00%	0,40599%	12,92472%	27,51993%	44,00153%	107,36441%
340,00%	0,41240%	13,14127%	28,00947%	44,83155%	109,76177%
350,00%	0,41867%	13,35335%	28,48983%	45,64753%	112,13203%
360,00%	0,42480%	13,56116%	28,96137%	46,45003%	114,47611%
370,00%	0,43080%	13,76486%	29,42444%	47,23954%	116,79483%
380,00%	0,43668%	13,96463%	29,87938%	48,01656%	119,08902%
390,00%	0,44243%	14,16063%	30,32648%	48,78153%	121,35944%
400,00%	0,44807%	14,35298%	30,76605%	49,53488%	123,60680%
410,00%	0,45359%	14,54185%	31,19835%	50,27701%	125,83180%
420,00%	0,45901%	14,72735%	31,62364%	51,00831%	128,03509%
430,00%	0,46433%	14,90960%	32,04217%	51,72913%	130,21729%
440,00%	0,46954%	15,08873%	32,45417%	52,43982%	132,37900%
450,00%	0,47466%	15,26485%	32,85986%	53,14072%	134,52079%
460,00%	0,47969%	15,43806%	33,25945%	53,83211%	136,64319%
470,00%	0,48463%	15,60845%	33,65313%	54,51431%	138,74673%
480,00%	0,48949%	15,77612%	34,04110%	55,18759%	140,83189%
490,00%	0,49426%	15,94117%	34,42354%	55,85222%	142,89916%
500,00%	0,49895%	16,10367%	34,80062%	56,50846%	144,94897%
510,00%	0,50357%	16,26370%	35,17249%	57,15654%	146,98178%
520,00%	0,50811%	16,42135%	35,53931%	57,79670%	148,99799%
530,00%	0,51257%	16,57669%	35,90124%	58,42917%	150,99801%
540,00%	0,51697%	16,72978%	36,25841%	59,05415%	152,98221%
550,00%	0,52130%	16,88069%	36,61097%	59,67184%	154,95098%
560,00%	0,52556%	17,02949%	36,95903%	60,28245%	156,90465%
570,00%	0,52976%	17,17624%	37,30272%	60,88617%	158,84358%
580,00%	0,53390%	17,32100%	37,64216%	61,48316%	160,76810%
590,00%	0,53798%	17,46381%	37,97747%	62,07360%	162,67851%
600,00%	0,54199%	17,60474%	38,30876%	62,65766%	164,57513%
610,00%	0,54596%	17,74384%	38,63612%	63,23549%	166,45825%
620,00%	0,54986%	17,88115%	38,95966%	63,80725%	168,32816%
630,00%	0,55371%	18,01673%	39,27948%	64,37309%	170,18512%
640,00%	0,55752%	18,15061%	39,59567%	64,93314%	172,02941%
650,00%	0,56126%	18,28285%	39,90832%	65,48755%	173,86128%
660,00%	0,56496%	18,41348%	40,21751%	66,03643%	175,68098%
670,00%	0,56862%	18,54254%	40,52334%	66,57993%	177,48874%
680,00%	0,57222%	18,67008%	40,82587%	67,11816%	179,28480%
690,00%	0,57578%	18,79612%	41,12518%	67,65124%	181,06939%
700,00%	0,57929%	18,92071%	41,42136%	68,17928%	182,84271%
710,00%	0,58276%	19,04388%	41,71446%	68,70240%	184,60499%
720,00%	0,58619%	19,16567%	42,00457%	69,22069%	186,35642%
730,00%	0,58958%	19,28610%	42,29174%	69,73426%	188,09721%
740,00%	0,59293%	19,40521%	42,57604%	70,24322%	189,82753%
750,00%	0,59623%	19,52303%	42,85754%	70,74765%	191,54759%
760,00%	0,59950%	19,63958%	43,13629%	71,24765%	193,25757%
770,00%	0,60273%	19,75489%	43,41235%	71,74330%	194,95762%
780,00%	0,60593%	19,86900%	43,68578%	72,23471%	196,64794%
790,00%	0,60908%	19,98193%	43,95663%	72,72194%	198,32868%
800,00%	0,61221%	20,09370%	44,22496%	73,20508%	200,00000%
810,00%	0,61529%	20,20433%	44,49081%	73,68421%	201,66206%
820,00%	0,61835%	20,31386%	44,75424%	74,15941%	203,31502%
830,00%	0,62137%	20,42230%	45,01530%	74,63076%	204,95901%
840,00%	0,62436%	20,52968%	45,27403%	75,09831%	206,59419%
850,00%	0,62732%	20,63601%	45,53047%	75,56215%	208,22070%
860,00%	0,63025%	20,74132%	45,78467%	76,02235%	209,83867%
870,00%	0,63314%	20,84564%	46,03668%	76,47896%	211,44823%
880,00%	0,63601%	20,94897%	46,28653%	76,93205%	213,04952%

TAXAS DE JUROS EFETIVOS COMPOSTOS COMERCIAIS EQUIVALENTES

19.3 Tabelas do Fator de Acumulação de Capital (FAC) em Anuidades (Parcelamento com Juros Compostos)

FATOR DE ACUMULAÇÃO DE CAPITAL (FAC) PARCELAMENTO COM JUROS COMPOSTOS $\frac{(1+i)^n - 1}{i}$									

n \ i	0,05%	0,10%	0,15%	0,20%	0,25%	0,30%	0,35%	0,40%	0,45%	0,50%
1	1,00000	1,00000	1,00000	1,00000	1,00000	1,00000	1,00000	1,00000	1,00000	1,00000
2	2,00050	2,00100	2,00150	2,00200	2,00250	2,00300	2,00350	2,00400	2,00450	2,00500
3	3,00150	3,00300	3,00450	3,00600	3,00751	3,00901	3,01051	3,01202	3,01352	3,01502
4	4,00300	4,00600	4,00901	4,01202	4,01503	4,01804	4,02105	4,02406	4,02708	4,03010
5	5,00500	5,01001	5,01502	5,02004	5,02506	5,03009	5,03512	5,04016	5,04520	5,05025
6	6,00751	6,01502	6,02255	6,03008	6,03763	6,04518	6,05275	6,06032	6,06791	6,07550
7	7,01051	7,02104	7,03158	7,04214	7,05272	7,06332	7,07393	7,08456	7,09521	7,10588
8	8,01401	8,02806	8,04213	8,05622	8,07035	8,08451	8,09869	8,11290	8,12714	8,14141
9	9,01802	9,03608	9,05419	9,07234	9,09053	9,10876	9,12703	9,14535	9,16371	9,18212
10	10,02253	10,04512	10,06777	10,09048	10,11325	10,13609	10,15898	10,18193	10,20495	10,22803
11	11,02754	11,05517	11,08287	11,11066	11,13854	11,16649	11,19454	11,22266	11,25087	11,27917
12	12,03306	12,06622	12,09950	12,13288	12,16638	12,19999	12,23372	12,26755	12,30150	12,33556
13	13,03907	13,07829	13,11765	13,15715	13,19680	13,23659	13,27653	13,31662	13,35686	13,39724
14	14,04559	14,09137	14,13732	14,18346	14,22979	14,27630	14,32300	14,36989	14,41696	14,46423
15	15,05261	15,10546	15,15853	15,21183	15,26537	15,31913	15,37313	15,42737	15,48184	15,53655
16	16,06014	16,12056	16,18127	16,24225	16,30353	16,36509	16,42694	16,48908	16,55151	16,61423
17	17,06817	17,13668	17,20554	17,27474	17,34429	17,41418	17,48443	17,55503	17,62599	17,69730
18	18,07670	18,15382	18,23135	18,30929	18,38765	18,46643	18,54563	18,62525	18,70531	18,78579
19	19,08574	19,17197	19,25869	19,34591	19,43362	19,52183	19,61054	19,69976	19,78948	19,87972
20	20,09529	20,19114	20,28758	20,38460	20,48220	20,58039	20,67918	20,77855	20,87853	20,97912
21	21,10533	21,21134	21,31801	21,42537	21,53341	21,64213	21,75155	21,86167	21,97249	22,08401
22	22,11589	22,23255	22,34999	22,46822	22,58724	22,70706	22,82768	22,94911	23,07136	23,19443
23	23,12694	23,25478	23,38351	23,51316	23,64371	23,77518	23,90758	24,04091	24,17518	24,31040
24	24,13851	24,27803	24,41859	24,56018	24,70282	24,84651	24,99126	25,13708	25,28397	25,43196
25	25,15058	25,30231	25,45522	25,60930	25,76457	25,92105	26,07873	26,23762	26,39775	26,55912
26	26,16315	26,32762	26,49340	26,66052	26,82899	26,99881	27,17000	27,34257	27,51654	27,69191
27	27,17623	27,35394	27,53314	27,71384	27,89606	28,07981	28,26510	28,45194	28,64036	28,83037
28	28,18982	28,38130	28,57444	28,76927	28,96580	29,16404	29,36402	29,56575	29,76925	29,97452
29	29,20392	29,40968	29,61730	29,82681	30,03821	30,25154	30,46680	30,68401	30,90321	31,12439
30	30,21852	30,43909	30,66173	30,88646	31,11331	31,34229	31,57343	31,80675	32,04227	32,28002
31	31,23363	31,46953	31,70772	31,94823	32,19109	32,43632	32,68394	32,93398	33,18646	33,44142
32	32,24924	32,50100	32,75528	33,01213	33,27157	33,53363	33,79833	34,06571	34,33580	34,60862
33	33,26537	33,53350	33,80442	34,07816	34,35475	34,63423	34,91663	35,20198	35,49031	35,78167
34	34,28200	34,56703	34,85512	35,14631	35,44064	35,73813	36,03883	36,34278	36,65002	36,96058
35	35,29914	35,60160	35,90740	36,21660	36,52922	36,84535	37,16497	37,48816	37,81494	38,14538
36	36,31679	36,63720	36,96127	37,28904	37,62056	37,95588	38,29505	38,63811	38,98511	39,33610
37	37,33495	37,67384	38,01671	38,36362	38,71461	39,06975	39,42908	39,79266	40,16054	40,53279
38	38,35362	38,71151	39,07373	39,44034	39,81140	40,18696	40,56708	40,95183	41,34127	41,73545
39	39,37280	39,75022	40,13234	40,51922	40,91093	41,30752	41,70907	42,11564	42,52730	42,94413
40	40,39248	40,78991	41,19254	41,60026	42,01320	42,43144	42,85505	43,28410	43,71867	44,15885
41	41,41268	41,83076	42,25433	42,68346	43,11824	43,55874	44,00504	44,45724	44,91541	45,37964
42	42,43338	42,87259	43,31771	43,76883	44,22603	44,68941	45,15906	45,63507	46,11753	46,60654
43	43,45460	43,91547	44,38269	44,85637	45,33660	45,82348	46,31712	46,81761	47,32506	47,83957
44	44,47633	44,95938	45,44926	45,94608	46,44994	46,96095	47,47923	48,00488	48,53802	49,07877
45	45,49857	46,00434	46,51744	47,03797	47,56606	48,10183	48,64540	49,19690	49,75644	50,32416
46	46,52132	47,05034	47,58721	48,13205	48,68498	49,24614	49,81566	50,39368	50,98035	51,57578
47	47,54458	48,09739	48,65859	49,22831	49,80669	50,39388	50,99002	51,59526	52,20976	52,83366
48	48,56835	49,14549	49,73158	50,32677	50,93121	51,54506	52,16848	52,80164	53,44470	54,09783
49	49,59263	50,19464	50,80618	51,42742	52,05854	52,69969	53,35107	54,01285	54,68520	55,36832
50	50,61743	51,24483	51,88239	52,53028	53,18868	53,85779	54,53780	55,22890	55,93129	56,64516
51	51,64274	52,29608	52,96021	53,63534	54,32165	55,01937	55,72868	56,44981	57,18298	57,92839
52	52,66856	53,34837	54,03965	54,74261	55,45746	56,18443	56,92373	57,67561	58,44030	59,21803
53	53,69489	54,40172	55,12071	55,85209	56,59610	57,35298	58,12297	58,90632	59,70328	60,51412
54	54,72174	55,45612	56,20339	56,96380	57,73759	58,52504	59,32640	60,14194	60,97195	61,81669
55	55,74910	56,51158	57,28770	58,07773	58,88194	59,70061	60,53404	61,38251	62,24632	63,12577
56	56,77698	57,56809	58,37363	59,19388	60,02914	60,87971	61,74590	62,63804	63,52643	64,44140
57	57,80536	58,62566	59,46119	60,31227	61,17921	62,06235	62,96202	63,87855	64,81230	65,76361
58	58,83427	59,68428	60,55038	61,43289	62,33216	63,24854	64,18239	65,13407	66,10395	67,09243
59	59,86368	60,74397	61,64121	62,55576	63,48799	64,43829	65,40702	66,39460	67,40142	68,42789
60	60,89362	61,80471	62,73367	63,68087	64,64671	65,63160	66,63595	67,66018	68,70473	69,77003

i / n	0,50%	0,55%	0,60%	0,65%	0,70%	0,75%	0,80%	0,85%	0,90%	0,95%
1	1,00000	1,00000	1,00000	1,00000	1,00000	1,00000	1,00000	1,00000	1,00000	1,00000
2	2,00500	2,00550	2,00600	2,00650	2,00700	2,00750	2,00800	2,00850	2,00900	2,00950
3	3,01502	3,01653	3,01804	3,01954	3,02105	3,02256	3,02406	3,02557	3,02708	3,02859
4	4,03010	4,03312	4,03614	4,03917	4,04220	4,04523	4,04826	4,05129	4,05432	4,05736
5	5,05025	5,05530	5,06036	5,06542	5,07049	5,07556	5,08064	5,08573	5,09081	5,09591
6	6,07550	6,08311	6,09072	6,09835	6,10599	6,11363	6,12129	6,12895	6,13663	6,14432
7	7,10588	7,11656	7,12727	7,13799	7,14873	7,15948	7,17026	7,18105	7,19186	7,20269
8	8,14141	8,15571	8,17003	8,18439	8,19877	8,21318	8,22762	8,24209	8,25659	8,27111
9	9,18212	9,20056	9,21905	9,23758	9,25616	9,27478	9,29344	9,31215	9,33090	9,34969
10	10,22803	10,25117	10,27437	10,29763	10,32095	10,34434	10,36779	10,39130	10,41487	10,43851
11	11,27917	11,30755	11,33601	11,36456	11,39320	11,42192	11,45073	11,47963	11,50861	11,53768
12	12,33556	12,36974	12,40403	12,43843	12,47295	12,50759	12,54234	12,57720	12,61219	12,64729
13	13,39724	13,43777	13,47845	13,51928	13,56026	13,60139	13,64268	13,68411	13,72570	13,76744
14	14,46423	14,51168	14,55932	14,60716	14,65518	14,70340	14,75182	14,80042	14,84923	14,89823
15	15,53655	15,59149	15,64668	15,70210	15,75777	15,81368	15,86983	15,92623	15,98287	16,03976
16	16,61423	16,67725	16,74056	16,80417	16,86807	16,93228	16,99679	17,06160	17,12672	17,19214
17	17,69730	17,76897	17,84100	17,91339	17,98615	18,05927	18,13276	18,20662	18,28086	18,35546
18	18,78579	18,86670	18,94805	19,02983	19,11205	19,19472	19,27783	19,36138	19,44538	19,52984
19	19,87972	19,97047	20,06174	20,15353	20,24584	20,33868	20,43205	20,52595	20,62039	20,71537
20	20,97912	21,08031	21,18211	21,28452	21,38756	21,49122	21,59551	21,70042	21,80598	21,91217
21	22,08401	22,19625	22,30920	22,42287	22,53727	22,65240	22,76827	22,88488	23,00223	23,12033
22	23,19443	23,31833	23,44305	23,56862	23,69503	23,82230	23,95042	24,07940	24,20925	24,33998
23	24,31040	24,44658	24,58371	24,72182	24,86090	25,00096	25,14202	25,28407	25,42713	25,57121
24	25,43196	25,58103	25,73122	25,88251	26,03493	26,18847	26,34316	26,49899	26,65598	26,81413
25	26,55912	26,72173	26,88560	27,05075	27,21717	27,38488	27,55390	27,72423	27,89588	28,06887
26	27,69191	27,86870	28,04692	28,22658	28,40769	28,59027	28,77433	28,95989	29,14694	29,33552
27	28,83037	29,02198	29,21520	29,41005	29,60654	29,80470	30,00453	30,20604	30,40927	30,61421
28	29,97452	30,18160	30,39049	30,60121	30,81379	31,02823	31,24456	31,46280	31,68295	31,90504
29	31,12439	31,34760	31,57283	31,80012	32,02949	32,26094	32,49452	32,73023	32,96810	33,20814
30	32,28002	32,52001	32,76227	33,00682	33,25369	33,50290	33,75448	34,00844	34,26481	34,52362
31	33,44142	33,69887	33,95884	34,22137	34,48647	34,75417	35,02451	35,29751	35,57319	35,85159
32	34,60862	34,88421	35,16260	35,44381	35,72787	36,01483	36,30471	36,59754	36,89335	37,19218
33	35,78167	36,07607	36,37357	36,67419	36,97797	37,28494	37,59514	37,90862	38,22539	38,54551
34	36,96058	37,27449	37,59181	37,91257	38,23681	38,56458	38,89591	39,23084	39,56942	39,91169
35	38,14538	38,47950	38,81736	39,15900	39,50447	39,85381	40,20707	40,56430	40,92554	41,29085
36	39,33610	39,69114	40,05027	40,41354	40,78100	41,15272	41,52873	41,90910	42,29387	42,68312
37	40,53279	40,90944	41,29057	41,67623	42,06647	42,46136	42,86096	43,26532	43,67452	44,08861
38	41,73545	42,13444	42,53831	42,94712	43,36094	43,77982	44,20385	44,63308	45,06759	45,50745
39	42,94413	43,36618	43,79354	44,22628	44,66446	45,10817	45,55748	46,01246	46,47320	46,93977
40	44,15885	44,60470	45,05630	45,51375	45,97711	46,44648	46,92194	47,40357	47,89146	48,38570
41	45,37964	45,85002	46,32664	46,80959	47,29895	47,79483	48,29731	48,80650	49,32248	49,84536
42	46,60654	47,10220	47,60460	48,11385	48,63005	49,15329	49,68369	50,22135	50,76638	51,31889
43	47,83957	48,36126	48,89023	49,42659	49,97046	50,52194	51,08116	51,64823	52,22328	52,80642
44	49,07877	49,62725	50,18357	50,74786	51,32025	51,90086	52,48981	53,08724	53,69329	54,30808
45	50,32416	50,90020	51,48467	52,07772	52,67949	53,29011	53,90973	54,53849	55,17653	55,82401
46	51,57578	52,18015	52,79358	53,41623	54,04825	54,68979	55,34101	56,00206	56,67312	57,35434
47	52,83366	53,46714	54,11034	54,76343	55,42659	56,09996	56,78373	57,47808	58,18318	58,89920
48	54,09783	54,76121	55,43500	56,11940	56,81457	57,52071	58,23800	58,96664	59,70682	60,45875
49	55,36832	56,06239	56,76761	57,48417	58,21227	58,95212	59,70391	60,46786	61,24419	62,03310
50	56,64516	57,37074	58,10822	58,85782	59,61976	60,39426	61,18154	61,98184	62,79538	63,62242
51	57,92839	58,68628	59,45687	60,24040	61,03710	61,84721	62,67099	63,50868	64,36054	65,22683
52	59,21803	60,00905	60,81361	61,63196	62,46436	63,31107	64,17236	65,04851	65,93979	66,84649
53	60,51412	61,33910	62,17849	63,03257	63,90161	64,78590	65,68574	66,60142	67,53325	68,48153
54	61,81669	62,67647	63,55156	64,44228	65,34892	66,27180	67,21123	68,16753	69,14104	70,13210
55	63,12577	64,02119	64,93287	65,86115	66,80636	67,76883	68,74891	69,74696	70,76331	71,79836
56	64,44140	65,37330	66,32247	67,28925	68,27401	69,27710	70,29891	71,33980	72,40018	73,48044
57	65,76361	66,73286	67,72040	68,72663	69,75192	70,79668	71,86130	72,94619	74,05179	75,17851
58	67,09243	68,09989	69,12673	70,17335	71,24019	72,32765	73,43619	74,56624	75,71825	76,89270
59	68,42789	69,47444	70,54149	71,62948	72,73887	73,87011	75,02368	76,20005	77,39972	78,62318
60	69,77003	70,85655	71,96474	73,09507	74,24804	75,42414	76,62387	77,84775	79,09631	80,37010

FATOR DE ACUMULAÇÃO DE CAPITAL (FAC)
PARCELAMENTO COM JUROS COMPOSTOS
$$\frac{(1+i)^n - 1}{i}$$

i n	1,00%	1,05%	1,10%	1,15%	1,20%	1,25%	1,30%	1,35%	1,40%	1,45%
1	1,00000	1,00000	1,00000	1,00000	1,00000	1,00000	1,00000	1,00000	1,00000	1,00000
2	2,01000	2,01050	2,01100	2,01150	2,01200	2,01250	2,01300	2,01350	2,01400	2,01450
3	3,03010	3,03161	3,03312	3,03463	3,03614	3,03766	3,03917	3,04068	3,04220	3,04371
4	4,06040	4,06344	4,06649	4,06953	4,07258	4,07563	4,07868	4,08173	4,08479	4,08784
5	5,10101	5,10611	5,11122	5,11633	5,12145	5,12657	5,13170	5,13683	5,14197	5,14712
6	6,15202	6,15972	6,16744	6,17517	6,18291	6,19065	6,19841	6,20618	6,21396	6,22175
7	7,21354	7,22440	7,23528	7,24618	7,25710	7,26804	7,27899	7,28997	7,30096	7,31197
8	8,28567	8,30026	8,31487	8,32951	8,34419	8,35889	8,37362	8,38838	8,40317	8,41799
9	9,36853	9,38741	9,40633	9,42530	9,44432	9,46337	9,48248	9,50162	9,52081	9,54005
10	10,46221	10,48598	10,50980	10,53369	10,55765	10,58167	10,60575	10,62990	10,65411	10,67838
11	11,56683	11,59608	11,62541	11,65483	11,68434	11,71394	11,74362	11,77340	11,80326	11,83322
12	12,68250	12,71784	12,75329	12,78886	12,82455	12,86036	12,89629	12,93234	12,96851	13,00480
13	13,80933	13,85138	13,89358	13,93593	13,97845	14,02112	14,06394	14,10693	14,15007	14,19337
14	14,94742	14,99681	15,04641	15,09620	15,14619	15,19638	15,24677	15,29737	15,34817	15,39917
15	16,09690	16,15428	16,21192	16,26980	16,32794	16,38633	16,44498	16,50388	16,56304	16,62246
16	17,25786	17,32390	17,39025	17,45691	17,52388	17,59116	17,65877	17,72669	17,79493	17,86349
17	18,43044	18,50580	18,58154	18,65766	18,73416	18,81105	18,88833	18,96600	19,04406	19,12251
18	19,61475	19,70011	19,78594	19,87222	19,95897	20,04619	20,13388	20,22204	20,31067	20,39978
19	20,81090	20,90696	21,00358	21,10075	21,19848	21,29677	21,39562	21,49504	21,59502	21,69558
20	22,01900	22,12649	22,23462	22,34341	22,45286	22,56298	22,67376	22,78522	22,89735	23,01017
21	23,23919	23,35882	23,47920	23,60036	23,72230	23,84502	23,96852	24,09282	24,21791	24,34381
22	24,47159	24,60408	24,73747	24,87177	25,00697	25,14308	25,28011	25,41807	25,55697	25,69680
23	25,71630	25,86243	26,00959	26,15779	26,30705	26,45737	26,60875	26,76122	26,91476	27,06940
24	26,97346	27,13398	27,29569	27,45861	27,62273	27,78808	27,95467	28,12249	28,29157	28,46191
25	28,24320	28,41889	28,59594	28,77438	28,95421	29,13544	29,31808	29,50215	29,68765	29,87461
26	29,52563	29,71729	29,91050	30,10529	30,30166	30,49963	30,69921	30,90042	31,10328	31,30779
27	30,82089	31,02932	31,23952	31,45150	31,66528	31,88087	32,09830	32,31758	32,53872	32,76175
28	32,12910	32,35513	32,58315	32,81319	33,04526	33,27938	33,51558	33,75387	33,99427	34,23680
29	33,45039	33,69485	33,94156	34,19054	34,44180	34,69538	34,95128	35,20955	35,47019	35,73323
30	34,78489	35,04865	35,31492	35,58373	35,85510	36,12907	36,40565	36,68487	36,96677	37,25136
31	36,13274	36,41666	36,70339	36,99294	37,28537	37,58068	37,87892	38,18012	38,48430	38,79151
32	37,49407	37,79904	38,10712	38,41836	38,73279	39,05044	39,37135	39,69555	40,02308	40,35398
33	38,86901	39,19593	39,52630	39,86017	40,19758	40,53857	40,88318	41,23144	41,58341	41,93912
34	40,25770	40,60748	40,96109	41,31857	41,67996	42,04530	42,41466	42,78807	43,16558	43,54723
35	41,66028	42,03386	42,41166	42,79373	43,18011	43,57087	43,96605	44,36570	44,76989	45,17867
36	43,07688	43,47522	43,87819	44,28586	44,69828	45,11551	45,53761	45,96464	46,39667	46,83376
37	44,50765	44,93171	45,36085	45,79515	46,23466	46,67945	47,12960	47,58516	48,04623	48,51285
38	45,95272	46,40349	46,85982	47,32179	47,78947	48,26294	48,74228	49,22756	49,71887	50,21629
39	47,41225	47,89073	48,37528	48,86599	49,36294	49,86623	50,37593	50,89214	51,41494	51,94442
40	48,88637	49,39358	49,90741	50,42795	50,95530	51,48956	52,03082	52,57918	53,13475	53,69762
41	50,37524	50,91221	51,45639	52,00787	52,56676	53,13318	53,70722	54,28900	54,87863	55,47623
42	51,87899	52,44679	53,02241	53,60596	54,19756	54,79734	55,40541	56,02190	56,64693	57,28064
43	53,39778	53,99748	54,60565	55,22243	55,84794	56,48231	57,12568	57,77820	58,43999	59,11121
44	54,93176	55,56446	56,20632	56,85749	57,51811	58,18834	58,86832	59,55820	60,25815	60,96832
45	56,48107	57,14788	57,82459	58,51135	59,20833	59,91569	60,63360	61,36224	62,10176	62,85236
46	58,04589	58,74793	59,46066	60,18423	60,91883	61,66464	62,42184	63,19063	63,97119	64,76372
47	59,62634	60,36479	61,11472	61,87635	62,64985	63,43545	64,23332	65,04370	65,86679	66,70279
48	61,22261	61,99862	62,78699	63,58793	64,40165	65,22839	66,06836	66,92179	67,78892	68,66998
49	62,83483	63,64960	64,47764	65,31919	66,17447	67,04374	67,92725	68,82524	69,73796	70,66570
50	64,46318	65,31792	66,18690	67,07036	67,96857	68,88179	69,81030	70,75438	71,71430	72,69035
51	66,10781	67,00376	67,91495	68,84167	69,78419	70,74281	71,71783	72,70956	73,71830	74,74436
52	67,76889	68,70730	69,66202	70,63335	71,62160	72,62710	73,65017	74,69114	75,75035	76,82815
53	69,44658	70,42873	71,42830	72,44563	73,48106	74,53494	75,60762	76,69947	77,81086	78,94216
54	71,14105	72,16823	73,21401	74,27875	75,36283	76,46662	77,59052	78,73491	79,90021	81,08682
55	72,85246	73,92600	75,01937	76,13296	77,26718	78,42246	79,59919	80,79783	82,01881	83,26258
56	74,58098	75,70222	76,84458	78,00849	79,19439	80,40274	81,63398	82,88860	84,16708	85,46989
57	76,32679	77,49709	78,68987	79,90559	81,14472	82,40777	83,69523	85,00760	86,34542	87,70920
58	78,09006	79,31081	80,55546	81,82450	83,11846	84,43787	85,78326	87,15520	88,55425	89,98099
59	79,87096	81,14358	82,44157	83,76548	85,11588	86,49334	87,89845	89,33180	90,79401	92,28571
60	81,66967	82,99558	84,34842	85,72878	87,13727	88,57451	90,04113	91,53778	93,06513	94,62385

FATOR DE ACUMULAÇÃO DE CAPITAL (FAC)
PARCELAMENTO COM JUROS COMPOSTOS
$$\frac{(1+i)^n - 1}{i}$$

i / n	1,50%	1,55%	1,60%	1,65%	1,70%	1,75%	1,80%	1,85%	1,90%	1,95%
1	1,00000	1,00000	1,00000	1,00000	1,00000	1,00000	1,00000	1,00000	1,00000	1,00000
2	2,01500	2,01550	2,01600	2,01650	2,01700	2,01750	2,01800	2,01850	2,01900	2,01950
3	3,04522	3,04674	3,04826	3,04977	3,05129	3,05281	3,05432	3,05584	3,05736	3,05888
4	4,09090	4,09396	4,09703	4,10009	4,10316	4,10623	4,10930	4,11238	4,11545	4,11853
5	5,15227	5,15742	5,16258	5,16775	5,17291	5,17809	5,18327	5,18845	5,19364	5,19884
6	6,22955	6,23736	6,24518	6,25301	6,26085	6,26871	6,27657	6,28444	6,29232	6,30022
7	7,32299	7,33404	7,34510	7,35619	7,36729	7,37841	7,38955	7,40070	7,41188	7,42307
8	8,43284	8,44772	8,46263	8,47756	8,49253	8,50753	8,52256	8,53762	8,55270	8,56782
9	9,55933	9,57866	9,59803	9,61744	9,63691	9,65641	9,67596	9,69556	9,71520	9,73489
10	10,70272	10,72713	10,75160	10,77613	10,80073	10,82540	10,85013	10,87493	10,89979	10,92472
11	11,86326	11,89340	11,92362	11,95394	11,98435	12,01484	12,04543	12,07612	12,10689	12,13776
12	13,04121	13,07774	13,11440	13,15118	13,18808	13,22510	13,26225	13,29952	13,33692	13,37444
13	14,23683	14,28045	14,32423	14,36817	14,41228	14,45654	14,50097	14,54557	14,59032	14,63524
14	15,45038	15,50180	15,55342	15,60525	15,65729	15,70953	15,76199	15,81466	15,86754	15,92063
15	16,68214	16,74207	16,80227	16,86273	16,92346	16,98445	17,04571	17,10723	17,16902	17,23108
16	17,93237	18,00158	18,07111	18,14097	18,21116	18,28168	18,35253	18,42371	18,49523	18,56709
17	19,20136	19,28060	19,36025	19,44030	19,52075	19,60161	19,68287	19,76455	19,84664	19,92915
18	20,48938	20,57945	20,67001	20,76106	20,85260	20,94463	21,03717	21,13020	21,22373	21,31777
19	21,79672	21,89843	22,00073	22,10362	22,20709	22,31117	22,41583	22,52110	22,62698	22,73346
20	23,12367	23,23786	23,35274	23,46833	23,58462	23,70161	23,81932	23,93774	24,05689	24,17677
21	24,47052	24,59804	24,72639	24,85555	24,98555	25,11639	25,24807	25,38059	25,51397	25,64821
22	25,83758	25,97931	26,12201	26,26567	26,41031	26,55593	26,70253	26,85013	26,99874	27,14835
23	27,22514	27,38199	27,53996	27,69906	27,85928	28,02065	28,18318	28,34686	28,51171	28,67775
24	28,63352	28,80641	28,98060	29,15609	29,33289	29,51102	29,69048	29,87128	30,05344	30,23696
25	30,06302	30,25291	30,44429	30,63717	30,83155	31,02746	31,22490	31,42390	31,62445	31,82658
26	31,51397	31,72183	31,93140	32,14268	32,35569	32,57044	32,78695	33,00524	33,22532	33,44720
27	32,98668	33,21352	33,44230	33,67303	33,90573	34,14042	34,37712	34,61584	34,85660	35,09942
28	34,48148	34,72833	34,97738	35,22864	35,48213	35,73788	35,99591	36,25623	36,51887	36,78386
29	35,99870	36,26662	36,53702	36,80991	37,08533	37,36329	37,64383	37,92697	38,21273	38,50114
30	37,53868	37,82875	38,12161	38,41727	38,71578	39,01715	39,32142	39,62862	39,93877	40,25192
31	39,10176	39,41510	39,73155	40,05116	40,37395	40,69995	41,02921	41,36175	41,69761	42,03683
32	40,68829	41,02603	41,36726	41,71200	42,06030	42,41220	42,76773	43,12694	43,48987	43,85655
33	42,29861	42,66194	43,02914	43,40025	43,77533	44,15441	44,53755	44,92479	45,31617	45,71175
34	43,93309	44,32320	44,71760	45,11635	45,51951	45,92712	46,33923	46,75590	47,17718	47,60313
35	45,59209	46,01021	46,43308	46,86077	47,29334	47,73084	48,17333	48,62088	49,07355	49,53139
36	47,27597	47,72337	48,17601	48,63398	49,09733	49,56613	50,04045	50,52037	51,00594	51,49725
37	48,98511	49,46308	49,94683	50,43644	50,93198	51,43354	51,94118	52,45499	52,97506	53,50145
38	50,71989	51,22975	51,74598	52,26864	52,79783	53,33362	53,87612	54,42541	54,98158	55,54473
39	52,48068	53,02382	53,57391	54,13107	54,69539	55,26696	55,84589	56,43228	57,02623	57,62785
40	54,26789	54,84569	55,43110	56,02423	56,62521	57,23413	57,85112	58,47628	59,10973	59,75159
41	56,08191	56,69579	57,31799	57,94863	58,58784	59,23573	59,89244	60,55809	61,23282	61,91675
42	57,92314	58,57458	59,23508	59,90479	60,58383	61,27236	61,97050	62,67842	63,39624	64,12413
43	59,79199	60,48248	61,18284	61,89322	62,61376	63,34462	64,08597	64,83797	65,60077	66,37455
44	61,68887	62,41996	63,16177	63,91445	64,67819	65,45315	66,23952	67,03747	67,84718	68,66885
45	63,61420	64,38747	65,17236	65,96904	66,77772	67,59858	68,43183	69,27766	70,13628	71,00789
46	65,56841	66,38548	67,21511	68,05753	68,91294	69,78156	70,66360	71,55930	72,46887	73,39255
47	67,55194	68,41445	69,29056	70,18048	71,08446	72,00274	72,93555	73,88314	74,84578	75,82370
48	69,56522	70,47488	71,39921	72,33846	73,29290	74,26278	75,24839	76,24998	77,26785	78,30226
49	71,60870	72,56724	73,54159	74,53204	75,53888	76,56238	77,60286	78,66061	79,73594	80,82916
50	73,68283	74,69203	75,71826	76,76182	77,82304	78,90222	79,99971	81,11583	82,25092	83,40533
51	75,78807	76,84976	77,92975	79,02839	80,14603	81,28301	82,43971	83,61647	84,81369	86,03173
52	77,92489	79,04093	80,17663	81,33236	82,50851	83,70547	84,92362	86,16338	87,42515	88,70935
53	80,09376	81,26606	82,45945	83,67434	84,91116	86,17031	87,45225	88,75740	90,08622	91,43918
54	82,29517	83,52569	84,77880	86,05497	87,35465	88,67829	90,02639	91,39941	92,79786	94,22224
55	84,52960	85,82033	87,13526	88,47488	89,83967	91,23016	92,64686	94,09030	95,56102	97,05958
56	86,79754	88,15055	89,52943	90,93471	92,36695	93,82669	95,31450	96,83097	98,37668	99,95224
57	89,09951	90,51688	91,96190	93,43514	94,93719	96,46866	98,03017	99,62234	101,24584	102,90131
58	91,43600	92,91989	94,43329	95,97682	97,55112	99,15686	100,79471	102,46536	104,16951	105,90788
59	93,80754	95,36015	96,94422	98,56043	100,20949	101,89210	103,60901	105,36097	107,14873	108,97309
60	96,21465	97,83823	99,49533	101,18668	102,91305	104,67522	106,47398	108,31014	110,18456	112,09806

FATOR DE ACUMULAÇÃO DE CAPITAL (FAC)
PARCELAMENTO COM JUROS COMPOSTOS

$$\frac{(1+i)^n - 1}{i}$$

i / n	2,00%	2,05%	2,10%	2,15%	2,20%	2,25%	2,30%	2,35%	2,40%	2,45%
1	1,00000	1,00000	1,00000	1,00000	1,00000	1,00000	1,00000	1,00000	1,00000	1,00000
2	2,02000	2,02050	2,02100	2,02150	2,02200	2,02250	2,02300	2,02350	2,02400	2,02450
3	3,06040	3,06192	3,06344	3,06496	3,06648	3,06801	3,06953	3,07105	3,07258	3,07410
4	4,12161	4,12469	4,12777	4,13086	4,13395	4,13704	4,14013	4,14322	4,14632	4,14942
5	5,20404	5,20925	5,21446	5,21967	5,22489	5,23012	5,23535	5,24059	5,24583	5,25108
6	6,30812	6,31604	6,32396	6,33190	6,33984	6,34780	6,35576	6,36374	6,37173	6,37973
7	7,43428	7,44551	7,45676	7,46803	7,47932	7,49062	7,50195	7,51329	7,52465	7,53603
8	8,58297	8,59815	8,61336	8,62859	8,64386	8,65916	8,67449	8,68985	8,70524	8,72066
9	9,75463	9,77441	9,79424	9,81411	9,83403	9,85399	9,87400	9,89406	9,91417	9,93432
10	10,94972	10,97478	10,99991	11,02511	11,05038	11,07571	11,10111	11,12657	11,15211	11,17771
11	12,16872	12,19977	12,23091	12,26215	12,29348	12,32491	12,35643	12,38805	12,41976	12,45156
12	13,41209	13,44986	13,48776	13,52579	13,56394	13,60222	13,64063	13,67917	13,71783	13,75663
13	14,68033	14,72558	14,77101	14,81659	14,86235	14,90827	14,95436	15,00063	15,04706	15,09367
14	15,97394	16,02746	16,08120	16,13515	16,18932	16,24371	16,29832	16,35314	16,40819	16,46346
15	17,29342	17,35602	17,41890	17,48205	17,54548	17,60919	17,67318	17,73744	17,80199	17,86682
16	18,63929	18,71182	18,78470	18,85792	18,93149	19,00540	19,07966	19,15427	19,22923	19,30455
17	20,01207	20,09541	20,17918	20,26336	20,34798	20,43302	20,51849	20,60440	20,69074	20,77751
18	21,41231	21,50737	21,60294	21,69903	21,79563	21,89276	21,99042	22,08860	22,18731	22,28656
19	22,84056	22,94827	23,05660	23,16556	23,27514	23,38535	23,49620	23,60768	23,71981	23,83258
20	24,29737	24,41871	24,54079	24,66362	24,78719	24,91152	25,03661	25,16246	25,28909	25,41648
21	25,78332	25,91929	26,05615	26,19388	26,33251	26,47203	26,61245	26,75378	26,89602	27,03919
22	27,29898	27,45064	27,60333	27,75705	27,91182	28,06765	28,22454	28,38249	28,54153	28,70165
23	28,84496	29,01338	29,18300	29,35383	29,52588	29,69917	29,87370	30,04948	30,22652	30,40484
24	30,42186	30,60815	30,79584	30,98494	31,17545	31,36740	31,56080	31,75565	31,95196	32,14975
25	32,03030	32,23562	32,44255	32,65111	32,86131	33,07317	33,28670	33,50190	33,71881	33,93742
26	33,67091	33,89645	34,12384	34,35311	34,58426	34,81732	35,05229	35,28920	35,52806	35,76889
27	35,34432	35,59133	35,84045	36,09170	36,34512	36,60071	36,85849	37,11849	37,38073	37,64523
28	37,05121	37,32095	37,59309	37,86767	38,14471	38,42422	38,70624	38,99078	39,27787	39,56754
29	38,79223	39,08603	39,38255	39,68183	39,98389	40,28877	40,59648	40,90706	41,22054	41,53694
30	40,56808	40,88729	41,20968	41,53499	41,86354	42,19526	42,53020	42,86838	43,20983	43,55460
31	42,37944	42,72548	43,07498	43,42799	43,78454	44,14466	44,50839	44,87579	45,24687	45,62168
32	44,22703	44,60135	44,97956	45,36169	45,74780	46,13791	46,53209	46,93037	47,33279	47,73941
33	46,11157	46,51568	46,92413	47,33697	47,75425	48,17602	48,60233	49,03323	49,46878	49,90903
34	48,03380	48,46925	48,90954	49,35471	49,80484	50,25998	50,72018	51,18551	51,65603	52,13180
35	49,99448	50,46287	50,93664	51,41584	51,90055	52,39083	52,88674	53,38837	53,89578	54,40903
36	51,99437	52,49736	53,00631	53,52128	54,04236	54,56962	55,10314	55,64300	56,18927	56,74205
37	54,03425	54,57356	55,11944	55,67199	56,23129	56,79744	57,37051	57,95061	58,53782	59,13223
38	56,11494	56,69231	57,27695	57,86894	58,46838	59,07538	59,69003	60,31245	60,94272	61,58097
39	58,23724	58,85451	59,47976	60,11312	60,75468	61,40457	62,06290	62,72979	63,40535	64,08971
40	60,40198	61,06102	61,72884	62,40555	63,09129	63,78618	64,49035	65,20394	65,92708	66,65990
41	62,61002	63,31277	64,02514	64,74727	65,47929	66,22137	66,97363	67,73623	68,50933	69,29307
42	64,86222	65,61069	66,36967	67,13934	67,91984	68,71135	69,51402	70,32803	71,15355	71,99075
43	67,15947	67,95571	68,76343	69,58283	70,41408	71,25735	72,11284	72,98074	73,86124	74,75453
44	69,50266	70,34880	71,20747	72,07886	72,96319	73,86064	74,77144	75,69579	76,63391	77,58601
45	71,89271	72,79095	73,70282	74,62856	75,56838	76,52251	77,49118	78,47464	79,47312	80,48687
46	74,33056	75,28316	76,25058	77,23307	78,23088	79,24426	80,27348	81,31879	82,38048	83,45880
47	76,81718	77,82647	78,85184	79,89358	80,95196	82,02726	83,11977	84,22979	85,35761	86,50354
48	79,35352	80,42191	81,50773	82,61129	83,73290	84,87287	86,03152	87,20919	88,40619	89,62287
49	81,94059	83,07056	84,21940	85,38744	86,57503	87,78251	89,01025	90,25860	91,52794	92,81863
50	84,57940	85,77351	86,98800	88,22327	89,47968	90,75762	92,05748	93,37968	94,72461	96,09269
51	87,27099	88,53186	89,81475	91,12007	92,44823	93,79966	95,17481	96,57410	97,99800	99,44696
52	90,01641	91,34677	92,70086	94,07915	95,48209	96,91016	98,36383	99,84359	101,34995	102,88341
53	92,81674	94,21937	95,64758	97,10185	98,58270	100,09064	101,62620	103,18992	104,78235	106,40406
54	95,67307	97,15087	98,65618	100,18954	101,75152	103,34267	104,96360	106,61488	108,29713	110,01095
55	98,58653	100,14246	101,72796	103,34362	104,99005	106,66788	108,37776	110,12033	111,89626	113,70622
56	101,55826	103,19538	104,86425	106,56550	108,29983	110,06791	111,87045	113,70816	115,58177	117,49203
57	104,58943	106,31089	108,06639	109,85666	111,68243	113,54444	115,44347	117,38030	119,35573	121,37058
58	107,68122	109,49026	111,33579	113,21858	115,13944	117,09919	119,09867	121,13874	123,22027	125,34416
59	110,83484	112,73481	114,67384	116,65278	118,67251	120,73392	122,83794	124,98550	127,17755	129,41509
60	114,05154	116,04588	118,08199	120,16081	122,28330	124,45043	126,66321	128,92266	131,22982	133,58576

FATOR DE ACUMULAÇÃO DE CAPITAL (FAC)
PARCELAMENTO COM JUROS COMPOSTOS

$$\frac{(1+i)^n - 1}{i}$$

i / n	2,50%	2,55%	2,60%	2,65%	2,70%	2,75%	2,80%	2,85%	2,90%	2,95%
1	1,00000	1,00000	1,00000	1,00000	1,00000	1,00000	1,00000	1,00000	1,00000	1,00000
2	2,02500	2,02550	2,02600	2,02650	2,02700	2,02750	2,02800	2,02850	2,02900	2,02950
3	3,07563	3,07715	3,07868	3,08020	3,08173	3,08326	3,08478	3,08631	3,08784	3,08937
4	4,15252	4,15562	4,15872	4,16183	4,16494	4,16805	4,17116	4,17427	4,17739	4,18051
5	5,25633	5,26159	5,26685	5,27212	5,27739	5,28267	5,28795	5,29324	5,29853	5,30383
6	6,38774	6,39576	6,40379	6,41183	6,41988	6,42794	6,43601	6,44410	6,45219	6,46029
7	7,54743	7,55885	7,57028	7,58174	7,59322	7,60471	7,61622	7,62775	7,63930	7,65087
8	8,73612	8,75160	8,76711	8,78266	8,79823	8,81384	8,82948	8,84514	8,86084	8,87657
9	9,95452	9,97476	9,99506	10,01540	10,03578	10,05622	10,07670	10,09723	10,11781	10,13843
10	11,20338	11,22912	11,25493	11,28081	11,30675	11,33276	11,35885	11,38500	11,41122	11,43752
11	12,48347	12,51546	12,54756	12,57975	12,61203	12,64442	12,67690	12,70947	12,74215	12,77492
12	13,79555	13,83461	13,87379	13,91311	13,95256	13,99214	14,03185	14,07169	14,11167	14,15178
13	15,14044	15,18739	15,23451	15,28181	15,32928	15,37692	15,42474	15,47274	15,52091	15,56926
14	16,51895	16,57467	16,63061	16,68677	16,74317	16,79979	16,85663	16,91371	16,97102	17,02855
15	17,93193	17,99732	18,06301	18,12897	18,19523	18,26178	18,32862	18,39575	18,46318	18,53090
16	19,38022	19,45625	19,53264	19,60939	19,68650	19,76398	19,84182	19,92003	19,99861	20,07756
17	20,86473	20,95239	21,04049	21,12904	21,21804	21,30749	21,39739	21,48775	21,57857	21,66985
18	22,38635	22,48667	22,58754	22,68896	22,79093	22,89344	22,99652	23,10015	23,20435	23,30911
19	23,94601	24,06009	24,17482	24,29022	24,40628	24,52301	24,64042	24,75851	24,87727	24,99673
20	25,54466	25,67362	25,80337	25,93391	26,06525	26,19740	26,33035	26,46412	26,59871	26,73413
21	27,18327	27,32829	27,47425	27,62116	27,76901	27,91783	28,06760	28,21835	28,37008	28,52279
22	28,86286	29,02517	29,18858	29,35312	29,51878	29,68557	29,85350	30,02257	30,19281	30,36421
23	30,58443	30,76531	30,94749	31,13098	31,31578	31,50192	31,68939	31,87822	32,06840	32,25995
24	32,34904	32,54982	32,75212	32,95595	33,16131	33,36822	33,57670	33,78675	33,99838	34,21162
25	34,15776	34,37984	34,60368	34,82928	35,05666	35,28585	35,51684	35,74967	35,98434	36,22086
26	36,01171	36,25653	36,50337	36,75226	37,00319	37,25621	37,51132	37,76853	38,02788	38,28938
27	37,91200	38,18107	38,45246	38,72619	39,00228	39,28075	39,56163	39,84494	40,13069	40,41892
28	39,85980	40,15469	40,45222	40,75243	41,05534	41,36098	41,66936	41,98052	42,29448	42,61127
29	41,85630	42,17863	42,50398	42,83237	43,16384	43,49840	43,83610	44,17696	44,52102	44,86831
30	43,90270	44,25419	44,60909	44,96743	45,32926	45,69461	46,06351	46,43601	46,81213	47,19192
31	46,00027	46,38267	46,76892	47,15907	47,55315	47,95121	48,35329	48,75943	49,16968	49,58408
32	48,15028	48,56543	48,98491	49,40878	49,83709	50,26987	50,70718	51,14908	51,59560	52,04681
33	50,35403	50,80385	51,25852	51,71812	52,18269	52,65229	53,12698	53,60683	54,09188	54,58219
34	52,61289	53,09934	53,59124	54,08865	54,59162	55,10023	55,61454	56,13462	56,66054	57,19237
35	54,92821	55,45338	55,98462	56,52200	57,06559	57,61548	58,17175	58,73446	59,30370	59,87954
36	57,30141	57,86744	58,44022	59,01983	59,60636	60,19991	60,80055	61,40839	62,02350	62,64599
37	59,73395	60,34306	60,95966	61,58385	62,21574	62,85541	63,50297	64,15853	64,82218	65,49405
38	62,22730	62,88181	63,54461	64,21583	64,89556	65,58393	66,28105	66,98705	67,70203	68,42612
39	64,78298	65,48529	66,19677	66,91755	67,64774	68,38749	69,13692	95,05880	96,36121	97,68472	99,02970
40	67,40255	68,15517	68,91789	69,69086	70,47423	71,26814	72,07276	72,88822	73,71468	74,55231
41	70,08762	70,89312	71,70975	72,53767	73,37703	74,22802	75,09079	75,96553	76,85241	77,75160
42	72,83981	73,70090	74,57421	75,45992	76,35821	77,26929	78,19334	79,13055	80,08113	81,04528
43	75,66080	76,58027	77,51314	78,45960	79,41989	80,39419	81,38275	82,33577	83,40348	84,43611
44	78,55232	79,53307	80,52848	81,53878	82,56422	83,60504	84,66147	85,73376	86,82218	87,92698
45	81,51613	82,56116	83,62222	84,69956	85,79346	86,90417	88,03199	89,17718	90,34003	91,52082
46	84,55403	85,66647	86,79640	87,94410	89,10988	90,29404	91,49688	92,71873	93,95989	95,22069
47	87,66789	88,85097	90,05310	91,27462	92,51585	93,77712	95,05880	96,36121	97,68472	99,02970
48	90,85958	92,11667	93,39448	94,69340	96,01377	97,35600	98,72044	100,10750	101,51758	102,95107
49	94,13107	95,46564	96,82274	98,20277	99,60615	101,03329	102,48461	103,96057	105,46159	106,98813
50	97,48435	98,90002	100,34013	101,80514	103,29551	104,81170	106,35418	107,92344	109,51998	111,14428
51	100,92146	102,42197	103,94897	105,50298	107,08449	108,69402	110,33210	111,99926	113,69606	115,42304
52	104,44449	106,03373	107,65165	109,29881	110,97577	112,68311	114,42140	116,19124	117,99324	119,82802
53	108,05561	109,73759	111,45059	113,19523	114,97212	116,78189	118,62520	120,50269	122,41505	124,36294
54	111,75700	113,53589	115,34831	117,19490	119,07637	120,99340	122,94670	124,93702	126,96508	129,03165
55	115,55092	117,43106	119,34736	121,30057	123,29143	125,32071	127,38921	129,49772	131,64707	133,83808
56	119,43969	121,42555	123,45039	125,51503	127,62030	129,76703	131,95611	134,18841	136,46483	138,78631
57	123,42569	125,52190	127,66010	129,84118	132,06604	134,33563	136,65088	139,01278	141,42231	143,88050
58	127,51133	129,72271	131,97927	134,28197	136,63183	139,02986	141,47711	143,97464	146,52356	149,12498
59	131,69911	134,03064	136,41073	138,84044	141,32089	143,85318	146,43846	149,07792	151,77274	154,52416
60	135,99159	138,44842	140,95741	143,51972	146,13655	148,80914	151,53874	154,32664	157,17415	160,08263

FATOR DE ACUMULAÇÃO DE CAPITAL (FAC)
PARCELAMENTO COM JUROS COMPOSTOS

$$\frac{(1+i)^n - 1}{i}$$

i / n	3,00%	3,05%	3,10%	3,15%	3,20%	3,25%	3,30%	3,35%	3,40%	3,45%
1	1,00000	1,00000	1,00000	1,00000	1,00000	1,00000	1,00000	1,00000	1,00000	1,00000
2	2,03000	2,03050	2,03100	2,03150	2,03200	2,03250	2,03300	2,03350	2,03400	2,03450
3	3,09090	3,09243	3,09396	3,09549	3,09702	3,09856	3,10009	3,10162	3,10316	3,10469
4	4,18363	4,18675	4,18987	4,19300	4,19613	4,19926	4,20239	4,20553	4,20866	4,21180
5	5,30914	5,31445	5,31976	5,32508	5,33040	5,33574	5,34107	5,34641	5,35176	5,35711
6	6,46841	6,47654	6,48467	6,49282	6,50098	6,50915	6,51733	6,52552	6,53372	6,54193
7	7,66246	7,67407	7,68570	7,69734	7,70901	7,72069	7,73240	7,74412	7,75586	7,76763
8	8,89234	8,90813	8,92395	8,93981	8,95570	8,97162	8,98757	9,00355	9,01956	9,03561
9	10,15911	10,17983	10,20060	10,22141	10,24228	10,26319	10,28416	10,30517	10,32623	10,34734
10	11,46388	11,49031	11,51681	11,54339	11,57003	11,59675	11,62353	11,65039	11,67732	11,70432
11	12,80780	12,84077	12,87384	12,90701	12,94027	12,97364	13,00711	13,04068	13,07435	13,10812
12	14,19203	14,23241	14,27293	14,31358	14,35436	14,39529	14,43635	14,47754	14,51888	14,56035
13	15,61779	15,66650	15,71539	15,76445	15,81370	15,86313	15,91274	15,96254	16,01252	16,06268
14	17,08632	17,14433	17,20256	17,26103	17,31974	17,37868	17,43787	17,49729	17,55694	17,61684
15	18,59891	18,66723	18,73584	18,80476	18,87397	18,94349	19,01331	19,08344	19,15388	19,22463
16	20,15688	20,23658	20,31665	20,39711	20,47794	20,55915	20,64075	20,72274	20,80511	20,88788
17	21,76159	21,85379	21,94647	22,03962	22,13323	22,22733	22,32190	22,41695	22,51249	22,60851
18	23,41444	23,52034	23,62681	23,73386	23,84150	23,94972	24,05852	24,16792	24,27791	24,38850
19	25,11687	25,23771	25,35924	25,48148	25,60442	25,72808	25,85245	25,97754	26,10336	26,22990
20	26,87037	27,00746	27,14538	27,28415	27,42377	27,56424	27,70558	27,84779	27,99087	28,13484
21	28,67649	28,83118	28,98688	29,14360	29,30133	29,46008	29,61987	29,78069	29,94256	30,10549
22	30,53678	30,71053	30,88548	31,06162	31,23897	31,41753	31,59732	31,77835	31,96061	32,14413
23	32,45288	32,64721	32,84293	33,04006	33,23862	33,43860	33,64004	33,84292	34,04727	34,25310
24	34,42647	34,64295	34,86106	35,08082	35,30225	35,52536	35,75016	35,97666	36,20488	36,43483
25	36,45926	36,69955	36,94175	37,18587	37,43192	37,67993	37,92991	38,18188	38,43584	38,69183
26	38,55304	38,81889	39,08695	39,35722	39,62975	39,90453	40,18160	40,46097	40,74266	41,02670
27	40,70963	41,00287	41,29864	41,59698	41,89790	42,20143	42,50759	42,81641	43,12791	43,44212
28	42,93092	43,25346	43,57890	43,90728	44,23863	44,57297	44,91034	45,25076	45,59426	45,94088
29	45,21885	45,57269	45,92984	46,29036	46,65427	47,02160	47,39238	47,76666	48,14447	48,52584
30	47,57542	47,96265	48,35367	48,74851	49,14720	49,54980	49,95633	50,36685	50,78138	51,19998
31	50,00268	50,42551	50,85263	51,28408	51,71991	52,16017	52,60489	53,05414	53,50795	53,96638
32	52,50276	52,96349	53,42907	53,89953	54,37495	54,85537	55,34085	55,83145	56,32722	56,82822
33	55,07784	55,57888	56,08537	56,59737	57,11495	57,63817	58,16710	58,70180	59,24234	59,78879
34	57,73018	58,27403	58,82401	59,38019	59,94263	60,51141	61,08662	61,66831	62,25658	62,85150
35	60,46208	61,05139	61,64756	62,25066	62,86079	63,47803	64,10247	64,73420	65,37331	66,01988
36	63,27594	63,91346	64,55863	65,21156	65,87234	66,54107	67,21785	67,90280	68,59600	69,29757
37	66,17422	66,86282	67,55995	68,26572	68,98025	69,70365	70,43604	71,17754	71,92826	72,68833
38	69,15945	69,90214	70,65431	71,41609	72,18762	72,96902	73,76043	74,56199	75,37382	76,19608
39	72,23423	73,03415	73,84459	74,66570	75,49762	76,34052	77,19453	78,05981	78,93653	79,82484
40	75,40126	76,26169	77,13377	78,01767	78,91355	79,82158	80,74195	81,67482	82,62038	83,57880
41	78,66330	79,58767	80,52492	81,47522	82,43878	83,41578	84,40643	85,41092	86,42947	87,46227
42	82,02320	83,01510	84,02119	85,04169	86,07682	87,12680	88,19184	89,27219	90,36807	91,47972
43	85,48389	86,54706	87,62585	88,72051	89,83128	90,95842	92,10217	93,26281	94,44058	95,63577
44	89,04841	90,18674	91,34225	92,51520	93,70588	94,91457	96,14155	97,38711	98,65156	99,93520
45	92,71986	93,93744	95,17386	96,42943	97,70447	98,99929	100,31422	101,64958	103,00572	104,38297
46	96,50146	97,80253	99,12425	100,46696	101,83101	103,21677	104,62459	106,05484	107,50791	108,98418
47	100,39650	101,78551	103,19710	104,63167	106,08961	107,57131	109,07720	110,60768	112,16318	113,74413
48	104,40840	105,88997	107,39621	108,92757	110,48447	112,06738	113,67675	115,31304	116,97673	118,66831
49	108,54065	110,11961	111,72549	113,35879	115,01998	116,70957	118,42808	120,17602	121,95394	123,76236
50	112,79687	114,47826	116,18899	117,92959	119,70061	121,50263	123,33620	125,20192	127,10037	129,03216
51	117,18077	118,96985	120,79084	122,64437	124,53103	126,45147	128,40630	130,39619	132,42178	134,48377
52	121,69620	123,59843	125,53536	127,50767	129,51603	131,56114	133,64371	135,76446	137,92413	140,12346
53	126,34708	128,36818	130,42696	132,52416	134,66054	136,83688	139,05395	141,31257	143,61355	145,95772
54	131,13749	133,28341	135,47019	137,69867	139,96968	142,28407	144,64273	147,04654	149,49641	151,99326
55	136,07162	138,34855	140,66977	143,03618	145,44871	147,90831	150,41594	152,97260	155,57928	158,23703
56	141,15377	143,56818	146,03053	148,54182	151,10307	153,71533	156,37967	159,09718	161,86898	164,69621
57	146,38838	148,94701	151,55748	154,22088	156,93836	159,71107	162,54020	165,42693	168,37253	171,37823
58	151,78003	154,48990	157,25576	160,07884	162,96039	165,90168	168,90402	171,96874	175,09719	178,29078
59	157,33343	160,20184	163,13069	166,12133	169,17512	172,29349	175,47785	178,72969	182,05050	185,44181
60	163,05344	166,08799	169,18774	172,35415	175,58873	178,89303	182,26862	185,71713	189,24021	192,83955

FATOR DE ACUMULAÇÃO DE CAPITAL (FAC)
PARCELAMENTO COM JUROS COMPOSTOS

$$\frac{(1+i)^n - 1}{i}$$

i \ n	3,50%	3,55%	3,60%	3,65%	3,70%	3,75%	3,80%	3,85%	3,90%	3,95%
1	1,00000	1,00000	1,00000	1,00000	1,00000	1,00000	1,00000	1,00000	1,00000	1,00000
2	2,03500	2,03550	2,03600	2,03650	2,03700	2,03750	2,03800	2,03850	2,03900	2,03950
3	3,10622	3,10776	3,10930	3,11083	3,11237	3,11391	3,11544	3,11698	3,11852	3,12006
4	4,21494	4,21809	4,22123	4,22438	4,22753	4,23068	4,23383	4,23699	4,24014	4,24330
5	5,36247	5,36783	5,37319	5,37857	5,38395	5,38933	5,39472	5,40011	5,40551	5,41091
6	6,55015	6,55839	6,56663	6,57489	6,58315	6,59143	6,59972	6,60801	6,61632	6,62464
7	7,77941	7,79121	7,80303	7,81487	7,82673	7,83861	7,85050	7,86242	7,87436	7,88632
8	9,05169	9,06780	9,08394	9,10011	9,11632	9,13255	9,14882	9,16513	9,18146	9,19783
9	10,36850	10,38970	10,41096	10,43227	10,45362	10,47503	10,49648	10,51798	10,53954	10,56114
10	11,73139	11,75854	11,78575	11,81304	11,84040	11,86784	11,89535	11,92293	11,95058	11,97831
11	13,14199	13,17597	13,21004	13,24422	13,27850	13,31288	13,34737	13,38196	13,41665	13,45145
12	14,60196	14,64371	14,68560	14,72763	14,76980	14,81212	14,85457	14,89716	14,93990	14,98278
13	16,11303	16,16356	16,21428	16,26519	16,31629	16,36757	16,41904	16,47070	16,52256	16,57460
14	17,67699	17,73737	17,79800	17,85887	17,91999	17,98135	18,04297	18,10483	18,16694	18,22930
15	19,29568	19,36705	19,43873	19,51072	19,58303	19,65565	19,72860	19,80186	19,87545	19,94936
16	20,97103	21,05458	21,13852	21,22286	21,30760	21,39274	21,47829	21,56423	21,65059	21,73736
17	22,70502	22,80201	22,89951	22,99750	23,09598	23,19497	23,29446	23,39446	23,49496	23,59598
18	24,49969	24,61149	24,72389	24,83690	24,95053	25,06478	25,17965	25,29514	25,41127	25,52802
19	26,35718	26,48519	26,61395	26,74345	26,87370	27,00471	27,13648	27,26901	27,40231	27,53638
20	28,27968	28,42542	28,57205	28,71959	28,86803	29,01739	29,16766	29,31886	29,47100	29,62407
21	30,26947	30,43452	30,60065	30,76785	30,93615	31,10554	31,27603	31,44764	31,62037	31,79422
22	32,32890	32,51495	32,70227	32,89088	33,08078	33,27200	33,46452	33,65837	33,85356	34,05009
23	34,46041	34,66923	34,87955	35,09140	35,30477	35,51970	35,73617	35,95422	36,17385	36,39507
24	36,66653	36,89998	37,13521	37,37223	37,61105	37,85168	38,09415	38,33846	38,58463	38,83267
25	38,94986	39,20993	39,47208	39,73632	40,00266	40,27112	40,54173	40,81449	41,08943	41,36656
26	41,31310	41,60189	41,89308	42,18669	42,48276	42,78129	43,08231	43,38585	43,69192	44,00054
27	43,75906	44,07875	44,40123	44,72651	45,05462	45,38559	45,71944	46,05620	46,39590	46,73856
28	46,29063	46,64355	46,99967	47,35903	47,72164	48,08755	48,45678	48,82937	49,20534	49,58474
29	48,91080	49,29940	49,69166	50,08763	50,48734	50,89083	51,29814	51,70930	52,12435	52,54333
30	51,62268	52,04952	52,48056	52,91583	53,35537	53,79924	54,24747	54,70011	55,15720	55,61879
31	54,42947	54,89728	55,36986	55,84726	56,32952	56,81671	57,30887	57,80606	58,30833	58,81574
32	57,33450	57,84614	58,36318	58,88568	59,41371	59,94734	60,48661	61,03159	61,58235	62,13896
33	60,34121	60,89967	61,46425	62,03501	62,61202	63,19536	63,78510	64,38131	64,98407	65,59345
34	63,45315	64,06161	64,67696	65,29929	65,92867	66,56519	67,20893	67,85999	68,51845	69,18439
35	66,67401	67,33580	68,00533	68,68271	69,36803	70,06138	70,76287	71,47260	72,19066	72,91717
36	70,00760	70,72622	71,45353	72,18963	72,93464	73,68868	74,45186	75,22429	76,00610	76,79740
37	73,45787	74,23700	75,02585	75,82455	76,63323	77,45201	78,28103	79,12043	79,97034	80,83090
38	77,02889	77,87241	78,72678	79,59215	80,46865	81,35646	82,25571	83,16657	84,08918	85,02372
39	80,72491	81,63689	82,56095	83,49726	84,44600	85,40733	86,38143	87,36848	88,36866	89,38215
40	84,55028	85,53499	86,53314	87,54491	88,57050	89,61010	90,66392	91,73216	92,81504	93,91275
41	88,50954	89,57149	90,64833	91,74030	92,84761	93,97048	95,10915	96,26385	97,43482	98,62230
42	92,60737	93,75127	94,91167	96,08882	97,28297	98,49437	99,72330	100,97001	102,23478	103,51788
43	96,84863	98,07944	99,32849	100,59606	101,88244	103,18791	104,51278	105,85736	107,22194	108,60684
44	101,23833	102,56127	103,90432	105,26782	106,65209	108,05746	109,48427	110,93287	112,40359	113,89681
45	105,78167	107,20219	108,64488	110,11009	111,59821	113,10961	114,64467	116,20378	117,78733	119,39574
46	110,48403	112,00787	113,55609	115,12911	116,72735	118,35122	120,00117	121,67763	123,38104	125,11187
47	115,35097	116,98415	118,64411	120,33132	122,04626	123,78939	125,56121	127,36221	129,19290	131,05379
48	120,38826	122,13708	123,91530	125,72342	127,56197	129,43150	131,33254	133,26566	135,23142	137,23041
49	125,60185	127,47295	129,37625	131,31232	133,28176	135,28518	137,32318	139,39639	141,50545	143,65101
50	130,99791	132,99824	135,03379	137,10522	139,21319	141,35837	143,54146	145,76315	148,02416	150,32523
51	136,58284	138,71968	140,89501	143,10956	145,36408	147,65931	149,99603	152,37503	154,79710	157,26307
52	142,36324	144,64423	146,96723	149,33306	151,74255	154,19653	156,69588	159,24147	161,83419	164,47496
53	148,34595	150,77910	153,25805	155,78372	158,35702	160,97890	163,65032	166,37227	169,14573	171,97173
54	154,53806	157,13175	159,77534	162,46982	165,21623	168,01561	170,86904	173,77760	176,74241	179,76461
55	160,94689	163,70993	166,52725	169,39997	172,32923	175,31620	178,36206	181,46803	184,63536	187,86531
56	167,58003	170,52163	173,52223	176,58307	179,70541	182,89056	186,13982	189,45455	192,83614	196,28599
57	174,44533	177,57515	180,76904	184,02835	187,35451	190,74895	194,21313	197,74855	201,35675	205,03929
58	181,55092	184,87907	188,27672	191,74539	195,28663	198,90204	202,59323	206,36187	210,20966	214,13834
59	188,90520	192,44228	196,05468	199,74410	203,51224	207,36086	211,29177	215,30681	219,40784	223,59680
60	196,51688	200,27398	204,11265	208,03476	212,04219	216,13690	220,32086	224,59612	228,96475	233,42888

FATOR DE ACUMULAÇÃO DE CAPITAL (FAC)
PARCELAMENTO COM JUROS COMPOSTOS

$$\frac{(1+i)^n - 1}{i}$$

i / n	4,00%	4,05%	4,10%	4,15%	4,20%	4,25%	4,30%	4,35%	4,40%	4,45%
1	1,00000	1,00000	1,00000	1,00000	1,00000	1,00000	1,00000	1,00000	1,00000	1,00000
2	2,04000	2,04050	2,04100	2,04150	2,04200	2,04250	2,04300	2,04350	2,04400	2,04450
3	3,12160	3,12314	3,12468	3,12622	3,12776	3,12931	3,13085	3,13239	3,13394	3,13548
4	4,24646	4,24963	4,25279	4,25596	4,25913	4,26230	4,26548	4,26865	4,27183	4,27501
5	5,41632	5,42174	5,42716	5,43258	5,43801	5,44345	5,44889	5,45434	5,45979	5,46525
6	6,63298	6,64132	6,64967	6,65804	6,66641	6,67480	6,68319	6,69160	6,70002	6,70845
7	7,89829	7,91029	7,92231	7,93434	7,94640	7,95848	7,97057	7,98269	7,99482	8,00698
8	9,21423	9,23066	9,24712	9,26362	9,28015	9,29671	9,31331	9,32993	9,34659	9,36329
9	10,58280	10,60450	10,62625	10,64806	10,66991	10,69182	10,71378	10,73578	10,75784	10,77995
10	12,00611	12,03398	12,06193	12,08995	12,11805	12,14622	12,17447	12,20279	12,23119	12,25966
11	13,48635	13,52136	13,55647	13,59169	13,62701	13,66244	13,69797	13,73361	13,76936	13,80522
12	15,02581	15,06897	15,11228	15,15574	15,19934	15,24309	15,28698	15,33103	15,37521	15,41955
13	16,62684	16,67927	16,73189	16,78470	16,83772	16,89092	16,94432	16,99792	17,05172	17,10572
14	18,29191	18,35478	18,41790	18,48127	18,54490	18,60879	18,67293	18,73733	18,80200	18,86692
15	20,02359	20,09815	20,17303	20,24824	20,32379	20,39966	20,47587	20,55241	20,62929	20,70650
16	21,82453	21,91212	22,00012	22,08854	22,17738	22,26665	22,35633	22,44644	22,53697	22,62794
17	23,69751	23,79956	23,90213	24,00522	24,10883	24,21298	24,31765	24,42286	24,52860	24,63488
18	25,64541	25,76344	25,88212	26,00144	26,12141	26,24203	26,36331	26,48525	26,60786	26,73114
19	27,67123	27,80686	27,94328	28,08050	28,21850	28,35732	28,49693	28,63736	28,77861	28,92067
20	29,77808	29,93304	30,08896	30,24584	30,40368	30,56250	30,72230	30,88309	31,04486	31,20764
21	31,96920	32,14533	32,32260	32,50104	32,68064	32,86141	33,04336	33,22650	33,41084	33,59638
22	34,24797	34,44721	34,64783	34,84983	35,05322	35,25802	35,46422	35,67185	35,88092	36,09142
23	36,61789	36,84233	37,06839	37,29610	37,52546	37,75648	37,98919	38,22358	38,45968	38,69749
24	39,08260	39,33444	39,58820	39,84389	40,10153	40,36113	40,62272	40,88630	41,15190	41,41953
25	41,64591	41,92749	42,21131	42,49741	42,78579	43,07648	43,36950	43,66486	43,96258	44,26270
26	44,31174	44,62555	44,94198	45,26105	45,58280	45,90723	46,23439	46,56428	46,89694	47,23239
27	47,08421	47,43288	47,78460	48,13938	48,49727	48,85829	49,22246	49,58982	49,96040	50,33423
28	49,96758	50,35392	50,74377	51,13717	51,53416	51,93477	52,33903	52,74698	53,15866	53,57410
29	52,96629	53,39325	53,82426	54,25936	54,69859	55,14199	55,58961	56,04148	56,49764	56,95815
30	56,08494	56,55568	57,03106	57,51113	57,99593	58,48553	58,97996	59,47928	59,98354	60,49278
31	59,32834	59,84618	60,36933	60,89784	61,43176	61,97116	62,51610	63,06663	63,62281	64,18471
32	62,70147	63,26995	63,84447	64,42510	65,01190	65,60494	66,20429	66,81003	67,42222	68,04093
33	66,20953	66,83238	67,46209	68,09874	68,74240	69,39315	70,05108	70,71627	71,38880	72,06875
34	69,85791	70,53910	71,22804	71,92484	72,62958	73,34236	74,06327	74,79242	75,52990	76,27581
35	73,65222	74,39593	75,14839	75,90972	76,68002	77,45941	78,24799	79,04589	79,85322	80,67009
36	77,59831	78,40896	79,22947	80,05997	80,90058	81,75143	82,61266	83,48439	84,36676	85,25991
37	81,70225	82,58453	83,47788	84,38246	85,29840	86,22587	87,16500	88,11596	89,07890	90,05397
38	85,97034	86,92920	87,90048	88,88433	89,88094	90,89047	91,91310	92,94901	93,99837	95,06137
39	90,40915	91,44983	92,50440	93,57303	94,65594	95,75331	96,86536	97,99229	99,12430	100,29161
40	95,02552	96,15355	97,29708	98,45631	99,63149	100,82283	102,03057	103,25495	104,49621	105,75458
41	99,82654	101,04777	102,28626	103,54225	104,81601	106,10780	107,41789	108,74654	110,09404	111,46066
42	104,81960	106,14020	107,47999	108,83925	110,21828	111,61738	113,03686	114,47702	115,93818	117,42066
43	110,01238	111,43888	112,88667	114,35608	115,84745	117,36112	118,89744	120,45677	122,03948	123,64588
44	115,41288	116,95216	118,51503	120,10186	121,71304	123,34897	125,01003	126,69664	128,40919	130,14812
45	121,02939	122,68872	124,37414	126,08609	127,82499	129,59130	131,38546	133,20794	135,05920	136,93971
46	126,87057	128,65761	130,47348	132,31866	134,19364	136,09893	138,03504	140,00248	142,00180	144,03353
47	132,94539	134,86825	136,82289	138,80988	140,82977	142,88313	144,97054	147,09259	149,23988	151,44302
48	139,26321	141,33041	143,43263	145,57049	147,74462	149,95567	152,20428	154,49112	156,81688	159,18224
49	145,83373	148,05429	150,31337	152,61167	154,94990	157,32878	159,74906	162,21148	164,71682	167,26585
50	152,66708	155,05049	157,47622	159,94505	162,45779	165,01525	167,61827	170,26768	172,96436	175,70918
51	159,77377	162,33004	164,93274	167,58277	170,28102	173,02840	175,82586	178,67433	181,57479	184,52823
52	167,16472	169,90440	172,69499	175,53746	178,43282	181,38211	184,38637	187,44666	190,56408	193,73974
53	174,85131	177,78553	180,77548	183,82226	186,92700	190,09085	193,31498	196,60059	199,94890	203,36116
54	182,84536	185,98584	189,18727	192,45089	195,77794	199,16971	202,62753	206,15272	209,74665	213,41073
55	191,15917	194,51827	197,94395	201,43760	205,00061	208,63442	212,34051	216,12036	219,97551	223,90751
56	199,80554	203,39626	207,05966	210,79726	214,61063	218,50139	222,47115	226,52160	230,65443	234,87139
57	208,79776	212,63381	216,54910	220,54534	224,62428	228,78770	233,03741	237,37529	241,80322	246,32317
58	218,14967	222,24548	226,42761	230,69798	235,05850	239,51117	244,05802	248,70111	253,44257	258,28455
59	227,87566	232,24642	236,71115	241,27194	245,93096	250,69040	255,55251	260,51961	265,59404	270,77821
60	237,99069	242,65240	247,41630	252,28473	257,26006	262,34474	267,54127	272,85221	278,28018	283,82784

PARCELAMENTO COM JUROS COMPOSTOS

$$\frac{(1+i)^n - 1}{i}$$

i / n	4,50%	4,55%	4,60%	4,65%	4,70%	4,75%	4,80%	4,85%	4,90%	4,95%
1	1,00000	1,00000	1,00000	1,00000	1,00000	1,00000	1,00000	1,00000	1,00000	1,00000
2	2,04500	2,04550	2,04600	2,04650	2,04700	2,04750	2,04800	2,04850	2,04900	2,04950
3	3,13703	3,13857	3,14012	3,14166	3,14321	3,14476	3,14630	3,14785	3,14940	3,15095
4	4,27819	4,28138	4,28456	4,28775	4,29094	4,29413	4,29733	4,30052	4,30372	4,30692
5	5,47071	5,47618	5,48165	5,48713	5,49261	5,49810	5,50360	5,50910	5,51460	5,52011
6	6,71689	6,72534	6,73381	6,74228	6,75077	6,75926	6,76777	6,77629	6,78482	6,79336
7	8,01915	8,03135	8,04356	8,05580	8,06805	8,08033	8,09262	8,10494	8,11728	8,12963
8	9,38001	9,39677	9,41357	9,43039	9,44725	9,46414	9,48107	9,49803	9,51502	9,53205
9	10,80211	10,82433	10,84659	10,86891	10,89127	10,91369	10,93616	10,95868	10,98126	11,00389
10	12,28821	12,31683	12,34553	12,37431	12,40316	12,43209	12,46110	12,49018	12,51934	12,54858
11	13,84118	13,87725	13,91343	13,94971	13,98611	14,02262	14,05923	14,09595	14,13279	14,16973
12	15,46403	15,50866	15,55345	15,59838	15,64346	15,68869	15,73407	15,77961	15,82529	15,87113
13	17,15991	17,21431	17,26890	17,32370	17,37870	17,43390	17,48931	17,54492	17,60073	17,65675
14	18,93211	18,99756	19,06327	19,12925	19,19550	19,26201	19,32880	19,39585	19,46317	19,53076
15	20,78405	20,86195	20,94018	21,01876	21,09769	21,17696	21,25658	21,33655	21,41686	21,49754
16	22,71934	22,81117	22,90343	22,99614	23,08928	23,18286	23,27689	23,37137	23,46629	23,56167
17	24,74171	24,84908	24,95699	25,06546	25,17448	25,28405	25,39418	25,50488	25,61614	25,72797
18	26,85508	26,97971	27,10501	27,23100	27,35768	27,48504	27,61310	27,74187	27,87133	28,00150
19	29,06356	29,20728	29,35184	29,49724	29,64349	29,79058	29,93853	30,08735	30,23703	30,38758
20	31,37142	31,53622	31,70203	31,86886	32,03673	32,20563	32,37558	32,54658	32,71864	32,89176
21	33,78314	33,97111	34,16032	34,35077	34,54246	34,73540	34,92961	35,12509	35,32185	35,51990
22	36,30338	36,51680	36,73170	36,94808	37,16595	37,38533	37,60623	37,82866	38,05262	38,27814
23	38,93703	39,17831	39,42135	39,66616	39,91275	40,16114	40,41133	40,66335	40,91720	41,17291
24	41,68920	41,96093	42,23474	42,51064	42,78865	43,06879	43,35108	43,63552	43,92215	44,21097
25	44,56521	44,87015	45,17753	45,48738	45,79972	46,11456	46,43193	46,75184	47,07433	47,39941
26	47,57064	47,91174	48,25570	48,60255	48,95230	49,30500	49,66066	50,01931	50,38097	50,74568
27	50,71132	51,09173	51,47546	51,86256	52,25306	52,64699	53,04437	53,44525	53,84964	54,25759
28	53,99333	54,41640	54,84333	55,27417	55,70896	56,14772	56,59050	57,03734	57,48827	57,94334
29	57,42303	57,89235	58,36613	58,84442	59,32728	59,81474	60,30685	60,80365	61,30520	61,81154
30	61,00707	61,52645	62,05097	62,58069	63,11566	63,65594	64,20157	64,75263	65,30915	65,87121
31	64,75239	65,32590	65,90531	66,49069	67,08210	67,67959	68,28325	68,89313	69,50930	70,13183
32	68,66625	69,29823	69,93696	70,58251	71,23495	71,89437	72,56085	73,23445	73,91526	74,60336
33	72,75623	73,45130	74,15406	74,86459	75,58300	76,30936	77,04377	77,78632	78,53711	79,29622
34	77,03026	77,79333	78,56514	79,34580	80,13540	80,93405	81,74187	82,55895	83,38542	84,22139
35	81,49662	82,33293	83,17914	84,03538	84,90176	85,77842	86,66548	87,56306	88,47131	89,39035
36	86,16397	87,07908	88,00538	88,94302	89,89214	90,85289	91,82542	92,80987	93,80640	94,81517
37	91,04134	92,04118	93,05363	94,07887	95,11707	96,16841	97,23304	98,31115	99,40292	100,50852
38	96,13820	97,22905	98,33410	99,45354	100,58758	101,73641	102,90023	104,07924	105,27366	106,48369
39	101,46442	102,65297	103,85746	105,07813	106,31519	107,56888	108,83944	110,12708	111,43207	112,75463
40	107,03032	108,32368	109,63491	110,96426	112,31201	113,67841	115,06373	116,46825	117,89224	119,33599
41	112,84669	114,25241	115,67811	117,12410	118,59067	120,07813	121,58679	123,11696	124,66896	126,24312
42	118,92479	120,45089	121,99931	123,57037	125,16443	126,78184	128,42295	130,08813	131,77774	133,49215
43	125,27640	126,93141	128,61127	130,31639	132,04716	133,80398	135,58726	137,39740	139,23485	141,10001
44	131,91384	133,70679	135,52739	137,37611	139,25338	141,15967	143,09544	145,06118	147,05736	149,08447
45	138,84997	140,79045	142,76165	144,76410	146,79829	148,86475	150,96403	153,09665	155,26317	157,46415
46	146,09821	148,19641	150,32869	152,49563	154,69781	156,93583	159,21030	161,52183	163,87106	166,25862
47	153,67263	155,93935	158,24381	160,58667	162,96860	165,39028	167,85239	170,35564	172,90074	175,48842
48	161,58790	164,03459	166,52302	169,05395	171,62813	174,24632	176,90931	179,61789	182,37288	185,17510
49	169,85936	172,49816	175,18308	177,91496	180,69465	183,52302	186,40095	189,32936	192,30915	195,34127
50	178,50303	181,34683	184,24151	187,18801	190,18730	193,24036	196,34820	199,51183	202,73230	206,01066
51	187,53566	190,59811	193,71661	196,89225	200,12610	203,41928	206,77291	210,18816	213,66618	217,20819
52	196,97477	200,27032	203,62758	207,04774	210,53203	214,08170	217,69801	221,38228	225,13583	228,95999
53	206,83863	210,38262	213,99445	217,67546	221,42703	225,25058	229,14752	233,11932	237,16748	241,29351
54	217,14637	220,95503	224,83819	228,79737	232,83410	236,94998	241,14660	245,42561	249,78869	254,23754
55	227,91796	232,00849	236,18075	240,43645	244,77731	249,20510	253,72164	258,32875	263,02833	267,82230
56	239,17427	243,56487	248,04506	252,61674	257,28184	262,04234	266,90027	271,85770	276,91672	282,07950
57	250,93711	255,64707	260,45514	265,36342	270,37409	275,48936	280,71149	286,04279	291,48564	297,04244
58	263,22928	268,27902	273,43607	278,70282	284,08167	289,57510	295,18564	300,91587	306,76844	312,74604
59	276,07460	281,48571	287,01413	292,66250	298,43351	304,32992	310,35455	316,51029	322,80009	329,22697
60	289,49795	295,29331	301,21678	307,27131	313,45988	319,78559	326,25157	332,86104	339,61729	346,52371

FATOR DE ACUMULAÇÃO DE CAPITAL (FAC)
PARCELAMENTO COM JUROS COMPOSTOS
$$\frac{(1+i)^n - 1}{i}$$

i / n	5,00%	5,10%	5,20%	5,30%	5,40%	5,50%	5,60%	5,70%	5,80%	5,90%
1	1,00000	1,00000	1,00000	1,00000	1,00000	1,00000	1,00000	1,00000	1,00000	1,00000
2	2,05000	2,05100	2,05200	2,05300	2,05400	2,05500	2,05600	2,05700	2,05800	2,05900
3	3,15250	3,15560	3,15870	3,16181	3,16492	3,16803	3,17114	3,17425	3,17736	3,18048
4	4,31013	4,31654	4,32296	4,32938	4,33582	4,34227	4,34872	4,35518	4,36165	4,36813
5	5,52563	5,53668	5,54775	5,55884	5,56996	5,58109	5,59225	5,60343	5,61463	5,62585
6	6,80191	6,81905	6,83623	6,85346	6,87073	6,88805	6,90541	6,92282	6,94028	6,95777
7	8,14201	8,16682	8,19172	8,21669	8,24175	8,26689	8,29212	8,31742	8,34281	8,36828
8	9,54911	9,58333	9,61769	9,65218	9,68681	9,72157	9,75648	9,79152	9,82669	9,86201
9	11,02656	11,07208	11,11781	11,16374	11,20990	11,25626	11,30284	11,34963	11,39664	11,44387
10	12,57789	12,63676	12,69593	12,75542	12,81523	12,87535	12,93580	12,99656	13,05765	13,11906
11	14,20679	14,28123	14,35612	14,43146	14,50725	14,58350	14,66020	14,73737	14,81499	14,89308
12	15,91713	16,00957	16,10264	16,19633	16,29064	16,38559	16,48117	16,57740	16,67426	16,77177
13	17,71298	17,82606	17,93998	18,05473	18,17034	18,28680	18,40412	18,52231	18,64137	18,76131
14	19,59863	19,73519	19,87286	20,01163	20,15154	20,29257	20,43475	20,57808	20,72257	20,86823
15	21,57856	21,74169	21,90624	22,07225	22,23972	22,40866	22,57910	22,75103	22,92448	23,09945
16	23,65749	23,85051	24,04537	24,24208	24,44066	24,64114	24,84352	25,04784	25,25410	25,46232
17	25,84037	26,06689	26,29573	26,52691	26,76046	26,99640	27,23476	27,47556	27,71883	27,96460
18	28,13238	28,39630	28,66311	28,93284	29,20553	29,48120	29,75991	30,04167	30,32653	30,61451
19	30,53900	30,84451	31,15359	31,46628	31,78262	32,10267	32,42646	32,75405	33,08546	33,42076
20	33,06595	33,41758	33,77357	34,13399	34,49889	34,86832	35,24235	35,62103	36,00442	36,39259
21	35,71925	36,12188	36,52980	36,94309	37,36183	37,78608	38,21592	38,65143	39,09268	39,53975
22	38,50521	38,96409	39,42935	39,90107	40,37936	40,86431	41,35601	41,85456	42,36005	42,87260
23	41,43048	41,95126	42,47967	43,01583	43,55985	44,11185	44,67194	45,24027	45,81694	46,40208
24	44,50200	45,09078	45,68862	46,29567	46,91208	47,53800	48,17357	48,81896	49,47432	50,13980
25	47,72710	48,39041	49,06443	49,74934	50,44533	51,15259	51,87129	52,60164	53,34383	54,09805
26	51,11345	51,85832	52,61578	53,38606	54,16938	54,96598	55,77609	56,59994	57,43777	58,28984
27	54,66913	55,50309	56,35180	57,21552	58,09453	58,98911	59,89955	60,82613	61,76916	62,72894
28	58,40258	59,33375	60,28209	61,24794	62,23163	63,23351	64,25392	65,29322	66,35177	67,42994
29	62,32271	63,35977	64,41676	65,49408	66,59214	67,71135	68,85214	70,01494	71,20018	72,40831
30	66,43885	67,59112	68,76643	69,96527	71,18812	72,43548	73,70786	75,00579	76,32979	77,68040
31	70,76079	72,03826	73,34228	74,67343	76,03227	77,41943	78,83550	80,28112	81,75691	83,26354
32	75,29883	76,71222	78,15608	79,63112	81,13802	82,67750	84,25029	85,85714	87,49881	89,17609
33	80,06377	81,62454	83,22020	84,85157	86,51947	88,22476	89,96831	91,75100	93,57375	95,43748
34	85,06696	86,78739	88,54765	90,34870	92,19152	94,07712	96,00653	97,98080	100,00102	102,06829
35	90,32031	92,21355	94,15213	96,13718	98,16986	100,25136	102,38290	104,56571	106,80108	109,09032
36	95,83632	97,91644	100,04804	102,23245	104,47104	106,76519	109,11634	111,52596	113,99554	116,52665
37	101,62814	103,91018	106,25054	108,65077	111,11247	113,63727	116,22685	118,88293	121,60729	124,40173
38	107,70955	110,20959	112,77556	115,40926	118,11255	120,88732	123,73556	126,65926	129,66051	132,74143
39	114,09502	116,83028	119,63989	122,52595	125,49062	128,53613	131,66475	134,87884	138,18082	141,57317
40	120,79977	123,78863	126,86117	130,01983	133,26712	136,60561	140,03797	143,56693	147,19531	150,92599
41	127,83976	131,10185	134,45795	137,91088	141,46354	145,11892	148,88010	152,75025	156,73263	160,83062
42	135,23176	138,78804	142,44976	146,22016	150,10257	154,10046	158,21739	162,45701	166,82313	171,31963
43	142,99334	146,86623	150,85715	154,96983	159,20811	163,57599	168,06533	172,71706	177,49887	182,42749
44	151,14301	155,35641	159,70172	164,18323	168,80535	173,57267	178,48990	183,56194	188,79380	194,19071
45	159,70016	164,27959	169,00621	173,88494	178,92084	184,11917	189,48534	195,02497	200,74384	206,64796
46	168,68516	173,65785	178,79453	184,10084	189,58256	195,24572	201,09652	207,14139	213,38699	219,84019
47	178,11942	183,51440	189,09185	194,85818	200,84022	206,98423	213,35792	219,94845	226,76343	233,81076
48	188,02539	193,87363	199,92463	206,18567	212,66430	219,36837	226,30597	233,48551	240,91571	248,60560
49	198,42666	204,76119	211,32071	218,11351	225,14818	232,43363	239,97910	247,79418	255,88882	264,27333
50	209,34800	216,20401	223,30938	230,67352	238,30618	246,21748	254,41793	262,91845	271,73037	280,86545
51	220,81540	228,23041	235,92147	243,89922	252,17471	260,75944	269,66533	278,90480	288,49073	298,43652
52	232,85617	240,87016	249,18939	257,82588	266,79215	276,10121	285,76659	295,80238	306,22320	317,04427
53	245,49897	254,15454	263,14724	272,49065	282,19892	292,28677	302,76952	313,66311	324,98414	336,74988
54	258,77392	268,11642	277,83089	287,93265	298,43766	309,36255	320,72462	332,54191	344,83322	357,61812
55	272,71262	282,79036	293,27810	304,19308	315,55330	327,37749	339,68519	352,49680	365,83355	379,71759
56	287,34825	298,21267	309,52856	321,31532	333,59318	346,38325	359,70756	373,58912	388,05190	403,12093
57	302,71566	314,42151	326,62405	339,34503	352,60721	366,43433	380,85119	395,88370	411,55891	427,90507
58	318,85144	331,45701	344,60850	358,33032	372,64800	387,58821	403,17885	419,44907	436,42932	454,15147
59	335,79402	349,36132	363,52814	378,32182	393,77099	409,90557	426,75687	444,35766	462,74222	481,94640
60	353,58372	368,17875	383,43160	399,37288	416,03462	433,45037	451,65526	470,68605	490,58127	511,38124

	FATOR DE ACUMULAÇÃO DE CAPITAL (FAC)								
	PARCELAMENTO COM JUROS COMPOSTOS								
	$\frac{(1+i)^n - 1}{i}$								
n \ i	6,00%	6,10%	6,20%	6,30%	6,40%	6,50%	6,60%	6,70%	6,80%	6,90%
1	1,00000	1,00000	1,00000	1,00000	1,00000	1,00000	1,00000	1,00000	1,00000	1,00000
2	2,06000	2,06100	2,06200	2,06300	2,06400	2,06500	2,06600	2,06700	2,06800	2,06900
3	3,18360	3,18672	3,18984	3,19297	3,19610	3,19923	3,20236	3,20549	3,20862	3,21176
4	4,37462	4,38111	4,38761	4,39413	4,40065	4,40717	4,41371	4,42026	4,42681	4,43337
5	5,63709	5,64836	5,65965	5,67096	5,68229	5,69364	5,70502	5,71641	5,72783	5,73928
6	6,97532	6,99291	7,01054	7,02823	7,04595	7,06373	7,08155	7,09941	7,11733	7,13529
7	8,39384	8,41948	8,44520	8,47100	8,49689	8,52287	8,54893	8,57507	8,60130	8,62762
8	9,89747	9,93306	9,96880	10,00468	10,04070	10,07686	10,11316	10,14960	10,18619	10,22293
9	11,49132	11,53898	11,58687	11,63497	11,68330	11,73185	11,78063	11,82963	11,87885	11,92831
10	13,18079	13,24286	13,30525	13,36798	13,43103	13,49442	13,55815	13,62221	13,68662	13,75136
11	14,97164	15,05067	15,13018	15,21016	15,29062	15,37156	15,45299	15,53490	15,61731	15,70020
12	16,86994	16,96876	17,06825	17,16840	17,26922	17,37071	17,47288	17,57574	17,67928	17,78352
13	18,88214	19,00386	19,12648	19,25001	19,37445	19,49981	19,62609	19,75331	19,88147	20,01058
14	21,01507	21,16309	21,31232	21,46276	21,61441	21,76730	21,92142	22,07679	22,23341	22,39131
15	23,27597	23,45404	23,63369	23,81491	23,99773	24,18217	24,36823	24,55593	24,74529	24,93631
16	25,67253	25,88474	26,09897	26,31525	26,53359	26,75401	26,97653	27,20118	27,42797	27,65692
17	28,21288	28,46371	28,71711	28,97311	29,23174	29,49302	29,75698	30,02366	30,29307	30,56525
18	30,90565	31,20000	31,49757	31,79842	32,10257	32,41007	32,72095	33,03524	33,35300	33,67425
19	33,75999	34,10319	34,45042	34,80172	35,15714	35,51672	35,88053	36,24860	36,62100	36,99777
20	36,78559	37,18349	37,58635	37,99423	38,40719	38,82531	39,24864	39,67726	40,11123	40,55062
21	39,99273	40,45168	40,91670	41,38786	41,86525	42,34895	42,83905	43,33564	43,83879	44,34861
22	43,39229	43,91924	44,45354	44,99530	45,54463	46,10164	46,66643	47,23912	47,81983	48,40866
23	46,99583	47,59831	48,20966	48,83000	49,45948	50,09824	50,74641	51,40415	52,07158	52,74886
24	50,81558	51,50181	52,19865	52,90629	53,62489	54,35463	55,09568	55,84822	56,61245	57,38853
25	54,86451	55,64342	56,43497	57,23939	58,05688	58,88768	59,73199	60,59005	61,46209	62,34834
26	59,15638	60,03766	60,93394	61,84547	62,77253	63,71538	64,67430	65,64959	66,64151	67,65038
27	63,70577	64,69996	65,71184	66,74173	67,78997	68,85688	69,94281	71,04811	72,17314	73,31825
28	68,52811	69,64666	70,78598	71,94646	73,12852	74,33257	75,55903	76,80833	78,08091	79,37721
29	73,63980	74,89511	76,17471	77,47909	78,80875	80,16419	81,54593	82,95449	84,39041	85,85424
30	79,05819	80,46371	81,89754	83,36027	84,85251	86,37486	87,92796	89,51244	91,12896	92,77818
31	84,80168	86,37199	87,97519	89,61197	91,28307	92,98923	94,73121	96,50978	98,32573	100,17988
32	90,88978	92,64068	94,42965	96,25752	98,12519	100,03353	101,98347	103,97593	106,01188	108,09229
33	97,34316	99,29177	101,28429	103,32175	105,40520	107,53571	109,71438	111,94232	114,22069	116,55065
34	104,18375	106,34856	108,56391	110,83102	113,15113	115,52553	117,95552	120,44245	122,98769	125,59265
35	111,43478	113,83583	116,29487	118,81337	121,39280	124,03469	126,74059	129,51210	132,35086	135,25854
36	119,12087	121,77981	124,50516	127,29862	130,16194	133,09695	136,10547	139,18941	142,35072	145,59138
37	127,26812	130,20838	133,22448	136,31843	139,49231	142,74825	146,08843	149,51510	153,03056	156,63719
38	135,90421	139,15109	142,48439	145,90649	149,41982	153,02688	156,73026	160,53261	164,43664	168,44515
39	145,05846	148,63931	152,31843	156,09860	159,98268	163,97363	168,07446	172,28830	176,61833	181,06827
40	154,76197	158,70631	162,76217	166,93281	171,22158	175,63192	180,16738	184,83161	189,62838	194,56155
41	165,04768	169,38739	173,85342	178,44958	183,17976	188,04799	193,05842	198,21533	203,52311	208,98630
42	175,95054	180,72002	185,63234	190,69190	195,90326	201,27111	206,80028	212,49576	218,36268	224,40635
43	187,50758	192,74394	198,14154	203,70549	209,44107	215,35373	221,44910	227,73297	234,21134	240,89039
44	199,75803	205,50132	211,42632	217,53894	223,84530	230,35172	237,06474	243,99108	251,13772	258,51183
45	212,74351	219,03690	225,53475	232,24389	239,17140	246,32459	253,71101	261,33848	269,21508	277,34915
46	226,50812	233,39815	240,51790	247,87525	255,47837	263,33568	271,45594	279,84816	288,52171	297,48624
47	241,09861	248,63544	256,43001	264,49139	272,82898	281,45250	290,37203	299,59799	309,14118	319,01279
48	256,56453	264,80220	273,32867	282,15435	291,29004	300,74692	310,53658	320,67105	331,16278	342,02467
49	272,95840	281,95514	291,27505	300,93008	310,93260	321,29547	332,03200	343,15602	354,68185	366,62437
50	290,33590	300,15440	310,33410	320,88867	331,83229	343,17967	354,94611	367,14747	379,80022	392,92145
51	308,75606	319,46382	330,57482	342,10466	354,06955	366,48635	379,37255	392,74635	406,62663	421,03303
52	328,28142	339,95111	352,07046	364,65725	377,73000	391,30796	405,41114	420,06035	435,27724	451,08431
53	348,97831	361,68813	374,89882	388,63066	402,90472	417,74298	433,16828	449,20440	465,87610	483,20913
54	370,91701	384,75111	399,14255	414,11439	429,69063	445,89627	462,75738	480,30109	498,55567	517,55056
55	394,17203	409,22092	424,88939	441,20360	458,19083	475,87953	494,29937	513,48127	533,45745	554,26155
56	418,82235	435,18340	452,23253	469,99942	488,51504	507,81170	527,92313	548,88451	570,73256	593,50560
57	444,95169	462,72959	481,27095	500,60939	520,78000	541,81946	563,76606	586,65977	610,54238	635,45748
58	472,64879	491,95609	512,10975	533,14778	555,10992	578,03773	601,97462	626,96598	653,05926	680,30405
59	502,00772	522,96541	544,86055	567,73609	591,63696	616,61018	642,70494	669,97270	698,46729	728,24503
60	533,12818	555,86631	579,64191	604,50346	630,50172	657,68984	686,12347	715,86087	746,96306	779,49394

FATOR DE ACUMULAÇÃO DE CAPITAL (FAC)
PARCELAMENTO COM JUROS COMPOSTOS

$$\frac{(1+i)^n - 1}{i}$$

n \ i	7,00%	7,10%	7,20%	7,30%	7,40%	7,50%	7,60%	7,70%	7,80%	7,90%
1	1,00000	1,00000	1,00000	1,00000	1,00000	1,00000	1,00000	1,00000	1,00000	1,00000
2	2,07000	2,07100	2,07200	2,07300	2,07400	2,07500	2,07600	2,07700	2,07800	2,07900
3	3,21490	3,21804	3,22118	3,22433	3,22748	3,23063	3,23378	3,23693	3,24008	3,24324
4	4,43994	4,44652	4,45311	4,45971	4,46631	4,47292	4,47954	4,48617	4,49281	4,49946
5	5,75074	5,76222	5,77373	5,78526	5,79682	5,80839	5,81999	5,83161	5,84325	5,85491
6	7,15329	7,17134	7,18944	7,20759	7,22578	7,24402	7,26231	7,28064	7,29902	7,31745
7	8,65402	8,68051	8,70708	8,73374	8,76049	8,78732	8,81424	8,84125	8,86835	8,89553
8	10,25980	10,29682	10,33399	10,37130	10,40876	10,44637	10,48413	10,52203	10,56008	10,59828
9	11,97799	12,02790	12,07804	12,12841	12,17901	12,22985	12,28092	12,33222	12,38376	12,43554
10	13,81645	13,88188	13,94766	14,01378	14,08026	14,14709	14,21427	14,28180	14,34970	14,41795
11	15,78360	15,86749	15,95189	16,03679	16,12220	16,20812	16,29455	16,38150	16,46897	16,55697
12	17,88845	17,99409	18,10043	18,20748	18,31524	18,42373	18,53294	18,64288	18,75355	18,86497
13	20,14064	20,27167	20,40366	20,53662	20,67057	20,80551	20,94144	21,07838	21,21633	21,35530
14	22,55049	22,71095	22,87272	23,03579	23,20019	23,36592	23,53299	23,70142	23,87121	24,04237
15	25,12902	25,32343	25,51955	25,71741	25,91701	26,11836	26,32150	26,52643	26,73316	26,94172
16	27,88805	28,12139	28,35696	28,59478	28,83486	29,07724	29,32193	29,56896	29,81835	30,07011
17	30,84022	31,11801	31,39866	31,68220	31,96864	32,25804	32,55040	32,84577	33,14418	33,44565
18	33,99903	34,32739	34,65937	34,99500	35,33432	35,67739	36,02423	36,37489	36,72942	37,08786
19	37,37896	37,76464	38,15484	38,54963	38,94906	39,35319	39,76207	40,17576	40,59432	41,01780
20	40,99549	41,44593	41,90199	42,36376	42,83130	43,30468	43,78399	44,26930	44,76067	45,25820
21	44,86518	45,38859	45,91893	46,45631	47,00081	47,55253	48,11157	48,67803	49,25201	49,83360
22	49,00574	49,61118	50,22510	50,84762	51,47887	52,11896	52,76805	53,42624	54,09366	54,77046
23	53,43614	54,13357	54,84130	55,55950	56,28831	57,02790	57,77842	58,54006	59,31297	60,09732
24	58,17667	58,97705	59,78988	60,61534	61,45364	62,30499	63,16958	64,04764	64,93938	65,84501
25	63,24904	64,16443	65,09475	66,04026	67,00121	67,97786	68,97047	69,97931	71,00465	72,04677
26	68,67647	69,72010	70,78157	71,86120	72,95930	74,07620	75,21223	76,36772	77,54302	78,73846
27	74,48382	75,67023	76,87784	78,10707	79,35829	80,63192	81,92836	83,24803	84,59137	85,95880
28	80,69769	82,04281	83,41305	84,80888	86,23080	87,67931	89,15491	90,65813	92,18950	93,74955
29	87,34653	88,86785	90,41879	91,99993	93,61188	95,25526	96,93069	98,63881	100,38028	102,15576
30	94,46079	96,17747	97,92894	99,71593	101,53916	103,39940	105,29742	107,23400	109,20994	111,22607
31	102,07304	104,00607	105,97983	107,99519	110,05306	112,15436	114,30002	116,49102	118,72832	121,01293
32	110,21815	112,39050	114,61037	116,87884	119,19699	121,56593	123,98682	126,46082	128,98912	131,57295
33	118,93343	121,37023	123,86232	126,41099	129,01756	131,68338	134,40982	137,19831	140,05028	142,96721
34	128,25876	130,98751	133,78041	136,63900	139,56486	142,55963	145,62497	148,76258	151,97420	155,26162
35	138,23688	141,28763	144,41260	147,61364	150,89266	154,25161	157,69247	161,21729	164,82818	168,52729
36	148,91346	152,31905	155,81030	159,38944	163,05872	166,82048	170,67710	174,63103	178,68478	182,84094
37	160,33740	164,13370	168,02865	172,02487	176,12506	180,33201	184,64855	189,07762	193,62220	198,28538
38	172,56102	176,78719	181,12671	185,58268	190,15832	194,85691	199,68184	204,63659	209,72473	214,94992
39	185,64029	190,33908	195,16783	200,13022	205,23004	210,47118	215,85766	221,39361	227,08326	232,93096
40	199,63511	204,85316	210,21992	215,73972	221,41706	227,25652	233,26285	239,44092	245,79575	252,33251
41	214,60957	220,39773	226,35575	232,48872	238,80192	245,30076	251,99082	258,87787	265,96782	273,26678
42	230,63224	237,04597	243,65336	250,46040	257,47326	264,69832	272,14213	279,81146	287,71331	295,85485
43	247,77650	254,87624	262,19641	269,74401	277,52628	285,55069	293,82493	302,35695	311,15495	320,22739
44	266,12085	273,97245	282,07455	290,43532	299,06323	307,96699	317,15562	326,63843	336,42503	346,52535
45	285,74931	294,42449	303,38391	312,63710	322,19391	332,06452	342,25945	352,78959	363,66618	374,90085
46	306,75176	316,32863	326,22756	336,45961	347,03626	357,96935	369,27117	380,95439	393,03215	405,51802
47	329,22439	339,78797	350,71594	362,02116	373,71694	385,81706	398,33578	411,28788	424,68865	438,55395
48	353,27009	364,91291	376,96749	389,44871	402,37199	415,75333	429,60930	443,95704	458,81437	474,19971
49	378,99900	391,82173	405,10915	418,87846	433,14752	447,93483	463,25960	479,14174	495,60189	512,66148
50	406,52893	420,64107	435,27700	450,45659	466,20044	482,52995	499,46733	517,03565	535,25884	554,16174
51	435,98595	451,50659	467,61695	484,33992	501,69927	519,71969	538,42685	557,84739	578,00903	598,94052
52	467,50497	484,56355	502,28537	520,69673	539,82502	559,69867	580,34729	601,80164	624,09373	647,25682
53	501,23032	519,96757	539,44992	559,70760	580,77207	602,67607	625,45368	649,14037	673,77304	699,39011
54	537,31644	557,88526	579,29031	601,56625	624,74920	648,87678	673,98816	700,12418	727,32734	755,64193
55	575,92859	598,49512	621,99921	646,48059	671,98064	698,54253	726,21126	755,03374	785,05887	816,33764
56	617,24359	641,98827	667,78316	694,67367	722,70721	751,93322	782,40332	814,17134	847,29346	881,82831
57	661,45065	688,56944	716,86354	746,38485	777,18754	809,32822	842,86597	877,86253	914,38235	952,49275
58	708,75219	738,45787	769,47772	801,87094	835,69942	871,02783	907,92379	946,45795	986,70418	1028,73968
59	759,36484	791,88838	825,88011	861,40752	898,54118	937,35492	977,92599	1020,33521	1064,66710	1111,01011
60	813,52038	849,11245	886,34348	925,29027	966,03322	1008,65654	1053,24837	1099,90102	1148,71114	1199,77991

i\n	8,00%	8,10%	8,20%	8,30%	8,40%	8,50%	8,60%	8,70%	8,80%	8,90%
1	1,00000	1,00000	1,00000	1,00000	1,00000	1,00000	1,00000	1,00000	1,00000	1,00000
2	2,08000	2,08100	2,08200	2,08300	2,08400	2,08500	2,08600	2,08700	2,08800	2,08900
3	3,24640	3,24956	3,25272	3,25589	3,25906	3,26223	3,26540	3,26857	3,27174	3,27492
4	4,50611	4,51278	4,51945	4,52613	4,53282	4,53951	4,54622	4,55293	4,55966	4,56639
5	5,86660	5,87831	5,89004	5,90180	5,91357	5,92537	5,93719	5,94904	5,96091	5,97280
6	7,33593	7,35445	7,37303	7,39165	7,41031	7,42903	7,44779	7,46661	7,48547	7,50438
7	8,92280	8,95016	8,97761	9,00515	9,03278	9,06050	9,08830	9,11620	9,14419	9,17227
8	10,63663	10,67513	10,71378	10,75258	10,79153	10,83064	10,86990	10,90931	10,94888	10,98860
9	12,48756	12,53981	12,59231	12,64504	12,69802	12,75124	12,80471	12,85842	12,91238	12,96658
10	14,48656	14,55554	14,62488	14,69458	14,76466	14,83510	14,90591	14,97710	15,04867	15,12061
11	16,64549	16,73454	16,82412	16,91423	17,00489	17,09608	17,18782	17,28011	17,37295	17,46634
12	18,97713	19,09003	19,20369	19,31811	19,43330	19,54925	19,66598	19,78348	19,90177	20,02085
13	21,49530	21,63633	21,77840	21,92152	22,06569	22,21094	22,35725	22,50464	22,65313	22,80270
14	24,21492	24,38887	24,56423	24,74100	24,91921	25,09887	25,27997	25,46255	25,64660	25,83214
15	27,15211	27,36437	27,57849	27,79451	28,01243	28,23227	28,45405	28,67779	28,90350	29,13120
16	30,32428	30,58088	30,83993	31,10145	31,36547	31,63201	31,90110	32,17276	32,44701	32,72388
17	33,75023	34,05793	34,36880	34,68287	35,00017	35,32073	35,64459	35,97179	36,30235	36,63631
18	37,45024	37,81662	38,18704	38,56155	38,94018	39,32300	39,71003	40,10133	40,49695	40,89694
19	41,44626	41,87977	42,31838	42,76216	43,21116	43,66545	44,12509	44,59015	45,06068	45,53677
20	45,76196	46,27203	46,78849	47,31142	47,84090	48,37701	48,91985	49,46949	50,02602	50,58954
21	50,42292	51,02007	51,62515	52,23827	52,85953	53,48906	54,12696	54,77334	55,42831	56,09201
22	55,45676	56,15269	56,85841	57,57404	58,29973	59,03563	59,78187	60,53862	61,30601	62,08420
23	60,89330	61,70106	62,52080	63,35269	64,19691	65,05366	65,92312	66,80548	67,70094	68,60969
24	66,76476	67,69885	68,64750	69,61096	70,58945	71,58322	72,59250	73,61755	74,65862	75,71595
25	73,10594	74,18245	75,27660	76,38867	77,51897	78,66779	79,83546	81,02228	82,22858	83,45467
26	79,95442	81,19123	82,44928	83,72893	85,03056	86,35455	87,70131	89,07122	90,46469	91,88214
27	87,35077	88,76772	90,21012	91,67843	93,17313	94,69469	96,24362	97,82041	99,42558	101,05965
28	95,33883	96,95791	98,60735	100,28774	101,99967	103,74374	105,52057	107,33079	109,17503	111,05396
29	103,96594	105,81150	107,69315	109,61162	111,56764	113,56196	115,59534	117,66857	119,78244	121,93776
30	113,28321	115,38223	117,52399	119,70939	121,93932	124,21473	126,53654	128,90573	131,32329	133,79022
31	123,34587	125,72819	128,16096	130,64527	133,18223	135,77298	138,41868	141,12053	143,87974	146,69755
32	134,21354	136,91217	139,67016	142,48882	145,36953	148,31368	151,32269	154,39802	157,54116	160,75363
33	145,95062	149,00206	152,12311	155,31539	158,58057	161,92034	165,33644	168,83065	172,40478	176,06070
34	158,62667	162,07123	165,59720	169,20657	172,90134	176,68357	180,55538	184,51891	188,57640	192,73010
35	172,31680	176,19900	180,17618	184,25072	188,42505	192,70168	197,08314	201,57206	206,17112	210,88308
36	187,10215	191,47111	195,95062	200,54353	205,25276	210,08132	215,03229	220,10883	225,31418	230,65168
37	203,07032	207,98027	213,01857	218,18864	223,49399	228,93823	234,52506	240,25830	246,14183	252,17968
38	220,31595	225,82668	231,48610	237,29830	243,26748	249,39798	255,69422	262,16077	268,80231	275,62367
39	238,94122	245,11864	251,46796	257,99406	264,70195	271,59681	278,68392	285,96876	293,45692	301,15417
40	259,05652	265,97325	273,08833	280,40756	287,93692	295,68254	303,65074	311,84804	320,28113	328,95690
41	280,78104	288,51708	296,48157	304,68139	313,12362	321,81555	330,76470	339,97882	349,46586	359,23406
42	304,24352	312,88696	321,79306	330,96995	340,42600	350,16987	360,21047	370,55697	381,21886	392,20589
43	329,58301	339,23081	349,18009	359,44045	370,02179	380,93431	392,18857	403,79543	415,76612	428,11222
44	356,94965	367,70850	378,81286	390,27401	402,10362	414,31373	426,91679	439,92563	453,35354	467,21420
45	386,50562	398,49289	410,87551	423,66675	436,88032	450,53040	464,63163	479,19916	494,24865	509,79627
46	418,42607	431,77082	445,56731	459,83109	474,57827	489,82548	505,58995	521,88949	538,74253	556,16814
47	452,90015	467,74425	483,10382	498,99707	515,44284	532,46065	550,07069	568,29388	587,15187	606,66710
48	490,13216	506,63154	523,71834	541,41383	559,74004	578,71980	598,37676	618,73544	639,82124	661,66047
49	530,34274	548,66869	567,66324	587,35118	607,75820	628,91098	650,83717	673,56543	697,12551	721,54825
50	573,77016	594,11085	615,21163	637,10133	659,80989	683,36842	707,80916	733,16562	759,47255	786,76805
51	620,67177	643,23383	666,65898	690,98074	716,23392	742,45473	769,68075	797,95103	827,30614	857,78823
52	671,32551	696,33577	722,32502	749,33214	777,39757	806,56339	836,87330	868,37277	901,10908	935,13138
53	726,03155	753,73897	782,55567	812,52670	843,69897	876,12127	909,84440	944,92120	981,40668	1019,35807
54	785,11408	815,79183	847,72523	880,96642	915,56968	951,59158	989,09102	1028,12934	1068,77046	1111,08094
55	848,92320	882,87097	918,23809	955,08663	993,47754	1033,47687	1075,15284	1118,57660	1163,82227	1210,96714
56	917,83706	955,38351	994,53428	1035,35882	1077,92965	1122,32240	1168,61599	1216,89276	1267,23862	1319,74322
57	992,26402	1033,76958	1077,08609	1122,29361	1169,47574	1218,71980	1270,11696	1323,76243	1379,75562	1438,20036
58	1072,64514	1118,50491	1166,40715	1216,44397	1268,71170	1323,31099	1380,34702	1439,92976	1502,17412	1567,20020
59	1159,45676	1210,10381	1263,05253	1318,40882	1376,28349	1436,79242	1500,05687	1566,20365	1635,36544	1707,68101
60	1253,21330	1309,12222	1367,62284	1428,83676	1492,89130	1559,91978	1630,06176	1703,46337	1780,27760	1860,66462

FATOR DE ACUMULAÇÃO DE CAPITAL (FAC)
PARCELAMENTO COM JUROS COMPOSTOS

$$\frac{(1+i)^n - 1}{i}$$

n \ i	9,00%	9,10%	9,20%	9,30%	9,40%	9,50%	9,60%	9,70%	9,80%	9,90%
1	1,00000	1,00000	1,00000	1,00000	1,00000	1,00000	1,00000	1,00000	1,00000	1,00000
2	2,09000	2,09100	2,09200	2,09300	2,09400	2,09500	2,09600	2,09700	2,09800	2,09900
3	3,27810	3,28128	3,28446	3,28765	3,29084	3,29403	3,29722	3,30041	3,30360	3,30680
4	4,57313	4,57988	4,58663	4,59340	4,60017	4,60696	4,61375	4,62055	4,62736	4,63417
5	5,98471	5,99665	6,00861	6,02059	6,03259	6,04462	6,05667	6,06874	6,08084	6,09296
6	7,52333	7,54234	7,56140	7,58050	7,59965	7,61886	7,63811	7,65741	7,67676	7,69616
7	9,20043	9,22869	9,25705	9,28549	9,31402	9,34265	9,37137	9,40018	9,42908	9,45808
8	11,02847	11,06851	11,10869	11,14904	11,18954	11,23020	11,27102	11,31200	11,35313	11,39443
9	13,02104	13,07574	13,13069	13,18590	13,24136	13,29707	13,35304	13,40926	13,46574	13,52248
10	15,19293	15,26563	15,33872	15,41219	15,48604	15,56029	15,63493	15,70996	15,78538	15,86120
11	17,56029	17,65480	17,74988	17,84552	17,94173	18,03852	18,13588	18,23382	18,33235	18,43146
12	20,14072	20,26139	20,38287	20,50515	20,62826	20,75218	20,87693	21,00250	21,12892	21,25618
13	22,95338	23,10518	23,25809	23,41213	23,56731	23,72363	23,88111	24,03975	24,19955	24,36054
14	26,01919	26,20775	26,39784	26,58946	26,78264	26,97738	27,17370	27,37160	27,57111	27,77223
15	29,36092	29,59265	29,82644	30,06228	30,30021	30,54023	30,78237	31,02665	31,27308	31,52168
16	33,00340	33,28559	33,57047	33,85807	34,14843	34,44155	34,73748	35,03623	35,33784	35,64233
17	36,97370	37,31457	37,65895	38,00687	38,35838	38,71350	39,07228	39,43475	39,80095	40,17092
18	41,30134	41,71020	42,12358	42,54151	42,96407	43,39128	43,82322	44,25992	44,70144	45,14784
19	46,01846	46,50583	46,99894	47,49787	48,00269	48,51345	49,03024	49,55313	50,08218	50,61748
20	51,16012	51,73786	52,32285	52,91518	53,51494	54,12223	54,73715	55,35978	55,99024	56,62861
21	56,76453	57,44600	58,13655	58,83629	59,54535	60,26384	60,99191	61,72968	62,47728	63,23484
22	62,87334	63,67359	64,48511	65,30806	66,14261	66,98891	67,84714	68,71746	69,60006	70,49509
23	69,53194	70,46789	71,41774	72,38171	73,36001	74,35286	75,36046	76,38306	77,42086	78,47411
24	76,78981	77,88047	78,98818	80,11321	81,25585	82,41638	83,59507	84,79221	86,00811	87,24304
25	84,70090	85,96759	87,25509	88,56374	89,89390	91,24593	92,62019	94,01706	95,43690	96,88010
26	93,32398	94,79064	96,28256	97,80017	99,34393	100,91430	102,51173	104,13671	105,78972	107,47123
27	102,72313	104,41659	106,14055	107,89559	109,68226	111,50116	113,35286	115,23797	117,15711	119,11089
28	112,96822	114,91850	116,90548	118,92988	120,99239	123,09377	125,23473	127,41606	129,63850	131,90286
29	124,13536	126,37608	128,66079	130,99035	133,36568	135,78767	138,25727	140,77541	143,34308	145,96125
30	136,30754	138,87630	141,49758	144,17246	146,90205	149,68750	152,52997	155,43063	158,39070	161,41141
31	149,57522	152,51405	155,51535	158,58049	161,71085	164,90781	168,17284	171,50740	174,91290	178,39114
32	164,03699	167,39282	170,82277	174,32848	177,91166	181,57406	185,31744	189,14362	193,05446	197,05186
33	179,80032	183,62557	187,53846	191,54103	195,63536	199,82359	204,10791	208,49055	212,97380	217,56000
34	196,98234	201,33550	205,79200	210,35435	215,02509	219,80683	224,70227	229,71413	234,84523	240,09844
35	215,71075	220,65703	225,72486	230,91730	236,23744	241,68848	247,27369	252,99640	258,86006	264,86818
36	236,12472	241,73682	247,49155	253,39261	259,44376	265,64889	272,01196	278,53705	285,22835	292,09013
37	258,37595	264,73487	271,26077	277,95812	284,83148	291,88553	299,12511	306,55515	314,18073	322,00706
38	282,62978	289,82574	297,21677	304,80823	312,60564	320,61466	328,84112	337,29100	345,97044	354,88576
39	309,06646	317,19988	325,56071	334,15539	342,99056	352,07305	361,40987	371,00823	380,87554	391,01945
40	337,88245	347,06507	356,51229	366,23184	376,23168	386,51999	397,10521	407,99602	419,20135	430,73037
41	369,29187	379,64799	390,31142	401,29140	412,59746	424,23939	436,22732	448,57164	461,28308	474,37268
42	403,52813	415,19596	427,22008	439,61150	452,38162	465,54213	479,10514	493,08309	507,48882	522,33557
43	440,84566	453,97879	467,52432	481,49537	495,90549	510,76864	526,09923	541,91215	558,22272	575,04679
44	481,52177	496,29086	511,53656	527,27444	543,52060	560,29166	577,60476	595,47762	613,92855	632,97643
45	525,85873	542,45333	559,59792	577,31097	595,61154	614,51936	634,05481	654,23895	675,09355	696,64109
46	574,18602	592,81659	612,08093	632,00089	652,59903	673,89870	695,92408	718,70013	742,25272	766,60856
47	626,86276	647,76290	669,39238	691,77697	714,94333	738,91986	763,73279	789,41404	815,99348	843,50281
48	684,28041	707,70932	731,97648	757,11223	783,14801	810,11639	838,05114	866,98721	896,96084	928,00959
49	746,86565	773,11087	800,31831	828,52367	857,76392	888,07745	919,50404	952,08497	985,86301	1020,88254
50	815,08356	844,46396	874,94760	906,57637	939,39373	973,44481	1008,77643	1045,43721	1083,47758	1122,94991
51	889,44108	922,31018	956,44278	991,88797	1028,69674	1066,92206	1106,61897	1147,84462	1190,65838	1235,12195
52	970,49077	1007,24040	1045,43551	1085,13355	1126,39423	1169,27966	1213,85439	1260,18554	1308,34290	1358,39902
53	1058,83494	1099,89928	1142,61558	1187,05097	1233,27529	1281,36123	1331,38441	1383,42354	1437,56051	1493,88052
54	1155,13009	1200,99011	1248,73621	1298,44671	1350,20317	1404,09055	1460,19732	1518,61563	1579,44144	1642,77470
55	1260,09180	1311,28021	1364,61995	1420,20225	1478,12227	1538,47915	1601,37626	1666,92134	1735,22670	1806,40939
56	1374,50006	1431,60671	1491,16498	1553,28106	1618,06576	1685,63467	1756,10838	1829,61271	1906,27892	1986,24392
57	1499,20506	1562,88292	1629,35216	1698,73620	1771,16394	1846,76996	1925,69478	2008,08514	2094,09425	2183,88207
58	1635,13352	1706,10527	1780,25256	1857,71867	1938,65335	2023,21311	2111,56148	2203,86940	2300,31549	2401,08639
59	1783,29553	1862,36085	1945,03579	2031,48650	2121,88677	2216,41835	2315,27139	2418,64474	2526,74640	2639,79395
60	1944,79213	2032,83569	2124,97909	2221,41475	2322,34412	2427,97809	2538,53744	2654,25328	2775,36755	2902,13355

FATOR DE ACUMULAÇÃO DE CAPITAL (FAC)
PARCELAMENTO COM JUROS COMPOSTOS
$$\frac{(1+i)^n - 1}{i}$$

i / n	10,00%	10,50%	11,00%	11,50%	12,00%	12,50%	13,00%	13,50%	14,00%	14,50%
1	1,00000	1,00000	1,00000	1,00000		1,00000	1,00000	1,00000	1,00000	1,00000
2	2,10000	2,10500	2,11000	2,11500	2,12000	2,12500	2,13000	2,13500	2,14000	2,14500
3	3,31000	3,32603	3,34210	3,35823	3,37440	3,39063	3,40690	3,42323	3,43960	3,45603
4	4,64100	4,67526	4,70973	4,74442	4,77933	4,81445	4,84980	4,88536	4,92114	4,95715
5	6,10510	6,16616	6,22780	6,29003	6,35285	6,41626	6,48027	6,54488	6,61010	6,67594
6	7,71561	7,81361	7,91286	8,01338	8,11519	8,21829	8,32271	8,42844	8,53552	8,64395
7	9,48717	9,63404	9,78327	9,93492	10,08901	10,24558	10,40466	10,56628	10,73049	10,89732
8	11,43589	11,64561	11,85943	12,07744	12,29969	12,52628	12,75726	12,99273	13,23276	13,47743
9	13,57948	13,86840	14,16397	14,46634	14,77566	15,09206	15,41571	15,74675	16,08535	16,43166
10	15,93742	16,32458	16,72201	17,12997	17,54874	17,97857	18,41975	18,87256	19,33730	19,81425
11	18,53117	19,03866	19,56143	20,09992	20,65458	21,22589	21,81432	22,42036	23,04452	23,68731
12	21,38428	22,03772	22,71319	23,41141	24,13313	24,87913	25,65018	26,44711	27,27075	28,12197
13	24,52271	25,35168	26,21164	27,10372	28,02911	28,98902	29,98470	31,01746	32,08865	33,19966
14	27,97498	29,01361	30,09492	31,22065	32,39260	33,61264	34,88271	36,20482	37,58107	39,01361
15	31,77248	33,06004	34,40536	35,81102	37,27971	38,81422	40,41746	42,09247	43,84241	45,67058
16	35,94973	37,53134	39,18995	40,92929	42,75328	44,66600	46,67173	48,77496	50,98035	53,29282
17	40,54470	42,47213	44,50084	46,63616	48,88367	51,24925	53,73906	56,35958	59,11760	62,02027
18	45,59917	47,93170	50,39594	52,99932	55,74971	58,65541	61,72514	64,96812	68,39407	72,01321
19	51,15909	53,96453	56,93949	60,09424	63,43968	66,98733	70,74941	74,73882	78,96923	83,45513
20	57,27500	60,63081	64,20283	68,00508	72,05244	76,36075	80,94683	85,82856	91,02493	96,55612
21	64,00250	67,99704	72,26514	76,82566	81,69874	86,90584	92,46992	98,41541	104,76842	111,55676
22	71,40275	76,13673	81,21431	86,66062	92,50258	98,76908	105,49101	112,70149	120,43600	128,73249
23	79,54302	85,13109	91,14788	97,62659	104,60289	112,11521	120,20484	128,91619	138,29704	148,39871
24	88,49733	95,06985	102,17415	109,85364	118,15524	127,12961	136,83147	147,31988	158,65862	170,91652
25	98,34706	106,05219	114,41331	123,48681	133,33387	144,02081	155,61956	168,20806	181,87083	196,69941
26	109,18177	118,18767	127,99877	138,68780	150,33393	163,02341	176,85010	191,91615	208,33274	226,22083
27	121,09994	131,59737	143,07864	155,63689	169,37401	184,40134	200,84061	218,82483	238,49933	260,02285
28	134,20994	146,41510	159,81729	174,53513	190,69889	208,45151	227,94989	249,36618	272,88923	298,72616
29	148,63093	162,78868	178,39719	195,60668	214,58275	235,50795	258,58338	284,03062	312,09373	343,04145
30	164,49402	180,88149	199,02088	219,10144	241,33268	265,94644	293,19922	323,37475	356,78685	393,78246
31	181,94342	200,87405	221,91317	245,29811	271,29261	300,18974	332,31511	368,03034	407,73701	451,88092
32	201,13777	222,96583	247,32362	274,50739	304,84772	338,71346	376,51608	418,71444	465,82019	518,40365
33	222,25154	247,37724	275,52922	307,07574	342,42945	382,05265	426,46317	476,24089	532,03501	594,57218
34	245,47670	274,35185	306,83744	343,38945	384,52098	430,80923	482,90338	541,53341	607,51991	681,78515
35	271,02437	304,15879	341,58955	383,87924	431,66350	485,66038	546,68082	615,64042	693,57270	781,64400
36	299,12681	337,09547	380,16441	429,02535	484,46312	547,36793	618,74933	699,75188	791,67288	895,98238
37	330,03949	373,49049	422,98249	479,36327	543,59869	616,78892	700,18674	795,21838	903,50708	1026,89982
38	364,04343	413,70699	470,51056	535,49004	609,83053	694,88753	792,21101	903,67286	1030,99808	1176,80030
39	401,44778	458,14622	523,26673	598,07140	684,01020	782,74847	896,19845	1026,55520	1176,33781	1348,43634
40	442,59256	507,25158	581,82607	667,84961	767,09142	881,59203	1013,70424	1166,14015	1342,02510	1544,95961
41	487,85181	561,51299	646,82693	745,65231	860,14239	992,79104	1146,48579	1324,56907	1530,90861	1769,97875
42	537,63699	621,47186	718,97790	832,40233	964,35948	1117,88992	1296,52895	1504,38589	1746,23582	2027,62567
43	592,40069	687,72640	799,06547	929,12860	1081,08262	1258,62616	1466,07771	1708,47799	1991,70883	2322,63139
44	652,64076	760,93768	887,96267	1036,97838	1211,81253	1416,95443	1657,86781	1940,12251	2271,54807	2660,41295
45	718,90484	841,83613	986,63856	1157,23090	1358,23003	1595,07373	1874,16463	2203,03905	2590,56480	3047,17282
46	791,79532	931,22893	1096,16880	1291,31245	1522,21764	1795,45795	2118,80603	2501,44933	2954,24387	3490,01288
47	871,97485	1030,00796	1217,74737	1440,81338	1705,88375	2020,89019	2395,25082	2840,14498	3368,83801	3997,06475
48	960,17234	1139,15880	1352,69958	1607,50692	1911,58980	2274,50146	2707,63342	3224,56456	3841,47534	4577,63914
49	1057,18957	1259,77047	1502,49653	1793,37022	2141,98058	2559,81415	3060,62577	3660,68077	4380,28188	5242,39682
50	1163,90853	1393,04637	1668,77115	2000,60779	2400,01825	2880,79091	3459,50712	4156,09968	4994,52135	6003,54435
51	1281,29938	1540,31624	1853,33598	2231,67769	2689,02044	3241,88978	3910,24304	4718,17313	5694,75433	6875,05829
52	1410,42932	1703,04945	2058,20294	2489,32062	3012,70289	3648,12600	4419,57464	5356,12651	6493,01994	7872,94174
53	1552,47225	1882,86964	2285,60526	2776,59249	3375,22724	4105,14175	4995,11934	6080,20358	7403,04273	9015,51829
54	1708,71948	2081,57095	2538,02184	3096,90063	3781,25451	4619,28447	5645,48485	6902,03107	8440,46872	10323,76844
55	1880,59142	2301,13590	2818,20424	3454,04420	4236,00505	5197,69503	6380,39789	7834,80526	9623,13434	11821,71486
56	2069,65057	2543,75517	3129,20671	3852,25929	4745,32565	5848,40691	7210,84961	8893,50397	10971,37314	13536,86352
57	2277,61562	2811,84946	3474,41944	4296,26911	5315,76473	6580,45777	8149,26006	10095,12701	12508,36538	15500,70873
58	2506,37719	3108,09366	3857,60558	4791,34005	5954,65650	7404,01499	9209,66387	11458,96916	14260,53654	17749,31150
59	2758,01490	3435,44349	4282,94220	5343,34416	6670,21528	8330,51686	10407,92017	13006,92999	16258,01165	20323,96166
60	3034,81640	3797,16508	4755,06584	5958,82874	7471,64111	9372,83147	11761,94979	14763,86554	18535,13328	23271,93610

FATOR DE ACUMULAÇÃO DE CAPITAL (FAC)
PARCELAMENTO COM JUROS COMPOSTOS
$$\frac{(1+i)^n - 1}{i}$$

i / n	15,00%	15,50%	16,00%	16,50%	17,00%	17,50%	18,00%	18,50%	19,00%	19,50%
1	1,00000	1,00000	1,00000	1,00000	1,00000	1,00000	1,00000	1,00000	1,00000	1,00000
2	2,15000	2,15500	2,16000	2,16500	2,17000	2,17500	2,18000	2,18500	2,19000	2,19500
3	3,47250	3,48903	3,50560	3,52223	3,53890	3,55563	3,57240	3,58923	3,60610	3,62303
4	4,99338	5,02982	5,06650	5,10339	5,14051	5,17786	5,21543	5,25323	5,29126	5,32951
5	6,74238	6,80945	6,87714	6,94545	7,01440	7,08398	7,15421	7,22508	7,29660	7,36877
6	8,75374	8,86491	8,97748	9,09145	9,20685	9,32368	9,44197	9,56172	9,68295	9,80568
7	11,06680	11,23897	11,41387	11,59154	11,77201	11,95533	12,14152	12,33064	12,52271	12,71779
8	13,72682	13,98101	14,24009	14,50415	14,77325	15,04751	15,32700	15,61181	15,90203	16,19776
9	16,78584	17,14807	17,51851	17,89733	18,28471	18,68082	19,08585	19,49999	19,92341	20,35632
10	20,30372	20,80602	21,32147	21,85039	22,39311	22,94997	23,52131	24,10749	24,70886	25,32580
11	24,34928	25,03095	25,73290	26,45570	27,19994	27,96621	28,75514	29,56737	30,40355	31,26433
12	29,00167	29,91075	30,85017	31,82089	32,82393	33,86030	34,93107	36,03734	37,18022	38,36088
13	34,35192	35,54692	36,78620	38,07134	39,40399	40,78585	42,21866	43,70424	45,24446	46,84125
14	40,50471	42,05669	43,67199	45,35311	47,10267	48,92337	50,81802	52,78953	54,84091	56,97529
15	47,58041	49,57548	51,65951	53,83638	56,11013	58,48496	60,96527	63,55559	66,26068	69,08547
16	55,71747	58,25968	60,92503	63,71938	66,64885	69,71983	72,93901	76,31338	79,85021	83,55714
17	65,07509	68,28993	71,67303	75,23307	78,97915	82,92080	87,06804	91,43135	96,02175	100,85079
18	75,83636	79,87486	84,14072	88,64653	93,40561	98,43194	103,74028	109,34615	115,26588	121,51669
19	88,21181	93,25547	98,60323	104,27321	110,28456	116,65753	123,41353	130,57519	138,16640	146,21244
20	102,44358	108,71007	115,37975	122,47829	130,03294	138,07260	146,62797	155,73160	165,41802	175,72387
21	118,81012	126,56013	134,84051	143,68721	153,13854	163,23531	174,02100	185,54194	197,84744	210,99002
22	137,63164	147,17695	157,41499	168,39560	180,17209	192,80149	206,34479	220,86720	236,43846	253,13308
23	159,27638	170,98937	183,60138	197,18087	211,80134	227,54175	244,48685	262,72763	282,36176	303,49403
24	184,16784	198,49272	213,97761	230,71571	248,80757	268,36155	289,49448	312,33225	337,01050	363,67536
25	212,79302	230,25910	249,21402	269,78381	292,10486	316,32482	342,60349	371,11371	402,04249	435,59206
26	245,71197	266,94926	290,08827	315,29813	342,76268	372,68167	405,27211	440,76975	479,43056	521,53251
27	283,56877	309,32639	337,50239	368,32233	402,03234	438,90096	479,22109	523,31215	571,52257	624,23135
28	327,10408	358,27198	392,50277	430,09551	471,37783	516,70863	566,48089	621,12490	681,11162	746,95647
29	377,16969	414,80414	456,30322	502,06127	552,51207	608,13264	669,44745	737,03300	811,52283	893,61298
30	434,74515	480,09878	530,31173	585,90138	647,43912	715,55585	790,94799	874,38411	966,71217	1068,86751
31	500,95692	555,51409	616,16161	683,57510	758,50377	841,77810	934,31863	1037,14517	1151,38748	1278,29667
32	577,10046	642,61878	715,74746	797,36500	888,44941	990,08929	1103,49598	1230,01703	1371,15110	1528,56452
33	664,66552	743,22469	831,26706	929,93022	1040,48581	1164,35492	1303,12526	1458,57018	1632,66981	1827,63460
34	765,36535	859,42451	965,26979	1084,36871	1218,36839	1369,11703	1538,68781	1729,40566	1943,87708	2185,02335
35	881,17016	993,63531	1120,71295	1264,28954	1426,49102	1609,71251	1816,65161	2050,34571	2314,21372	2612,10290
36	1014,34568	1148,64879	1301,02703	1473,89732	1669,99450	1892,41220	2144,64890	2430,65966	2754,91433	3122,46297
37	1167,49753	1327,68935	1510,19135	1718,09038	1954,89356	2224,58433	2531,68570	2881,33170	3279,34805	3732,34325
38	1343,62216	1534,48120	1752,82197	2002,57529	2288,22547	2614,88659	2988,38913	3415,37806	3903,42418	4461,15018
39	1546,16549	1773,32578	2034,27348	2334,00021	2678,22379	3073,49175	3527,29918	4048,22300	4646,07477	5332,07447
40	1779,09031	2049,19128	2360,75724	2720,11025	3134,52184	3612,35280	4163,21303	4798,14426	5529,82898	6372,82899
41	2046,95385	2367,81593	2739,47840	3169,92844	3668,39055	4245,51454	4913,59137	5686,80095	6581,49649	7616,53064
42	2354,99693	2735,82740	3178,79494	3693,96663	4293,01695	4989,47959	5799,03782	6739,85912	7832,98082	9102,75411
43	2709,24647	3160,88064	3688,40213	4304,47112	5023,82983	5863,63852	6843,86463	7987,73306	9322,74129	10878,79117
44	3116,63344	3651,81714	4279,54648	5015,70886	5878,88090	6890,77526	8076,76026	9466,46368	11094,47414	13001,15544
45	3585,12846	4218,84880	4965,27391	5844,30082	6879,29065	8097,66093	9531,57711	11218,75946	13203,42423	15537,38076
46	4123,89773	4873,77036	5760,71774	6809,61046	8049,77006	9515,75159	11248,26098	13295,22996	15713,07483	18568,17000
47	4743,48239	5630,20477	6683,43257	7934,19618	9419,23097	11182,00812	13273,94796	15755,84750	18689,55905	22189,96315
48	5456,00475	6503,88651	7753,78179	9244,33855	11021,50024	13139,85954	15664,25859	18671,67929	22253,47527	26518,00597
49	6275,40546	7512,98892	8995,38687	10770,65441	12896,15528	15440,33496	18484,82514	22126,93996	26482,63557	31690,01713
50	7217,71628	8678,50220	10435,64877	12548,81239	15089,50167	18143,39358	21813,09367	26221,42385	31515,33633	37870,57047
51	8301,37372	10024,67004	12106,35258	14620,36644	17655,71699	21319,48745	25740,45053	31073,38726	37504,25023	45256,33172
52	9547,57978	11579,49390	14044,36899	17033,72690	20658,18884	25051,39776	30374,73162	36822,96391	44631,05777	54082,31640
53	10980,71674	13375,31545	16292,46803	19845,29184	24171,08094	29436,39236	35843,18331	43636,21223	53111,95875	64629,36810
54	12628,82425	15449,48935	18900,26291	23120,76499	28281,16470	34588,76103	42295,95631	51709,91149	63204,23091	77233,09488
55	14524,14789	17845,16020	21925,30498	26936,69122	33089,96270	40642,79421	49910,22844	61277,24512	75214,03479	92294,54838
56	16703,77008	20612,16003	25434,35377	31382,24527	38716,25636	47756,28319	58895,06957	72614,53547	89505,70140	110292,98531
57	19210,33559	23808,04483	29504,85038	36561,31573	45299,01994	56114,63275	69497,18209	86049,22453	106512,78466	131801,11745
58	22092,88593	27499,29178	34226,62644	42594,93283	53000,85333	65935,69348	82007,67486	101969,33107	126751,21375	157503,33535
59	25407,81882	31762,68201	39703,88667	49624,09675	62011,99840	77475,43984	96770,05634	120834,65732	150834,94436	188217,48574
60	29219,99164	36686,89772	46057,50853	57813,07271	72555,03813	91034,64181	114189,66648	143190,06892	179494,58379	224920,89546

FATOR DE ACUMULAÇÃO DE CAPITAL (FAC)
PARCELAMENTO COM JUROS COMPOSTOS

$$\frac{(1+i)^n - 1}{i}$$

i / n	20,00%	21,00%	22,00%	23,00%	24,00%	25,00%	26,00%	27,00%	28,00%	29,00%
1	1,00000	1,00000	1,12821	1,00000	1,00000	1,00000	1,00000	1,00000	1,00000	1,00000
2	2,20000	2,21000	2,50462	2,23000	2,24000	2,25000	2,26000	2,27000	2,28000	2,29000
3	3,64000	3,67410	4,18384	3,74290	3,77760	3,81250	3,84760	3,88290	3,91840	3,95410
4	5,36800	5,44566	6,23248	5,60377	5,68422	5,76563	5,84798	5,93128	6,01555	6,10079
5	7,44160	7,58925	8,73184	7,89263	8,04844	8,20703	8,36845	8,53273	8,69991	8,87002
6	9,92992	10,18299	11,78105	10,70794	10,98006	11,25879	11,54425	11,83657	12,13588	12,44232
7	12,91590	13,32142	15,50108	14,17077	14,61528	15,07349	15,54575	16,03244	16,53393	17,05060
8	16,49908	17,11892	20,03952	18,43004	19,12294	19,84186	20,58765	21,36120	22,16343	22,99527
9	20,79890	21,71389	25,57642	23,66895	24,71245	25,80232	26,94043	28,12872	29,36919	30,66390
10	25,95868	27,27381	32,33144	30,11281	31,64344	33,25290	34,94495	36,72348	38,59256	40,55643
11	32,15042	34,00131	40,57257	38,03876	40,23787	42,56613	45,03063	47,63881	50,39647	53,31779
12	39,58050	42,14158	50,62674	47,78767	50,89495	54,20766	57,73860	61,50129	65,51005	69,77995
13	48,49660	51,99132	62,89282	59,77683	64,10974	68,75958	73,75063	79,10664	84,85286	91,01614
14	59,19592	63,90949	77,85745	74,52796	80,49608	86,94947	93,92580	101,46544	109,61166	118,41062
15	72,03511	78,33049	96,11429	92,66940	100,81514	109,68684	119,34651	129,86111	141,30293	153,74996
16	87,44213	95,77989	118,38764	114,98336	126,01077	138,10855	151,37660	165,92360	181,86774	199,33744
17	105,93056	116,89367	145,56113	142,42953	157,25336	173,63568	191,73451	211,72298	233,79071	258,14530
18	128,11667	142,44134	178,71278	176,18832	195,99416	218,04460	242,58548	269,88818	300,25211	334,00744
19	154,74000	173,35402	219,15780	217,71163	244,03276	273,55576	306,65771	343,75799	385,32271	431,86960
20	186,68800	210,75836	268,50072	268,78531	303,60062	342,94470	387,38872	437,57265	494,21306	558,11178
21	225,02560	256,01762	328,69908	331,60593	377,46477	429,68087	489,10978	556,71726	633,59272	720,96420
22	271,03072	310,78131	402,14108	408,87530	469,05632	538,10109	617,27832	708,03093	811,99868	931,04381
23	326,23686	377,04539	491,74033	503,91662	582,62984	673,62636	778,77069	900,19928	1040,35831	1202,04652
24	392,48424	457,22492	601,05141	620,81744	723,46100	843,03295	982,25107	1144,25308	1332,65864	1551,64001
25	471,98108	554,24216	734,41092	764,60545	898,09164	1054,79118	1238,63634	1454,20141	1706,80306	2002,61561
26	567,37730	671,63301	897,10953	941,46470	1114,63363	1319,48898	1561,68179	1847,83579	2185,70792	2584,37414
27	681,85276	813,67594	1095,60183	1159,00158	1383,14570	1650,36123	1968,71906	2347,75146	2798,70613	3334,84264
28	819,22331	985,54789	1337,76244	1426,57194	1716,10067	2063,95153	2481,58602	2982,64435	3583,34385	4302,94700
29	984,06797	1193,51295	1633,19838	1755,68349	2128,96483	2580,93941	3127,79838	3788,95832	4587,68013	5551,80163
30	1181,88157	1445,15066	1993,63023	2160,49070	2640,91639	3227,17427	3942,02596	4812,97707	5873,23056	7162,82410
31	1419,25788	1749,63230	2433,35708	2658,40355	3275,73632	4034,96783	4967,95271	6113,48088	7518,73512	9241,04309
32	1704,10946	2118,05509	2969,82385	3270,83637	4062,91304	5044,70979	6260,62041	7765,12072	9624,98095	11921,94559
33	2045,93135	2563,84666	3624,31330	4024,12874	5039,01217	6306,88724	7889,38172	9862,70331	12320,97562	15380,30981
34	2456,11762	3103,25445	4422,79043	4950,67835	6249,37509	7884,60905	9941,62097	12526,63321	15771,84879	19641,59966
35	2948,34115	3755,93789	5396,93253	6090,33437	7750,22511	9856,76132	12527,44242	15909,82417	20188,96645	25596,66356
36	3539,00937	4545,68485	6585,38589	7492,11127	9611,27913	12321,95164	15785,57745	20206,47670	25842,87706	33020,69599
37	4247,81125	5501,27866	8035,29899	9216,29687	11918,98612	15403,43956	19890,82759	25663,22541	33079,88264	42597,69783
38	5098,37350	6657,54718	9804,19297	11337,04514	14780,54279	19255,29944	25063,44276	32593,29627	42343,24978	54952,03020
39	6119,04820	8056,63209	12066,24363	13945,56553	18328,87306	24070,12430	31580,93788	41394,48627	54200,35972	70889,11896
40	7343,85784	9749,52483	14595,06543	17154,04560	22728,80260	30088,65538	39792,98172	52571,99756	69377,46044	91447,96346
41	8813,62941	11797,92505	17807,10803	21100,47609	28184,71522	37611,81923	50140,15697	66767,43690	88804,14936	117968,87286
42	10577,35529	14276,48931	21725,80000	25954,58559	34950,04688	47015,77403	63177,59778	84795,64486	113670,31118	152180,84599
43	12693,82635	17275,55206	26506,60421	31925,14027	43339,05813	58770,71754	79604,77321	107691,46898	145498,99831	196314,29133
44	15233,59162	20904,41799	32339,18534	39268,92253	53741,43208	73464,39693	100303,01424	136769,16560	186239,71784	253246,43582
45	18281,30994	25295,34577	39454,93431	48301,77472	66640,37577	91831,49616	126382,79794	173697,84031	238387,83883	326688,90221
46	21938,57193	30608,36838	48136,14807	59412,18290	82635,06596	114790,37020	159243,52541	220597,25719	305137,43370	421429,68385
47	26327,28631	37037,12574	58727,22885	73077,98497	102468,48179	143488,96275	200647,59001	280159,51664	390576,91514	543645,29216
48	31593,74358	44815,92215	71648,34740	89886,92151	127061,91742	179362,20343	252816,96342	355803,58613	499939,45138	701303,42689
49	37913,49229	54228,26580	87412,11203	110561,91346	157557,77760	224203,75429	318550,37391	451871,55438	639923,49777	904682,42069
50	45497,19075	65617,20162	106643,90489	135992,15356	195372,64423	280255,69286	401374,47112	573877,87406	819103,07714	1167041,32268
51	54597,62890	79397,81396	130106,69217	167271,34888	242263,07884	350320,61608	505732,83361	728825,90006	1048452,93874	1505484,30626
52	65518,15468	96072,35489	158731,29265	205744,75912	300407,21776	437901,77010	637224,37035	925609,89308	1342020,76159	1942075,75508
53	78622,78562	116248,54942	193653,30524	253067,05372	372505,95003	547378,21263	802903,70664	1175525,56421	1717787,57483	2505278,72405
54	94348,34274	140661,74479	236258,16059	311273,47607	461908,37803	684223,76578	1011659,67037	1492918,46655	2198769,09578	3231810,55403
55	113219,01129	170201,71120	288236,08413	382867,37557	572767,38876	855280,70723	1274692,18467	1896007,45251	2814425,44260	4169036,61470
56	135863,81354	205945,07055	351649,15084	470927,87195	710232,56206	1069101,88404	1606113,15268	2407930,46469	3602465,56653	5378058,23296
57	163037,57625	249194,53537	429013,09223	579242,28250	880689,37696	1336378,35505	2023703,57238	3058072,69016	4611156,92516	6937696,12052
58	195646,09150	301526,38779	523397,10073	712469,00747	1092055,82743	1670473,94381	2549867,50120	3883753,31650	5902281,86420	8949628,99547
59	234776,30980	364847,92923	638545,59110	876337,87919	1354150,22601	2088093,42976	3212834,05151	4932367,71196	7554921,78617	11545022,40415
60	281732,57177	441466,99437	779026,74934	1077896,59140	1679147,28025	2610117,78720	4048171,90490	6264107,99419	9670300,88630	14893079,90135

19.4 Tabelas do *Fator de Valor Atual (FVA)* em Anuidades (Parcelamento com Juros Compostos)

	FATOR DE VALOR ATUAL (FVA) PARCELAMENTO COM JUROS COMPOSTOS $\frac{(1+i)^n - 1}{(1+i)^n \times i}$									
i n	0,05%	0,10%	0,15%	0,20%	0,25%	0,30%	0,35%	0,40%	0,45%	0,50%
1	0,99950	0,99900	0,99850	0,99800	0,99751	0,99701	0,99651	0,99950	0,99552	0,99502
2	1,99850	1,99700	1,99551	1,99402	1,99252	1,99104	1,98955	1,99850	1,98658	1,98510
3	2,99700	2,99401	2,99102	2,98804	2,98506	2,98209	2,97912	2,99700	2,97320	2,97025
4	3,99500	3,99002	3,98504	3,98008	3,97512	3,97018	3,96524	3,99500	3,95540	3,95050
5	4,99251	4,98503	4,97758	4,97014	4,96272	4,95531	4,94793	4,99251	4,93320	4,92587
6	5,98951	5,97906	5,96863	5,95822	5,94785	5,93750	5,92718	5,98951	5,90662	5,89638
7	6,98602	6,97208	6,95819	6,94433	6,93052	6,91675	6,90302	6,98602	6,87568	6,86207
8	7,98203	7,96412	7,94627	7,92848	7,91074	7,89307	7,87546	7,98203	7,84040	7,82286
9	8,97754	8,95516	8,93287	8,91066	8,88852	8,86647	8,84450	8,97754	8,80080	8,77906
10	9,97255	9,94522	9,91799	9,89087	9,86386	9,83696	9,81016	9,97255	9,75689	9,73041
11	10,96707	10,93429	10,90164	10,86914	10,83677	10,80455	10,77246	10,96707	10,70870	10,67703
12	11,96109	11,92236	11,88381	11,84545	11,80725	11,76924	11,73140	11,96109	11,65625	11,61893
13	12,95461	12,90945	12,86452	12,81981	12,77532	12,73105	12,68700	12,95461	12,59955	12,55615
14	13,94764	13,89556	13,84375	13,79222	13,74096	13,68998	13,63926	13,94764	13,53863	13,48871
15	14,94017	14,88068	14,82152	14,76270	14,70420	14,64604	14,58820	14,94017	14,47350	14,41662
16	15,93220	15,86481	15,79782	15,73123	15,66504	15,59924	15,53383	15,93220	15,40418	15,33993
17	16,92374	16,84796	16,77266	16,69784	16,62348	16,54959	16,47617	16,92374	16,33069	16,25863
18	17,91478	17,83013	17,74604	17,66251	17,57953	17,49710	17,41521	17,91478	17,25305	17,17277
19	18,90533	18,81132	18,71797	18,62526	18,53320	18,44178	18,35098	18,90533	18,17128	18,08236
20	19,89538	19,79153	19,68844	19,58609	19,48449	19,38362	19,28349	19,89538	19,08540	18,98742
21	20,88494	20,77076	20,65745	20,54500	20,43340	20,32266	20,21275	20,88494	19,99542	19,88798
22	21,87400	21,74901	21,62501	21,50200	21,37995	21,25888	21,13876	21,87400	20,90136	20,78406
23	22,86257	22,72629	22,59112	22,45708	22,32414	22,19230	22,06155	22,86257	21,80325	21,67568
24	23,85065	23,70258	23,55579	23,41026	23,26598	23,12293	22,98111	23,85065	22,70109	22,56287
25	24,83823	24,67790	24,51901	24,36154	24,20547	24,05078	23,89747	24,83823	23,59491	23,44564
26	25,82532	25,65225	25,48079	25,31092	25,14261	24,97585	24,81063	25,82532	24,48473	24,32402
27	26,81191	26,62563	26,44113	26,25840	26,07742	25,89816	25,72061	26,81191	25,37056	25,19803
28	27,79801	27,59803	27,40003	27,20399	27,00989	26,81771	26,62742	27,79801	26,25243	26,06769
29	28,78362	28,56946	28,35749	28,14770	27,94004	27,73450	27,53106	28,78362	27,13034	26,93302
30	29,76873	29,53992	29,31352	29,08952	28,86787	28,64856	28,43155	29,76873	28,00432	27,79405
31	30,75336	30,50941	30,26812	30,02946	29,79339	29,55988	29,32890	30,75336	28,87439	28,65080
32	31,73749	31,47793	31,22120	30,96752	30,71680	30,46847	30,22311	31,73749	29,74056	29,50328
33	32,72113	32,44549	32,17303	31,90372	31,63750	31,37435	31,11421	32,72113	30,60284	30,35153
34	33,70428	33,41207	33,12334	32,83804	32,55611	32,27752	32,00221	33,70428	31,46127	31,19555
35	34,68693	34,37770	34,07224	33,77050	33,47243	33,17798	32,88710	34,68693	32,31585	32,03537
36	35,66910	35,34235	35,01971	34,70110	34,38647	34,07576	33,76891	35,66910	33,16660	32,87102
37	36,65077	36,30605	35,96576	35,62984	35,29822	34,97084	34,64764	36,65077	34,01353	33,70250
38	37,63196	37,26878	36,91039	36,55672	36,20770	35,86325	35,52331	37,63196	34,85668	34,52985
39	38,61265	38,23055	37,85361	37,48176	37,11491	36,75299	36,39593	38,61265	35,69605	35,35309
40	39,59285	39,19136	38,79542	38,40495	38,01986	37,64007	37,26550	39,59285	36,53165	36,17223
41	40,57257	40,15121	39,73582	39,32630	38,92256	38,52450	38,13204	40,57257	37,36352	36,98729
42	41,55179	41,11010	40,67480	40,24581	39,82300	39,40628	38,99555	41,55179	38,19166	37,79830
43	42,53053	42,06803	41,61238	41,16348	40,72120	40,28543	39,85605	42,53053	39,01608	38,60527
44	43,50877	43,02500	42,54854	42,07932	41,61715	41,16194	40,71356	43,50877	39,83682	39,40823
45	44,48653	43,98102	43,48334	42,99333	42,51088	42,03583	41,56807	44,48653	40,65388	40,20720
46	45,46380	44,93609	44,41671	43,90552	43,40237	42,90711	42,41960	45,46380	41,46727	41,00219
47	46,44058	45,89020	45,34869	44,81589	44,29164	43,77578	43,26816	46,44058	42,27703	41,79322
48	47,41687	46,84335	46,27927	45,72444	45,17869	44,64186	44,11376	47,41687	43,08315	42,58032
49	48,39267	47,79556	47,20846	46,63118	46,06354	45,50534	44,95642	48,39267	43,88567	43,36350
50	49,36799	48,74681	48,13625	47,53611	46,94617	46,36624	45,79613	49,36799	44,68459	44,14279
51	50,34282	49,69711	49,06266	48,43923	47,82660	47,22457	46,63291	50,34282	45,47993	44,91820
52	51,31716	50,64647	49,98768	49,34055	48,70484	48,08033	47,46678	51,31716	46,27170	45,68975
53	52,29101	51,59487	50,91131	50,24007	49,58089	48,93353	48,29774	52,29101	47,05993	46,45746
54	53,26438	52,54233	51,83356	51,13779	50,45475	49,78418	49,12580	53,26438	47,84463	47,22135
55	54,23726	53,48884	52,75443	52,03372	51,32644	50,63228	49,95097	54,23726	48,62582	47,98145
56	55,20966	54,43441	53,67392	52,92787	52,19595	51,47784	50,77326	55,20966	49,40350	48,73776
57	56,18157	55,37903	54,59203	53,82023	53,06329	52,32088	51,59269	56,18157	50,17770	49,49031
58	57,15299	56,32270	55,50877	54,71081	53,92847	53,16140	52,40926	57,15299	50,94843	50,23911
59	58,12393	57,26544	56,42413	55,59961	54,79149	53,99940	53,22298	58,12393	51,71571	50,98419
60	59,09438	58,20723	57,33812	56,48663	55,65236	54,83490	54,03386	59,09438	52,47956	51,72556

i / n	0,50%	0,55%	0,60%	0,65%	0,70%	0,75%	0,80%	0,85%	0,90%	0,95%
1	0,99502	0,99453	0,99404	0,99354	0,99305	0,99256	0,99206	0,99157	0,99108	0,99059
2	1,98510	1,98362	1,98214	1,98067	1,97919	1,97772	1,97625	1,97479	1,97332	1,97186
3	2,97025	2,96730	2,96436	2,96142	2,95848	2,95556	2,95263	2,94971	2,94680	2,94389
4	3,95050	3,94560	3,94071	3,93584	3,93097	3,92611	3,92126	3,91642	3,91159	3,90678
5	4,92587	4,91855	4,91125	4,90396	4,89669	4,88944	4,88220	4,87499	4,86778	4,86060
6	5,89638	5,88617	5,87599	5,86583	5,85570	5,84560	5,83552	5,82547	5,81545	5,80545
7	6,86207	6,84851	6,83498	6,82149	6,80805	6,79464	6,78127	6,76794	6,75465	6,74140
8	7,82296	7,80558	7,78825	7,77098	7,75377	7,73661	7,71951	7,70247	7,68548	7,66855
9	8,77906	8,75741	8,73583	8,71434	8,69292	8,67158	8,65031	8,62912	8,60801	8,58698
10	9,73041	9,70404	9,67777	9,65160	9,62554	9,59958	9,57372	9,54797	9,52231	9,49676
11	10,67703	10,64549	10,61408	10,58281	10,55168	10,52067	10,48980	10,45906	10,42846	10,39798
12	11,61893	11,58179	11,54481	11,50801	11,47138	11,43491	11,39861	11,36248	11,32652	11,29072
13	12,55615	12,51297	12,46999	12,42723	12,38469	12,34235	12,30021	12,25829	12,21657	12,17505
14	13,48871	13,43905	13,38966	13,34052	13,29164	13,24302	13,19466	13,14654	13,09868	13,05107
15	14,41662	14,36007	14,30383	14,24791	14,19230	14,13699	14,08200	14,02731	13,97292	13,91884
16	15,33993	15,27605	15,21256	15,14944	15,08669	15,02431	14,96230	14,90065	14,83937	14,77844
17	16,25863	16,18702	16,11586	16,04515	15,97487	15,90502	15,83562	15,76664	15,69809	15,62996
18	17,17277	17,09301	17,01378	16,93507	16,85687	16,77918	16,70200	16,62532	16,54914	16,47346
19	18,08236	17,99405	17,90634	17,81924	17,73274	17,64683	17,56151	17,47677	17,39261	17,30902
20	18,98742	18,89015	18,79358	18,69771	18,60252	18,50802	18,41419	18,32104	18,22855	18,13673
21	19,88798	19,78135	19,67553	19,57050	19,46626	19,36280	19,26011	19,15820	19,05704	18,95664
22	20,78406	20,66768	20,55221	20,43765	20,32399	20,21121	20,09932	19,98830	19,87814	19,76883
23	21,67568	21,54916	21,42367	21,29921	21,17576	21,05331	20,93186	20,81140	20,69191	20,57339
24	22,56287	22,42582	22,28993	22,15520	22,02161	21,88915	21,75780	21,62756	21,49842	21,37037
25	23,44564	23,29768	23,15103	23,00566	22,86158	22,71876	22,57718	22,43685	22,29774	22,15985
26	24,32402	24,16477	24,00698	23,85063	23,69571	23,54219	23,39006	23,23932	23,08993	22,94190
27	25,19803	25,02713	24,85784	24,69015	24,52404	24,35949	24,19649	24,03502	23,87506	23,71659
28	26,06769	25,88476	25,70362	25,52424	25,34661	25,17071	24,99652	24,82402	24,65318	24,48400
29	26,93302	26,73770	26,54435	26,35295	26,16347	25,97589	25,79020	25,60636	25,42436	25,24418
30	27,79405	27,58598	27,38007	27,17630	26,97465	26,77508	26,57758	26,38211	26,18866	25,99720
31	28,65080	28,42962	28,21080	27,99434	27,78018	27,56832	27,35871	27,15133	26,94615	26,74314
32	29,50328	29,26864	29,03659	28,80709	28,58012	28,35565	28,13364	27,91406	27,69688	27,48206
33	30,35153	30,10307	29,85744	29,61460	29,37450	29,13712	28,90242	28,67036	28,44091	28,21403
34	31,19555	30,93294	30,67340	30,41689	30,16336	29,91278	29,66510	29,42029	29,17830	28,93911
35	32,03537	31,75827	31,48449	31,21400	30,94673	30,68266	30,42172	30,16389	29,90912	29,65736
36	32,87102	32,57908	32,29075	32,00596	31,72466	31,44681	31,17235	30,90123	30,63342	30,36886
37	33,70250	33,39541	33,09220	32,79280	32,49718	32,20527	31,91701	31,63236	31,35126	31,07366
38	34,52985	34,20727	33,88886	33,57457	33,26433	32,95808	32,65576	32,35732	32,06269	31,77183
39	35,35300	35,01469	34,68078	34,35129	34,02615	33,70529	33,38865	33,07617	32,76778	32,46342
40	36,17223	35,81769	35,46797	35,12299	34,78267	34,44694	34,11573	33,78897	33,46659	33,14851
41	36,98729	36,61630	36,25047	35,88970	35,53393	35,18307	34,83703	34,49575	34,15915	33,82716
42	37,79830	37,41054	37,02830	36,65147	36,27997	35,91371	35,55261	35,19658	34,84554	34,49941
43	38,60527	38,20044	37,80149	37,40831	37,02082	36,63892	36,26251	35,89151	35,52581	35,16534
44	39,40823	38,98602	38,57007	38,16027	37,75653	37,35873	36,96678	36,58057	36,20001	35,82500
45	40,20720	39,76730	39,33406	38,90738	38,48712	38,07318	37,66545	37,26383	36,86820	36,47846
46	41,00219	40,54430	40,09350	39,64965	39,21263	38,78231	38,35859	37,94133	37,53042	37,12576
47	41,79322	41,31706	40,84841	40,38714	39,93310	39,48617	39,04622	38,61311	38,18674	37,76698
48	42,58032	42,08559	41,59882	41,11986	40,64856	40,18478	39,72839	39,27924	38,83721	38,40216
49	43,36350	42,84992	42,34475	41,84785	41,35905	40,87820	40,40515	39,93975	39,48187	39,03136
50	44,14279	43,61006	43,08623	42,57113	42,06459	41,56645	41,07653	40,59470	40,12078	39,65464
51	44,91820	44,36605	43,82329	43,28975	42,76524	42,24958	41,74259	41,24412	40,75400	40,27205
52	45,68975	45,11790	44,55596	44,00373	43,46101	42,92762	42,40337	41,88807	41,38156	40,88366
53	46,45746	45,86564	45,28425	44,71309	44,15195	43,60061	43,05890	42,52660	42,00353	41,48951
54	47,22135	46,60929	46,00820	45,41787	44,83808	44,26860	43,70922	43,15974	42,61995	42,08966
55	47,98145	47,34887	46,72784	46,11811	45,51944	44,93161	44,35439	43,78755	43,23087	42,68416
56	48,73776	48,08440	47,44318	46,81382	46,19607	45,58969	44,99443	44,41006	43,83635	43,27306
57	49,49031	48,81592	48,15425	47,50503	46,86799	46,24287	45,62940	45,02733	44,43642	43,85643
58	50,23911	49,54343	48,86109	48,19179	47,53525	46,89118	46,25932	45,63939	45,03114	44,43430
59	50,98419	50,26696	49,56370	48,87411	48,19786	47,53467	46,88425	46,24630	45,62055	45,00674
60	51,72556	50,98653	50,26213	49,55202	48,85587	48,17337	47,50421	46,84809	46,20471	45,57379

FATOR DE VALOR ATUAL (FVA)
PARCELAMENTO COM JUROS COMPOSTOS

$$\frac{(1+i)^n - 1}{(1+i)^n \times i}$$

i / n	1,00%	1,05%	1,10%	1,15%	1,20%	1,25%	1,30%	1,35%	1,40%	1,45%
1	0,99010	0,98961	0,98912	0,98863	0,98814	0,98765	0,98717	0,98668	0,99108	0,99059
2	1,97040	1,96894	1,96748	1,96602	1,96457	1,96312	1,96167	1,96022	1,97332	1,97186
3	2,94099	2,93809	2,93519	2,93230	2,92941	2,92653	2,92366	2,92079	2,94680	2,94389
4	3,90197	3,89717	3,89237	3,88759	3,88282	3,87806	3,87330	3,86856	3,91159	3,90678
5	4,85343	4,84628	4,83914	4,83202	4,82492	4,81784	4,81076	4,80371	4,86778	4,86060
6	5,79548	5,78553	5,77561	5,76572	5,75585	5,74601	5,73619	5,72640	5,81545	5,80545
7	6,72819	6,71502	6,70189	6,68880	6,67574	6,66273	6,64975	6,63681	6,75465	6,74140
8	7,65168	7,63486	7,61809	7,60138	7,58473	7,56812	7,55158	7,53508	7,68548	7,66855
9	8,56602	8,54513	8,52432	8,50359	8,48293	8,46234	8,44183	8,42139	8,60801	8,58698
10	9,47130	9,44595	9,42070	9,39554	9,37048	9,34553	9,32066	9,29590	9,52231	9,49676
11	10,36763	10,33741	10,30732	10,27735	10,24751	10,21780	10,18822	10,15876	10,42846	10,39798
12	11,25508	11,21960	11,18429	11,14914	11,11414	11,07931	11,04464	11,01012	11,32652	11,29072
13	12,13374	12,09263	12,05172	12,01101	11,97050	11,93018	11,89007	11,85014	12,21657	12,17505
14	13,00370	12,95659	12,90971	12,86308	12,81670	12,77055	12,72465	12,67898	13,09868	13,05107
15	13,86505	13,81156	13,75837	13,70547	13,65286	13,60055	13,54852	13,49677	13,97292	13,91884
16	14,71787	14,65766	14,59780	14,53828	14,47911	14,42029	14,36181	14,30367	14,83937	14,77844
17	15,56225	15,49496	15,42809	15,36162	15,29557	15,22992	15,16467	15,09982	15,69809	15,62996
18	16,39827	16,32356	16,24934	16,17560	16,10234	16,02955	15,95723	15,88537	16,54914	16,47346
19	17,22601	17,14356	17,06167	16,98033	16,89955	16,81931	16,73961	16,66045	17,39261	17,30902
20	18,04555	17,95503	17,86515	17,77591	17,68730	17,59932	17,51196	17,42521	18,22955	18,13673
21	18,85698	18,75807	18,65989	18,56244	18,46571	18,36969	18,27439	18,17979	19,05704	18,95664
22	19,66038	19,55277	19,44598	19,34003	19,23489	19,13056	19,02704	18,92431	19,87814	19,76883
23	20,45582	20,33920	20,22353	20,10878	19,99495	19,88204	19,77003	19,65891	20,69191	20,57339
24	21,24339	21,11747	20,99261	20,86879	20,74600	20,62423	20,50348	20,38373	21,49842	21,37037
25	22,02316	21,88765	21,75332	21,62015	21,48814	21,35727	21,22752	21,09890	22,29774	22,15985
26	22,79520	22,64983	22,50576	22,36298	22,22148	22,08125	21,94228	21,80454	23,08993	22,94190
27	23,55961	23,40408	23,25001	23,09736	22,94613	22,79630	22,64785	22,50078	23,87506	23,71659
28	24,31644	24,15050	23,98616	23,82339	23,66218	23,50252	23,34438	23,18774	24,65318	24,48400
29	25,06579	24,88917	24,71430	24,54117	24,36975	24,20002	24,03196	23,86556	25,42436	25,24418
30	25,80771	25,62016	25,43452	25,25078	25,06892	24,88891	24,71072	24,53434	26,18866	25,99720
31	26,54229	26,34355	26,14691	25,95233	25,75980	25,56929	25,38077	25,19422	26,94615	26,74314
32	27,26959	27,05942	26,85154	26,64590	26,44249	26,24127	26,04222	25,84531	27,69688	27,48206
33	27,98969	27,76786	27,54851	27,33159	27,11709	26,90496	26,69519	26,48773	28,44091	28,21403
34	28,70267	28,46894	28,23789	28,00948	27,78368	27,56046	27,33977	27,12158	29,17830	28,93911
35	29,40858	29,16273	28,91977	28,67967	28,44237	28,20786	27,97608	27,74700	29,90912	29,65736
36	30,10751	29,84931	29,59423	29,34223	29,09326	28,84727	28,60422	28,36408	30,63342	30,36886
37	30,79951	30,52876	30,26136	29,99726	29,73642	29,47878	29,22431	28,97295	31,35126	31,07366
38	31,48466	31,20115	30,92123	30,64485	30,37196	30,10250	29,83643	29,57370	32,06269	31,77183
39	32,16303	31,86655	31,57391	31,28507	30,99996	30,71852	30,44071	30,16646	32,76778	32,46342
40	32,83469	32,52504	32,21950	31,91801	31,62051	31,32693	31,03722	30,75131	33,46659	33,14851
41	33,49969	33,17668	32,85806	32,54376	32,23371	31,92784	31,62608	31,32838	34,15915	33,82716
42	34,15811	33,82155	33,48967	33,16239	32,83963	32,52132	32,20739	31,89776	34,84554	34,49941
43	34,81001	34,45973	34,11442	33,77399	33,43837	33,10748	32,78123	32,45956	35,52581	35,16534
44	35,45545	35,09127	34,73236	34,37863	34,03001	33,68640	33,34771	33,01387	36,20001	35,82500
45	36,09451	35,71625	35,34358	34,97641	34,61463	34,25817	33,90692	33,56080	36,86820	36,47846
46	36,72724	36,33473	35,94815	35,56738	35,19233	34,82288	34,45895	34,10044	37,53042	37,12576
47	37,35370	36,94679	36,54614	36,15164	35,76317	35,38062	35,00390	34,63290	38,18674	37,76698
48	37,97396	37,55249	37,13763	36,72925	36,32724	35,93148	35,54186	35,15826	38,83721	38,40216
49	38,58808	38,15190	37,72268	37,30030	36,88463	36,47554	36,07291	35,67663	39,48187	39,03136
50	39,19612	38,74507	38,30136	37,86485	37,43540	37,01288	36,59715	36,18800	40,12078	39,65464
51	39,79814	39,33209	38,87375	38,42299	37,97964	37,54358	37,11466	36,69274	40,75400	40,27205
52	40,39419	39,91300	39,43991	38,97478	38,51744	38,06773	37,62553	37,19066	41,38156	40,88366
53	40,98435	40,48788	39,99991	39,52029	39,04885	38,58542	38,12984	37,68196	42,00353	41,48951
54	41,56866	41,05678	40,55382	40,05961	39,57396	39,09671	38,62768	38,16671	42,61995	42,08966
55	42,14719	41,61977	41,10170	40,59279	40,09285	39,60169	39,11913	38,64500	43,23087	42,68416
56	42,71999	42,17692	41,64362	41,11991	40,60558	40,10043	39,60427	39,11692	43,83635	43,27306
57	43,28712	42,72827	42,17965	41,64104	41,11223	40,59302	40,08319	39,58256	44,43642	43,85643
58	43,84863	43,27389	42,70984	42,15624	41,61288	41,07952	40,55596	40,04199	45,03114	44,43430
59	44,40459	43,81385	43,23426	42,66559	42,10759	41,56002	41,02267	40,49530	45,62055	45,00674
60	44,95504	44,34819	43,75298	43,16914	42,59643	42,03459	41,48339	40,94258	46,20471	45,57379

i / n	1,50%	1,55%	1,60%	1,65%	1,70%	1,75%	1,80%	1,85%	1,90%	1,95%
1	0,98522	0,98474	0,98425	0,98377	0,98328	0,98280	0,98232	0,98184	0,98135	0,98087
2	1,95588	1,95444	1,95300	1,95157	1,95013	1,94870	1,94727	1,94584	1,94441	1,94298
3	2,91220	2,90935	2,90650	2,90366	2,90082	2,89798	2,89515	2,89233	2,88951	2,88669
4	3,85438	3,84968	3,84498	3,84029	3,83561	3,83094	3,82628	3,82163	3,81699	3,81235
5	4,78264	4,77566	4,76868	4,76172	4,75478	4,74786	4,74094	4,73405	4,72717	4,72031
6	5,69719	5,68750	5,67784	5,66820	5,65859	5,64900	5,63943	5,62990	5,62038	5,61089
7	6,59821	6,58542	6,57267	6,55996	6,54728	6,53464	6,52204	6,50947	6,49694	6,48445
8	7,48593	7,46965	7,45342	7,43724	7,42112	7,40505	7,38904	7,37307	7,35716	7,34129
9	8,36052	8,34037	8,32029	8,30029	8,28036	8,26049	8,24070	8,22098	8,20133	8,18175
10	9,22218	9,19780	9,17352	9,14933	9,12523	9,10122	9,07731	9,05349	9,02976	9,00613
11	10,07112	10,04215	10,01330	9,98458	9,95598	9,92749	9,89913	9,87088	9,84275	9,81474
12	10,90751	10,87361	10,83987	10,80628	10,77284	10,73955	10,70641	10,67342	10,64058	10,60789
13	11,73153	11,69238	11,65341	11,61464	11,57604	11,53764	11,49942	11,46139	11,42353	11,38586
14	12,54338	12,49865	12,45415	12,40987	12,36583	12,32201	12,27841	12,23504	12,19189	12,14896
15	13,34323	13,29261	13,24227	13,19220	13,14241	13,09288	13,04363	12,99464	12,94592	12,89746
16	14,13126	14,07446	14,01798	13,96183	13,90600	13,85050	13,79531	13,74044	13,68588	13,63164
17	14,90765	14,84437	14,78148	14,71897	14,65684	14,59508	14,53370	14,47269	14,41206	14,35178
18	15,67256	15,60253	15,53295	15,46381	15,39512	15,32686	15,25904	15,19165	15,12469	15,05815
19	16,42617	16,34912	16,27259	16,19657	16,12106	16,04606	15,97155	15,89754	15,82403	15,75100
20	17,16864	17,08431	17,00058	16,91743	16,83487	16,75288	16,67147	16,59062	16,51033	16,43061
21	17,90014	17,80829	17,71711	17,62659	17,53674	17,44755	17,35900	17,27110	17,18384	17,09721
22	18,62082	18,52121	18,42235	18,32424	18,22689	18,13027	18,03438	17,93923	17,84479	17,75107
23	19,33086	19,22325	19,11649	19,01057	18,90549	18,80125	18,69782	18,59522	18,49341	18,39241
24	20,03041	19,91457	19,79969	19,68576	19,57276	19,46069	19,34953	19,23929	19,12995	19,02149
25	20,71961	20,59534	20,47214	20,34998	20,22887	20,10878	19,98972	19,87166	19,75461	19,63854
26	21,39863	21,26572	21,13399	21,00342	20,87401	20,74573	20,61858	20,49255	20,36762	20,24379
27	22,06762	21,92587	21,78543	21,64626	21,50837	21,37173	21,23633	21,10216	20,96921	20,83746
28	22,72672	22,57595	22,42660	22,27866	22,13212	21,98695	21,84315	21,70070	21,55958	21,41977
29	23,37608	23,21610	23,05768	22,90080	22,74545	22,59160	22,43925	22,28836	22,13894	21,99095
30	24,01584	23,84648	23,67882	23,51284	23,34852	23,18585	23,02480	22,86535	22,70749	22,55120
31	24,64615	24,46723	24,29017	24,11494	23,94152	23,76988	23,60000	23,43186	23,26545	23,10074
32	25,26714	25,07852	24,89190	24,70727	24,52460	24,34386	24,16503	23,98809	23,81300	23,63976
33	25,87895	25,68047	25,48416	25,28999	25,09793	24,90797	24,72007	24,53420	24,35035	24,16848
34	26,48173	26,27323	26,06708	25,86324	25,66168	25,46238	25,26529	25,07040	24,87767	24,68708
35	27,07559	26,85695	26,64083	26,42719	26,21601	26,00725	25,80088	25,59686	25,39516	25,19576
36	27,66068	27,43176	27,20554	26,98199	26,76107	26,54275	26,32699	26,11375	25,90301	25,69471
37	28,23713	27,99779	27,76136	27,52778	27,29702	27,06904	26,84380	26,62126	26,40138	26,18412
38	28,80505	28,55519	28,30842	28,06472	27,82402	27,58628	27,35148	27,11955	26,89046	26,66417
39	29,36458	29,10407	28,84687	28,59293	28,34220	28,09463	27,85017	27,60879	27,37042	27,13504
40	29,91585	29,64458	29,37684	29,11257	28,85172	28,59423	28,34005	28,08914	27,84144	27,59690
41	30,45896	30,17684	29,89847	29,62378	29,35272	29,08524	28,82127	28,56076	28,30367	28,04993
42	30,99405	30,70098	30,41188	30,12669	29,84535	29,56780	29,29398	29,02382	28,75728	28,49429
43	31,52123	31,21710	30,91720	30,62144	30,32975	30,04207	29,75833	29,47847	29,20243	28,93015
44	32,04062	31,72537	31,41457	31,10815	30,80604	30,50817	30,21447	29,92486	29,63929	29,35767
45	32,55234	32,22587	31,90411	31,58697	31,27438	30,96626	30,66254	30,36314	30,06799	29,77702
46	33,05649	32,71873	32,38593	32,05801	31,73489	31,41647	31,10269	30,79346	30,48871	30,18835
47	33,55319	33,20406	32,86017	32,52141	32,18770	31,85894	31,53506	31,21597	30,90158	30,59181
48	34,04255	33,68199	33,32694	32,97728	32,63294	32,29380	31,95979	31,63080	31,30675	30,98755
49	34,52468	34,15263	33,78635	33,42576	33,07073	32,72118	32,37700	32,03809	31,70437	31,37573
50	34,99969	34,61608	34,23854	33,86695	33,50121	33,14121	32,78684	32,43799	32,09457	31,75647
51	35,46767	35,07246	34,68360	34,30099	33,92450	33,55401	33,18943	32,83062	32,47750	32,12994
52	35,92874	35,52187	35,12165	34,72798	34,34070	33,95972	33,58490	33,21613	32,85328	32,49626
53	36,38300	35,96442	35,55281	35,14803	34,74996	34,35845	33,97338	33,59463	33,22207	32,85558
54	36,83054	36,40022	35,97717	35,56127	35,15237	34,75032	34,35499	33,96625	33,58397	33,20802
55	37,27147	36,82936	36,39486	35,96780	35,54805	35,13545	34,72985	34,33112	33,93913	33,55373
56	37,70588	37,25195	36,80596	36,36774	35,93712	35,51395	35,09809	34,68937	34,28766	33,89282
57	38,13387	37,66810	37,21059	36,76118	36,31968	35,88595	35,45981	35,04111	34,62970	34,22542
58	38,55554	38,07789	37,60885	37,14823	36,69585	36,25155	35,81514	35,38646	34,96536	34,55166
59	38,97097	38,48143	38,00084	37,52900	37,06574	36,61086	36,16418	35,72554	35,29475	34,87166
60	39,38027	38,87881	38,38665	37,90359	37,42944	36,96399	36,50705	36,05846	35,61801	35,18555

FATOR DE VALOR ATUAL (FVA)
PARCELAMENTO COM JUROS COMPOSTOS

$$\frac{(1+i)^n - 1}{(1+i)^n \times i}$$

i / n	2,00%	2,05%	2,10%	2,15%	2,20%	2,25%	2,30%	2,35%	2,40%	2,45%
1	0,98039	0,97991	0,97943	0,97895	0,97847	0,97800	0,97752	0,97704	0,97656	0,97609
2	1,94156	1,94014	1,93872	1,93730	1,93588	1,93447	1,93306	1,93165	1,93024	1,92883
3	2,88388	2,88108	2,87828	2,87548	2,87269	2,86990	2,86711	2,86433	2,86156	2,85879
4	3,80773	3,80311	3,79851	3,79391	3,78932	3,78474	3,78017	3,77561	3,77105	3,76651
5	4,71346	4,70663	4,69981	4,69301	4,68622	4,67945	4,67270	4,66596	4,65923	4,65252
6	5,60143	5,59199	5,58258	5,57319	5,56382	5,55448	5,54516	5,53586	5,52659	5,51735
7	6,47199	6,45957	6,44719	6,43484	6,42252	6,41025	6,39800	6,38580	6,37363	6,36149
8	7,32548	7,30972	7,29401	7,27835	7,26274	7,24718	7,23168	7,21622	7,20081	7,18545
9	8,16224	8,14279	8,12342	8,10411	8,08488	8,06571	8,04660	8,02757	8,00860	7,98970
10	8,98259	8,95913	8,93577	8,91249	8,88931	8,86622	8,84321	8,82029	8,79746	8,77472
11	9,78685	9,75907	9,73141	9,70386	9,67643	9,64911	9,62191	9,59481	9,56783	9,54097
12	10,57534	10,54294	10,51068	10,47857	10,44660	10,41478	10,38310	10,35155	10,32015	10,28889
13	11,34837	11,31106	11,27393	11,23698	11,20020	11,16360	11,12717	11,09092	11,05483	11,01892
14	12,10625	12,06376	12,02148	11,97942	11,93757	11,89594	11,85452	11,81330	11,77230	11,73150
15	12,84926	12,80133	12,75365	12,70624	12,65907	12,61217	12,56551	12,51910	12,47295	12,42704
16	13,57771	13,52409	13,47077	13,41775	13,36504	13,31263	13,26052	13,20870	13,15718	13,10594
17	14,29187	14,23232	14,17313	14,11430	14,05581	13,99768	13,93990	13,88246	13,82537	13,76861
18	14,99203	14,92633	14,86105	14,79618	14,73172	14,66766	14,60401	14,54075	14,47790	14,41544
19	15,67846	15,60640	15,53482	15,46371	15,39307	15,32290	15,25318	15,18393	15,11513	15,04679
20	16,35143	16,27281	16,19473	16,11719	16,04019	15,96371	15,88777	15,81234	15,73744	15,66304
21	17,01121	16,92583	16,84107	16,75692	16,67337	16,59043	16,50808	16,42632	16,34515	16,26456
22	17,65805	17,56573	17,47411	17,38318	17,29293	17,20335	17,11445	17,02621	16,93863	16,85170
23	18,29220	18,19278	18,09413	17,99626	17,89915	17,80279	17,70718	17,61232	17,51819	17,42479
24	18,91393	18,80723	18,70140	18,59643	18,49231	18,38904	18,28659	18,18497	18,08417	17,98418
25	19,52346	19,40934	19,29618	19,18398	19,07272	18,96238	18,85297	18,74448	18,63688	18,53019
26	20,12104	19,99935	19,87873	19,75916	19,64062	19,52311	19,40662	19,29113	19,17664	19,06314
27	20,70690	20,57751	20,44930	20,32223	20,19630	20,07150	19,94782	19,82524	19,70375	19,58335
28	21,28127	21,14406	21,00813	20,87345	20,74002	20,60783	20,47685	20,34708	20,21851	20,09112
29	21,84438	21,69923	21,55546	21,41307	21,27204	21,13235	20,99399	20,85695	20,72120	20,58674
30	22,39646	22,24324	22,09154	21,94133	21,79260	21,64533	21,49950	21,35510	21,21211	21,07051
31	22,93772	22,77633	22,61659	22,45847	22,30196	22,14702	21,99365	21,84182	21,69151	21,54272
32	23,46833	23,29870	23,13084	22,96473	22,80035	22,63767	22,47668	22,31736	22,15968	22,00363
33	23,98856	23,81059	23,63452	23,46033	23,28801	23,11753	22,94886	22,78198	22,61688	22,45352
34	24,49859	24,31219	24,12783	23,94551	23,76518	23,58683	23,41042	23,23594	23,06336	22,89265
35	24,99862	24,80371	24,61100	24,42047	24,23207	24,04580	23,86160	23,67947	23,49937	23,32128
36	25,48884	25,28536	25,08423	24,88543	24,68892	24,49467	24,30264	24,11282	23,92517	23,73965
37	25,96945	25,75733	25,54773	25,34061	25,13593	24,93366	24,73377	24,53622	24,34098	24,14803
38	26,44064	26,21983	26,00170	25,78620	25,57331	25,36299	25,15520	24,94990	24,74705	24,54663
39	26,90259	26,67303	26,44632	26,22242	26,00129	25,78288	25,56715	25,35408	25,14361	24,93571
40	27,35548	27,11713	26,88180	26,64946	26,42004	26,19352	25,96985	25,74898	25,53087	25,31548
41	27,79949	27,55231	27,30833	27,06751	26,82979	26,59513	26,36349	26,13481	25,90905	25,68617
42	28,23479	27,97874	27,72608	27,47676	27,23071	26,98790	26,74828	26,51178	26,27837	26,04799
43	28,66156	28,39661	28,13524	27,87739	27,62301	27,37203	27,12441	26,88010	26,63903	26,40116
44	29,07996	28,80609	28,53599	28,26960	28,00686	27,74771	27,49210	27,23996	26,99124	26,74589
45	29,49016	29,20734	28,92849	28,65354	28,38244	28,11512	27,85151	27,59156	27,33520	27,08237
46	29,89231	29,60053	29,31292	29,02941	28,74994	28,47444	28,20285	27,93508	27,67109	27,41081
47	30,28658	29,98582	29,68944	29,39737	29,10953	28,82586	28,54628	28,27072	27,99911	27,73139
48	30,67312	30,36337	30,05822	29,75758	29,46138	29,16955	28,88200	28,59865	28,31945	28,04430
49	31,05208	30,73334	30,41941	30,11021	29,80566	29,50567	29,21016	28,91906	28,63227	28,34973
50	31,42361	31,09587	30,77317	30,45542	30,14252	29,83440	29,53095	29,23210	28,93777	28,64786
51	31,78785	31,45112	31,11966	30,79336	30,47214	30,15589	29,84453	29,53796	29,23610	28,93886
52	32,14495	31,79924	31,45902	31,12419	30,79465	30,47031	30,15105	29,83679	29,52744	29,22290
53	32,49505	32,14036	31,79140	31,44806	31,11023	30,77781	30,45069	30,12877	29,81195	29,50015
54	32,83828	32,47463	32,11694	31,76511	31,41901	31,07854	30,74358	30,41404	30,08980	29,77076
55	33,17479	32,80219	32,43579	32,07549	31,72115	31,37265	31,02990	30,69276	30,36113	30,03491
56	33,50469	33,12316	32,74808	32,37933	32,01678	31,66030	31,30977	30,96508	30,62610	30,29273
57	33,82813	33,43769	33,05395	32,67678	32,30604	31,94161	31,58335	31,23115	30,88487	30,54440
58	34,14523	33,74590	33,35353	32,96797	32,58908	32,21673	31,85079	31,49111	31,13757	30,79004
59	34,45610	34,04791	33,64694	33,25303	32,86603	32,48580	32,11221	31,74510	31,38434	31,02981
60	34,76089	34,34387	33,93432	33,53209	33,13702	32,74895	32,36775	31,99325	31,62533	31,26385

FATOR DE VALOR ATUAL (FVA)
PARCELAMENTO COM JUROS COMPOSTOS

$$\frac{(1+i)^n - 1}{(1+i)^n \times i}$$

i / n	2,50%	2,55%	2,60%	2,65%	2,70%	2,75%	2,80%	2,85%	2,90%	2,95%
1	0,97561	0,97513	0,97466	0,97418	0,97371	0,97324	0,97276	0,97229	0,97182	0,97135
2	1,92742	1,92602	1,92462	1,92322	1,92182	1,92042	1,91903	1,91764	1,91625	1,91486
3	2,85602	2,85326	2,85051	2,84775	2,84501	2,84226	2,83952	2,83679	2,83406	2,83133
4	3,76197	3,75745	3,75293	3,74842	3,74392	3,73943	3,73494	3,73047	3,72600	3,72155
5	4,64583	4,63915	4,63248	4,62584	4,61920	4,61258	4,60598	4,59939	4,59281	4,58625
6	5,50813	5,49893	5,48975	5,48060	5,47147	5,46237	5,45329	5,44423	5,43519	5,42618
7	6,34939	6,33732	6,32529	6,31330	6,30134	6,28941	6,27751	6,26566	6,25383	6,24204
8	7,17014	7,15488	7,13966	7,12450	7,10938	7,09431	7,07929	7,06432	7,04940	7,03452
9	7,97087	7,95210	7,93339	7,91476	7,89619	7,87768	7,85924	7,84086	7,82254	7,80430
10	8,75206	8,72949	8,70701	8,68461	8,66230	8,64008	8,61793	8,59588	8,57390	8,55201
11	9,51421	9,48756	9,46103	9,43460	9,40828	9,38207	9,35597	9,32997	9,30408	9,27830
12	10,25776	10,22678	10,19593	10,16522	10,13464	10,10420	10,07390	10,04373	10,01369	9,98378
13	10,98318	10,94761	10,91221	10,87698	10,84191	10,80701	10,77227	10,73770	10,70329	10,66904
14	11,69091	11,65053	11,61034	11,57036	11,53059	11,49101	11,45163	11,41245	11,37346	11,33467
15	12,38138	12,33596	12,29078	12,24585	12,20116	12,15670	12,11248	12,06849	12,02474	11,98122
16	13,05500	13,00435	12,95398	12,90390	12,85409	12,80457	12,75533	12,70636	12,65767	12,60925
17	13,71220	13,65612	13,60037	13,54496	13,48987	13,43511	13,38067	13,32656	13,27276	13,21928
18	14,35336	14,29168	14,23038	14,16946	14,10893	14,04877	13,98898	13,92956	13,87052	13,81183
19	14,97889	14,91144	14,84443	14,77785	14,71171	14,64600	14,58072	14,51586	14,45142	14,38740
20	15,58916	15,51579	15,44291	15,37053	15,29865	15,22725	15,15634	15,08591	15,01596	14,94648
21	16,18455	16,10511	16,02623	15,94791	15,87015	15,79295	15,71629	15,64017	15,56459	15,48954
22	16,76541	16,67977	16,59476	16,51039	16,42663	16,34350	16,26098	16,17906	16,09775	16,01704
23	17,33211	17,24015	17,14889	17,05834	16,96849	16,87932	16,79084	16,70303	16,61589	16,52942
24	17,88499	17,78659	17,68898	17,59215	17,49609	17,40080	17,30626	17,21247	17,11943	17,02712
25	18,42438	18,31944	18,21538	18,11218	18,00983	17,90832	17,80765	17,70780	17,60877	17,51056
26	18,95061	18,83905	18,72844	18,61878	18,51005	18,40226	18,29538	18,18940	18,08433	17,98015
27	19,46401	19,34573	19,22850	19,11230	18,99713	18,88297	18,76982	18,65766	18,54648	18,43628
28	19,96489	19,83982	19,71589	19,59309	19,47140	19,35083	19,23134	19,11294	18,99561	18,87933
29	20,45355	20,32162	20,19092	20,06146	19,93321	19,80616	19,68029	19,55561	19,43208	19,30970
30	20,93029	20,79143	20,65392	20,51774	20,38287	20,24930	20,11702	19,98600	19,85625	19,72773
31	21,39541	21,24957	21,10519	20,96224	20,82071	20,68059	20,54185	20,40448	20,26846	20,13378
32	21,84918	21,69631	21,54502	21,39526	21,24704	21,10033	20,95510	20,81135	20,66906	20,52820
33	22,29188	22,13195	21,97370	21,81711	21,66216	21,50883	21,35710	21,20696	21,05837	20,91132
34	22,72379	22,55675	22,39152	22,22807	22,06637	21,90641	21,74816	21,59159	21,43670	21,28346
35	23,14516	22,97099	22,79875	22,62841	22,45995	22,29334	22,12856	21,96558	21,80438	21,64493
36	23,55625	23,37493	23,19566	23,01843	22,84319	22,66992	22,49860	22,32919	22,16169	21,99605
37	23,95732	23,76883	23,58252	23,39837	23,21634	23,03642	22,85856	22,68274	22,50893	22,33710
38	24,34860	24,15293	23,95957	23,76850	23,57969	23,39311	23,20871	23,02648	22,84638	22,66839
39	24,73034	24,52748	24,32707	24,12908	23,93349	23,74025	23,54933	23,36070	23,17433	22,99018
40	25,10278	24,89271	24,68525	24,48035	24,27798	24,07810	23,88067	23,68566	23,49303	23,30274
41	25,46612	25,24887	25,03436	24,82256	24,61342	24,40691	24,20299	24,00161	23,80275	23,60636
42	25,82061	25,59616	25,37462	25,15592	24,94004	24,72692	24,51653	24,30881	24,10374	23,90127
43	26,16645	25,93483	25,70625	25,48069	25,25807	25,03837	24,82152	24,60750	24,39625	24,18773
44	26,50385	26,26507	26,02949	25,79706	25,56774	25,34148	25,11821	24,89791	24,68051	24,46598
45	26,83302	26,58709	26,34453	26,10527	25,86927	25,63647	25,40682	25,18027	24,95677	24,73626
46	27,15417	26,90112	26,65159	26,40553	26,16287	25,92357	25,68757	25,45481	25,22524	24,99880
47	27,46748	27,20733	26,95087	26,69803	26,44876	26,20299	25,96067	25,72174	25,48614	25,25381
48	27,77315	27,50593	27,24256	26,98298	26,72713	26,47493	26,22633	25,98127	25,73969	25,50152
49	28,07137	27,79710	27,52686	27,26057	26,99817	26,73959	26,48476	26,23361	25,98609	25,74213
50	28,36231	28,08104	27,80396	27,53100	27,26210	26,99717	26,73615	26,47896	26,22555	25,97584
51	28,64616	28,35791	28,07403	27,79445	27,51908	27,24785	26,98069	26,71752	26,45826	26,20285
52	28,92308	28,62790	28,33726	28,05110	27,76931	27,49183	27,21857	26,94946	26,68441	26,42336
53	29,19325	28,89117	28,59382	28,30112	28,01296	27,72927	27,44997	27,17497	26,90419	26,63756
54	29,45683	29,14790	28,84388	28,54468	28,25021	27,96036	27,67507	27,39423	27,11778	26,84561
55	29,71398	29,39825	29,08761	28,78196	28,48121	28,18527	27,89404	27,60742	27,32534	27,04770
56	29,96486	29,64237	29,32515	29,01311	28,70615	28,40415	28,10704	27,81470	27,52706	27,24401
57	30,20962	29,88042	29,55668	29,23830	28,92517	28,61718	28,31424	28,01624	27,72309	27,43468
58	30,44841	30,11255	29,78234	29,45767	29,13843	28,82451	28,51580	28,21219	27,91359	27,61990
59	30,68137	30,33890	30,00228	29,67138	29,34609	29,02629	28,71186	28,40272	28,09873	27,79980
60	30,90866	30,55963	30,21665	29,87957	29,54828	29,22266	28,90259	28,58796	28,27865	27,97455

i / n	3,00%	3,05%	3,10%	3,15%	3,20%	3,25%	3,30%	3,35%	3,40%	3,45%
1	0,97087	0,97040	0,96993	0,96946	0,96899	0,96852	0,96805	0,96759	0,96712	0,96665
2	1,91347	1,91208	1,91070	1,90932	1,90794	1,90656	1,90518	1,90381	1,90244	1,90106
3	2,82861	2,82589	2,82318	2,82047	2,81777	2,81507	2,81237	2,80968	2,80700	2,80431
4	3,71710	3,71266	3,70823	3,70380	3,69939	3,69498	3,69059	3,68620	3,68182	3,67744
5	4,57971	4,57318	4,56666	4,56016	4,55367	4,54720	4,54074	4,53430	4,52787	4,52145
6	5,41719	5,40823	5,39928	5,39036	5,38146	5,37259	5,36374	5,35491	5,34610	5,33732
7	6,23028	6,21856	6,20687	6,19521	6,18359	6,17200	6,16044	6,14892	6,13743	6,12597
8	7,01969	7,00491	6,99017	6,97549	6,96084	6,94625	6,93170	6,91719	6,90274	6,88832
9	7,78611	7,76799	7,74993	7,73193	7,71400	7,69612	7,67831	7,66056	7,64288	7,62525
10	8,53020	8,50848	8,48683	8,46527	8,44379	8,42240	8,40108	8,37984	8,35868	8,33760
11	9,25262	9,22705	9,20159	9,17622	9,15096	9,12581	9,10075	9,07580	9,05095	9,02620
12	9,95400	9,92436	9,89485	9,86546	9,83620	9,80708	9,77808	9,74920	9,72045	9,69183
13	10,63496	10,60103	10,56726	10,53365	10,50020	10,46690	10,43376	10,40078	10,36794	10,33527
14	11,29607	11,25767	11,21946	11,18144	11,14360	11,10596	11,06850	11,03123	10,99414	10,95724
15	11,93794	11,89488	11,85204	11,80944	11,76706	11,72490	11,68296	11,64125	11,59975	11,55847
16	12,56110	12,51322	12,46561	12,41826	12,37118	12,32436	12,27780	12,23149	12,18545	12,13966
17	13,16612	13,11327	13,06073	13,00850	12,95657	12,90495	12,85363	12,80261	12,75188	12,70145
18	13,75351	13,69555	13,63795	13,58070	13,52381	13,46726	13,41106	13,35521	13,29969	13,24452
19	14,32380	14,26060	14,19782	14,13544	14,07346	14,01187	13,95069	13,88989	13,82949	13,76947
20	14,87747	14,80893	14,74085	14,67323	14,60606	14,53935	14,47308	14,40725	14,34187	14,27692
21	15,41502	15,34103	15,26756	15,19460	15,12215	15,05021	14,97878	14,90784	14,83740	14,76744
22	15,93692	15,85738	15,77843	15,70005	15,62224	15,54500	15,46832	15,39220	15,31663	15,24161
23	16,44361	16,35845	16,27393	16,19006	16,10682	16,02421	15,94223	15,86086	15,78011	15,69996
24	16,93554	16,84469	16,75454	16,66511	16,57638	16,48834	16,40100	16,31433	16,22834	16,14302
25	17,41315	17,31653	17,22070	17,12565	17,03138	16,93786	16,84511	16,75310	16,66184	16,57131
26	17,87684	17,77441	17,67284	17,57213	17,47226	17,37323	17,27503	17,17765	17,08108	16,98532
27	18,32703	18,21874	18,11139	18,00497	17,89948	17,79490	17,69122	17,58844	17,48654	17,38552
28	18,76411	18,64992	18,53675	18,42460	18,31345	18,20329	18,09412	17,98591	17,87867	17,77237
29	19,18845	19,06833	18,94932	18,83141	18,71458	18,59883	18,48414	18,37050	18,25790	18,14632
30	19,60044	19,47437	19,34949	19,22580	19,10328	18,98192	18,86170	18,74262	18,62466	18,50780
31	20,00043	19,86838	19,73762	19,60814	19,47992	19,35295	19,22721	19,10268	18,97936	18,85723
32	20,38877	20,25073	20,11409	19,97881	19,84488	19,71230	19,58103	19,45107	19,32240	19,19500
33	20,76579	20,62177	20,47923	20,33816	20,19853	20,06034	19,92355	19,78817	19,65416	19,52151
34	21,13184	20,98182	20,83339	20,68653	20,54121	20,39742	20,25513	20,11434	19,97501	19,83713
35	21,48722	21,33122	21,17691	21,02427	20,87327	20,72389	20,57612	20,42993	20,28531	20,14222
36	21,83225	21,67028	21,51010	21,35169	21,19503	21,04009	20,88686	20,73530	20,58540	20,43714
37	22,16724	21,99930	21,83327	21,66911	21,50681	21,34633	21,18766	21,03077	20,87563	20,72222
38	22,49246	22,31858	22,14672	21,97684	21,80892	21,64294	21,47886	21,31666	21,15632	20,99780
39	22,80822	22,62842	22,45074	22,27517	22,10167	21,93021	21,76076	21,59329	21,42777	21,26419
40	23,11477	22,92908	22,74563	22,56439	22,38534	22,20843	22,03365	21,86095	21,69030	21,52169
41	23,41240	23,22084	23,03165	22,84478	22,66021	22,47790	22,29782	22,11993	21,94420	21,77060
42	23,70136	23,50397	23,30907	23,11661	22,92656	22,73889	22,55355	22,37052	22,18975	22,01122
43	23,98190	23,77872	23,57814	23,38014	23,18465	22,99166	22,80111	22,61298	22,42722	22,24380
44	24,25427	24,04534	23,83913	23,63561	23,43474	23,23647	23,04077	22,84759	22,65689	22,46864
45	24,51871	24,30406	24,09227	23,88329	23,67708	23,47358	23,27277	23,07459	22,87900	22,68597
46	24,77545	24,55513	24,33780	24,12340	23,91189	23,70323	23,49735	23,29423	23,09381	22,89606
47	25,02471	24,79877	24,57595	24,35618	24,13943	23,92564	23,71477	23,50675	23,30156	23,09914
48	25,26671	25,03520	24,80693	24,58185	24,35992	24,14106	23,92523	23,71239	23,50248	23,29544
49	25,50166	25,26463	25,03097	24,80063	24,57356	24,34969	24,12898	23,91136	23,69679	23,48520
50	25,72976	25,48726	25,24827	25,01273	24,78058	24,55176	24,32621	24,10388	23,88471	23,66864
51	25,95123	25,70331	25,45904	25,21836	24,98118	24,74747	24,51715	24,29016	24,06645	23,84595
52	26,16624	25,91297	25,66348	25,41770	25,17557	24,93702	24,70198	24,47040	24,24221	24,01735
53	26,37499	26,11642	25,86176	25,61095	25,36392	25,12060	24,88091	24,64480	24,41220	24,18304
54	26,57766	26,31384	26,05408	25,79831	25,54644	25,29840	25,05413	24,81355	24,57659	24,34320
55	26,77443	26,50543	26,24063	25,97994	25,72329	25,47060	25,22181	24,97682	24,73558	24,49802
56	26,96546	26,69134	26,42156	26,15602	25,89466	25,63739	25,38413	25,13481	24,88934	24,64767
57	27,15094	26,87175	26,59705	26,32673	26,06072	25,79892	25,54127	25,28767	25,03805	24,79234
58	27,33101	27,04683	26,76726	26,49223	26,22163	25,95537	25,69339	25,43558	25,18187	24,93218
59	27,50583	27,21672	26,93236	26,65267	26,37754	26,10690	25,84064	25,57869	25,32095	25,06735
60	27,67556	27,38158	27,09249	26,80821	26,52863	26,25366	25,98320	25,71717	25,45547	25,19802

i / n	3,50%	3,55%	3,60%	3,65%	3,70%	3,75%	3,80%	3,85%	3,90%	3,95%
1	0,96618	0,96572	0,96525	0,96479	0,96432	0,96386	0,96339	0,96293	0,96246	0,96200
2	1,89969	1,89833	1,89696	1,89560	1,89423	1,89287	1,89151	1,89016	1,88880	1,88745
3	2,80164	2,79896	2,79629	2,79363	2,79097	2,78831	2,78566	2,78301	2,78037	2,77773
4	3,67308	3,66872	3,66438	3,66004	3,65571	3,65138	3,64707	3,64276	3,63847	3,63418
5	4,51505	4,50867	4,50229	4,49594	4,48959	4,48326	4,47695	4,47064	4,46436	4,45808
6	5,32855	5,31981	5,31109	5,30240	5,29372	5,28507	5,27644	5,26783	5,25925	5,25068
7	6,11454	6,10315	6,09179	6,08046	6,06916	6,05790	6,04667	6,03547	6,02430	6,01316
8	6,87396	6,85963	6,84536	6,83113	6,81694	6,80280	6,78870	6,77464	6,76063	6,74667
9	7,60769	7,59018	7,57274	7,55535	7,53803	7,52077	7,50356	7,48642	7,46933	7,45230
10	8,31661	8,29569	8,27484	8,25408	8,23340	8,21279	8,19226	8,17180	8,15142	8,13112
11	9,00155	8,97700	8,95255	8,92820	8,90395	8,87979	8,85574	8,83178	8,80792	8,78415
12	9,66333	9,63496	9,60671	9,57858	9,55058	9,52269	9,49493	9,46729	9,43976	9,41236
13	10,30274	10,27036	10,23814	10,20606	10,17413	10,14236	10,11072	10,07924	10,04790	10,01670
14	10,92052	10,88398	10,84762	10,81144	10,77544	10,73962	10,70397	10,66850	10,63320	10,59808
15	11,51741	11,47656	11,43593	11,39551	11,35530	11,31530	11,27550	11,23592	11,19654	11,15736
16	12,09412	12,04883	12,00379	11,95900	11,91446	11,87017	11,82611	11,78230	11,73873	11,69539
17	12,65132	12,60148	12,55192	12,50266	12,45368	12,40498	12,35656	12,30842	12,26056	12,21298
18	13,18968	13,13518	13,08101	13,02717	12,97365	12,92046	12,86759	12,81505	12,76281	12,71090
19	13,70984	13,65058	13,59171	13,53320	13,47507	13,41731	13,35992	13,30288	13,24621	13,18990
20	14,21240	14,14832	14,08466	14,02142	13,95861	13,89620	13,83422	13,77264	13,71147	13,65070
21	14,69797	14,62899	14,56048	14,49245	14,42488	14,35779	14,29115	14,22498	14,15925	14,09398
22	15,16712	15,09318	15,01977	14,94689	14,87453	14,80269	14,73136	14,66054	14,59024	14,52043
23	15,62041	15,54146	15,46310	15,38532	15,30813	15,23151	15,15545	15,07997	15,00504	14,93067
24	16,05837	15,97437	15,89102	15,80832	15,72625	15,64482	15,56402	15,48384	15,40427	15,32532
25	16,48151	16,39244	16,30407	16,21642	16,12946	16,04320	15,95763	15,87274	15,78852	15,70497
26	16,89035	16,79617	16,70277	16,61015	16,51829	16,42718	16,33683	16,24722	16,15834	16,07020
27	17,28536	17,18607	17,08762	16,99001	16,89324	16,79729	16,70215	16,60782	16,51429	16,42155
28	17,66702	17,56260	17,45909	17,35650	17,25481	17,15401	17,05409	16,95505	16,85687	16,75954
29	18,03577	17,92622	17,81766	17,71008	17,60348	17,49784	17,39315	17,28941	17,18659	17,08470
30	18,39205	18,27737	18,16376	18,05121	17,93971	17,82925	17,71980	17,61137	17,50394	17,39750
31	18,73628	18,61648	18,49784	18,38033	18,26395	18,14867	18,03449	17,92140	17,80937	17,69841
32	19,06887	18,94397	18,82031	18,69786	18,57661	18,45655	18,33766	18,21993	18,10334	17,98789
33	19,39021	19,26023	19,13157	19,00421	18,87812	18,75330	18,62973	18,50739	18,38628	18,26637
34	19,70068	19,56565	19,43202	19,29976	19,16887	19,03933	18,91111	18,78420	18,65859	18,53426
35	20,00066	19,86060	19,72203	19,58492	19,44925	19,31501	19,18218	19,05075	18,92069	18,79198
36	20,29049	20,14544	20,00196	19,86002	19,71962	19,58074	19,44334	19,30741	19,17294	19,03990
37	20,57053	20,42051	20,27216	20,12545	19,98035	19,83685	19,69493	19,55456	19,41573	19,27841
38	20,84109	20,68615	20,53297	20,38152	20,23178	20,08371	19,93731	19,79255	19,64940	19,50785
39	21,10250	20,94269	20,78472	20,62858	20,47423	20,32165	20,17082	20,02171	19,87430	19,72857
40	21,35507	21,19043	21,02772	20,86693	20,70803	20,55099	20,39578	20,24238	20,09076	19,94090
41	21,59910	21,42987	21,26228	21,09690	20,93349	20,77204	20,61251	20,45487	20,29910	20,14517
42	21,83488	21,66072	21,48869	21,31876	21,15091	20,98510	20,82130	20,65948	20,49961	20,34167
43	22,06269	21,88384	21,70723	21,53281	21,36057	21,19046	21,02244	20,85650	20,69260	20,53071
44	22,28279	22,09932	21,91817	21,73933	21,56275	21,38839	21,21623	21,04622	20,87835	20,71256
45	22,49545	22,30740	22,12179	21,93857	21,75771	21,57917	21,40292	21,22891	21,05712	20,88751
46	22,70092	22,50836	22,31833	22,13080	21,94572	21,76306	21,58277	21,40483	21,22918	21,05580
47	22,89944	22,70242	22,50804	22,31625	22,12702	21,94030	21,75604	21,57422	21,39478	21,21770
48	23,09124	22,88983	22,69116	22,49518	22,30185	22,11113	21,92297	21,73733	21,55417	21,37345
49	23,27656	23,07082	22,86791	22,66781	22,47044	22,27579	22,08379	21,89440	21,70758	21,52328
50	23,45562	23,24560	23,03853	22,83435	22,63302	22,43449	22,23871	22,04564	21,85522	21,66742
51	23,62862	23,41439	23,20321	22,99503	22,78980	22,58746	22,38797	22,19128	21,99733	21,80608
52	23,79576	23,57739	23,36217	23,15006	22,94098	22,73490	22,53176	22,33151	22,13410	21,93947
53	23,95726	23,73480	23,51561	23,29962	23,08677	22,87702	22,67029	22,46655	22,26573	22,06779
54	24,11330	23,88682	23,66372	23,44392	23,22736	23,01399	22,80375	22,59658	22,39243	22,19124
55	24,26405	24,03363	23,80668	23,58313	23,36293	23,14602	22,93232	22,72179	22,51437	22,30999
56	24,40971	24,17540	23,94467	23,71745	23,49367	23,27327	23,05619	22,84236	22,63173	22,42424
57	24,55045	24,31231	24,07787	23,84703	23,61974	23,39592	23,17552	22,95846	22,74469	22,53414
58	24,68642	24,44453	24,20643	23,97205	23,74131	23,51414	23,29048	23,07026	22,85341	22,63986
59	24,81780	24,57222	24,33053	24,09267	23,85854	23,62809	23,40123	23,17791	22,95804	22,74157
60	24,94473	24,69553	24,45032	24,20904	23,97159	23,73792	23,50793	23,28157	23,05875	22,83941

FATOR DE VALOR ATUAL (FVA)
PARCELAMENTO COM JUROS COMPOSTOS

$$\frac{(1+i)^n - 1}{(1+i)^n \times i}$$

n \ i	4,00%	4,05%	4,10%	4,15%	4,20%	4,25%	4,30%	4,35%	4,40%	4,45%
1	0,96154	0,96108	0,96061	0,96015	0,95969	0,95923	0,95877	0,95831	0,95785	0,95740
2	1,88609	1,88474	1,88340	1,88205	1,88070	1,87936	1,87802	1,87668	1,87534	1,87400
3	2,77509	2,77246	2,76983	2,76721	2,76459	2,76198	2,75937	2,75676	2,75416	2,75156
4	3,62990	3,62562	3,62136	3,61710	3,61285	3,60861	3,60438	3,60015	3,59594	3,59173
5	4,45182	4,44558	4,43934	4,43313	4,42692	4,42073	4,41455	4,40839	4,40224	4,39610
6	5,24214	5,23361	5,22511	5,21663	5,20818	5,19974	5,19132	5,18293	5,17456	5,16620
7	6,00205	5,99098	5,97994	5,96892	5,95794	5,94699	5,93607	5,92518	5,91433	5,90350
8	6,73274	6,71887	6,70503	6,69124	6,67749	6,66378	6,65012	6,63650	6,62292	6,60938
9	7,43533	7,41842	7,40157	7,38477	7,36803	7,35135	7,33473	7,31816	7,30165	7,28519
10	8,11090	8,09074	8,07067	8,05067	8,03074	8,01089	7,99111	7,97140	7,95177	7,93221
11	8,76048	8,73690	8,71342	8,69003	8,66674	8,64354	8,62043	8,59741	8,57449	8,55166
12	9,38507	9,35791	9,33085	9,30392	9,27710	9,25039	9,22381	9,19733	9,17097	9,14472
13	9,98565	9,95474	9,92397	9,89334	9,86286	9,83251	9,80231	9,77224	9,74231	9,71251
14	10,56312	10,52834	10,49373	10,45928	10,42501	10,39090	10,35696	10,32318	10,28957	10,25611
15	11,11839	11,07962	11,04105	11,00267	10,96450	10,92652	10,88874	10,85115	10,81376	10,77656
16	11,65230	11,60943	11,56681	11,52441	11,48225	11,44031	11,39860	11,35712	11,31586	11,27483
17	12,16567	12,11863	12,07186	12,02536	11,97912	11,93315	11,88744	11,84199	11,79680	11,75187
18	12,65930	12,60801	12,55702	12,50634	12,45597	12,40590	12,35613	12,30665	12,25747	12,20859
19	13,13394	13,07833	13,02308	12,96817	12,91360	12,85938	12,80549	12,75194	12,69873	12,64585
20	13,59033	13,53035	13,47077	13,41159	13,35278	13,29437	13,23633	13,17867	13,12139	13,06448
21	14,02916	13,96478	13,90084	13,83734	13,77426	13,71162	13,64941	13,58761	13,52623	13,46527
22	14,45112	14,38230	14,31397	14,24612	14,17876	14,11187	14,04545	13,97950	13,91402	13,84899
23	14,85684	14,78356	14,71082	14,63862	14,56694	14,49580	14,42517	14,35506	14,28546	14,21636
24	15,24696	15,16921	15,09205	15,01548	14,93949	14,86407	14,78923	14,71496	14,64124	14,56808
25	15,62208	15,53985	15,45826	15,37732	15,29701	15,21734	15,13829	15,05985	14,98203	14,90482
26	15,98277	15,89606	15,81005	15,72474	15,64013	15,55620	15,47295	15,39037	15,30846	15,22721
27	16,32959	16,23840	16,14798	16,05832	15,96941	15,88124	15,79381	15,70711	15,62113	15,53586
28	16,66306	16,56742	16,47260	16,37861	16,28542	16,19304	16,10145	16,01065	15,92062	15,83137
29	16,98371	16,88363	16,78444	16,68613	16,58870	16,49213	16,39641	16,30153	16,20749	16,11428
30	17,29203	17,18754	17,08400	16,98141	16,87975	16,77902	16,67920	16,58029	16,48227	16,38514
31	17,58849	17,47961	17,37176	17,26491	17,15907	17,05421	16,95034	16,84743	16,74547	16,64446
32	17,87355	17,76032	17,64818	17,53712	17,42713	17,31819	17,21029	17,10343	16,99758	16,89274
33	18,14765	18,03010	17,91372	17,79848	17,68438	17,57141	17,45953	17,34876	17,23906	17,13043
34	18,41120	18,28938	18,16880	18,04943	17,93127	17,81430	17,69850	17,58386	17,47036	17,35800
35	18,66461	18,53857	18,41383	18,29038	18,16821	18,04729	17,92761	17,80916	17,69192	17,57588
36	18,90828	18,77806	18,64921	18,52173	18,39559	18,27078	18,14728	18,02507	17,90414	17,78447
37	19,14258	19,00822	18,87532	18,74386	18,61381	18,48516	18,35789	18,23198	18,10741	17,98417
38	19,36786	19,22943	19,09253	18,95714	18,82324	18,69080	18,55982	18,43026	18,30212	18,17537
39	19,58448	19,44203	19,30118	19,16192	19,02422	18,88806	18,75342	18,62028	18,48862	18,35842
40	19,79277	19,64635	19,50162	19,35854	19,21710	19,07727	18,93904	18,80238	18,66726	18,53367
41	19,99305	19,84272	19,69416	19,54733	19,40221	19,25878	19,11701	18,97688	18,83837	18,70146
42	20,18563	20,03145	19,87911	19,72859	19,57985	19,43288	19,28764	19,14411	19,00227	18,86209
43	20,37079	20,21283	20,05678	19,90263	19,75034	19,59988	19,45124	19,30437	19,15926	19,01589
44	20,54884	20,38715	20,22746	20,06974	19,91395	19,76008	19,60809	19,45795	19,30964	19,16313
45	20,72004	20,55469	20,39141	20,23018	20,07097	19,91375	19,75848	19,60513	19,45368	19,30409
46	20,88465	20,71570	20,54891	20,38424	20,22166	20,06115	19,90266	19,74617	19,59165	19,43906
47	21,04294	20,87045	20,70020	20,53215	20,36628	20,20254	20,04090	19,88133	19,72380	19,56827
48	21,19513	21,01917	20,84553	20,67417	20,50507	20,33817	20,17344	20,01086	19,85038	19,69197
49	21,34147	21,16210	20,98514	20,81054	20,63826	20,46827	20,30052	20,13499	19,97163	19,81041
50	21,48218	21,29948	21,11925	20,94147	20,76608	20,59306	20,42236	20,25394	20,08777	19,92380
51	21,61749	21,43150	21,24808	21,06718	20,88876	20,71277	20,53918	20,36794	20,19901	20,03236
52	21,74758	21,55839	21,37183	21,18788	21,00648	20,82760	20,65118	20,47718	20,30557	20,13630
53	21,87267	21,68033	21,49071	21,30378	21,11947	20,93774	20,75856	20,58187	20,40763	20,23580
54	21,99296	21,79753	21,60491	21,41505	21,22789	21,04340	20,86151	20,68219	20,50539	20,33107
55	22,10861	21,91017	21,71461	21,52189	21,33195	21,14475	20,96022	20,77834	20,59904	20,42228
56	22,21982	22,01842	21,81999	21,62448	21,43182	21,24196	21,05486	20,87047	20,68873	20,50960
57	22,32675	22,12246	21,92122	21,72297	21,52765	21,33522	21,14560	20,95876	20,77465	20,59320
58	22,42957	22,22245	22,01847	21,81754	21,61963	21,42467	21,23260	21,04338	20,85694	20,67325
59	22,52843	22,31855	22,11188	21,90835	21,70790	21,51047	21,31601	21,12446	20,93577	20,74988
60	22,62349	22,41091	22,20161	21,99553	21,79261	21,59278	21,39598	21,20217	21,01127	20,82324

FATOR DE VALOR ATUAL (FVA)
PARCELAMENTO COM JUROS COMPOSTOS

$$\frac{(1+i)^n - 1}{(1+i)^n \times i}$$

i / n	4,50%	4,55%	4,60%	4,65%	4,70%	4,75%	4,80%	4,85%	4,90%	4,95%
1	0,95694	0,95648	0,95602	0,95557	0,95511	0,95465	0,95420	0,95374	0,95329	0,95283
2	1,87267	1,87133	1,87000	1,86867	1,86734	1,86602	1,86469	1,86337	1,86205	1,86073
3	2,74896	2,74637	2,74379	2,74121	2,73863	2,73606	2,73349	2,73092	2,72836	2,72580
4	3,58753	3,58333	3,57915	3,57497	3,57080	3,56664	3,56249	3,55834	3,55420	3,55007
5	4,38998	4,38387	4,37777	4,37169	4,36562	4,35956	4,35352	4,34749	4,34147	4,33547
6	5,15787	5,14956	5,14127	5,13300	5,12475	5,11653	5,10832	5,10013	5,09196	5,08382
7	5,89270	5,88193	5,87120	5,86049	5,84981	5,83917	5,82855	5,81796	5,80740	5,79687
8	6,59589	6,58243	6,56902	6,55565	6,54232	6,52904	6,51579	6,50258	6,48942	6,47630
9	7,26879	7,25245	7,23616	7,21993	7,20375	7,18762	7,17156	7,15554	7,13958	7,12367
10	7,91272	7,89330	7,87396	7,85468	7,83548	7,81635	7,79729	7,77829	7,75937	7,74052
11	8,52892	8,50627	8,48371	8,46124	8,43885	8,41656	8,39436	8,37224	8,35021	8,32827
12	9,11858	9,09256	9,06664	9,04084	9,01514	8,98956	8,96408	8,93871	8,91345	8,88830
13	9,68285	9,65333	9,62394	9,59468	9,56556	9,53657	9,50771	9,47898	9,45038	9,42191
14	10,22283	10,18970	10,15673	10,12392	10,09127	10,05878	10,02644	9,99426	9,96223	9,93036
15	10,73955	10,70272	10,66609	10,62964	10,59338	10,55731	10,52141	10,48570	10,45018	10,41483
16	11,23402	11,19342	11,15305	11,11289	11,07295	11,03323	10,99372	10,95441	10,91532	10,87644
17	11,70719	11,66277	11,61859	11,57467	11,53100	11,48757	11,44438	11,40144	11,35875	11,31629
18	12,15999	12,11169	12,06367	12,01593	11,96848	11,92131	11,87441	11,82780	11,78145	11,73539
19	12,59329	12,54107	12,48916	12,43758	12,38632	12,33538	12,28475	12,23443	12,18442	12,13472
20	13,00794	12,95176	12,89595	12,84050	12,78541	12,73067	12,67628	12,62225	12,56856	12,51521
21	13,40472	13,34458	13,28485	13,22551	13,16658	13,10804	13,04989	12,99213	12,93476	12,87776
22	13,78442	13,72031	13,65664	13,59342	13,53064	13,46829	13,40638	13,34490	13,28385	13,22322
23	14,14777	14,07968	14,01209	13,94498	13,87835	13,81221	13,74655	13,68136	13,61663	13,55237
24	14,49548	14,42342	14,35190	14,28092	14,21046	14,14054	14,07113	14,00225	13,93387	13,86601
25	14,82821	14,75219	14,67677	14,60193	14,52766	14,45397	14,38085	14,30829	14,23629	14,16485
26	15,14661	15,06666	14,98735	14,90867	14,83062	14,75320	14,67639	14,60019	14,52459	14,44959
27	15,45130	15,36744	15,28427	15,20179	15,11998	15,03885	14,95838	14,87857	14,79942	14,72091
28	15,74287	15,65513	15,56814	15,48188	15,39636	15,31155	15,22747	15,14409	15,06141	14,97942
29	16,02189	15,93030	15,83952	15,74953	15,66032	15,57189	15,48422	15,39732	15,31116	15,22575
30	16,28889	16,19350	16,09897	16,00528	15,91244	15,82042	15,72922	15,63883	15,54925	15,46046
31	16,54439	16,44524	16,34701	16,24967	16,15323	16,05768	15,96300	15,86918	15,77621	15,68409
32	16,78889	16,68603	16,58414	16,48320	16,38322	16,28418	16,18607	16,08887	15,99258	15,89718
33	17,02286	16,91633	16,81084	16,70636	16,60289	16,50041	16,39892	16,29840	16,19883	16,10022
34	17,24676	17,13662	17,02757	16,91960	16,81269	16,70684	16,60202	16,49823	16,39546	16,29369
35	17,46101	17,34731	17,23477	17,12336	17,01308	16,90390	16,79582	16,68882	16,58290	16,47802
36	17,66604	17,54884	17,43286	17,31807	17,20447	17,09203	16,98075	16,87060	16,76158	16,65367
37	17,86224	17,74160	17,62223	17,50413	17,38726	17,27163	17,15720	17,04397	16,93191	16,82103
38	18,04999	17,92597	17,80328	17,68192	17,56186	17,44308	17,32557	17,20932	17,09429	16,98049
39	18,22966	18,10231	17,97637	17,85181	17,72861	17,60676	17,48623	17,36702	17,24909	17,13244
40	18,40158	18,27098	18,14185	18,01415	17,88788	17,76302	17,63954	17,51742	17,39665	17,27721
41	18,56611	18,43231	18,30004	18,16928	18,04000	17,91219	17,78582	17,66087	17,53732	17,41516
42	18,72355	18,58662	18,45128	18,31752	18,18529	18,05459	17,92540	17,79768	17,67142	17,54661
43	18,87421	18,73421	18,59587	18,45916	18,32406	18,19054	18,05858	17,92816	17,79926	17,67185
44	19,01838	18,87538	18,73411	18,59452	18,45660	18,32033	18,18567	18,05261	17,92113	17,79119
45	19,15635	19,01041	18,86626	18,72386	18,58319	18,44423	18,30694	18,17130	18,03730	17,90489
46	19,28837	19,13956	18,99260	18,84745	18,70410	18,56251	18,42265	18,28451	18,14804	18,01324
47	19,41471	19,26309	19,11338	18,96556	18,81958	18,67543	18,53307	18,39247	18,25362	18,11647
48	19,53561	19,38124	19,22886	19,07841	18,92987	18,78322	18,63842	18,49544	18,35426	18,21484
49	19,65130	19,49426	19,33925	19,18625	19,03522	18,88613	18,73895	18,59365	18,45020	18,30856
50	19,76201	19,60235	19,44479	19,28930	19,13584	18,98437	18,83488	18,68732	18,54166	18,39787
51	19,86795	19,70574	19,54569	19,38777	19,23193	19,07816	18,92641	18,77665	18,62884	18,48296
52	19,96933	19,80463	19,64215	19,48186	19,32372	19,16769	19,01375	18,86185	18,71196	18,56404
53	20,06634	19,89921	19,73437	19,57177	19,41138	19,25317	19,09709	18,94311	18,79119	18,64130
54	20,15918	19,98968	19,82253	19,65769	19,49511	19,33477	19,17661	19,02061	18,86672	18,71491
55	20,24802	20,07621	19,90682	19,73979	19,57509	19,41267	19,25249	19,09452	18,93872	18,78505
56	20,33303	20,15898	19,98740	19,81824	19,65147	19,48703	19,32490	19,16502	19,00736	18,85188
57	20,41439	20,23815	20,06443	19,89321	19,72442	19,55803	19,39399	19,23226	19,07279	18,91556
58	20,49224	20,31386	20,13808	19,96484	19,79410	19,62580	19,45991	19,29638	19,13517	18,97624
59	20,56673	20,38629	20,20849	20,03329	19,86065	19,69050	19,52282	19,35754	19,19463	19,03405
60	20,63802	20,45556	20,27580	20,09870	19,92421	19,75227	19,58284	19,41587	19,25132	19,08914

$$\frac{(1+i)^n - 1}{(1+i)^n \times i}$$

i / n	5,00%	5,10%	5,20%	5,30%	5,40%	5,50%	5,60%	5,70%	5,80%	5,90%
1	0,95238	0,95147	0,95057	0,94967	0,94877	0,94787	0,94697	0,94607	0,94518	0,94429
2	1,85941	1,85678	1,85415	1,85154	1,84892	1,84632	1,84372	1,84113	1,83854	1,83597
3	2,72325	2,71815	2,71307	2,70801	2,70296	2,69793	2,69292	2,68792	2,68293	2,67797
4	3,54595	3,53773	3,52954	3,52138	3,51325	3,50515	3,49708	3,48904	3,48103	3,47305
5	4,32948	4,31753	4,30564	4,29381	4,28202	4,27028	4,25860	4,24697	4,23538	4,22385
6	5,07569	5,05950	5,04339	5,02736	5,01140	4,99553	4,97973	4,96402	4,94838	4,93281
7	5,78637	5,76546	5,74467	5,72399	5,70342	5,68297	5,66263	5,64240	5,62228	5,60228
8	6,46321	6,43717	6,41128	6,38555	6,35998	6,33457	6,30931	6,28420	6,25925	6,23445
9	7,10782	7,07628	7,04494	7,01382	6,98290	6,95220	6,92169	6,89139	6,86129	6,83139
10	7,72173	7,68437	7,64728	7,61046	7,57391	7,53763	7,50160	7,46584	7,43033	7,39508
11	8,30641	8,26296	8,21985	8,17708	8,13464	8,09254	8,05076	8,00931	7,96818	7,92737
12	8,86325	8,81347	8,76412	8,71517	8,66664	8,61852	8,57079	8,52347	8,47654	8,43000
13	9,39357	9,33727	9,28148	9,22619	9,17139	9,11708	9,06325	9,00991	8,95703	8,90463
14	9,89864	9,83566	9,77327	9,71148	9,65027	9,58965	9,52960	9,47011	9,41118	9,35281
15	10,37966	10,30985	10,24075	10,17234	10,10462	10,03758	9,97121	9,90550	9,84044	9,77602
16	10,83777	10,76104	10,68512	10,61001	10,53570	10,46216	10,38940	10,31740	10,24616	10,17566
17	11,27407	11,19033	11,10753	11,02565	10,94468	10,86461	10,78542	10,70710	10,62964	10,55303
18	11,68959	11,59879	11,50906	11,42037	11,33272	11,24607	11,16043	11,07578	10,99210	10,90938
19	12,08532	11,98744	11,89074	11,79523	11,70087	11,60765	11,51556	11,42458	11,33469	11,24587
20	12,46221	12,35722	12,25356	12,15121	12,05016	11,95038	11,85186	11,75457	11,65849	11,56362
21	12,82115	12,70906	12,59844	12,48928	12,38156	12,27524	12,17032	12,06676	11,96455	11,86366
22	13,16300	13,04382	12,92627	12,81033	12,69597	12,58317	12,47189	12,36212	12,25383	12,14699
23	13,48857	13,36234	13,23790	13,11523	12,99428	12,87504	12,75748	12,64155	12,52725	12,41453
24	13,79864	13,66541	13,53413	13,40477	13,27731	13,15170	13,02791	12,90592	12,78568	12,66717
25	14,09394	13,95376	13,81571	13,67975	13,54583	13,41393	13,28401	13,15602	13,02994	12,90573
26	14,37519	14,22813	14,08338	13,94088	13,80060	13,66250	13,52652	13,39264	13,26081	13,13100
27	14,64303	14,48918	14,33781	14,18887	14,04232	13,89810	13,75618	13,61650	13,47903	13,34372
28	14,89813	14,73756	14,57967	14,42438	14,27165	14,12142	13,97365	13,82829	13,68528	13,54459
29	15,14107	14,97390	14,80957	14,64803	14,48923	14,33310	14,17959	14,02866	13,88023	13,73427
30	15,37245	15,19876	15,02811	14,86043	14,69566	14,53375	14,37462	14,21822	14,06449	13,91338
31	15,59281	15,41271	15,23584	15,06214	14,89152	14,72393	14,55930	14,39756	14,23865	14,08251
32	15,80268	15,61628	15,43331	15,25369	15,07734	14,90420	14,73418	14,56722	14,40326	14,24222
33	16,00255	15,80997	15,62102	15,43560	15,25365	15,07507	14,89979	14,72774	14,55885	14,39303
34	16,19290	15,99426	15,79945	15,60836	15,42092	15,23703	15,05662	14,87961	14,70590	14,53544
35	16,37419	16,16961	15,96906	15,77242	15,57962	15,39055	15,20513	15,02328	14,84490	14,66992
36	16,54685	16,33646	16,13028	15,92823	15,73019	15,53607	15,34577	15,15920	14,97628	14,79690
37	16,71129	16,49520	16,28354	16,07619	15,87304	15,67400	15,47895	15,28780	15,10045	14,91681
38	16,86789	16,64624	16,42922	16,21670	16,00858	15,80474	15,60507	15,40946	15,21782	15,03004
39	17,01704	16,78995	16,56770	16,35015	16,13717	15,92866	15,72449	15,52456	15,32875	15,13695
40	17,15909	16,92669	16,69933	16,47687	16,25918	16,04612	15,83759	15,63345	15,43360	15,23792
41	17,29437	17,05680	16,82446	16,59722	16,37493	16,15746	15,94469	15,73647	15,53270	15,33326
42	17,42321	17,18059	16,94340	16,71151	16,48475	16,26300	16,04611	15,83394	15,62637	15,42328
43	17,54591	17,29837	17,05647	16,82005	16,58895	16,36303	16,14215	15,92615	15,71491	15,50829
44	17,66277	17,41044	17,16394	16,92312	16,68781	16,45785	16,23309	16,01339	15,79859	15,58857
45	17,77407	17,51707	17,26610	17,02101	16,78160	16,54773	16,31922	16,09592	15,87769	15,66437
46	17,88007	17,61852	17,36322	17,11397	16,87059	16,63292	16,40077	16,17400	15,95244	15,73595
47	17,98102	17,71505	17,45553	17,20225	16,95502	16,71366	16,47800	16,24787	16,02310	15,80354
48	18,07716	17,80690	17,54328	17,28609	17,03512	16,79020	16,55114	16,31776	16,08989	15,86737
49	18,16872	17,89429	17,62669	17,36570	17,11112	16,86275	16,62040	16,38388	16,15302	15,92763
50	18,25593	17,97744	17,70598	17,44131	17,18323	16,93152	16,68598	16,44643	16,21268	15,98455
51	18,33898	18,05656	17,78135	17,51312	17,25164	16,99670	16,74809	16,50561	16,26907	16,03829
52	18,41807	18,13184	17,85299	17,58131	17,31655	17,05848	16,80690	16,56160	16,32238	16,08903
53	18,49340	18,20346	17,92110	17,64607	17,37813	17,11705	16,86260	16,61457	16,37276	16,13695
54	18,56515	18,27161	17,98583	17,70757	17,43655	17,17255	16,91534	16,66468	16,42037	16,18220
55	18,63347	18,33645	18,04737	17,76597	17,49199	17,22517	16,96528	16,71209	16,46538	16,22493
56	18,69854	18,39814	18,10587	17,82143	17,54458	17,27504	17,01258	16,75695	16,50792	16,26528
57	18,76052	18,45684	18,16147	17,87411	17,59448	17,32232	17,05737	16,79938	16,54813	16,30338
58	18,81954	18,51270	18,21432	17,92413	17,64182	17,36712	17,09978	16,83953	16,58613	16,33936
59	18,87575	18,56584	18,26457	17,97163	17,68674	17,40960	17,13994	16,87751	16,62206	16,37333
60	18,92929	18,61640	18,31233	18,01674	17,72935	17,44985	17,17798	16,91345	16,65601	16,40541

	FATOR DE VALOR ATUAL (FVA)								
	PARCELAMENTO COM JUROS COMPOSTOS								
	$\dfrac{(1+i)^n - 1}{(1+i)^n \times i}$								

i / n	6,00%	6,10%	6,20%	6,30%	6,40%	6,50%	6,60%	6,70%	6,80%	6,90%
1	0,94340	0,94251	0,94162	0,94073	0,93985	0,93897	0,93809	0,93721	0,93633	0,93545
2	1,83339	1,83083	1,82827	1,82571	1,82317	1,82063	1,81809	1,81556	1,81304	1,81053
3	2,67301	2,66807	2,66315	2,65824	2,65335	2,64848	2,64361	2,63877	2,63394	2,62912
4	3,46511	3,45719	3,44930	3,44143	3,43360	3,42580	3,41802	3,41028	3,40256	3,39487
5	4,21236	4,20093	4,18954	4,17821	4,16692	4,15568	4,14449	4,13334	4,12225	4,11120
6	4,91732	4,90191	4,88658	4,87131	4,85613	4,84101	4,82597	4,81101	4,79611	4,78129
7	5,58238	5,56259	5,54292	5,52334	5,50388	5,48452	5,46527	5,44612	5,42707	5,40813
8	6,20979	6,18529	6,16094	6,13673	6,11267	6,08875	6,06498	6,04135	6,01786	5,99451
9	6,80169	6,77219	6,74288	6,71376	6,68484	6,65610	6,62756	6,59920	6,57103	6,54304
10	7,36009	7,32534	7,29085	7,25660	7,22259	7,18883	7,15531	7,12202	7,08898	7,05616
11	7,88687	7,84669	7,80682	7,76726	7,72800	7,68904	7,65038	7,61202	7,57395	7,53617
12	8,38384	8,33807	8,29268	8,24766	8,20301	8,15873	8,11481	8,07125	8,02804	7,98519
13	8,85268	8,80120	8,75017	8,69958	8,64944	8,59974	8,55047	8,50164	8,45322	8,40523
14	9,29498	9,23770	9,18095	9,12473	9,06903	9,01384	8,95917	8,90500	8,85133	8,79816
15	9,71225	9,64910	9,58658	9,52467	9,46337	9,40267	9,34256	9,28304	9,22409	9,16572
16	10,10590	10,03686	9,96853	9,90091	9,83399	9,76776	9,70221	9,63734	9,57312	9,50956
17	10,47726	10,40231	10,32818	10,25486	10,18233	10,11058	10,03960	9,96939	9,89993	9,83121
18	10,82760	10,74676	10,66684	10,58782	10,50970	10,43247	10,35610	10,28059	10,20592	10,13209
19	11,15812	11,07141	10,98572	10,90106	10,81739	10,73471	10,65300	10,57225	10,49244	10,41356
20	11,46992	11,37739	11,28599	11,19573	11,10657	11,01851	10,93152	10,84559	10,76071	10,67686
21	11,76408	11,66577	11,56873	11,47293	11,37836	11,28498	11,19280	11,10177	11,01190	10,92316
22	12,04158	11,93758	11,83496	11,73371	11,63379	11,53520	11,43789	11,34187	11,24710	11,15356
23	12,30338	12,19376	12,08565	11,97903	11,87387	11,77014	11,66782	11,56689	11,46732	11,36909
24	12,55036	12,43521	12,32171	12,20981	12,09950	11,99074	11,88351	11,77778	11,67352	11,57071
25	12,78336	12,66278	12,54398	12,42692	12,31156	12,19788	12,08584	11,97542	11,86659	11,75932
26	13,00317	12,87727	12,75328	12,63115	12,51086	12,39237	12,27565	12,16066	12,04737	11,93575
27	13,21053	13,07943	12,95036	12,82329	12,69818	12,57500	12,45370	12,33426	12,21664	12,10080
28	13,40616	13,26996	13,13593	13,00403	12,87423	12,74648	12,62074	12,49697	12,37513	12,25519
29	13,59072	13,44954	13,31067	13,17407	13,03969	12,90749	12,77743	12,64945	12,52353	12,39962
30	13,76483	13,61879	13,47520	13,33402	13,19520	13,05868	12,92441	12,79236	12,66248	12,53472
31	13,92909	13,77831	13,63014	13,48450	13,34135	13,20063	13,06230	12,92630	12,79259	12,66111
32	14,08404	13,92866	13,77602	13,62606	13,47871	13,33393	13,19165	13,05183	12,91441	12,77933
33	14,23023	14,07037	13,91339	13,75923	13,60781	13,45909	13,31300	13,16947	13,02847	12,88993
34	14,36814	14,20393	14,04274	13,88450	13,72915	13,57661	13,42682	13,27973	13,13527	12,99338
35	14,49825	14,32981	14,16454	14,00235	13,84318	13,68696	13,53361	13,38307	13,23527	13,09016
36	14,62099	14,44846	14,27923	14,11322	13,95036	13,79057	13,63378	13,47991	13,32891	13,18069
37	14,73678	14,56028	14,38722	14,21752	14,05109	13,88786	13,72775	13,57068	13,41658	13,26538
38	14,84602	14,66567	14,48891	14,31563	14,14576	13,97921	13,81590	13,65574	13,49867	13,34460
39	14,94907	14,76501	14,58466	14,40793	14,23474	14,06499	13,89859	13,73547	13,57553	13,41871
40	15,04630	14,85863	14,67482	14,49476	14,31836	14,14553	13,97616	13,81018	13,64750	13,48804
41	15,13802	14,94687	14,75972	14,57645	14,39696	14,22115	14,04893	13,88021	13,71489	13,55289
42	15,22454	15,03004	14,83966	14,65329	14,47083	14,29216	14,11720	13,94584	13,77799	13,61355
43	15,30617	15,10843	14,91493	14,72558	14,54025	14,35884	14,18124	14,00735	13,83707	13,67030
44	15,38318	15,18231	14,98581	14,79358	14,60550	14,42144	14,24131	14,06499	13,89239	13,72339
45	15,45583	15,25194	15,05255	14,85756	14,66682	14,48023	14,29766	14,11902	13,94418	13,77305
46	15,52437	15,31757	15,11540	14,91774	14,72446	14,53543	14,35053	14,16965	13,99268	13,81950
47	15,58903	15,37942	15,17458	14,97435	14,77862	14,58725	14,40012	14,21711	14,03809	13,86296
48	15,65003	15,43772	15,23030	15,02761	14,82953	14,63592	14,44664	14,26158	14,08061	13,90361
49	15,70757	15,49267	15,28277	15,07772	14,87738	14,68161	14,49028	14,30326	14,12042	13,94164
50	15,76186	15,54446	15,33217	15,12485	14,92235	14,72452	14,53122	14,34233	14,15770	13,97721
51	15,81308	15,59327	15,37869	15,16919	14,96462	14,76481	14,56963	14,37894	14,19260	14,01049
52	15,86139	15,63927	15,42250	15,21091	15,00434	14,80264	14,60565	14,41325	14,22528	14,04161
53	15,90697	15,68263	15,46375	15,25015	15,04167	14,83816	14,63945	14,44541	14,25588	14,07073
54	15,94998	15,72350	15,50259	15,28706	15,07676	14,87151	14,67115	14,47555	14,28453	14,09797
55	15,99054	15,76201	15,53916	15,32179	15,10974	14,90282	14,70090	14,50379	14,31136	14,12346
56	16,02881	15,79832	15,57359	15,35446	15,14073	14,93223	14,72880	14,53026	14,33648	14,14729
57	16,06492	15,83253	15,60602	15,38519	15,16986	14,95984	14,75497	14,55507	14,36000	14,16959
58	16,09898	15,86478	15,63655	15,41410	15,19723	14,98577	14,77952	14,57833	14,38202	14,19045
59	16,13111	15,89518	15,66531	15,44130	15,22296	15,01011	14,80255	14,60012	14,40264	14,20996
60	16,16143	15,92382	15,69238	15,46689	15,24715	15,03297	14,82416	14,62054	14,42195	14,22822

FATOR DE VALOR ATUAL (FVA)
PARCELAMENTO COM JUROS COMPOSTOS

$$\frac{(1+i)^n - 1}{(1+i)^n \times i}$$

i / n	7,00%	7,10%	7,20%	7,30%	7,40%	7,50%	7,60%	7,70%	7,80%	7,90%
1	0,93458	0,93371	0,93284	0,93197	0,93110	0,93023	0,92937	0,92851	0,92764	0,92678
2	1,80802	1,80552	1,80302	1,80053	1,79804	1,79557	1,79309	1,79063	1,78817	1,78571
3	2,62432	2,61953	2,61476	2,61000	2,60525	2,60053	2,59581	2,59111	2,58643	2,58175
4	3,38721	3,37958	3,37197	3,36440	3,35685	3,34933	3,34183	3,33437	3,32693	3,31951
5	4,10020	4,08924	4,07833	4,06747	4,05666	4,04588	4,03516	4,02448	4,01385	4,00326
6	4,76654	4,75186	4,73725	4,72271	4,70825	4,69385	4,67952	4,66526	4,65106	4,63694
7	5,38929	5,37055	5,35191	5,33338	5,31494	5,29660	5,27836	5,26022	5,24217	5,22422
8	5,97130	5,94823	5,92529	5,90249	5,87983	5,85730	5,83491	5,81265	5,79051	5,76851
9	6,51523	6,48761	6,46016	6,43289	6,40580	6,37889	6,35215	6,32558	6,29918	6,27295
10	7,02358	6,99123	6,95911	6,92721	6,89553	6,86408	6,83285	6,80183	6,77104	6,74045
11	7,49867	7,46147	7,42454	7,38789	7,35152	7,31542	7,27960	7,24404	7,20875	7,17373
12	7,94269	7,90053	7,85871	7,81723	7,77609	7,73528	7,69479	7,65464	7,61480	7,57528
13	8,35765	8,31048	8,26372	8,21737	8,17141	8,12584	8,08066	8,03587	7,99146	7,94743
14	8,74547	8,69326	8,64153	8,59028	8,53948	8,48915	8,43928	8,38986	8,34088	8,29234
15	9,10791	9,05066	8,99397	8,93782	8,88220	8,82712	8,77256	8,71853	8,66501	8,61199
16	9,44665	9,38437	9,32273	9,26171	9,20130	9,14151	9,08231	9,02370	8,96568	8,90824
17	9,76322	9,69596	9,62941	9,56357	9,49842	9,43396	9,37018	9,30706	9,24460	9,18280
18	10,05909	9,98689	9,91550	9,84489	9,77507	9,70601	9,63771	9,57016	9,50334	9,43726
19	10,33560	10,25854	10,18237	10,10708	10,03265	9,95908	9,88635	9,81445	9,74336	9,67308
20	10,59401	10,51217	10,43131	10,35142	10,27249	10,19449	10,11742	10,04127	9,96601	9,89164
21	10,83553	10,74899	10,66354	10,57914	10,49580	10,41348	10,33218	10,25187	10,17255	10,09420
22	11,06124	10,97011	10,88017	10,79137	10,70372	10,61719	10,53176	10,44742	10,36415	10,28193
23	11,27219	11,17658	11,08224	10,98917	10,89732	10,80669	10,71725	10,62899	10,54188	10,45591
24	11,46933	11,36935	11,27075	11,17350	11,07758	10,98297	10,88964	10,79758	10,70676	10,61716
25	11,65358	11,54935	11,44660	11,34529	11,24542	11,14695	11,04985	10,95411	10,85970	10,76660
26	11,82578	11,71741	11,61063	11,50540	11,40169	11,29948	11,19875	11,09945	11,00158	10,90509
27	11,98671	11,87434	11,76365	11,65461	11,54720	11,44138	11,33712	11,23440	11,13319	11,03345
28	12,13711	12,02086	11,90639	11,79367	11,68268	11,57338	11,46573	11,35971	11,25528	11,15241
29	12,27767	12,15766	12,03954	11,92328	11,80883	11,69617	11,58525	11,47605	11,36853	11,26266
30	12,40904	12,28540	12,16375	12,04406	11,92628	11,81039	11,69633	11,58408	11,47359	11,36484
31	12,53181	12,40467	12,27962	12,15663	12,03565	11,91664	11,79956	11,68438	11,57105	11,45953
32	12,64656	12,51603	12,38770	12,26153	12,13747	12,01548	11,89550	11,77751	11,66146	11,54730
33	12,75379	12,62001	12,48853	12,35930	12,23228	12,10742	11,98467	11,86398	11,74532	11,62864
34	12,85401	12,71709	12,58258	12,45042	12,32056	12,19295	12,06754	11,94427	11,82312	11,70402
35	12,94767	12,80774	12,67032	12,53534	12,40276	12,27251	12,14455	12,01883	11,89528	11,77388
36	13,03521	12,89239	12,75216	12,61449	12,47929	12,34652	12,21613	12,08805	11,96223	11,83863
37	13,11702	12,97141	12,82851	12,68824	12,55055	12,41537	12,28264	12,15232	12,02433	11,89864
38	13,19347	13,04521	12,89973	12,75698	12,61690	12,47941	12,34446	12,21199	12,08194	11,95425
39	13,26493	13,11410	12,96617	12,82105	12,67868	12,53899	12,40192	12,26740	12,13538	12,00579
40	13,33171	13,17843	13,02814	12,88075	12,73620	12,59441	12,45532	12,31885	12,18496	12,05356
41	13,39412	13,23850	13,08595	12,93640	12,78976	12,64596	12,50494	12,36662	12,23094	12,09783
42	13,45245	13,29459	13,13988	12,98825	12,83962	12,69392	12,55106	12,41098	12,27360	12,13886
43	13,50696	13,34695	13,19019	13,03658	12,88606	12,73853	12,59392	12,45216	12,31317	12,17689
44	13,55791	13,39585	13,23712	13,08162	12,92929	12,78003	12,63376	12,49040	12,34988	12,21213
45	13,60552	13,44150	13,28089	13,12360	12,96954	12,81863	12,67078	12,52591	12,38394	12,24479
46	13,65002	13,48413	13,32173	13,16272	13,00702	12,85454	12,70518	12,55887	12,41552	12,27506
47	13,69161	13,52393	13,35982	13,19918	13,04192	12,88794	12,73716	12,58948	12,44483	12,30312
48	13,73047	13,56109	13,39535	13,23316	13,07441	12,91902	12,76688	12,61790	12,47201	12,32912
49	13,76680	13,59579	13,42850	13,26483	13,10467	12,94792	12,79449	12,64429	12,49723	12,35321
50	13,80075	13,62819	13,45942	13,29434	13,13284	12,97481	12,82016	12,66880	12,52062	12,37554
51	13,83247	13,65844	13,48827	13,32185	13,15907	12,99982	12,84402	12,69155	12,54232	12,39624
52	13,86212	13,68668	13,51518	13,34748	13,18349	13,02309	12,86619	12,71267	12,56245	12,41542
53	13,88984	13,71306	13,54028	13,37137	13,20623	13,04474	12,88679	12,73228	12,58112	12,43320
54	13,91573	13,73768	13,56369	13,39364	13,22740	13,06487	12,90594	12,75050	12,59844	12,44968
55	13,93994	13,76067	13,58553	13,41439	13,24711	13,08360	12,92374	12,76741	12,61451	12,46494
56	13,96256	13,78218	13,60591	13,43372	13,26547	13,10103	12,94027	12,78311	12,62942	12,47910
57	13,98370	13,80219	13,62491	13,45175	13,28256	13,11723	12,95565	12,79769	12,64324	12,49221
58	14,00346	13,82090	13,64264	13,46854	13,29847	13,13231	12,96993	12,81122	12,65607	12,50437
59	14,02192	13,83838	13,65918	13,48420	13,31329	13,14633	12,98321	12,82379	12,66797	12,51563
60	14,03918	13,85469	13,67461	13,49878	13,32709	13,15938	12,99555	12,83546	12,67901	12,52607

i \ n	8,00%	8,10%	8,20%	8,30%	8,40%	8,50%	8,60%	8,70%	8,80%	8,90%
1	0,92593	0,92507	0,92421	0,92336	0,92251	0,92166	0,92081	0,91996	0,91912	0,91827
2	1,78326	1,78082	1,77839	1,77596	1,77353	1,77111	1,76870	1,76630	1,76389	1,76150
3	2,57710	2,57245	2,56783	2,56321	2,55861	2,55402	2,54945	2,54489	2,54034	2,53581
4	3,31213	3,30477	3,29744	3,29013	3,28285	3,27560	3,26837	3,26117	3,25399	3,24684
5	3,99271	3,98221	3,97175	3,96134	3,95097	3,94064	3,93036	3,92012	3,90992	3,89976
6	4,62288	4,60889	4,59496	4,58111	4,56731	4,55359	4,53993	4,52633	4,51279	4,49932
7	5,20637	5,18861	5,17095	5,15338	5,13590	5,11851	5,10122	5,08402	5,06691	5,04988
8	5,74664	5,72489	5,70328	5,68179	5,66042	5,63918	5,61807	5,59707	5,57620	5,55545
9	6,24689	6,22099	6,19527	6,16970	6,14430	6,11906	6,09398	6,06906	6,04430	6,01970
10	6,71008	6,67992	6,64997	6,62022	6,59068	6,56135	6,53221	6,50328	6,47454	6,44600
11	7,13896	7,10446	7,07021	7,03622	7,00248	6,96898	6,93574	6,90274	6,86998	6,83747
12	7,53608	7,49719	7,45861	7,42033	7,38236	7,34469	7,30731	7,27023	7,23344	7,19694
13	7,90378	7,86049	7,81757	7,77501	7,73280	7,69095	7,64946	7,60831	7,56750	7,52703
14	8,24424	8,19657	8,14932	8,10250	8,05609	8,01010	7,96451	7,91933	7,87454	7,83015
15	8,55948	8,50746	8,45593	8,40489	8,35433	8,30424	8,25461	8,20545	8,15675	8,10849
16	8,85137	8,79506	8,73931	8,68411	8,62945	8,57533	8,52174	8,46868	8,41613	8,36409
17	9,12164	9,06111	9,00121	8,94193	8,88326	8,82519	8,76772	8,71083	8,65453	8,59880
18	9,37189	9,30723	9,24326	9,17999	9,11740	9,05548	8,99422	8,93361	8,87365	8,81432
19	9,60360	9,53490	9,46697	9,39981	9,33339	9,26772	9,20278	9,13856	9,07504	9,01223
20	9,81815	9,74551	9,67373	9,60278	9,53265	9,46334	9,39482	9,32710	9,26015	9,19397
21	10,01680	9,94034	9,86481	9,79019	9,71647	9,64363	9,57166	9,50055	9,43029	9,36085
22	10,20074	10,12058	10,04142	9,96324	9,88604	9,80980	9,73449	9,66012	9,58666	9,51410
23	10,37106	10,28731	10,20464	10,12303	10,04247	9,96295	9,88443	9,80692	9,73039	9,65482
24	10,52876	10,44154	10,35549	10,27057	10,18678	10,10410	10,02250	9,94197	9,86249	9,78404
25	10,67478	10,58422	10,49490	10,40681	10,31991	10,23419	10,14963	10,06621	9,98390	9,90270
26	10,80998	10,71621	10,62376	10,53260	10,44272	10,35409	10,26669	10,18050	10,09550	10,01166
27	10,93516	10,83830	10,74284	10,64876	10,55602	10,46460	10,37449	10,28565	10,19807	10,11172
28	11,05108	10,95125	10,85290	10,75601	10,66053	10,56645	10,47375	10,38238	10,29234	10,20360
29	11,15841	11,05574	10,95463	10,85504	10,75695	10,66033	10,56514	10,47137	10,37899	10,28797
30	11,25778	11,15239	11,04864	10,94648	10,84589	10,74684	10,64930	10,55324	10,45863	10,36545
31	11,34980	11,24181	11,13552	11,03091	10,92795	10,82658	10,72680	10,62856	10,53183	10,43659
32	11,43500	11,32452	11,21583	11,10888	11,00364	10,90008	10,79816	10,69785	10,59911	10,50192
33	11,51389	11,40104	11,29004	11,18087	11,07347	10,96781	10,86386	10,76159	10,66095	10,56191
34	11,58693	11,47182	11,35863	11,24734	11,13789	11,03024	10,92437	10,82023	10,71778	10,61700
35	11,65457	11,53730	11,42203	11,30871	11,19731	11,08778	10,98008	10,87417	10,77002	10,66758
36	11,71719	11,59787	11,48062	11,36539	11,25213	11,14081	11,03138	10,92380	10,81803	10,71403
37	11,77518	11,65390	11,53477	11,41772	11,30271	11,18969	11,07862	10,96946	10,86216	10,75669
38	11,82887	11,70574	11,58481	11,46604	11,34936	11,23474	11,12212	11,01146	10,90272	10,79586
39	11,87858	11,75369	11,63106	11,51065	11,39240	11,27625	11,16217	11,05010	10,94000	10,83182
40	11,92461	11,79805	11,67381	11,55185	11,43210	11,31452	11,19905	11,08565	10,97427	10,86485
41	11,96723	11,83908	11,71332	11,58989	11,46873	11,34979	11,23301	11,11836	11,00576	10,89518
42	12,00670	11,87704	11,74983	11,62501	11,50252	11,38229	11,26429	11,14844	11,03471	10,92303
43	12,04324	11,91216	11,78358	11,65744	11,53369	11,41225	11,29308	11,17612	11,06131	10,94861
44	12,07707	11,94464	11,81477	11,68739	11,56244	11,43986	11,31960	11,20158	11,08576	10,97209
45	12,10840	11,97469	11,84359	11,71504	11,58897	11,46531	11,34401	11,22501	11,10824	10,99365
46	12,13741	12,00249	11,87024	11,74057	11,61344	11,48877	11,36649	11,24656	11,12890	11,01346
47	12,16427	12,02821	11,89486	11,76415	11,63601	11,51038	11,38719	11,26638	11,14788	11,03164
48	12,18914	12,05199	11,91761	11,78592	11,65684	11,53031	11,40626	11,28462	11,16533	11,04834
49	12,21216	12,07400	11,93864	11,80602	11,67605	11,54867	11,42381	11,30140	11,18137	11,06367
50	12,23348	12,09436	11,95808	11,82458	11,69377	11,56560	11,43997	11,31683	11,19611	11,07775
51	12,25323	12,11319	11,97605	11,84172	11,71012	11,58119	11,45485	11,33103	11,20966	11,09068
52	12,27151	12,13061	11,99265	11,85754	11,72521	11,59557	11,46856	11,34410	11,22212	11,10255
53	12,28843	12,14672	12,00799	11,87215	11,73912	11,60882	11,48118	11,35611	11,23356	11,11346
54	12,30410	12,16163	12,02217	11,88564	11,75196	11,62103	11,49280	11,36717	11,24408	11,12347
55	12,31861	12,17542	12,03528	11,89810	11,76380	11,63229	11,50350	11,37734	11,25375	11,13266
56	12,33205	12,18818	12,04740	11,90960	11,77472	11,64266	11,51335	11,38670	11,26264	11,14110
57	12,34449	12,19998	12,05859	11,92023	11,78480	11,65222	11,52242	11,39531	11,27081	11,14885
58	12,35601	12,21090	12,06894	11,93003	11,79409	11,66104	11,53077	11,40323	11,27832	11,15597
59	12,36668	12,22100	12,07850	11,93909	11,80267	11,66916	11,53846	11,41051	11,28522	11,16251
60	12,37655	12,23034	12,08734	11,94745	11,81058	11,67664	11,54555	11,41721	11,29156	11,16851

i / n	9,00%	9,10%	9,20%	9,30%	9,40%	9,50%	9,60%	9,70%	9,80%	9,90%
1	0,91743	0,91659	0,91575	0,91491	0,91408	0,91324	0,91241	0,91158	0,91075	0,90992
2	1,75911	1,75673	1,75435	1,75198	1,74961	1,74725	1,74490	1,74255	1,74021	1,73787
3	2,53129	2,52679	2,52230	2,51782	2,51336	2,50891	2,50447	2,50005	2,49563	2,49124
4	3,23972	3,23262	3,22555	3,21850	3,21148	3,20448	3,19751	3,19056	3,18364	3,17674
5	3,88965	3,87958	3,86955	3,85956	3,84961	3,83971	3,82984	3,82002	3,81023	3,80049
6	4,48592	4,47258	4,45929	4,44608	4,43292	4,41983	4,40679	4,39382	4,38091	4,36805
7	5,03295	5,01611	4,99935	4,98269	4,96611	4,94961	4,93320	4,91688	4,90064	4,88449
8	5,53482	5,51431	5,49391	5,47364	5,45348	5,43344	5,41351	5,39369	5,37399	5,35440
9	5,99525	5,97095	5,94681	5,92282	5,89898	5,87528	5,85174	5,82834	5,80509	5,78199
10	6,41766	6,38951	6,36155	6,33378	6,30619	6,27880	6,25159	6,22456	6,19772	6,17105
11	6,80519	6,77315	6,74134	6,70977	6,67842	6,64730	6,61641	6,58574	6,55530	6,52507
12	7,16073	7,12479	7,08914	7,05377	7,01867	6,98384	6,94928	6,91499	6,88096	6,84720
13	7,48690	7,44711	7,40764	7,36850	7,32968	7,29118	7,25299	7,21512	7,17756	7,14031
14	7,78615	7,74254	7,69930	7,65645	7,61396	7,57185	7,53010	7,48872	7,44769	7,40701
15	8,06069	8,01332	7,96639	7,91990	7,87383	7,82818	7,78294	7,73812	7,69371	7,64969
16	8,31256	8,26152	8,21098	8,16093	8,11136	8,06226	8,01363	7,96547	7,91776	7,87051
17	8,54363	8,48902	8,43497	8,38145	8,32848	8,27604	8,22412	8,17272	8,12183	8,07144
18	8,75563	8,69755	8,64008	8,58322	8,52695	8,47127	8,41617	8,36164	8,30767	8,25427
19	8,95011	8,88868	8,82791	8,76781	8,70836	8,64956	8,59139	8,53385	8,47693	8,42063
20	9,12855	9,06387	8,99992	8,93670	8,87419	8,81238	8,75127	8,69084	8,63109	8,57200
21	9,29224	9,22444	9,15744	9,09121	9,02577	8,96108	8,89714	8,83395	8,77148	8,70973
22	9,44243	9,37162	9,30168	9,23258	9,16432	9,09688	9,03024	8,96440	8,89935	8,83506
23	9,58021	9,50653	9,43377	9,36192	9,29097	9,22089	9,15168	9,08332	9,01580	8,94910
24	9,70661	9,63018	9,55474	9,48026	9,40674	9,33415	9,26248	9,19172	9,12186	9,05287
25	9,82258	9,74352	9,66551	9,58853	9,51256	9,43758	9,36358	9,29054	9,21845	9,14729
26	9,92897	9,84741	9,76695	9,68758	9,60928	9,53203	9,45582	9,38062	9,30642	9,23320
27	10,02658	9,94263	9,85985	9,77821	9,69770	9,61830	9,53998	9,46273	9,38654	9,31137
28	10,11613	10,02991	9,94494	9,86112	9,77852	9,69707	9,61677	9,53759	9,45951	9,38251
29	10,19828	10,10991	10,02281	9,93698	9,85239	9,76902	9,68684	9,60582	9,52596	9,44723
30	10,27365	10,18323	10,09415	10,00639	9,91992	9,83472	9,75076	9,66803	9,58649	9,50612
31	10,34280	10,25044	10,15948	10,06989	9,98165	9,89472	9,80909	9,72473	9,64161	9,55971
32	10,40624	10,31205	10,21930	10,12799	10,03807	9,94952	9,86231	9,77641	9,69181	9,60847
33	10,46444	10,36851	10,27409	10,18114	10,08964	9,99956	9,91086	9,82353	9,73753	9,65284
34	10,51784	10,42027	10,32426	10,22977	10,13678	10,04526	9,95517	9,86648	9,77917	9,69321
35	10,56682	10,46771	10,37020	10,27427	10,17988	10,08699	9,99559	9,90564	9,81710	9,72995
36	10,61176	10,51119	10,41227	10,31497	10,21926	10,12511	10,03247	9,94133	9,85164	9,76337
37	10,65299	10,55104	10,45080	10,35222	10,25527	10,15992	10,06613	9,97386	9,88309	9,79379
38	10,69082	10,58757	10,48608	10,38629	10,28818	10,19171	10,09683	10,00352	9,91174	9,82146
39	10,72552	10,62106	10,51839	10,41747	10,31826	10,22074	10,12485	10,03056	9,93784	9,84665
40	10,75736	10,65175	10,54797	10,44599	10,34576	10,24725	10,15041	10,05520	9,96160	9,86956
41	10,78657	10,67988	10,57507	10,47209	10,37090	10,27146	10,17373	10,07767	9,98324	9,89041
42	10,81337	10,70566	10,59988	10,49596	10,39387	10,29357	10,19501	10,09815	10,00295	9,90938
43	10,83795	10,72930	10,62260	10,51781	10,41488	10,31376	10,21442	10,11682	10,02090	9,92664
44	10,86051	10,75096	10,64341	10,53779	10,43407	10,33220	10,23214	10,13384	10,03725	9,94235
45	10,88120	10,77082	10,66246	10,55608	10,45162	10,34904	10,24830	10,14935	10,05214	9,95664
46	10,90018	10,78902	10,67991	10,57281	10,46766	10,36442	10,26305	10,16349	10,06570	9,96965
47	10,91760	10,80570	10,69589	10,58811	10,48232	10,37847	10,27650	10,17638	10,07805	9,98148
48	10,93358	10,82099	10,71052	10,60211	10,49572	10,39130	10,28878	10,18813	10,08930	9,99225
49	10,94823	10,83500	10,72392	10,61493	10,50797	10,40301	10,29998	10,19884	10,09955	10,00205
50	10,96168	10,84785	10,73619	10,62665	10,51917	10,41371	10,31020	10,20861	10,10888	10,01096
51	10,97402	10,85962	10,74743	10,63737	10,52941	10,42348	10,31953	10,21751	10,11737	10,01907
52	10,98534	10,87041	10,75772	10,64718	10,53876	10,43240	10,32804	10,22562	10,12511	10,02645
53	10,99573	10,88031	10,76714	10,65616	10,54732	10,44055	10,33580	10,23302	10,13216	10,03317
54	11,00525	10,88937	10,77577	10,66437	10,55513	10,44799	10,34288	10,23976	10,13858	10,03928
55	11,01399	10,89768	10,78367	10,67189	10,56228	10,45478	10,34935	10,24591	10,14443	10,04484
56	11,02201	10,90530	10,79091	10,67876	10,56881	10,46099	10,35524	10,25151	10,14975	10,04990
57	11,02937	10,91228	10,79753	10,68505	10,57478	10,46666	10,36062	10,25662	10,15460	10,05451
58	11,03612	10,91868	10,80360	10,69081	10,58024	10,47183	10,36553	10,26128	10,15902	10,05869
59	11,04231	10,92455	10,80916	10,69607	10,58523	10,47656	10,37001	10,26552	10,16304	10,06251
60	11,04799	10,92993	10,81425	10,70089	10,58979	10,48088	10,37410	10,26939	10,16670	10,06598

$$\frac{(1+i)^n - 1}{(1+i)^n \times i}$$

i / n	10,00%	10,50%	11,00%	11,50%	12,00%	12,50%	13,00%	13,50%	14,00%	14,50%
1	0,90909	0,90498	0,90090	0,89686	0,89286	0,88889	0,88496	0,88106	0,87719	0,87336
2	1,73554	1,72396	1,71252	1,70122	1,69005	1,67901	1,66810	1,65732	1,64666	1,63612
3	2,48685	2,46512	2,44371	2,42262	2,40183	2,38134	2,36115	2,34125	2,32163	2,30229
4	3,16987	3,13586	3,10245	3,06961	3,03735	3,00564	2,97447	2,94383	2,91371	2,88410
5	3,79079	3,74286	3,69590	3,64988	3,60478	3,56057	3,51723	3,47474	3,43308	3,39223
6	4,35526	4,29218	4,23054	4,17029	4,11141	4,05384	3,99755	3,94250	3,88867	3,83600
7	4,86842	4,78930	4,71220	4,63704	4,56376	4,49230	4,42261	4,35463	4,28830	4,22358
8	5,33493	5,23919	5,14612	5,05564	4,96764	4,88205	4,79877	4,71774	4,63886	4,56208
9	5,75902	5,64632	5,53705	5,43106	5,32825	5,22848	5,13166	5,03765	4,94637	4,85771
10	6,14457	6,01477	5,88923	5,76777	5,65022	5,53643	5,42624	5,31952	5,21612	5,11591
11	6,49506	6,34821	6,20652	6,06975	5,93770	5,81016	5,68694	5,56786	5,45273	5,34140
12	6,81369	6,64996	6,49236	6,34058	6,19437	6,05348	5,91765	5,78666	5,66029	5,53834
13	7,10336	6,92304	6,74987	6,58348	6,42355	6,26976	6,12181	5,97943	5,84236	5,71034
14	7,36669	7,17018	6,98187	6,80133	6,62817	6,46201	6,30249	6,14928	6,00207	5,86056
15	7,60608	7,39382	7,19087	6,99671	6,81086	6,63289	6,46238	6,29893	6,14217	5,99176
16	7,82371	7,59622	7,37916	7,17194	6,97399	6,78479	6,60388	6,43077	6,26506	6,10634
17	8,02155	7,77939	7,54879	7,32909	7,11963	6,91982	6,72909	6,54694	6,37286	6,20641
18	8,20141	7,94515	7,70162	7,47004	7,24967	7,03984	6,83991	6,64928	6,46742	6,29381
19	8,36492	8,09515	7,83929	7,59644	7,36578	7,14652	6,93797	6,73946	6,55037	6,37014
20	8,51356	8,23091	7,96333	7,70982	7,46944	7,24135	7,02475	6,81890	6,62313	6,43680
21	8,64869	8,35376	8,07507	7,81149	7,56200	7,32565	7,10155	6,88890	6,68696	6,49502
22	8,77154	8,46494	8,17574	7,90269	7,64465	7,40058	7,16951	6,95057	6,74294	6,54587
23	8,88322	8,56556	8,26643	7,98447	7,71843	7,46718	7,22966	7,00491	6,79206	6,59028
24	8,98474	8,65662	8,34814	8,05782	7,78432	7,52638	7,28288	7,05279	6,83514	6,62907
25	9,07704	8,73902	8,42174	8,12361	7,84314	7,57901	7,32998	7,09497	6,87293	6,66294
26	9,16095	8,81359	8,48806	8,18261	7,89566	7,62578	7,37167	7,13213	6,90608	6,69252
27	9,23722	8,88108	8,54780	8,23552	7,94255	7,66736	7,40856	7,16487	6,93515	6,71836
28	9,30657	8,94215	8,60162	8,28298	7,98442	7,70432	7,44120	7,19372	6,96066	6,74093
29	9,36961	8,99742	8,65011	8,32554	8,02181	7,73717	7,47009	7,21914	6,98304	6,76064
30	9,42691	9,04744	8,69379	8,36371	8,05518	7,76638	7,49565	7,24153	7,00266	6,77785
31	9,47901	9,09271	8,73315	8,39795	8,08499	7,79234	7,51828	7,26126	7,01988	6,79288
32	9,52638	9,13367	8,76860	8,42866	8,11159	7,81541	7,53830	7,27864	7,03498	6,80601
33	9,56943	9,17074	8,80054	8,45619	8,13535	7,83592	7,55602	7,29396	7,04823	6,81747
34	9,60857	9,20429	8,82932	8,48089	8,15656	7,85415	7,57170	7,30745	7,05985	6,82749
35	9,64416	9,23465	8,85524	8,50304	8,17550	7,87036	7,58557	7,31934	7,07005	6,83623
36	9,67651	9,26213	8,87859	8,52291	8,19241	7,88478	7,59785	7,32982	7,07899	6,84387
37	9,70592	9,28700	8,89963	8,54072	8,20751	7,89757	7,60872	7,33904	7,08683	6,85054
38	9,73265	9,30950	8,91859	8,55670	8,22099	7,90895	7,61833	7,34718	7,09371	6,85637
39	9,75696	9,32986	8,93567	8,57103	8,23303	7,91906	7,62684	7,35434	7,09975	6,86146
40	9,77905	9,34829	8,95105	8,58389	8,24378	7,92806	7,63438	7,36065	7,10504	6,86590
41	9,79914	9,36497	8,96491	8,59541	8,25337	7,93605	7,64104	7,36621	7,10969	6,86978
42	9,81740	9,38006	8,97740	8,60575	8,26194	7,94316	7,64694	7,37111	7,11376	6,87317
43	9,83400	9,39372	8,98865	8,61502	8,26959	7,94947	7,65216	7,37543	7,11733	6,87613
44	9,84909	9,40608	8,99878	8,62334	8,27642	7,95509	7,65678	7,37923	7,12047	6,87872
45	9,86281	9,41727	9,00791	8,63080	8,28252	7,96008	7,66086	7,38258	7,12322	6,88098
46	9,87528	9,42739	9,01614	8,63749	8,28796	7,96451	7,66448	7,38554	7,12563	6,88295
47	9,88662	9,43656	9,02355	8,64349	8,29282	7,96846	7,66768	7,38814	7,12774	6,88467
48	9,89693	9,44485	9,03022	8,64887	8,29716	7,97196	7,67052	7,39043	7,12960	6,88618
49	9,90630	9,45235	9,03624	8,65369	8,30104	7,97508	7,67302	7,39245	7,13123	6,88749
50	9,91481	9,45914	9,04165	8,65802	8,30450	7,97785	7,67524	7,39423	7,13266	6,88864
51	9,92256	9,46529	9,04653	8,66190	8,30759	7,98031	7,67720	7,39580	7,13391	6,88964
52	9,92960	9,47085	9,05093	8,66538	8,31035	7,98250	7,67894	7,39718	7,13501	6,89052
53	9,93600	9,47588	9,05489	8,66850	8,31281	7,98444	7,68048	7,39839	7,13597	6,89128
54	9,94182	9,48043	9,05846	8,67130	8,31501	7,98617	7,68184	7,39947	7,13682	6,89195
55	9,94711	9,48456	9,06168	8,67382	8,31697	7,98771	7,68304	7,40041	7,13756	6,89253
56	9,95191	9,48829	9,06457	8,67607	8,31872	7,98907	7,68411	7,40124	7,13821	6,89304
57	9,95629	9,49166	9,06718	8,67809	8,32029	7,99029	7,68505	7,40198	7,13878	6,89348
58	9,96026	9,49472	9,06954	8,67990	8,32169	7,99137	7,68589	7,40262	7,13928	6,89387
59	9,96387	9,49748	9,07165	8,68152	8,32294	7,99232	7,68663	7,40319	7,13972	6,89421
60	9,96716	9,49998	9,07356	8,68298	8,32405	7,99318	7,68728	7,40369	7,14011	6,89451

i / n	15,00%	15,50%	16,00%	16,50%	17,00%	17,50%	18,00%	18,50%	19,00%	19,50%
1	0,86957	0,86580	0,86207	0,85837	0,85470	0,85106	0,84746	0,84388	0,84034	0,83682
2	1,62571	1,61541	1,60523	1,59517	1,58521	1,57537	1,56564	1,55602	1,54650	1,53709
3	2,28323	2,26443	2,24589	2,22761	2,20958	2,19181	2,17427	2,15698	2,13992	2,12309
4	2,85498	2,82634	2,79818	2,77048	2,74324	2,71643	2,69006	2,66412	2,63859	2,61346
5	3,35216	3,31285	3,27429	3,23646	3,19935	3,16292	3,12717	3,09208	3,05763	3,02382
6	3,78448	3,73407	3,68474	3,63645	3,58918	3,54291	3,49760	3,45323	3,40978	3,36721
7	4,16042	4,09876	4,03857	3,97979	3,92238	3,86631	3,81153	3,75800	3,70570	3,65457
8	4,48732	4,41451	4,34359	4,27449	4,20716	4,14154	4,07757	4,01519	3,95437	3,89504
9	4,77158	4,68789	4,60654	4,52746	4,45057	4,37578	4,30302	4,23223	4,16333	4,09627
10	5,01877	4,92458	4,83323	4,74460	4,65860	4,57513	4,49409	4,41538	4,33893	4,26466
11	5,23371	5,12951	5,02864	4,93099	4,83641	4,74479	4,65601	4,56994	4,48650	4,40557
12	5,42062	5,30693	5,19711	5,09098	4,98839	4,88918	4,79322	4,70037	4,61050	4,52349
13	5,58315	5,46055	5,34233	5,22831	5,11828	5,01207	4,90951	4,81044	4,71471	4,62217
14	5,72448	5,59355	5,46753	5,34619	5,22930	5,11666	5,00806	4,90333	4,80228	4,70474
15	5,84737	5,70870	5,57546	5,44737	5,32419	5,20567	5,09158	4,98171	4,87586	4,77384
16	5,95423	5,80840	5,66850	5,53422	5,40529	5,28142	5,16235	5,04786	4,93770	4,83167
17	6,04716	5,89472	5,74870	5,60878	5,47461	5,34589	5,22233	5,10368	4,98966	4,88006
18	6,12797	5,96945	5,81785	5,67277	5,53385	5,40075	5,27316	5,15078	5,03333	4,92055
19	6,19823	6,03416	5,87746	5,72770	5,58449	5,44745	5,31624	5,19053	5,07003	4,95443
20	6,25933	6,09018	5,92884	5,77485	5,62777	5,48719	5,35275	5,22408	5,10086	4,98279
21	6,31246	6,13868	5,97314	5,81532	5,66476	5,52101	5,38368	5,25239	5,12677	5,00652
22	6,35866	6,18068	6,01133	5,85006	5,69637	5,54980	5,40990	5,27628	5,14855	5,02638
23	6,39884	6,21704	6,04425	5,87988	5,72340	5,57430	5,43212	5,29644	5,16685	5,04299
24	6,43377	6,24852	6,07263	5,90548	5,74649	5,59515	5,45095	5,31345	5,18223	5,05690
25	6,46415	6,27577	6,09709	5,92745	5,76623	5,61289	5,46691	5,32780	5,19515	5,06853
26	6,49056	6,29937	6,11818	5,94631	5,78311	5,62799	5,48043	5,33992	5,20601	5,07827
27	6,51353	6,31980	6,13636	5,96250	5,79753	5,64084	5,49189	5,35014	5,21513	5,08642
28	6,53351	6,33749	6,15204	5,97639	5,80985	5,65178	5,50160	5,35877	5,22280	5,09324
29	6,55088	6,35281	6,16555	5,98832	5,82039	5,66109	5,50983	5,36605	5,22924	5,09894
30	6,56598	6,36607	6,17720	5,99856	5,82939	5,66901	5,51681	5,37219	5,23466	5,10372
31	6,57911	6,37755	6,18724	6,00734	5,83709	5,67576	5,52272	5,37738	5,23921	5,10771
32	6,59053	6,38749	6,19590	6,01489	5,84366	5,68150	5,52773	5,38175	5,24303	5,11106
33	6,60046	6,39609	6,20336	6,02136	5,84928	5,68638	5,53197	5,38545	5,24625	5,11386
34	6,60910	6,40354	6,20979	6,02692	5,85409	5,69054	5,53557	5,38856	5,24895	5,11620
35	6,61661	6,40999	6,21534	6,03169	5,85820	5,69407	5,53862	5,39119	5,25122	5,11816
36	6,62314	6,41558	6,22012	6,03579	5,86171	5,69708	5,54120	5,39341	5,25312	5,11980
37	6,62881	6,42041	6,22424	6,03930	5,86471	5,69965	5,54339	5,39528	5,25472	5,12117
38	6,63375	6,42460	6,22779	6,04232	5,86727	5,70183	5,54525	5,39686	5,25607	5,12232
39	6,63805	6,42823	6,23086	6,04491	5,86946	5,70368	5,54682	5,39820	5,25720	5,12328
40	6,64178	6,43136	6,23350	6,04713	5,87133	5,70526	5,54815	5,39932	5,25815	5,12408
41	6,64502	6,43408	6,23577	6,04904	5,87294	5,70660	5,54928	5,40027	5,25895	5,12475
42	6,64785	6,43643	6,23774	6,05068	5,87430	5,70775	5,55024	5,40107	5,25962	5,12532
43	6,65030	6,43847	6,23943	6,05208	5,87547	5,70872	5,55105	5,40175	5,26019	5,12579
44	6,65244	6,44024	6,24089	6,05329	5,87647	5,70955	5,55174	5,40232	5,26066	5,12618
45	6,65429	6,44176	6,24214	6,05433	5,87733	5,71026	5,55232	5,40280	5,26106	5,12651
46	6,65591	6,44308	6,24323	6,05522	5,87806	5,71086	5,55281	5,40321	5,26140	5,12679
47	6,65731	6,44423	6,24416	6,05598	5,87868	5,71137	5,55323	5,40355	5,26168	5,12702
48	6,65853	6,44522	6,24497	6,05664	5,87922	5,71180	5,55359	5,40384	5,26191	5,12721
49	6,65959	6,44608	6,24566	6,05720	5,87967	5,71217	5,55389	5,40409	5,26211	5,12738
50	6,66051	6,44682	6,24626	6,05768	5,88006	5,71249	5,55414	5,40429	5,26228	5,12751
51	6,66132	6,44746	6,24678	6,05809	5,88039	5,71275	5,55436	5,40447	5,26242	5,12762
52	6,66201	6,44802	6,24722	6,05845	5,88068	5,71298	5,55454	5,40461	5,26254	5,12772
53	6,66262	6,44850	6,24760	6,05876	5,88092	5,71318	5,55469	5,40474	5,26264	5,12780
54	6,66315	6,44892	6,24793	6,05902	5,88113	5,71334	5,55483	5,40484	5,26272	5,12786
55	6,66361	6,44928	6,24822	6,05924	5,88131	5,71348	5,55494	5,40493	5,26279	5,12792
56	6,66401	6,44959	6,24846	6,05944	5,88146	5,71360	5,55503	5,40500	5,26285	5,12797
57	6,66435	6,44987	6,24868	6,05960	5,88159	5,71370	5,55511	5,40507	5,26290	5,12801
58	6,66466	6,45010	6,24886	6,05974	5,88170	5,71379	5,55518	5,40512	5,26294	5,12804
59	6,66492	6,45030	6,24902	6,05987	5,88180	5,71386	5,55524	5,40516	5,26297	5,12807
60	6,66515	6,45048	6,24915	6,05997	5,88188	5,71393	5,55529	5,40520	5,26300	5,12809

FATOR DE VALOR ATUAL (FVA)
PARCELAMENTO COM JUROS COMPOSTOS

$$\frac{(1+i)^n - 1}{(1+i)^n \times i}$$

i / n	20,00%	21,00%	22,00%	23,00%	24,00%	25,00%	26,00%	27,00%	28,00%	29,00%
1	0,83333	0,82645	0,81967	0,81301	0,80645	0,80000	0,79365	0,78740	0,78125	0,77519
2	1,52778	1,50946	1,49153	1,47399	1,45682	1,44000	1,42353	1,40740	1,39160	1,37612
3	2,10648	2,07393	2,04224	2,01137	1,98130	1,95200	1,92344	1,89559	1,86844	1,84195
4	2,58873	2,54044	2,49364	2,44827	2,40428	2,36160	2,32019	2,27999	2,24097	2,20306
5	2,99061	2,92598	2,86364	2,80347	2,74538	2,68928	2,63507	2,58267	2,53201	2,48302
6	3,32551	3,24462	3,16692	3,09225	3,02047	2,95142	2,88498	2,82100	2,75938	2,70000
7	3,60459	3,50795	3,41551	3,32704	3,24232	3,16114	3,08331	3,00866	2,93702	2,86821
8	3,83716	3,72558	3,61927	3,51792	3,42122	3,32891	3,24073	3,15643	3,07579	2,99862
9	4,03097	3,90543	3,78628	3,67310	3,56550	3,46313	3,36566	3,27278	3,18421	3,09970
10	4,19247	4,05408	3,92318	3,79927	3,68186	3,57050	3,46481	3,36439	3,26892	3,17806
11	4,32706	4,17692	4,03540	3,90185	3,77569	3,65640	3,54350	3,43653	3,33509	3,23881
12	4,43922	4,27845	4,12737	3,98524	3,85136	3,72512	3,60595	3,49333	3,38679	3,28590
13	4,53268	4,36235	4,20277	4,05304	3,91239	3,78010	3,65552	3,53806	3,42718	3,32240
14	4,61057	4,43170	4,26456	4,10816	3,96160	3,82408	3,69485	3,57327	3,45873	3,35070
15	4,67547	4,48901	4,31522	4,15298	4,00129	3,85926	3,72607	3,60100	3,48339	3,37264
16	4,72956	4,53637	4,35673	4,18941	4,03330	3,88741	3,75085	3,62284	3,50265	3,38964
17	4,77463	4,57551	4,39077	4,21904	4,05911	3,90993	3,77052	3,64003	3,51769	3,40282
18	4,81219	4,60786	4,41866	4,24312	4,07993	3,92794	3,78613	3,65357	3,52945	3,41304
19	4,84350	4,63460	4,44152	4,26270	4,09672	3,94235	3,79851	3,66422	3,53863	3,42096
20	4,86958	4,65669	4,46027	4,27862	4,11026	3,95388	3,80834	3,67262	3,54580	3,42710
21	4,89132	4,67495	4,47563	4,29156	4,12117	3,96311	3,81615	3,67923	3,55141	3,43186
22	4,90943	4,69004	4,48822	4,30208	4,12998	3,97049	3,82234	3,68443	3,55579	3,43555
23	4,92453	4,70251	4,49854	4,31063	4,13708	3,97639	3,82725	3,68853	3,55921	3,43841
24	4,93710	4,71282	4,50700	4,31759	4,14281	3,98111	3,83115	3,69175	3,56188	3,44063
25	4,94759	4,72134	4,51393	4,32324	4,14742	3,98489	3,83425	3,69429	3,56397	3,44235
26	4,95632	4,72838	4,51962	4,32784	4,15115	3,98791	3,83670	3,69630	3,56560	3,44368
27	4,96360	4,73420	4,52428	4,33158	4,15415	3,99033	3,83865	3,69787	3,56688	3,44471
28	4,96967	4,73901	4,52810	4,33462	4,15657	3,99226	3,84020	3,69911	3,56787	3,44551
29	4,97472	4,74298	4,53123	4,33709	4,15853	3,99381	3,84143	3,70009	3,56865	3,44614
30	4,97894	4,74627	4,53379	4,33909	4,16010	3,99505	3,84240	3,70086	3,56926	3,44662
31	4,98245	4,74898	4,53590	4,34073	4,16137	3,99604	3,84318	3,70146	3,56973	3,44699
32	4,98537	4,75122	4,53762	4,34205	4,16240	3,99683	3,84379	3,70194	3,57010	3,44728
33	4,98781	4,75308	4,53903	4,34313	4,16322	3,99746	3,84428	3,70231	3,57039	3,44750
34	4,98984	4,75461	4,54019	4,34401	4,16389	3,99797	3,84467	3,70261	3,57062	3,44768
35	4,99154	4,75588	4,54114	4,34472	4,16443	3,99838	3,84497	3,70284	3,57080	3,44781
36	4,99295	4,75692	4,54192	4,34530	4,16486	3,99870	3,84522	3,70302	3,57094	3,44792
37	4,99412	4,75779	4,54256	4,34578	4,16521	3,99896	3,84541	3,70317	3,57104	3,44800
38	4,99510	4,75850	4,54308	4,34616	4,16549	3,99917	3,84556	3,70328	3,57113	3,44806
39	4,99592	4,75909	4,54351	4,34647	4,16572	3,99934	3,84569	3,70337	3,57119	3,44811
40	4,99660	4,75958	4,54386	4,34672	4,16590	3,99947	3,84578	3,70344	3,57124	3,44815
41	4,99717	4,75998	4,54415	4,34693	4,16605	3,99957	3,84586	3,70350	3,57128	3,44818
42	4,99764	4,76032	4,54438	4,34710	4,16617	3,99966	3,84592	3,70354	3,57132	3,44820
43	4,99803	4,76059	4,54458	4,34723	4,16627	3,99973	3,84597	3,70358	3,57134	3,44822
44	4,99836	4,76082	4,54473	4,34734	4,16634	3,99978	3,84601	3,70360	3,57136	3,44823
45	4,99863	4,76101	4,54486	4,34743	4,16641	3,99983	3,84604	3,70362	3,57138	3,44824
46	4,99886	4,76116	4,54497	4,34751	4,16646	3,99986	3,84606	3,70364	3,57139	3,44825
47	4,99905	4,76129	4,54506	4,34757	4,16650	3,99989	3,84608	3,70365	3,57140	3,44825
48	4,99921	4,76140	4,54513	4,34762	4,16653	3,99991	3,84610	3,70367	3,57140	3,44826
49	4,99934	4,76149	4,54519	4,34766	4,16656	3,99993	3,84611	3,70367	3,57141	3,44826
50	4,99945	4,76156	4,54524	4,34769	4,16658	3,99994	3,84612	3,70368	3,57141	3,44827
51	4,99954	4,76162	4,54528	4,34771	4,16660	3,99995	3,84612	3,70368	3,57142	3,44827
52	4,99962	4,76167	4,54531	4,34773	4,16661	3,99996	3,84613	3,70369	3,57142	3,44827
53	4,99968	4,76171	4,54533	4,34775	4,16662	3,99997	3,84614	3,70369	3,57142	3,44827
54	4,99974	4,76174	4,54536	4,34777	4,16663	3,99998	3,84614	3,70369	3,57142	3,44827
55	4,99978	4,76177	4,54537	4,34778	4,16664	3,99998	3,84614	3,70370	3,57142	3,44827
56	4,99982	4,76179	4,54539	4,34779	4,16664	3,99999	3,84614	3,70370	3,57143	3,44827
57	4,99985	4,76181	4,54540	4,34779	4,16665	3,99999	3,84615	3,70370	3,57143	3,44827
58	4,99987	4,76183	4,54541	4,34780	4,16665	3,99999	3,84615	3,70370	3,57143	3,44827
59	4,99989	4,76184	4,54542	4,34780	4,16665	3,99999	3,84615	3,70370	3,57143	3,44827
60	4,99991	4,76185	4,54542	4,34781	4,16666	3,99999	3,84615	3,70370	3,57143	3,44828

FINAL

Parabéns pelo seu esforço em desenvolver suas competências financeiras! Além da experiência de docência, foram vários anos de uso prático na gestão empresarial que me fizeram chegar a esse livro, cujo objetivo é o de proporcionar uma visão prática e objetiva da Matemática Financeira. Desejo que este livro possa lhe ajudar a compreender melhor as relações do dinheiro com o tempo, contribuindo para análises assertivas e entendimentos mais amplos. Visitando o GuiadeFinancas.com, você poderá encontrar outras informações e downloads, bem como, esclarecer dúvidas em relação a algum assunto do livro.

Boa Sorte e Sucesso!

Rodrigo Vargas

AGRADECIMENTO

Obrigado pela leitura do livro! Espero que este meu trabalho tenha lhe agregado valor e, de algum modo, despertado novas ideias, criado conhecimento ou encorajado reflexões. Gostaria muito de poder conhecer a sua opinião sobre o livro e, para isso, seria fantástico (e eu ficaria muito grato!) se você pudesse dedicar algum tempo para escrever uma avaliação na página do livro, na loja onde foi comprado, contando o que gostou e o que pode ser melhorado. Isso poderá me proporcionar desenvolvimento e evolução, além do que, ajuda autores independentes, como eu, a divulgar o trabalho e informar outros leitores.

Muito obrigado!

Rodrigo Vargas

OUTRAS PUBLICAÇÕES DE RODRIGO VARGAS

Após a visita de milhares de profissionais e estudantes ao portal GestaoIndustrial.com, e várias solicitações para disponibilizar o conteúdo em formato de livro, foi aceito mais este desafio. O objetivo foi o de disponibilizar conteúdo e informação, devidamente adaptados ao formato de livro, de modo que você pudesse carregá-lo sempre consigo, inclusive offline. Portanto, este livro contém, basicamente, os temas que, ao longo de vários anos, foram editados para o portal da web, no entanto, é bom que se frise, o conteúdo não é exatamente o mesmo.

O livro "Gestão Industrial de A a Z" proporciona uma visão geral da gestão na indústria, abordando os seus temas mais importantes: Análise de Alternativas Econômicas, Best Sellers – Processos e Pessoas, China, Comércio Exterior, Compras, Contabilidade Financeira, Contabilidade Gerencial, Custos Industriais, Desenvolvimento de Competências, Desenvolvimento do Produto, Eficiência dos Processos, Estrutura Organizacional, Ferramentas da Qualidade, Gestão de Estoques, Gestão de Pessoas, Gestão do Tempo, Indicadores Econômicos da

Atividade Industrial, Lean Manufacturing, Liderança Eficaz, Logística, Manutenção Industrial, Marketing, Modelo de Gestão, MRP – Manufacturing Resource Planning, O Uso Do E-mail Nas Organizações, O Desperdício de Tempo no Trabalho, Pensamentos Motivacionais, Planejamento Avançado da Qualidade do Produto (APQP), Planejamento da Demanda, Planejamento Estratégico, Política de Estoques, Pós-Vendas, Princípios de Gestão, Qualidade Total, Reuniões Eficazes, Sistema de Gestão da Qualidade, Six Sigma, Sustentabilidade, TPM – Manutenção Produtiva Total, Transportes, Tributação, Vendas.

O livro "52 Bons Hábitos de Gestão, Liderança e Relações Humanas" descreve os bons hábitos que podem ajudar você, em seu ambiente de trabalho, a se destacar dos demais, demonstrando confiança e credibilidade aos superiores, pares e subordinados; aumentando sua produtividade e de sua equipe; melhorando seu relacionamento, sua liderança, sua eficiência e otimizando seu tempo. O livro é resultado do aprendizado e da análise crítica do autor decorrente de vários anos de experiência em gestão na indústria.

Com uma linguagem simples e objetiva, o livro é uma opção de leitura fácil e envolvente distribuída ao longo de 52 capítulos: 1. Estabeleça metas e trabalhe para atingi-las! 2. Saiba ter equilíbrio emocional! 3. Esteja preparado para as mudanças! 4. Saiba como marcar reuniões eficazmente! 5. Solucione problemas! 6. Aprenda a dar ordens! 7. Exponha uma opinião contrária de modo inteligente! 8. Coloque as pessoas de sua equipe onde elas rendem mais! 9. Relacione tarefas a nomes! 10. Lidere reuniões! 11. Faça, pelo menos, um elogio por dia! 12. Demonstre sempre uma postura séria! 13. Saiba conviver com as críticas! 14. Saiba gerenciar eficazmente seu tempo! 15. Dê bons exemplos! 16. Prefira não criticar seu colega! 17. Não se envolva com fofocas! 18. Comemore as suas vitórias! 19. Evite discussões! 20. Seja justo! 21. Tenha um aperto de mão firme! 22. Assuma seus erros! 23. Peça feedback sincero! 24. Em reuniões, fale somente o necessário! 25. Não exagere no trabalho! 26. Faça um esporte! 27. Faça um trabalho voluntário! 28. Só prometa aquilo que você está certo de que poderá cumprir! 29. Avalie eficazmente sua equipe! 30. Tenha um plano de carreira! 31. Livre-se das perguntas embaraçosas! 32. Formalize o que é importante! 33. Fale em público! 34. Contorne os erros. Tenha foco na busca de soluções! 35. Saiba como chamar a atenção dos outros, quando errarem! 36. Entenda plenamente toda a pergunta que lhe for feita e pense antes de respondê-la! 37. Crie uma perspectiva positiva do futuro! 38. Alimente sua cultura geral! 39. Fale outras línguas! 40. Busque constantemente o autodesenvolvimento! 41. Motive sua equipe! 42. Apoie sua equipe! 43. Cumprimente com voz firme! 44. Respeite as normas internas da empresa! 45. Vista-se com elegância! 46. Sorria! 47. Compartilhe informações com sua equipe! 48. Tome decisões! 49. Aprenda com os erros. Aproveite toda energia contida neles! 50. Encare desafios! 51. Delegue autoridade! 52. Siga seus princípios!

No "Guia Prático de Finanças do Dia a Dia" você vai conhecer várias maneiras para usar o seu dinheiro com critério e discernimento, com o objetivo de conquistar uma vida financeira mais saudável!

Veja alguns dos tópicos abordados neste livro:

- Como calcular o valor da multa e juros de um boleto?
- Como calcular o valor futuro de aplicações financeiras?
- Como avaliar a melhor alternativa de investimento?
- Como calcular um aumento acumulado?
- Inflação x Ganho real?
- Pagar à vista ou a prazo? O que é melhor? E quando?
- Quais são os tipos de crédito pessoal e suas taxas?
- Como calcular os juros do cheque especial e do cartão?
- Como planejar financeiramente uma compra ou poupança?

E mais, conheça os 8 Mandamentos das Finanças do Dia a Dia, baixe gratuitamente a calculadora financeira em planilha eletrônica (ensinarei, no livro, o passo a passo para você poder usá-la) e a planilha de controle de finanças domésticas!

Reformule sua maneira de comprar e investir, reveja sua forma de usar o dinheiro, adquira o controle de suas finanças! Compre agora o "Guia Prático de Finanças do Dia a Dia", e comece já a mudar o seu presente e a construir um futuro melhor!

O processo cognitivo do desenvolvimento de competências depende necessariamente da memória, ele está baseado no que eu chamo de círculo virtuoso do estudante de sucesso: estudar, compreender, e memorizar! Portanto, sem memorização não há conhecimento. Veja que as pesquisas de Ebbinghauss mostraram que em condições normais, após 2 dias, a lembrança do que havia sido previamente memorizado tende a ser menos de 30%, por isso as técnicas adequadas e a correta metodologia do estudo pode proporcionar um rendimento e uma eficiência muito maiores.

No livro "Técnicas de Memorização para Estudantes" você vai conhecer os Mandamentos da Boa Memória (hábitos para criar uma boa memória), as Dicas de Memorização (*insights* para turbinar a memorização), e os Métodos de Memorização (sistemas estruturados para memorizar desde pequenos até grandes conteúdos) aplicados ao estudo do conteúdo do ensino médio (o que facilita o entendimento para a grande maioria das pessoas) e, com extrema facilidade, você conseguirá criar seus próprios "pregos" mnemônicos para outras matérias e necessidades.

As técnicas apresentadas se aplicam às mais variadas necessidades de memorização, seja ou não estudante, inclusive com excelente aplicação no âmbito profissional, no dia a dia do trabalho.

Baseado em uma permanência de um mês na China, a trabalho em 2010, eu decidi colocar no papel alguns aspectos interessantes e vários aprendizados dessa interessante e enriquecedora experiência.

Um dos maiores objetivos foi o de dar uma macro perspectiva da forte economia chinesa, e mostrar alguns indicadores chave relacionados a isso. Para uma melhor compreensão dos números, foi feita uma comparação com as economias dos Estados Unidos e do Brasil. Foram atualizados os indicadores em 2015 com a melhor e mais confiável informação que pode ser encontrada cujos dados, basicamente, foram coletados da Agência Central de Inteligência Norte Americana (CIA) e do Banco Mundial (WB).

Esse livro, escrito em inglês, pode-se dizer que é como um álbum de viagem, com informações técnicas e interessantes sobre a economia e o povo chinês.

O que você vai encontrar nesse livro? A resposta rápida é: valiosos insights de gestão!

Este livro reúne artigos escritos em 2018 para o Blog que faz parte do portal GestaoIndustrial.com, e que foram organizados por categorias para otimizar a leitura. O livro "Falando de Gestão" é indicado a todos que gostam do tema e querem se desenvolver através de insights que envolvem vários aspectos relativos à gestão.

No livro você encontrará os seguintes temas, discutidos através de vários artigos do autor:

- Administração Geral
- Cultura Organizacional
- Desenvolvimento Profissional
- Gestão de Projetos
- Liderança
- Marketing
- Planejamento Estratégico,
- Produtividade
- Qualidade.

Este é o segundo livro da série "Falando de Gestão", que apresenta vários insights de gestão, e nesta edição, reúne os artigos escritos em 2019 para o Blog que faz parte do portal GestaoIndustrial.com, os quais estão todos organizados por categorias para otimizar a leitura.

Os livros da série "Falando de Gestão" são indicados a todos que gostam do tema e querem se desenvolver através de insights que envolvem vários aspectos relativos à gestão.

Neste livro você encontrará os seguintes temas, explorados através de vários artigos do autor:

- Administração Geral
- Cultura Organizacional
- Desenvolvimento Profissional
- Liderança
- Marketing
- Planejamento Estratégico,
- Produtividade
- Qualidade.

Este é o terceiro livro da série "Falando de Gestão", que apresenta vários insights de gestão, e nesta edição, reúne os artigos escritos em 2020 e 2021 para o Blog que faz parte do portal GestaoIndustrial.com, os quais estão todos organizados por categorias para otimizar a leitura.

Os livros da série "Falando de Gestão" são indicados a todos que gostam do tema e querem se desenvolver através de insights que envolvem vários aspectos relativos à gestão.

Neste livro você encontrará os seguintes temas, explorados através de vários artigos do autor:
- Administração Geral
- Cultura Organizacional
- Desenvolvimento Profissional
- Gestão de Projetos
- Liderança
- Marketing
- Planejamento Estratégico,
- Produtividade
- Qualidade.

Esta é a tradução que fiz, a partir do original italiano, deste grande clássico da moderna filosofia política, e que é um dos livros mais lidos e traduzidos de todos os tempos. O livro "O Príncipe" é um tratado político em que Maquiavel ensina como conquistar e manter o poder, demonstrando, com abundantes exemplos, as melhores estratégias, analisando os erros e os acertos dos príncipes, e dando orientações sobre as melhores formas de governar.

É melhor ser amado ou temido? Por que não se deve deixar ser odiado pelas pessoas? O quanto a sorte influencia os acontecimentos, e como reduzir seus efeitos? Por que as pessoas apoiam os oportunistas? Por que, e como, deve-se evitar os bajuladores? Que cuidados devemos ter ao escolher os ministros de governo, e o que fazer para mantê-los fiéis? Tudo isso, e muito mais, Maquiavel nos explica em detalhes, ao longo dos 26 capítulos de seu livro.

Esta edição apresenta o texto completo, numa linguagem atual, fácil de entender, e fiel ao estilo e ao pensamento do autor. Inclui, ainda, uma seção com informações sobre os personagens que são citados no livro por Maquiavel. Tudo isso para você ter um excelente entendimento do texto original de um dos maiores clássicos da literatura.

www.ingramcontent.com/pod-product-compliance
Lightning Source LLC
Chambersburg PA
CBHW020855180526
45163CB00007B/2517